Was dich in deutsch*ideen* noch erwartet:

TESTE dich

Hier kannst du selbst überprüfen und einschätzen, wie sicher du die Inhalte und Fähigkeiten beherrschst, die du im Kapitel erlernt und behandelt hast.
Wenn du noch unsicher bist, wirst du direkt auf die Seite im Buch verwiesen, auf der du die Kompetenzen noch einmal nacharbeiten kannst. Außerdem findest du Hinweise, wo du im Buch und im Arbeitsheft weiter üben kannst.

TRAINING

Mit dem Training kannst du gezielt die Kompetenzen selbstständig üben und dich auf eine Klassenarbeit vorbereiten.

EXTRA Projekt

An geeigneten Stellen findest du Anregungen, Projekte durchzuführen.

Modalität erkennen und unterscheiden → S. 233

Diese Verweise führen dich an eine andere Stelle im Buch, die dir für die Bearbeitung der Seite hilfreich ist.

Nachschlagen: Merkwissen → S. 300

Diese Verweise führen dich zum Merkwissen.

Einzelarbeit: Diese Aufgaben musst du alleine lösen.
Partnerarbeit: Diese Aufgaben löst du zusammen mit einem Partner.
Gruppenarbeit: Bei diesen Aufgaben arbeitet ihr in der Gruppe.
Wahlaufgaben: Hier hast du die Möglichkeit, unter verschiedenen Aufgaben zu wählen.
Reflexionsaufgabe: Bei diesen Aufgaben denkst du über das gerade Gelernte noch einmal nach und fasst dies zusammen.
Zusatzaufgabe: Hast du die anderen Aufgaben schon gelöst? Dann kannst du hier weiterarbeiten.
Hörtexte: Aufgaben, bei denen du dieses Symbol siehst, findest du im Internet. Du musst dazu nur folgende Internetadresse eingeben: www.schroedel.de/48602 hoerproben
Folientechnik: Wenn du dieses Zeichen findest, kannst du die Aufgabe mit Hilfe einer Folie, die du über den Text legst, und Folienstiften bearbeiten.

Folgende Hilfen bietet dir deutsch*ideen* in den Randspalten:

Info

In den Info-Kästen findest du Begriffserläuterungen sowie Merkwissen ganz kurz gefasst, das dir hilft, die Aufgaben auf der Seite zu lösen.

Tipp

Hier gibt es Tipps oder Ideen, die weiterführen.

Online-Schlüssel
A2KZ-SQZ0-SZZR

deutsch ideen

Gymnasium Baden-Württemberg

Mareike Hümmer-Fuhr,
Angela Müller, Dr. Alexander Reck,
Nicole Reed, Gerda Richter,
Thomas Rudel, Torsten Zander

7

**Gymnasium
Baden-Württemberg
7. Jahrgangsstufe**

Erarbeitet von
Mareike Hümmer-Fuhr, Angela Müller,
Dr. Alexander Reck, Nicole Reed,
Gerda Richter, Thomas Rudel, Torsten Zander

Mit Beiträgen von
Thomas Epple, Ulla Ewald-Spiller,
Christian Fabritz, Martina Geiger,
Frauke Mühle-Bohlen, Ina Rogge

westermann GRUPPE

© 2017 Bildungshaus Schulbuchverlage
Westermann Schroedel Diesterweg Schöningh Winklers GmbH, Braunschweig
www.schroedel.de

Das Werk und seine Teile sind urheberrechtlich geschützt. Jede Nutzung in anderen als den gesetzlich zugelassenen Fällen bedarf der vorherigen schriftlichen Einwilligung des Verlages.

Hinweis zu § 52a UrhG: Weder das Werk noch seine Teile dürfen ohne Einwilligung gescannt und in ein Netzwerk eingestellt werden. Dies gilt auch für Intranets von Schulen und sonstigen Bildungseinrichtungen. Für Verweise (Links) auf Internet-Adressen gilt folgender Haftungshinweis: Trotz sorgfältiger inhaltlicher Kontrolle wird die Haftung für die Inhalte der externen Seiten ausgeschlossen. Für den Inhalt dieser externen Seiten sind ausschließlich deren Betreiber verantwortlich. Sollten Sie daher auf kostenpflichtige, illegale oder anstößige Inhalte treffen, so bedauern wir dies ausdrücklich und bitten Sie, uns umgehend per E-Mail davon in Kenntnis zu setzen, damit beim Nachdruck der Verweis gelöscht wird.

Druck A^2 / Jahr 2017
Alle Drucke der Serie A sind im Unterricht parallel verwendbar.

Redaktion Sandra Wuttke-Baschek, Recklinghausen
Illustrationen Angela Citak, Christiane Grauert, heimlichstillundleise,
Heike Heimrich-McFarland, Katrin Willuhn
Umschlaggestaltung und Layout Visuelle Lebensfreude, Hannover

Druck und Bindung westermann druck GmbH, Braunschweig

ISBN 978-3-507-48602-7

Inhalt

Kompetenzen

Sprechen und Zuhören – Schreiben – Lesen

Ich spreche mit dir! 10–21

Ausflug zum Badesee? 11

Gesprächsregeln
Habe ich dich verstanden? 12
Hier stehe ich ... 13
Ärger miteinander, Gesprächsfetzen 14

Argumentieren
Handys an Schulen: verbieten oder nutzen? 15
Heike Klovert: Handys nutzen, nicht verbieten! 16
Arne Ulrich: Nein zu Handys in der Schule 17
Die strukturierte Kontroverse 18
Änderung der Schulordnung? 19

TESTE dich ✓ 20 **TRAINING** ✏ 21

Miteinander sprechen und argumentieren

Aufeinander eingehen 11

Verstehend zuhören 12
Körpersprache einsetzen 13
Ein Streitgespräch führen und Konflikte lösen 14

Sachlich argumentieren 15
Eine Argumentation untersuchen 16
Argumente gewichten 17
Eine Pro- und Kontra-Diskussion führen 18
Begründet Stellung nehmen 19

Erzähl mal! 22–35

Walter Benjamin: Vergrößerungen 23

Das eigene Schreiben entdecken
Christine Busta: Wo holt sich die Erde ... 24
Friedl Hofbauer: Mit dir 24
Hans-Magnus Enzensberger: abendnachrichten 25
Josef Guggenmos: Was ist der Löwe von Beruf? 25
Karl Krolow: Zwei Menschen 25
Günter Eich: Inventur 26
Patrick Süskind: Das Parfum 27
Augenblickstexte 28
Neue Geschichten in einer Erzählkette, Spielanleitung 29
Aus der Perspektive eines Mäppchens 30

Gestaltendes Schreiben
Verschiedene Wege ins Bild 32
Kurt Marti: Mit Musik im Regenwind fliegen 33
Werner Färber: Der Filmstar und die Eisprinzessin 35

Literarisches und gestaltendes Schreiben

Über das Schreiben und Lesen nachdenken 23

Schreiben mit Hilfe des Zufalls 24
Schreiben durch Imitieren 26
Nach Impulsen schreiben 28
Gehörtes weitererzählen und aufschreiben 29
Die Perspektive wechseln und Neues entdecken 30

Nach Bildern schreiben 31
Einen inneren Monolog verfassen 33
Einen Dialog schreiben 35

von helden lobebæren und grôzer arebeit 36–57

Das Nibelungenlied – kurz gefasst 37

Das Nibelungenlied
1. Âventiure 38
Wie Kriemhild und Siegfried aufwachsen 39

Die Inhaltsangabe vorbereiten
Reiner Tetzner: Der Traum vom Falken 40
Wichtiges erkennen: Fragen an einen Text stellen 41
Siegfried Grosse: Was Hagen von Tronje über Siegfried weiß 42
Reiner Tetzner: Siegfried begegnet Kriemhild 44

Die Inhaltsangabe

Zusammenfassungen unterscheiden 37

Mittelhochdeutsche Texte verstehen 38
Ein Epos erkennen 39

Den Text verstehen 40
Einen Text in Abschnitte gliedern 42
Wichtiges aus einem Text herausschreiben 44

Inhalt

Kompetenzen

Die Inhaltsangabe schreiben
Inhaltsangabe – ein Beispiel 46
Reiner Tetzner: Gunter gewinnt Brünhild im Kampfspiel 47
Reiner Tetzner: Gunter feiert mit Brünhild Hochzeit 48
Elsbeth Schulte-Goecke: Der Streit der Königinnen 50
Reiner Tetzner: Siegfried wird verraten 52
Franz Fühmann: Wie Siegfired erschlagen wird 53
Überarbeitungsbogen zur Inhaltsangabe 54

TESTE dich   55   **TRAINING**   56

Merkmale einer Inhaltsangabe erkennen 46
Den Basissatz üben 47
Die Redewiedergabe üben 48
Das Schreiben einer Inhaltsangabe üben 50
Beweggründe verstehen 52
Die Inhaltsangabe schreiben und überarbeiten 53

Theater, Theater 58–69

Szenisches Spiel

Peter Härtling: Sätze vor dem Gedicht 58

Sprechweisen ausprobieren 59

Theaterübungen
Teltower Kutschersitz 60
Momentaufnahmen 60
Alle mal herschauen! 61

Nonverbale Ausdrucksformen üben 60
Vor anderen auftreten 61

Bühnenfiguren
Szene: Radfahrer – Polizist 62
Wo ist Perlemann? – Sechs Variationen 62
Eine Rollenbiografie verfassen 63

Kleine Szenen spielen 62
Eine Rolle ausgestalten 63

Vom Erzähltext zum Spieltext
Achim Bröger: Ihr dürft mir nichts tun 64
Vom Standbild zur Spielszene 66

Eine Kurzgeschichte szenisch umsetzen 64
Handlungsschritte in Spielszenen umwandeln 66
Die Szene bei Bernd zu Hause 67

Einen Erzähltext für die Bühne einrichten

PROJEKT   Einen Erzähltext für die Bühne einrichten 68

Wir sind Helden! 70–79

Lesen

„Macht Lernen in der Schule Spaß?" 70

Lesetechniken und -strategien wiederholen 70

Informationen visualisieren
Die zwei Gehirnhälften 73
Wann ist ein Held ein Held? 73
Inge Kutter: Wir sind Helden 74
Josephina Maier: Skaten in Kabul 76

Informationen strukturieren 72
Eine Mindmap erstellen 73
Informationen aus Texten entnehmen und grafisch darstellen 74

TESTE dich   78   **TRAINING**   79

Texte und Medien

Wunschbilder und Wirklichkeit 80–91

Kurzgeschichten

Nadja Einzmann: Schwimmen 80

Mit Erzähltexten umgehen 81

Kurzgeschichten lesen und verstehen
Tanja Zimmermann: Eifersucht 84
Max Bolliger: Sonntag 84
Ingrid Kötter: Nasen kann man so oder so sehen 87
William M. Harg: Der Retter 88
Ilse Aichinger: Das Fenstertheater 90

Eine Kurzgeschichte untersuchen 82

Inhalt

Kompetenzen

Von Barbieren und Gespenstern 92–101
Kalendergeschichten

Johann Peter Hebel: Dankbarkeit 93	Kalendergeschichten kennenlernen 93
Kalendergeschichten lesen und verstehen Johann Peter Hebel: Die Ohrfeige 94 Jaroslav Hašek: Professor Švolba 94 Bertolt Brecht: Der hilflose Knabe 95 Johann Peter Hebel: Der Barbierjunge von Segringen 96 Adelbert von Chamisso: Der rechte Barbier 97 Zeitungstext aus dem Jahre 1808 98 Heinrich von Kleist: Franzosen-Billigkeit 98 Johann Peter Hebel: Schlechter Lohn 98	Merkmale der Kalendergeschichte erkennen 94 Die Figuren einer Kalendergeschichte untersuchen 96 Eine Kalendergeschichte mit einer Ballade vergleichen 97 Eine Kalendergeschichte mit anderen Textsorten vergleichen 98
Kalendergeschichten selbst schreiben Johann Peter Hebel: Das wohlbezahlte Gespenst 99 Schreibideen 101	Eine Kalendergeschichte umschreiben 99 Eine Kalendergeschichte schreiben 101

„Kleider machen Leute" 102–119
Novelle

Die Novelle kennenlernen Gottfried Keller: Kleider machen Leute (Auszug 1) 103 Gottfried Keller: Kleider machen Leute (Auszug 2) 104 Mindmap: Erzählende Texte verstehen 108	Den Beginn des Textes untersuchen 103 Einen Erzähltext gestaltend interpretieren 104 Erzählende Texte untersuchen 108
Lesestrategien entwickeln Gottfried Keller: Kleider machen Leute (Auszug 3) 109 Gottfried Keller: Kleider machen Leute (Auszug 4) 113 Gottfried Keller: Kleider machen Leute (Auszug 5) 115 Gottfried Keller: Kleider machen Leute (Auszug 6) 118 Marion Aletti: Alles wird gut 118	Einen Überblick über Handlung und Figuren gewinnen 109 Die Figurenkonstellation erarbeiten 113 Den Höhepunkt der Handlung untersuchen 115 Merkmale der Novelle erkennen 117 Den Schluss der Novelle untersuchen 118

„Train Kids" 120–131
Ein Jugendbuch

Dirk Reinhardt: Zu der Bestie 120	Den Ich-Erzähler kennenlernen 121
Die Hintergründe Dirk Reinhardt: Auf gefährlicher Fahrt 122	Aktuelle Bezüge erkennen 122
Miguel und seine Freunde Dirk Reinhardt: Wir sind fünf 124 Dirk Reinhardt: Miguel und Emilio 126	Figurensteckbriefe erstellen 124 Die Figurenkonstellation untersuchen 126
Zwischen Hoffnung und Angst Dirk Reinhardt: Der Blick der Leute, Der Padre 128	Leitmotive erkennen und deuten 128
Der Autor Dirk Reinhardt Ein Interview 130 Die Homepage des Autors 131	Einen Autor kennenlernen 130 Die Homepage eines Autors untersuchen 131

Auf der Suche nach dem Ich 132–145
Gedichte

Ronan Kaczynski: Foto von mir 132 Johann Wolfgang Goethe: An Tischbein 133	Einen Advance Organizer erstellen 133

Inhalt

Inhalt	Kompetenzen
„Du bist eine Insel!" – Gedichte untersuchen	Das lyrische Ich erkennen 134
Hans-Peter Kraus: Was uns an der Schule stört 134	Sprachliche Bilder erkennen und deuten 135
Walter Helmut Fritz: Was ich kenne 134	Reim, Metrum und Rhythmus wiederholen 136
Wilhelm Busch: Der Kobold 135	Klangliche Stilmittel untersuchen 138
Judith Haas: Du bist eine Insel! 135	Wortwahl und Satzbau untersuchen 139
Unbekannt: Glück ist 136	Ein Gedicht beschreiben 140
Mario Haßler: Glück 136	Eine Gedichtbeschreibung üben 141
Friedrich Theodor Vischer: In der Vaterstadt 136	
Ernst Jandl: my own song 138	
Kurt Sigel: Wollen 138	
Bernhard Lins: Ich will dich heut nicht sehen 139	
Hand Manz: Ich 139	
Robert Gernhardt: Noch einmal: Mein Körper 140	
Rolf Dieter Brinkmann: Selbstbildnis im Supermarkt 141	
Lena Fischer: Aus dem Rahmen 141	
„Ich bin ich" – Songtexte untersuchen	Songtexte vergleichen 142
Glasperlenspiel: Ich bin ich 142	
Ich gehör nur mir 143	
TESTE dich 144 **TRAINING** 145	

Am Meer und im Moor 146–161	**Balladen**
Balladenmix 147	Merkmale einer Ballade erkennen 147
Balladen präsentieren	Eine Ballade verstehen und vortragen 148
Johann Wolfgan Goethe: Erlkönig 148	
Johann Wolfgan Goethe: Der Fischer 150	
Balladen gestalten	Balladen gestaltend interpretieren 152
Annette von Droste-Hülshoff: Der Knabe im Moor 152	
Otto Ernst: Nis Randers 154	
Geschichtliche Hintergründe	Eine Ballade mit einer historischen Vorlage vergleichen 156
Theodor Fontane: John Maynard 156	
TESTE dich 158 **TRAINING** 160	

Bittersüße Schokolade 162–175	**Sachtexte**
Joachim Ringelnatz: Ostergedicht 162	Lesestrategien anwenden 163
Wie (un)gesund ist Schokolade? 163	
Sachtexte erschließen	Sachtexte mit einem Partner erschließen und zusammenfassen 164
Kakaoalltag in Afrika 164	Einen Sachtext mit Hilfe eines Flussdiagramms visualisieren 165
Einst Opfergegenstand und Zahlungsmittel … 165	Inhalte von Sachtexten zusammenhängend wiedergeben und einordnen 166
Die volle Kraft der Tropensonne 166	Die Funktion eines Sachtextes bestimmen 168
Phillip Seibt: Rohstoff für Schokolade 168	
Schaubilder und Diagramme erschließen	Die Absicht von Texten vergleichen 170
„Make Chocolate fair" 170	Ein Diagramm in einen Sachtext umwandeln 171
Mehr Kinderarbeiter als vor fünf Jahren 171	Ein Diagramm zu einem Sachtext erstellen 172
Kinder schuften in allen Branchen 171	Sachtext und literarischen Text vergleichen 173
Kakaoproduktion: Ein Überblick 172	
Ein Rezept: Der Azteken-Aufguss 173	
Joachim Ringelnatz: Sich interessant machen 173	
TESTE dich 174 **TRAINING** 175	

Inhalt	**Kompetenzen**

Licht aus, Spot an! 176–187
Überzeugend präsentieren

Wie gelingt ein guter Vortrag? 177	Sich seiner Wirkung auf andere bewusst werden 177

Vor dem Vortrag
Wie findet man ein passendes Thema? 178
Wie baut man einen Vortrag auf? 179
Welche Hilfsmittel sind sinnvoll? 180
Wie gestaltet man eine digitale Präsentation? 181
Was macht eine gute Präsentationsfolie aus? 182
Fehler vermeiden! 183
Präsentieren – aber richtig! 184

Leitfragen für Präsentationen finden 178
Den Aufbau eines Vortrags planen 179
Passende Hilfsmittel auswählen 180
Über Präsentationsprogramme nachdenken 181
Mit Präsentationsprogrammen arbeiten 182
Präsentationen überarbeiten 183
Vorträge einüben 184

Nach dem Vortrag
In Diskussionen bestehen 185
Wie kann ich eine schriftliche Rückmeldung geben? 186
Wie gebe ich ein mündliches Feedback? 187
Lässt sich ein gutes Feedback einüben? 187

Ein Feedback geben und annehmen 185
Bewertungskritierien für eine Präsentation formulieren 186

„Spaghetti für Zwei" 188–199
Literaturverfilmung

Filmbilder 189	Filmische Darstellungsmittel erkennen 189

Von der Kurzgeschichte zum Film
Federica de Cesco: Spaghetti für zwei 190
Von der Idee zum Film 194

Eine Kurzgeschichte untersuchen 190
Eine Kurzgeschichte umformen 193

Der Kurzspielfilm „Spaghetti für Zwei"
Das Filmplakat 195
Der Trailer zum Film 196
Der erste Eindruck 197
Analyse der Eingangssequenz 197
Die zentralen Figuren des Films 198
Filmszenen vergleichen 198
Der Ausgang des Films deuten 198
„Spaghetti für Zwei" – Besonders wertvoll?! 199

Ein Filmplakat untersuchen 195
Einen Trailer analysieren 196
Inhaltliche und formale Aspekte des Films untersuchen 197
Eine Rezension untersuchen und verfassen 199

Sprachgebrauch und Sprachreflexion

Alles im Wandel in der Satzwerkstatt
200–217
Sätze und Satzglieder

Wo ist T-Saster? 201	Die zentrale Bedeutung des Prädikats erläutern 201

Von Sätzen und Satzgliedern
Timo Brunke: Verben werben! 202
T-Murs Kasusspiele 203
Alles über den Kommunikator 204
Das Verkaufsgespräch 206
AlphaGo gewinnt gegen Weltklassespieler! 208
Digitaler Wandel 209
Alles digital? 210
Und wo ist T-Saster? 211
#T-Saster 212
Der Satz im Satz 213
Wo bin ich? 214

Adverbiale bestimmen 204
Nebensätze als Adverbialen erkennen 206
Adverbialsätze unterscheiden 207
Adverbialsätze bestimmen 208
Zusammenhänge herstellen 209
Weitere Gliedsätze als Satzglieder erkennen 210
Die Form von Gliedsätzen unterscheiden 211
Attribute unterscheiden 212
Attributsätze erkennen 213
Eingebettete Sätze erkennen 214

TESTE dich   215   **TRAINING**   216

Inhalt

Kompetenzen

T-Saster im Wunderland 218–237

Wortarten

Wortarten wiederholen   219

Verben: Modalität
Ursula Posznanski: Erebos – Ich wüsste zu gern, …   220
Ursula Posznanski: Erebos – Tritt ein!   221
Direkte und indirekte Rede: Was hat Brynne gesagt?   222
Ursula Posznanski: Erebos – Wer bist du?   224
Elisabeth Schulte-Goecke: Wie Brünhild Siegfried in den Tod folgte   226
Weißt du nur, was du willst, oder willst du nur, was du kannst?   228

Modalität erkennen   220
Modalwörter erkennen   221
Den Konjunktiv verwenden   222
Modalität erkennen und unterscheiden   224
Verschiedene Formen der Redewiedergabe nutzen   226

Verben: Aktiv und Passiv
Traumaktivitäten   228

Aktiv und Passiv verwenden   228

Verben: Tempusformen
Ursula Posznanski: Erebos – Der Auftrag   229

Die Funktion von Tempusformen untersuchen   229

Adjektive
Ursula Posznanski: Erebos – Die Kiste   231

Die Funktion von Adjektiven untersuchen   231

Pronomen
Ursula Posznanski: Erebos – Die Belohnung   232

Die Funktion von Pronomen klären   232

Unveränderliche Wörter: Präpositionen
Aber wo ist T-Saster?   233

Präpositionen verwenden   233

Bindewörter
Das Lüftungsgitter   234

Konjunktionen und Subjunktionen verwenden   234

Adverbien
Wiedersehensfreude   235

Adverbien erkennen und verwenden   235

TESTE dich   236   **TRAINING**   237

Wörter auf Tour 238–249

Wort- und Sprachkunde

Kaspar H. Spinner: Fremdwortgeschichten   238

Einflüsse anderer Sprachen in der deutschen Sprache
Talkshow im Channel five   239

Den Einfluss des Englischen untersuchen   239

Lehn- und Fremdwörter in der deutschen Sprache
Ciao, Adios und Au revoir   240

Den Einfluss anderer Sprachen auf die deutsche Sprache untersuchen   240

Deutsche Wörter erobern die Welt
Mit der *vaservage* ist alles im Lot   241
Aus Sauerkraut wird *choucroute*, *chucrut* oder *crauti*   241

Deutsche Wörter in anderen Sprachen erkennen   241

Sprachwandel
Wörter – gestern und heute   242
Wörter kommen – Wörter gehen   243
Wortbildung – googeln, twittern, chatten   244
Wortbildung – Neues aus den Medien   244
Sascha Lobos: Die Top Ten der besten Erfindungen, Moderne Wortfindung   245

Den Bedeutungswandel untersuchen   242
Bedrohte Wörter kennenlernen   243
Die Entstehung neuer Wörter erfassen   244

Inhalt

Kompetenzen

Wörter – Ihre Bildung, ihr Verschwinden
Nur ein paar Gramm zu viel! 246
Jeden Tag entsteht ein neues Wort –
Wie kommt ein Wort in den Duden? 247

Besondere Wortbildungen erkennen 246
Die Aufnahme des Wortes in die deutsche Sprache verstehen 247

Fachwörter
Jäger beim Wort genommen 248
Seemannsgarn – Seeleute erzählen 249

Fachsprache in Redensarten erkennen 248

Rund um den Sport 250–273

Rechtschreibung und Zeichensetzung

Joachim Ringelnatz: Ruf zum Sport 250

Die Rechtschreibstrategien wiederholen 251

Rechtschreibstrategien
Schärfung, Dehnung und s-Laut 252
Auf dem Sportplatz – drei passen zusammen! 254
Queen Elizabeth II. London 2012 – das Feuer brennt 255
Fremdwörter 256
Jonglieren mit Ringen 257
Versteckter Sport 257

Rechtschreibstrategien anwenden 252

Groß- und Kleinschreibung
Bergsteigen der Extreme 258
Das große Olympia-Quiz 259
Alltag im Leistungssport … 260

Verben und Adjektive nominalisieren 258
Zahlwörter richtig schreiben 259
Zeitangaben richtig schreiben 260

Getrennt- und Zusammenschreibung
Reporter im Stadion 261
Auf die Plätze, fertig, los … 262
Hindernisse beim Endspurt? 262
Was Karlchen mag … 263
Die letzte Rettung: Hilfe aus dem Wörterbuch 263

Trennbare und untrennbare Verbzusammensetzungen unterscheiden 261
Zusammensetzungen von Partikeln und Verb richtig schreiben 262
Zusammensetzungen von Nomen und Verb richtig schreiben 263

Rechtschreibkenntnisse überprüfen
Sportlerrätsel 264
Fehlerhafter Spielbericht 265

Rechtschreibkenntnisse wiederholen und überprüfen 264
Die Rechtschreibüberprüfung nutzen 265

Zeichensetzung
Neue Trendsportarten – kennst du dich aus? 266
Und noch mehr Trendsportarten! 267
Verschiedene Anreden! 268

Die richtigen Zeichen bei Appositionen und Parenthesen setzen 266
Anreden richtig verwenden 268

TESTE dich 270   **TRAINING** 272

Wie wir kommunizieren 274–282

Sprache und Identität

Was heißt denn das? 274
Tübingen: Zentrum der Dialektforschung 275

Sprachvarianten wiederholen 275

Werbung untersuchen
Werbeanzeige 276
Das AIDA-Modell 277
Knapp vorbei ist auch daneben 278

Eine Werbeanzeige untersuchen 276

Was ist Jugendsprache?
Jugendsprache? Ein Quiz 280
„Ich schwöre, du bist so Arzt!" 280
Das Jugendwort des Jahres 2016: fly sein 282

Sich mit Jugendsprache beschäftigen 279

Nachschlagen

Merkwissen 283
Sachregister 315
Übersicht über die Info-Kästen 304
Textsortenverzeichnis 316
Lösungshinweise 305
Verzeichnisse 317

Sprechen und Zuhören – Schreiben – Lesen

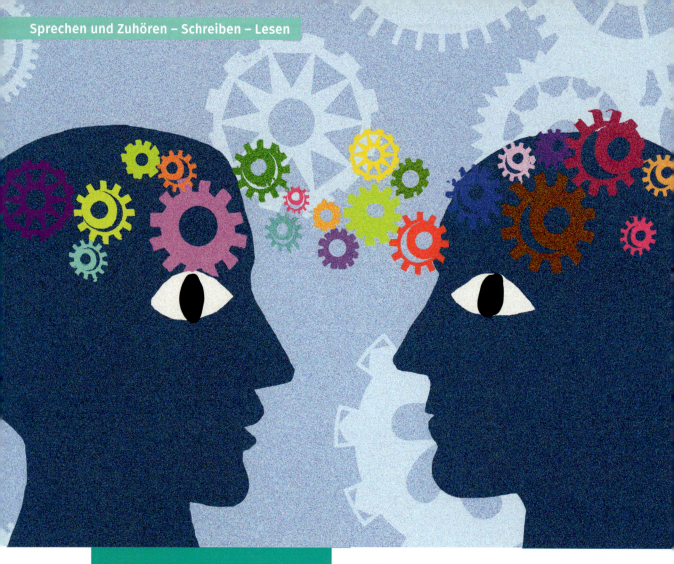

Ich spreche mit dir!

Miteinander sprechen und argumentieren

Gespräche sind ein wichtiger Bestandteil unseres Alltags. Da sie unter Umständen auch zu Streit und Konflikten führen können, sollte man eine Vorstellung von gelungenen Gesprächen haben.

1. Beschreibt das Bild.
2. Besprecht, inwiefern es für ein gelungenes Gespräch stehen könnte.
3. Tauscht euch darüber aus, warum es wichtig ist, sich z. B. mit Freunden, Eltern, Lehrern, Geschwistern im Gespräch auseinanderzusetzen.
4. Was könnte Inhalt dieser Gespräche sein? Berichtet von euren Erfahrungen.

Ausflug zum Badesee?

Sandra: Oh Mann, jetzt hab ich in Mathe 'ne Fünf rausgekriegt. Das gibt tierischen Ärger zu Hause, da kann ich den Badesee am Samstag vergessen!
Mia: Also, ich freu mich total! Die ganze Klasse geht ja mit.
Sandra: Ja, und mit deinem neuen Bikini bist du sicher der Star. Ich weiß aber gar nicht, was ich machen soll. Wahrscheinlich bin ich die Einzige, die zu Hause bleiben muss.
Mia: Mit dem Fahrrad fährt man wohl am besten den Waldweg Richtung Lorch, was meinst du?
Sandra: Das ist sicher schneller als die Autostraße, aber mir nützt das leider gar nichts. Hast du keine Idee, wie ich meine Eltern überreden könnte?
Mia: Vielleicht sollten wir später noch ein Feuer machen ... uh, wie romantisch.
Sandra: Also, du gehst mir echt auf die Nerven. Hast du denn nichts anderes im Kopf als Samstag? *(knallt die Türe hinter sich zu)*
Mia: Hä, was ist eigentlich los?

1. Lest das Gespräch mit verteilten Rollen.
2. Besprecht, warum Sandra am Ende wütend wird.
3. Untersucht den Gesprächsverlauf. An welchen Stellen kommt es zu Störungen und wer ist dafür verantwortlich?
4. Schreibt das Gespräch so um, dass es nicht zum Streit kommt. Berücksichtigt dabei, was beide Mädchen tun können, damit das Gespräch gelingt.

Das kannst du jetzt lernen!

- Mit anderen zu sprechen, auf sie einzugehen und ihnen zuzuhören .... S. 12
- Im Gespräch deine Körpersprache bewusst einzusetzen .... S. 13
- Sachlich zu argumentieren .... S. 15
- Eine Argumentation zu untersuchen .... S. 16
- Begründet Stellung zu nehmen .... S. 19

Gesprächsregeln
Habe ich dich verstanden?

Verstehendes oder aktives Zuhören ist eine Methode, mit der ihr die Bedürfnisse des Gesprächspartners ergründen und genau auf ihn eingehen könnt. Dazu ist es notwendig, dem Partner nicht nur konzentriert zuzuhören, sondern zu versuchen, „zwischen seinen Sätzen zu hören" und das Gehörte anschließend mit eigenen Worten wiederzugeben.
So kann der Partner spüren, dass der andere ihm wirklich zuhört und Interesse an seinem Befinden und seiner Sicht der Dinge hat.
Dadurch können Missverständnisse vermieden werden. Auch kann es dem Partner helfen, sein Problem und mögliche Lösungsansätze klarer zu sehen.

Sprachgestus und Vorgehensweise	Zweck
A Ermuntern *nicht widersprechen* *vorerst allgemeine Zustimmung signalisieren*	▸ Interesse bekunden ▸ Einfühlen in die Situation ▸ zu weiteren Ausführungen anregen
B Wiederholen *die vom Partner verwendeten Wörter wiederholen*	▸ Informationen (Personen, Begriffe, Vorgänge) in Erinnerung rufen
C Neu formulieren *den Hauptgedanken neu formulieren*	▸ zeigen, dass die Fakten verstanden wurden ▸ zeigen, dass echtes Zuhören stattfindet
D Gefühle ansprechen *spiegeln: die vermuteten Gefühle des anderen verbalisieren*	▸ Verständnis für die Empfindungen des anderen zeigen
E Bündeln *Gedanken und Gefühle noch einmal gebündelt neu formulieren, reflektieren und zusammenfassen*	▸ gegen Ende des Gesprächs wichtige Gedanken und Informationen zusammenfassen ▸ eine Grundlage für die weitere Diskussion oder Lösungsvorschläge schaffen

1. Ordnet die Beispielkärtchen passend in die Zeilen der Tabelle (A–E) ein.
2. Spielt folgende Situation: Eine Mitschülerin oder ein Mitschüler hat schon wieder keine Hausaufgaben gemacht und möchte sie zum dritten Mal in dieser Woche abschreiben, was euch ziemlich nervt.
Spielt die Situation zunächst so, dass das Gespräch im Streit endet.
Probiert anschließend das verstehende Zuhören abwechselnd aus.
Führt beide Situationen in der Klasse vor und vergleicht die Gespräche.

Beispielkärtchen

- „Habe ich dich richtig verstanden? – Du glaubst, dass …"
- „Wenn ich dich richtig verstanden habe, wolltest du damit zum Ausdruck bringen …"
- „Sind das die Punkte, die dir wichtig sind: 1. …, 2. …?"
- „Folgende Aspekte scheinen mir die wichtigsten zu sein: …"

- „Das kann ich gut verstehen …"
- „Das ist in der Tat eine belastende Situation …"

- „Du warst also ziemlich sauer, als …"
- „Und das hat dich sehr verletzt …"

- „Du sagtest vorhin, deine Ziele seien …"
- „Das Problem entstand also, nachdem …"

Hier stehe ich ...

1. Untersucht, wie in einem Gespräch der Körper mitspricht: Beschreibt die Körperhaltung, Gestik und Mimik und deutet anschließend die Sprache des Körpers.
2. Setzt euch in Vierergruppen zusammen. Einer nach dem anderen nimmt eine Haltung ein, die einer bestimmten Stimmung entspricht. Wählt aus der Liste oder denkt euch selbst Haltungen aus. Die anderen Kinder raten, welche Stimmung gezeigt wird.
   - Jemand ist selbstbewusst.
   - Jemand fühlt sich beim Sprechen nicht wohl.
   - Jemand ist ärgerlich.
   - Jemand versteht einen Freund / eine Freundin und hört aufmerksam zu.
   - Jemand möchte auch etwas sagen, kommt aber nicht zu Wort und wird ungeduldig.

Info

Die **Stimme** steht oft in einem engen Zusammenhang mit der Stimmung eines Menschen.

Nonverbale Ausdrucksformen üben → S. 60

Ärger miteinander

Auf die Frage, in welchen Situationen es Ärger und Streit geben kann, antworteten Schülerinnen und Schüler einer 7. Klasse Folgendes:

- Wenn ich mit meiner Schwester darüber streite, wer aufräumen soll.
- Wenn ich mit einer schlechten Note nach Hause komme.
- Wenn ich meiner Freundin etwas vertraulich sage und sie es weitererzählt.
- Wenn nur ich mit dem Hund spazieren gehen soll.
- Wenn ich im Verein beim Tischtennis verliere.
- Wenn ich Musik üben soll und keine Lust habe.
- Wenn ich in meinem Zimmer die Musik laut aufdrehe.
- Wenn mein Bruder und ich gleichzeitig Computer spielen wollen.

1. Kennt ihr auch diese Probleme? Welche fallen euch noch ein?
2. Wähle ein Beispiel aus und überlege genau, warum das Problem oder der Streit entsteht. Schreibe deine Gedanken auf.

Gesprächsfetzen

- Ich kann dir das Taschengeld nicht erhöhen.
- In meinem Zimmer kann ich die Musik so laut aufdrehen, wie ich will.
- Mutter hat gesagt, du sollst beim Aufräumen helfen. Gestern habe ich es allein gemacht.
- Ich werde dir nie mehr etwas anvertrauen. Du erzählst ja doch alles gleich weiter.
- Man muss auch verlieren können. Beim nächsten Spiel gewinnst du wieder.
- Was wird bloß deine Musiklehrerin sagen, wenn du nicht geübt hast?

3. Ordne die Gesprächsfetzen den obigen Beispielsituationen zu. Wer könnte was sagen?
4. Entwirf mit einem von dir ausgewählten Gesprächsfetzen ein Gespräch, das den Streit widerspiegelt und ihn am Schluss löst.
5. Diskutiert eure Gesprächsentwürfe: Welche Lösungsmöglichkeiten gibt es?

Argumentieren

Handys an Schulen: verbieten oder nutzen?

Handys! Es gibt kaum ein anderes Thema, über das sich Lehrer, Schüler und Eltern so leidenschaftlich streiten.
Wer darf wann, wo sein Handy benutzen und für was? Es ist ein Dauerbrenner, mit dem Schulen unterschiedlich umgehen – die meisten mit einem Verbot.
Der Verband der Digitalbranche Bitkom fand in einer Umfrage heraus: Die große Mehrheit der Schüler zwischen 14 und 19 Jahren, nämlich 84 Prozent, darf ihr Handy im Unterricht nicht benutzen. Fast jeder fünfte Schüler berichtet sogar von einem generellen Handyverbot, auch in den Pausen.

Hausordnung des Mörike-Gymnasiums (Entwurf)

5. Nutzung digitaler Medien:
Handys und vergleichbare digitale Medien verbleiben auf dem gesamten Schulgelände ausgeschaltet im Schulranzen. Bei Zuwiderhandeln werden die entsprechenden Geräte eingezogen. Die Schülerinnen und Schüler erhalten ihr Gerät am Ende des Schultages zurück.

1. Diskutiert in der Klasse, was ihr von dieser Regel haltet.

Mario hat Behauptungen aufgestellt, warum Handys in der Schule erlaubt sein sollten:

- Das Handy kann nützlich für schulische Aufgaben sein.
- Mit dem Handy kann ich in der Pause spielen und Spaß haben.
- Mit dem Handy kann ich mit meinen Eltern kommunizieren.
- Mit dem Handy umzugehen lernen, ist nützlich für später.
- Ich kann mich mit dem Handy übers Internet informieren.

2. Finde zu den Behauptungen jeweils eine passende Begründung und ein Beispiel.
3. Vergleicht eure Begründungen und Beispiele. Besprecht, welche besonders überzeugen und warum?

> **Info**
>
> **Argumentieren** bedeutet, den eigenen Standpunkt zu begründen. Nur so kannst du andere überzeugen. Eine **Behauptung** (deine Meinung) braucht immer eine **Begründung**. Diese wird meist durch Subjunktionen eingeleitet: *weil, denn, da*. Anschauliche **Beispiele** stützen deine Begründung.

Handys nutzen, nicht verbieten!
Heike Klovert

Smartphones sind wie kleine schwarze Löcher, die Schülern die Aufmerksamkeit aus dem Hirn saugen, die Achtsamkeit, wenn nicht gar die Intelligenz? Diese Angst treibt Lehrer so sehr um, dass sie sich oft nicht anders zu helfen wissen als mit einem Verbot. Damit verändern sie die Denke ihrer Schüler nicht, sondern werten Smartphones nur unnötig auf. Denn was verboten ist, ist bekanntlich umso reizvoller.
Natürlich können Schüler mit Smartphones peinliche Fotos im Netz posten oder anonyme Beleidigungen verbreiten. Doch wenn sie das tun wollen, tun sie es sowieso. Dann halt abends zu Hause. Und egal, wo Mobbing passiert: Die Schule sollte darüber aufklären und einen verantwortungsvollen Umgang mit dem Netz lehren.
Davon abgesehen steckt in Smartphones eine riesige Chance für jene Schulen, die wenig Geld für Tablets, Notebooks, PCs und Videokameras haben.
Es ist eine einfache Rechnung: Ein durchschnittliches deutsches Gymnasium hat laut einer Studie 45 PCs und 23 Notebooks. Für 907 Schüler. Das ist nicht sehr viel. Von diesen 907 Schülern besitzen jedoch fast 90 Prozent ein Smartphone. In den allermeisten Fällen sind die Geräte internetfähig und mit einer Flatrate ausgestattet.
Das soll jetzt kein Freibrief fürs Daddeln und Surfen im Unterricht sein. Aber ein Appell. Schulen müssen sich noch viel mehr die riesigen Vorteile zunutze machen, die Smartphones bieten. Als Recherchewerkzeug: Wie schnell dreht sich die Erde? Als Wörterbuch: Was heißt gleich „procrastination"? Als Kommunikationsmittel: Morgen fahren keine Schulbusse? Telefonkette adé.
So lernen Schüler früh, Handys sinnvoll zu nutzen – zumal die Geräte auch im späteren Leben der meisten eine große Rolle spielen werden.
Die Handys müssen ja nicht klingeln. Ausgeschaltet oder lautlos im Unterricht, das wäre sinnvoll. Und wenn sie nicht im Einsatz sind, liegen alle Handys auf dem Tisch, wie die Taschenrechner in Mathe, nur mit dem Bildschirm nach unten. Dann kann niemand nach einer SMS vom Schwarm aus der Parallelklasse schielen – und gleichzeitig ist klar: Smartphones sind keine Schmuddelkästen, sondern Arbeitsmittel.
Wenn es Schüler trotzdem noch hin und wieder schaffen, heimlich zu chatten oder zu surfen – was soll's? Sie könnten dem Banknachbarn auch Zettel schreiben oder Käsekästchen spielen und Tic-Tac-Toe. Wer Ablenkung braucht, der findet sie. Und letztendlich liegt's am Lehrer, den Stoff so zu vermitteln, dass seine Schüler sich nicht so leicht ablenken lassen.

1. Die Autorin stellt die These auf, dass Handys in der Schule genutzt und nicht verboten werden sollen. Notiert in euer Heft Argumente, mit denen die Behauptung begründet wird, sowie Beispiele, die die Argumente veranschaulichen.
2. Sucht Textstellen heraus, aus denen man auch ein Gegenargument zur Hauptthese formulieren könnte, und notiert sie in euer Heft.

Nein zu Handys in der Schule
Arne Ulrich

Schüler suchten schon immer nach Ablenkung oder versuchten, Grenzen zu überschreiten. Daran hat sich nichts geändert. Das Problem ist, dass Schüler heute spätestens in der fünften Klasse ein Handy besitzen. Und allein durch das Handy haben sich die Möglichkeiten, sich ablenken zu lassen und Grenzen zu überschreiten, grenzenlos gesteigert.

Schon die für Fünftklässler attraktiven Spiele verfügen über ein derartiges Suchtpotenzial, dass es oft unmöglich zu sein scheint, darauf zu verzichten. Deshalb wird manchmal während des Unterrichts und immer während der Pausen gezockt. Aufs Klo gehen die Schüler während der Pause übrigens nicht. Das erledigen sie dann im Unterricht (und nehmen ihr Handy mit).

Je älter die Schüler werden, desto mehr Ablenkungsmöglichkeiten kommen Jahr für Jahr hinzu: Facebook, WhatsApp, Instagram, YouTube-Kanäle usw. Es ist so dramatisch, wie es klingt: Schulhöfe und Klassenzimmer entwickeln sich zu einem Paradies für all diejenigen, die sich auch während der Schulzeit in ihre virtuellen Welten zurückziehen wollen, statt über den Schulhof zu laufen.

Schüler, die ihr Suchtverhalten auf dem Schulgelände ausleben, schaden übrigens nicht nur sich selbst. Denn wer im System Schule sich selbst schadet, schadet auch den Mitschülern und den Lehrern.

Schulen sollten deshalb den Handykonsum grundsätzlich verbieten und gleichzeitig auf die Digitalisierung reagieren, indem die Schule selbst pädagogisch sinnvolle Ausnahmeregeln einführt: Neben digitalen Projekten in der Oberstufe sollte es ab der siebten Klasse Digitalunterricht geben. In einem hervorragend ausgestatteten Raum lernen Schüler dann einmal pro Woche den Umgang mit verschiedenen Geräten und werden darin geschult, wie man im Internet recherchiert, wie es sich mit dem Copyright verhält und warum man nicht jedes Foto posten sollte.

Abgesehen davon gilt das Verbot! Wahrscheinlich würden sowohl die Schüler als auch die Eltern massiv dagegen protestieren. In diesem Fall müssen die Schulen halt gegen den Strom schwimmen und zum Wohl der Kinder eine digitale Zwangsauszeit dennoch durchsetzen. Andernfalls züchten wir uns eine Generation heran, die nur weiß, wie man googelt und Panik bekommt, sobald der Akku leer ist.

1. Notiere die Argumente gegen Handys in der Schule in eigenen Worten in dein Heft.
2. Gewichte die Argumente, indem du eine Reihenfolge festlegst. Nutze den Info-Kasten.
3. Entscheide dich für einen Standpunkt und wähle drei passende Argumente, gewichte diese und formuliere sie aus.

Info

Argumente gewichten
Um jemanden zu überzeugen, werden Argumente für einen Standpunkt gesammelt und gewichtet.
Gewichte so:
1 = besonders wichtig
2 = wichtig
3 = weniger wichtig.
Anschließend ordnest du sie nach zunehmender Wichtigkeit.
Schließe mit einem besonders wichtigen Argument, da dies dem Gegenüber im Gedächtnis bleibt.

Die strukturierte Kontroverse

Bei einer strukturierten Kontroverse könnt ihr zu einer Problemfrage oder einem Standpunkt Position beziehen und diese mit einem Partner gegenüber einem anderen Paar verteidigen. Das Besondere an dieser Form der Diskussion ist, dass ihr zunächst entweder eine Pro- oder Kontra-Position einnehmt, die nicht unbedingt eurem eigenen Standpunkt entspricht. Ziel dieser Methode ist es, alle Argumente genau zu erkunden und auf ihre Schlüssigkeit hin zu überprüfen. Ihr könnt so eine gegenteilige Ansicht annehmen und diese dadurch besser verstehen und evtl. widerlegen.

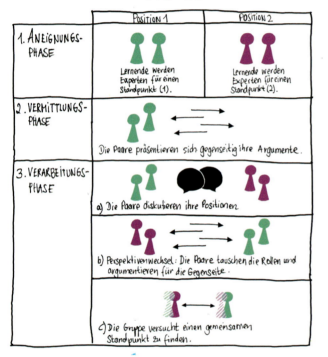

Vor der Diskussion

Teilt jedem Paar per Zufall einen Text zu. Die Schüler müssen diese Position in der Diskussion vertreten. Sprecht die Argumente aus dem jeweiligen Text durch und ergänzt sie.

Diskussion Teil I

Stellt euch abwechselnd die Argumente vor. Eine Gruppe beginnt, die andere hört zu, dann wird gewechselt. Formuliert zum Beispiel so: *Folgende Punkte sprechen für/gegen ..., am wichtigsten ist uns, ...*

Diskutiert eure verschiedenen Positionen. Formuliert dabei sachlich und argumentiert in der Ich- oder Wir-Form: *Wir sind für/gegen Handys an der Schule, weil ...; ich bin der Meinung ...; ist besser, weil ...; unserer Meinung nach ist ... keine gute Idee, weil ...*

Haltet fest, welche Gegenargumente eure Diskussionspartner anbringen.

Notiert, was ihr an den Gegenargumenten problematisch findet.
Notiert, was die Gegenposition an euren Argumenten als problematisch ansieht.

Diskussion Teil II

Wechselt nun die Rollen und macht euch die vorangegangene Diskussion zunutze. Versucht, eure (nun gegensätzliche) Position noch besser zu vertreten als eure Gegner vor euch.

Wie kann euch der Rollenwechsel beim Argumentieren helfen? Sammelt Tipps und notiert sie in euer Heft.

1. Führt eine strukturierte Kontroverse zum Thema „Handys an Schulen: verbieten oder nutzen?" durch.

Änderung der Schulordnung?

Am Mörike-Gymnasium wird die Änderung der Schulordnung diskutiert. Handys sollen künftig auf dem ganzen Schulgelände verboten werden. Die Gesamtlehrerkonferenz hat dem neuen Paragrafen schon zugestimmt. Nun steht nur noch das Votum der Schulkonferenz aus. Dort sind zwar auch zwei Schüler der SMV stimmberechtigt, aber Lehrer und Eltern bilden die Mehrheit. Die Schülerinnen und Schüler der 7d fürchten das Ende für die Handys an der Schule und beschließen, einen Brief an alle Mitglieder der Schulkonferenz zu schreiben, in dem sie ihren Standpunkt erläutern.

1. Was könnte die Mitglieder der Schulkonferenz besonders interessieren? Welche Argumente sind ihnen vor allem wichtig? Wähle drei passende Argumente aus. Denke an ein anschauliches Beispiel.
2. Wähle auch das wichtigste Argument gegen Handys in der Schule aus und entkräfte es.
3. Verfasse nun einen Brief an die Mitglieder der Schulkonferenz:
    ▸ Formuliere eine Einleitung (Anrede des Adressaten, Anlass des Schreibens, Verdeutlichung deiner Position).
    ▸ Nenne im Hauptteil drei Argumente und veranschauliche sie durch Beispiele. Gehe auf das Gegenargument ein und entkräfte es.
    ▸ Bekräftige am Schluss noch einmal deinen Standpunkt und richte dich dabei direkt an den Adressaten.
    Überarbeite deinen Brief mit Hilfe der folgenden Formulierungshilfen:

Argumente einleiten	▸ Ein Argument für die Nutzung von Handys in der Schule ist … ▸ Hinzu kommt, dass … ▸ Ein weiterer Grund für das Handy ist … ▸ Man muss daran denken, dass … ▸ Es darf nicht übersehen werden, dass … ▸ Gegen ein Verbot spricht die Tatsache, dass … ▸ Entscheidend ist, dass … ▸ außerdem, darüber hinaus, weil, da, folglich, denn …
Gegenargumente entkräften	▸ Ich kann zwar verstehen, dass …, jedoch … ▸ Natürlich sind die Bedenken, dass … nachvollziehbar, aber … ▸ Man kann einwenden, dass …, aber … ▸ Es darf sicher nicht übersehen werden, … dass, aber …
Bekräftigen des eigenen Standpunktes	▸ Aus den oben genannten Gründen bin ich der Meinung, dass … ▸ Ich fände es gut, wenn … ▸ Für die Zukunft wünsche ich mir, dass …

4. Bildet Vierergruppen und lest euch eure Briefe gegenseitig vor.
5. Entscheidet, welcher Brief am meisten überzeugt, und besprecht die Gründe dafür.

TESTE dich

Überprüfe dein Wissen und Können, indem du hier die Testaufgaben bearbeitest.

Ich kann ...	Können	Hilfe	Training
in Gesprächen auf meinen Gesprächspartner eingehen.	😃 😉 😳	S. 11 ff.	AH S. 8

Testaufgabe 1

Notiere das folgende Gespräch in Dialogform in deinem Heft. Achte darauf, dass du in deinen Äußerungen und Nachfragen auf dein Gegenüber eingehst.

> Ein Freund oder eine Freundin erzählt dir von einem Konflikt mit einem Mitschüler / einer Mitschülerin. Diese/Dieser hat den anderen in der Klasse etwas Falsches über sie bzw. ihn erzählt und sie/ihn so sehr verletzt.

Ich kann ...	Können	Hilfe	Training
Begründungen Behauptungen zuordnen.	😃 😉 😳	S. 15	S. 21, AH S. 5

Testaufgabe 2

Übertrage die Tabelle in dein Heft. Ordne die Begründungen den jeweiligen Behauptungen zu.

• Hausaufgaben sind überflüssig,	• weil nachmittags dann die Zeit für Sport und Musik zur Verfügung steht.
• Hausaufgaben sind wichtig,	• weil man nie genügend Zeit für sie hat.
• Hausaufgaben führen zu Stress,	• weil man sie nur hinschmiert, um irgendetwas da stehen zu haben.
• Die Unterrichtszeit sollte für das Lernen des Stoffes ausreichen,	• weil die Kontrolle zu viel Unterrichtszeit kostet.
• Hausaufgaben sollten abgeschafft werden,	• weil im Unterricht die Zeit zum Üben fehlt.

Ich kann ...	Können	Hilfe	Training
Beispiele zu Argumenten finden.	😃 😉 😳	S. 15	S. 21, AH S. 5

Testaufgabe 3

Ergänze die Tabelle um eine Spalte nach rechts und finde passende Beispiele.

Ich kann ...	Können	Hilfe	Training
Argumente gewichten und eine begründete Stellungnahme verfassen.	😃 😉 😳	S. 17	S. 21, AH S. 6

Testaufgabe 4

Gewichte die Argumente, die gegen Hausaufgaben sprechen, und formuliere sie in einem Brief an die Klassenlehrerin aus. Gehe auch auf das Gegenargument ein.

So kannst du dein Wissen anwenden und deine Fähigkeiten trainieren:

„Markenklamotten" – ein Gespräch in der Pause

Tom: Was haltet ihr denn von Jonas' neuer Jeans?
Mona: Ich finde seine neue Jeans nicht so toll, weil er damit doch nur angeben will. Schließlich wissen ja alle, was so eine Markenjeans kostet.
Michael: Ich meine dagegen, jeder sollte das anziehen, was ihm gefällt.
Olga: Es geht doch nicht nur um den persönlichen Geschmack und die eigene Freiheit. Du solltest aber auch einen anderen wichtigen Punkt nicht übersehen: Nicht alle Schüler können sich so teure Klamotten kaufen.
Moritz: Ist das nicht dein Problem, wenn du nicht genug Geld hast? Ich jedenfalls will nicht in einer Schuluniform herumlaufen.
Tom: Vielleicht könnt ihr etwas sachlicher miteinander streiten …
Tabea: Meiner Meinung nach ist es nicht so wichtig, was ein Mensch anzieht, weil es mir weniger auf sein Äußeres ankommt.
Mona: Moritz hat eben von Schuluniformen gesprochen. Er hat sie zwar abgelehnt, aber haben Schuluniformen nicht auch ihr Gutes?
Michael: Na ja, da ist wohl etwas dran, Mona. Denn wenn alle – wie zum Beispiel in England – Schuluniformen tragen, sieht man nicht, ob die Eltern viel oder wenig Geld haben. Es gibt so wahrscheinlich weniger Vorurteile über Mitschülerinnen und Mitschüler.
Tom: Vielleicht können wir uns darauf einigen, dass jeder das anziehen soll, was er will und ihm gefällt – natürlich auch Jonas. Aber dieses Recht sollten eben alle haben, ohne dass jemand ausgegrenzt wird. Und jetzt müssen wir in die Klasse zurück. Es hat schon längst geklingelt!

1. Schreibe die Argumente aus dem Text heraus. Ergänze fehlende Beispiele zur Veranschaulichung.
2. Gewichte die Argumente.
3. Formuliere deinen Standpunkt in Form eines kleinen Beitrags für die Schülerzeitung.

Sprechen und Zuhören – Schreiben – Lesen

Erzähl mal!

Literarisches und gestaltendes Schreiben

1. Beschreibt die Bilder.
2. Besprecht, warum und was diese Jugendlichen schreiben könnten. Nennt weitere Schreibsituationen in eurem Alltag.
3. Tauscht euch darüber aus, wie etwas geschrieben sein sollte, damit ihr es gerne lest.
4. Erläutert, inwiefern ein Erzählfächer für euer Erzählen hilfreich sein kann.

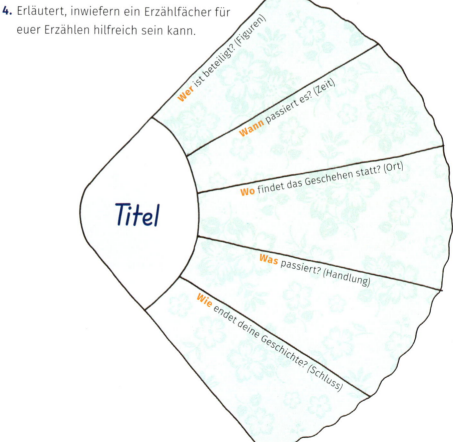

Vergrößerungen
Walter Benjamin

Lesendes Kind. Aus der Schülerbibliothek bekommt man ein Buch. In den unteren Klassen wird ausgeteilt. Nur hin und wieder wagt man einen Wunsch. Oft sieht man neidisch ersehnte Bücher in andere Hände gelangen. Endlich bekam man das seine. Für eine Woche war man gänzlich dem Treiben des Textes anheimgegeben, das mild und heimlich, dicht und unablässig, wie Schneeflocken einen umfing. Dahinein trat man mit grenzenlosem Vertrauen. Stille des Buches, die weiter und weiter lockte! Dessen Inhalt war gar nicht so wichtig. Denn die Lektüre fiel noch in die Zeit, da man selber Geschichten im Bett sich ausdachte. Ihren halbverwehten Wegen spürt das Kind nach. Beim Lesen hält es sich die Ohren zu; sein Buch liegt auf dem viel zu hohen Tisch und eine Hand liegt immer auf dem Blatt. Ihm sind die Abenteuer des Helden noch im Wirbel der Lettern zu lesen wie Figur und Botschaft im Treiben der Flocken. Sein Atem steht in der Luft der Geschehnisse und alle Figuren hauchen es an. Es ist viel näher unter die Gestalten gemischt als der Erwachsene. Es ist unsäglich betroffen von dem Geschehen und den gewechselten Worten und wenn es aufsteht, ist es über und über beschneit vom Gelesenen.

1. Lies den Text. Was beschreibt er?
2. In welchen Situationen denken sich Kinder „selbst Geschichten im Bett aus"? Tauscht euch über eure Erfahrungen aus.
3. Berichtet euch von Geschichten und Büchern, die ihr besonders gerne gelesen habt.
4. Findet Gründe, warum sie euch gefallen haben.

Das kannst du jetzt lernen!
- Nach Impulsen und Vorlagen zu schreiben .... S. 24
- Gehörtes weiterzuerzählen und aufzuschreiben .... S. 29
- Die Perspektive zu wechseln und genau zu erzählen ..... S. 30
- Nach Bildern zu schreiben .... S. 31
- Einen Monolog zu verfassen .... S. 33
- Einen Dialog zu entwerfen .... S. 35

Das eigene Schreiben entdecken

Der Landsberger Poesieautomat von Hans Magnus Enzensberger steht im Literaturmuseum der Moderne in Marbach. Er dichtet auf Knopfdruck.

Wo holt sich die Erde die himmlischen Kleider?
Christine Busta

Wo holt sich die Erde die himmlischen Kleider?
Beim Wettermacher, beim Wokenschneider.
Sie braucht keine eitlen Samte und Seiden,
sie nimmt, was er hat, und trägt froh und bescheiden
5 das Regenschwere, das Flockenleichte,
das Schattenscheckige, Sonnengebleichte,
das Mondgewobne und Sternbestickte,
das Windzerissene, Laubgeflickte,
das Gockelrote, das Igelgraue,
10 das Ährengelbe, das Pflaumenblaue,
das Gräserkühle, das Nesselheiße,
das Hasenbraune, das Schwanenweiße –
und schlendert die Jahre hinauf und hinunter:
je schlichter, je lieber, je schöner, je bunter./34633

Mit dir
Friedl Hofbauer

Mit dir würde ich
über das Wasser gehen
wenn du mir die Hand gibst
und sagst: Komm!

5 Mit dir würde ich über das Wasser gehen
nach Amerika oder Indien
zu Fuß
über die Wasser, und ich glaube
wir sind schon unterwegs –

Gedichte → S. 132 ff.

abendnachrichten
Hans-Magnus Enzensberger

massaker um eine handvoll reis,
höre ich, für jeden an jedem tag
eine handvoll reis: trommelfeuer
auf dünnen hütten, undeutlich
5 höre ich es, beim abendessen.

auf den glasierten ziegeln
höre ich reiskörner tanzen,
eine handvoll, beim abendessen,
reiskörner auf meinem dach:
10 den ersten märzregen, deutlich.

Was ist der Löwe von Beruf?
Josef Guggenmos

Was ist der Löwe von Beruf?
Löwe ist er. Löwe!
Der Fuchs ist Fuchs, das ist genug.
Möwe ist die Möwe.

5 Was ist der Mensch? Fabrikarbeiter,
Schüler, Chefarzt, Fahrer.
Was du auch seist – im Hauptberuf
sei Mensch, ein ganzer, wahrer.

Zwei Menschen
Karl Krolow

Zwei Menschen, die in einer Pappelallee
Aufeinander zukommen:
Begegnung von zwei Tigern.
Und der Wind bauscht teilnahmslos die 5-Uhr-Jacke des einen,
5 Die rot gewürfelt ist,
Und streift zufällig die 5-Uhr-Jacke des anderen,
Die blau gewürfelt ist.
Ihre Herzen schlagen wütend gegeneinander,
Aber listig auf den undeutlichen Gesichtern
10 Steht ein Lächeln wie Suppe, die kühl wird.
Ehe sie einander grüßen,
Fiel der eine im Innern
Über den anderen her: Großkatzensprung
Aus brutalem Gebüsch.
15 Beide waren zerfleischt, ehe der Blätterschatten
Vom Nachmittag zerstört war.
Doch der Teufel war inzwischen
Schon ausgewandert
Und schrie als Häher aus der Luft. –
20 Da verbeugten sie sich tief
Und waren aneinander vorüber.

Info

Die hier angewendete Montagetechnik des **Cut-ups** lässt aus bereits vorhandenen Texten etwas Neues entstehen, indem einzelne Wörter, Satzteile oder auch ganze Sätze zu neuen Texten zusammengesetzt werden.

1. Lies dir die Gedichte durch und notiere mindestens sieben Verse, die dir spontan auffallen.
2. Stelle sie zu einem neuen Gedicht zusammen und trage dein Gedicht vor.

Tipp

Wenn ihr die Seiten kopiert, könnt ihr mit Schere und Klebestift arbeiten.

Gedichte → S. 132 ff.

Inventur
Günter Eich

Dies ist meine Mütze,
dies ist mein Mantel,
hier mein Rasierzeug
im Beutel aus Leinen.

Konservenbüchse:
Mein Teller, mein Becher,
ich hab in das Weißblech
den Namen geritzt.

Geritzt hier mit diesem
kostbaren Nagel,
den vor begehrlichen
Augen ich berge.

Im Brotbeutel sind
ein Paar wollene Socken
und einiges, was ich
niemand verrate,

so dient es als Kissen
nachts meinem Kopf.
Die Pappe hier liegt
zwischen mir und der Erde.

Die Bleistiftmine
lieb ich am meisten:
Tags schreibt sie mir Verse,
die nachts ich erdacht.

Dies ist mein Notizbuch,
dies meine Zeltbahn,
dies ist mein Handtuch,
dies ist mein Zwirn.

Inventur
Tobias (Schüler, 14 Jahre)

Mein Leben.
Mein Handy.
Das ist meins.
Meine Kleider.
Das sind meine.

Was habe ich noch.
Mein Fernseher.
Das ist was.
Mein Schrank.
Das ist meiner.

Was hab ich noch.
Eine Easy-Pack-Tasche.
Was hab ich noch.

Ja, eine Brille.
Playstation 2.
Das ist meine.
Die Playstation-2-Spiele.
Die gehören mir.

Ohne Sachen ist es dumm.

Was gehört mir noch.
Mmmmm.
Mein Stuhl.
Den brauche ich.

Das brauche ich alles.
Sonst ist es sehr, sehr dumm.

1. Lies das Gedicht „Inventur" von Günter Eich. Von welcher Situation könnte es berichten?
2. Vergleiche es mit dem Gedicht von Tobias und suche Gemeinsamkeiten und Unterschiede.

Da liegen meine Eishockeyschuhe.	Handtasche:
Da hängt mein Schal,	Mein Smartphone, mein Lippenstift,
hier liegen meine Handschuhe,	auf das Schminktäschchen
auf dem Stuhl meine Mütze	habe ich den Namen geschrieben.

3. Untersuche die beiden Gedichtanfänge. Welchen Schreibauftrag könnten die Schüler bekommen haben und wie haben sie die Aufgabe begonnen? Schreibe ein ähnliches Gedicht über euch.

4. Günter Eich hat einmal gesagt, er schreibe, um sich „in der Wirklichkeit zu orientieren". Wie könnte er das gemeint haben?

Das Parfum
Patrick Süskind

Bald roch er nicht mehr bloß Holz, sondern Holzsorten, Ahornholz, Eichenholz, Kiefernholz, Ulmenholz, Birnbaumholz, altes, junges, morsches, modriges, moosiges Holz, ja sogar einzelne Holzscheite, Holzsplitter und Holzbrösel – roch sie als so deutlich unterschiedliche Gegenstände, wie andere Leute sie nicht mit Augen hätten unterscheiden können.

5. Beschreibe in enger Anlehnung an den Romanausschnitt den Geschmack eines Hamburgers oder einer Falafel.

6. Lest euch die Texte gegenseitig vor und besprecht, welche Imitationen erkennbar sind.

7. Tauscht euch darüber aus, wie es euch beim Schreiben ergangen ist.

Nach Impulsen schreiben | Literarisches und gestaltendes Schreiben

Augenblickstexte aus Zeitungsschnipseln …

Mit weicher Schnauze

Schwitzend in der Straßenbahn

Baustelle

In den Wolken

Anreise im Schneesturm

Einkaufswagen

Mit zwei Beinen im Eimer

Alles riskiert

Traum von Freiheit

Die Zeit geht um

Grinsen

1. Du hast nur 30 Sekunden Zeit: Wähle schnell vier Zeitungsschnipsel aus (auf welche dein Auge als Erstes fällt und zu denen es zurückwandert) und notiere sie.

2. Schreibe spontan einen Text, in dem diese ausgesuchten Wörter vorkommen. Beginne sofort, ohne viel nachzudenken.

Tipp
Der Zwischenrufer denkt sich weitere kuriose Sätze aus!

… mit Zwischenrufen

„Nimm sofort den Schirm da weg!"

„Da kommt ja ein Pferd durch die Tür."

„Ich hätte gerne noch ein paar Hausschuhe, bitte in Gelb."

„Wieso sitzt denn der Hund da oben in dem Baum?"

Tipp
Achtung: nicht zu lange nachdenken, sondern sofort weiterschreiben!

3. Während alle schreiben, ruft jemand nach wenigen Minuten einen witzigen, merkwürdigen Satz (siehe die Beispielsätze) in die Klasse. Dieser soll sofort in den laufenden Text, den ihr gerade schreibt, eingebunden werden.

4. Nach zwei Minuten folgt ein weiterer Zwischenruf. Wieder soll der Satz sofort in den Text eingebunden werden.

5. Lest euch gegenseitig eure Geschichten vor.

Neue Geschichten in einer Erzählkette

„Also, der 7b vom ... Gymnasium ist bei der Klassenfahrt nach Sylt Folgendes passiert ..." So beginnen oft Erzählungen von spannenden Ereignissen.

Spielanleitung

Erzählkette: 1. Schritt
Bildet fünf Gruppen. Jede Gruppe erfindet zu dem Bild eine interessante Geschichte, die ein besonderes Ereignis in den Mittelpunkt stellt.

Erzählkette: 2. Schritt
Drei Schüler werden nach draußen geschickt. Eine Geschichte wird ausgewählt und von einer Schülerin oder einem Schüler allen sehr anschaulich und lebendig erzählt. Die Klasse verfolgt jetzt aufmerksam, wie sich die Geschichte in der Erzählkette entwickelt.

Erzählkette: 3. Schritt
Eine Schülerin oder ein Schüler vor der Tür wird hereingerufen und ein weiterer Schüler erzählt ihm die gehörte Geschichte.

Erzählkette: 4. Schritt
Daraufhin wird der Nächste hereingerufen. Diesem wird die Geschichte nochmals erzählt, und zwar jetzt von demjenigen, der gerade die Geschichte gehört hat.

 1. Führt dieses Erzählspiel durch. Beachtet dabei die Schritte der Erzählkette.
2. Sprecht dann darüber, was mit der Originalgeschichte passiert ist.

Aus der Perspektive eines Mäppchens

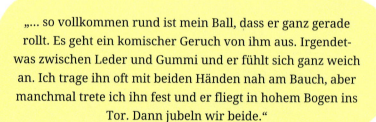

„... so vollkommen rund ist mein Ball, dass er ganz gerade rollt. Es geht ein komischer Geruch von ihm aus. Irgendetwas zwischen Leder und Gummi und er fühlt sich ganz weich an. Ich trage ihn oft mit beiden Händen nah am Bauch, aber manchmal trete ich ihn fest und er fliegt in hohem Bogen ins Tor. Dann jubeln wir beide."

1. Wähle eine der beiden Aufgaben:
   - Beschreibe einen Tag aus der Sicht eines Gegenstandes, den du oft bei dir hast. Lest euch die Texte gegenseitig vor. Wie verändert sich das Geschehen dadurch, dass ein Gegenstand erzählt?
   - Denke an einen Gegenstand, den du besonders magst. Erzähle alles über ihn, was dir einfällt.
2. Nimm ein leeres DIN-A4-Blatt, falte es quer und schneide ein Rechteck heraus, sodass ein Rahmen entsteht. Suche dir eine Fläche (Fußboden, Fensterbank, Pflasterstein, Asphalt ...), auf die du den Rahmen legst.
3. Beschreibe ganz genau, was sich im Rahmen befindet. Welche Einzelheiten kannst du erkennen? Welche Farben hat die Oberfläche usw.
4. Tauscht euch darüber aus, was ihr entdeckt habt.

Gestaltendes Schreiben

1. Betrachte das Bild.
2. Schreibe zunächst einige Minuten lang alles auf, was dir beim Betrachten dieses Bildes in den Sinn kommt.
3. Unterstreiche, was du besonders wichtig findest.
4. Tausche dich mit deiner Nachbarin oder deinem Nachbarn aus und sucht gemeinsam einen Titel für das Bild.

Info

Gestaltendes Schreiben geschieht überlegt und folgt bestimmten Regeln, z. B. muss beim Schreiben ein Bild oder der Bezugstext genau im Auge behalten werden. Häufig gilt es auch, die geforderte Textsorte zu berücksichtigen.

Tipp

Das **Bild** besteht aus zwei **Bildebenen**. Indem du jeweils eine Bildebene abdeckst, kannst du genauer wahrnehmen, was jeweils dargestellt ist. Füge dann beide Bildebenen zusammen.

Nach Bildern schreiben | Literarisches und gestaltendes Schreiben

Verschiedene Wege ins Bild

Fragender Blick
Du kannst Fragen zu dem Bild stellen. Findest du Antworten?

Es war einmal …
Was du siehst, regt dich an, ein Märchen oder eine Fantasiegeschichte zu erzählen.

Fensterblick
Du stehst zunächst betrachtend vor dem Bild. Dann steigst du ins Bild und bist mittendrin im Geschehen. Erzähle, was passiert.

Gespräch
Eine Person aus dem Bild spricht dich an und du beginnst, ein Gespräch mit ihr zu führen.

Spiegelbild
Du erkennst: Die Person dort im Bild, das bin ja ich …

Filmszene
Die dargestellten Figuren beginnen sich zu bewegen. Eine Filmszene entsteht. Schreibe sie auf.

Eine dritte Person
Im Zimmer bei dem Vorhang befindet sich eine dritte Person. Wer ist das? Erzähle davon.

Traum
Es ergeht dir wie in einem langen Traum: Du schaust auf das Bild, plötzlich öffnet es sich und du kannst in die Bildwelt hineingehen. Was erlebst du?

5. Johanna hat folgenden Text zu dem Bild geschrieben:

Jeden Tag standen ein Junge und seine Schwester am Fenster und starrten hinaus. Wie lange sie schon hier von bösen Zauberern gefangen gehalten wurden, wussten sie nicht. Es mussten Tage, Wochen sein. Nie kamen sie aus dem Zimmer heraus, nie sahen sie den Sonnenschein, denn es regnete draußen Tag und Nacht …

Welchen Weg ins Bild hat sie gewählt?

6. Suche dir einen Weg aus und schreibe einen Erzähltext zu dem Bild.

7. Setzt euch in Gruppen zusammen und lest euch gegenseitig eure Geschichten vor. Sprecht darüber, wie ihr jeweils das Bild gesehen und erlebt habt.

Tipp
Sigrid Heuck: *Meister Joachims Geheimnis*

Mit Musik im Regenwind fliegen
Kurt Marti

Es regnet. Das Karussell steht leer. Der Platz vor der Schießbude ist ein Morast. Die Eisbude ist geschlossen. Nur eine der Schiffsschaukeln schwingt noch auf und nieder, Schlagermusik orgelt ins graue Land. Aus dem Dorf kommt niemand bis hier hinaus bei diesem Regen. Nur einmal tauchten zwei Knaben auf, in Winterblusen und Kapuzen vor dem Regen geschützt. Sie drehten für dreißig Rappen[1] einige Karussellrunden. Dann platschten sie durch braune Ackerpfützen zurück ins Dorf. Es regnet, regnet, der Nebel hängt in den Bäumen, nasskalt bläst Wind übers offene Feld. Sie ist verrückt, denkt er und fröstelt im Regenmantel. He, ruft er, du holst dir noch was. Sie schwingt ihre Schaukel. Du holst dir noch eine Lungenentzündung, sagt er, als die Schaukel stoppt und sie wiederum vierzig Rappen aus dem Handtäschchen klaubt[2]. Sie zuckt die Schultern, das blonde Haar hängt strähnig und nass. Nur dass du es weißt, sagt er und stößt die Schaukel von Neuem an und nach drei, vier Schwüngen sticht der Bug[3] bereits in die blaue Deckenbespannung, sodass er beim nächsten Durchgang unten die Bretterbremsen betätigen muss. Die ist verrückt, denkt er sich, und nass bis auf die Knochen dazu. Hast du nicht kalt[4], fragt er, als sie das nächste Mal zahlt. Nass klebt ihr Sommerkleidchen am Leib. Wie alt bist du denn?, fragt er. Schnippisch blickt sie an ihm vorbei und sagt ins Ungefähre, vierzehn. Dann fliegt sie wieder, fliegt hoch, dass er bremsen muss, und die Schlager orgeln in den Regen hinaus. Hast du noch viel Geld?, fragt er beim nächsten Halt. Jetzt lacht sie mit weißen Zähnen. Oh, denkt er, als die Schaukel von Neuem fliegt, was für ein Kind, ein mickriges Kaff, und dann dieser Regen, doch was für ein Kind!

Kurt Marti
Schweizer Pfarrer und Schriftsteller (geb. 1921 in Bern). Er veröffentlichte zahlreiche Werke zur Literatur (Lyrik und Prosa) sowie theologische Schriften.

[1] **Rappen** = Schweizer Münze

[2] **klauben** = schweizerdeutsch für herausziehen, sammeln

[3] **Bug** = Vorderteil eines Schiffes (hier der Schiffsschaukel)

[4] **kalt haben** = schweizerdeutsch für kalt sein, frieren

Eine Kurzgeschichte untersuchen → S. 82 ff.

Jetzt lass ich dich nur noch einmal, sagt er beim nächsten Halt, ich habe kalt und du auch, du wirst ja noch krank. Er lässt sie noch einmal fliegen; sie fliegt, er bremst, sie fliegt von Neuem, er bremst, die Schlager orgeln, der Regen kommt schräg und kalt mit dem Wind. Also, sagt er, Schluss jetzt, geh heim, es wird bald dunkel. Ja, sagt sie, jetzt geh ich, und schlendert davon, das Täschchen schwenkend, sie zeigt keine Eile, sie schlendert und tapst mit den Sommersandalen in Schlamm und Pfützen, sodass es die nackten Waden bespritzt. Mit Musik im Regenwind fliegen, es gibt so viel Musik in der Welt.

Innere Monologe

A So, jetzt wird niemand mehr kommen. Bei dem Regen. Wie unbekümmert das Mädchen durch Schlamm und Pfützen geht. Es scheint ihm alles egal zu sein. Und wie es seine Tasche schwenkt. Dieses Mädchen hat Energie. Woher es die nur nimmt? Ich möchte in diesem Dorf nicht leben, alles verregnet, alles verdreckt. Ich packe zusammen, morgen bin ich woanders.

B Na und, denkt sie. Was geht dich das an? Wie ich diese immer gleichen Sätze hasse. *Zieh dich warm an. Iss den Teller leer. Mach die Hausaufgaben. Geh beizeiten ins Bett.* Warum sieht er nicht, wie gut der Regen auf der Haut tut? Wie schön es ist, so hoch wie möglich in der Schiffsschaukel zu fliegen. Immer diese Vorsicht der Erwachsenen. Er soll mich nicht ausbremsen. Ich will fliegen, höher fliegen.

C Der glaub ich kein Wort. Die ist doch noch nicht vierzehn. So klein, wie die ist. Aber ganz schön schnippisch. Die lässt sich nichts sagen. Die tut, was sie will. Dabei könnte ich doch ganz einfach Schluss machen, sie nicht mehr fliegen lassen. Und wieder stoße ich die Schiffsschaukel an. Wieder folgen ihr meine Blicke, fast bewundere ich das Kind.

1. Stelle Fragen zu den Figuren und deren Verhalten und versuche, Antworten darauf zu finden.
2. Wer spricht in den Monologen jeweils?
   Beschreibe, welche Gefühle und Gedanken die Figuren bewegen.
3. Suche im Text die Stellen, an denen sich diese inneren Monologe einfügen lassen.
4. Verfasse einen inneren Monolog des Mädchens zu dem Zeitpunkt, als sie den Platz mit der Schiffsschaukel verlässt.

Info

Figur
Personen in literarischen Texten nennt man **Figuren**, da es sich bei ihnen um erfundene Personen handelt.

Innerer Monolog
Im Gegensatz zur wörtlichen Rede, in der die Figuren miteinander sprechen, bringen in Erzähltexten die Figuren oft auch ihre Gedanken und Gefühle zum Ausdruck, von denen nur die Leser etwas erfahren. Dieser innere Monolog gehört zur inneren Handlung und ergänzt die äußere Handlung.

Atmosphäre
Der innere Monolog unterstützt auch die Atmosphäre in einem Text.

Eine Kurzgeschichte untersuchen → S. 82 ff.

Der Filmstar und die Eisprinzessin
Werner Färber

Caro schließt das Fenster, um es sich im Abteil gemütlich zu machen – doch sie ist nicht mehr allein! Auf dem Fensterplatz in Fahrtrichtung sitzt ein Junge. Er ist ungefähr so alt wie Caro. „Na?", sagt er. „Was na?" „Ich bin Benny", stellt er sich vor. „Wohin?" „Berlin", sagt Caro. „Ich auch – und?" „Was und?" „Hast du keinen Namen?" „Doch, natürlich. Caro. Was machst du in Berlin?", fragt Caro. „Dreharbeiten", sagt Benny nach kurzem Zögern. „Für einen Film? Als Schauspieler?" „Nein, als Szenenklappe", erwidert Benny. „Sehr witzig", denkt Caro. Aber er sieht nett aus und unsympathisch ist er auch nicht. Wie ein Schauspieler sieht er jedenfalls nicht aus und im Fernsehen hat sie ihn auch noch nie gesehen. „Und du?", fragt Benny plötzlich. Caro zögert. Sie kann jetzt schlecht damit kommen, dass sie ihre Oma besucht. Das klingt doch stinklangweilig. „Ich fahre zum Leistungstraining", platzt sie heraus. Benny macht große Augen. „Leistungstraining? In welcher Sportart?" „Eiskunstlauf", antwortet Caro. „Eiskunstlauf? Jetzt, im Sommer?", fragt Benny verwundert. Mist, daran hätte sie denken müssen. Wer geht schon im Sommer eislaufen? „Klar", sagt Caro selbstbewusst. „Im Spitzensport gibt es keine Pausen." „Eine Eisprinzessin", murmelt er. Die Abteiltür wird geöffnet ...

1. Lies die Geschichte und fasse die Handlung in eigenen Worten zusammen.
2. Analysiere mit Hilfe des Infokastens, ob es sich um einen gelungenen Dialog handelt, und begründe deine Meinung.
3. Untersuche das Verhalten von Caro. Wie erklärst du dir ihr Flunkern?
4. Schauspieler, Spitzensportlerin, Youtube-Star, davon träumen viele Jugendliche. Welche Wünsche, Träume oder Sehnsüchte gibt es in eurer Klasse?
5. Verfasse eine Erzählung und baue einen Dialog ein, in dem der Satz „Träum weiter!" geäußert wird.
6. Lest euch die Erzählungen vor und besprecht die Funktion der jeweiligen Dialoge.

Info

Um deinen Text aufzulockern und um Figuren lebendiger zu gestalten, kannst du in deinen literarischen Text auch **Dialoge** einbauen. Im Dialog können deine Figuren Stimmungen, Gefühle und Meinung selbst kundtun. Sie können so sich und andere Figuren charakterisieren. Ein Dialog lässt deine Geschichte lebensnaher und realistischer wirken und kann den Fortlauf der Geschichte voranbringen.
Aber Vorsicht: Ein Dialog wird belanglos und überflüssig, wenn er keine dieser Funktionen erfüllt.

Die Inhaltsangabe → S. 38 ff.
Überblick über Handlung und Figuren gewinnen → S. 109 ff.

Sprechen und Zuhören – Schreiben – Lesen

von helden lobebæren und grôzer arebeit

Die Inhaltsangabe

Was macht denn der da?

Ist das die Sage mit dem Drachen?

Er scheint in einer üblen Brühe zu baden.

Die Geschichte kenne ich doch!

Wie heißt noch mal der Held?

Siegfried!

Info

Die **Wandzeitung** dient euch als Gedächtnis der Klasse. Ihr sammelt auf einem Packpapier fortlaufend Informationen zu einem Thema und dokumentiert so euren Lernprozess.

1. Die 7a hat das Foto oben entdeckt und spricht darüber. Was wisst ihr über Siegfried, den Drachentöter?
2. Haltet euer Vorwissen zu Siegfried auf einer Wandzeitung fest. Ihr könnt Szenen, die euch in Erinnerung sind, auch zeichnen und auf die Wandzeitung kleben.

Das Nibelungenlied – kurz gefasst

Als strahlender Held zieht Siegfried, der Drachentöter, mit dem Schatz des Nibelungen in den Hof der Burgundenkönige ein, um die schöne Kriemhild zu freien. Prachtvoll wird die Doppelhochzeit von Siegfried mit Kriemhild und Gunter mit Brünhild am Wormser Hof gefeiert. Doch dann setzt ein, was an Intrigen, Hinterhalt und Mord, an Hass und Rache kaum mehr zu überbieten ist und nach der Ermordung Siegfrieds mit dem grausigen Tod Hagens und Kriemhilds endet.

Siegfried und der Drachenkampf, die Eifersucht zwischen Kriemhild und Brünhild, Zwerg Alberich und die Tarnkappe, aus vielen Erzählsträngen ist das bekannteste deutsche Heldenepos gewoben, das Nibelungenlied. Und wer könnte die Erzähltradition besser fortführen als Rolf Boysen? Schon mit seinen Interpretationen der Ilias und Aeneis las er sich in den Rezitations-Olymp. Nun bringt er auch die berühmten Nibelungenstrophen zum Klingen.

Einfach Spitze, wie „Siggi den Drachen allemacht", wie sich „Bruni in den Siggi verknallt", der längst auf Hildchen abgefahren ist, wie daraufhin Bruni „völlig ab- und durchhängt" oder der zombige Hagen den Siggi zu Schaschlik verarbeitet.
Eine altbekannte Story, die hier aber – total easy – als „knallharte Action-Geschichte mit super-sülzigen Trivi-Einlagen" flottgemacht wird. Lesen Sie selbst, wie die ganze leidige Heldengeschichte in einem Chaos allererster Sahne endet.

Info

Das **Nibelungenlied** ist eines der bedeutendsten Kunstwerke der deutschen Sprache. Es wurde um 1200 verfasst und umfasst 9516 Verse. Den Namen des bayerisch-österreichischen Verfassers kennen wir nicht. Er hat zwei germanische Sagenstoffe im Nibelungenlied vereinigt: die Brünhild-Siegfried-Sage und die Sage vom Untergang der Burgunden. Viele Künstler haben sich mit dem Nibelungenstoff beschäftigt und daraus neue Werke geschaffen (z. B. den Stummfilm von Fritz Lang, 1924; den Opernzyklus „Der Ring der Nibelungen", 1848 von Richard Wagner oder den zweiteiligen Fernsehfilm „Die Nibelungen – Der Fluch des Drachen" von 2004).

1. Lies die Texte. Wo begegnen dir solche Texte wie diese?
2. Welche Aufgabe haben solche Texte?
3. Klärt die Gemeinsamkeiten und Unterschiede dieser Texte. Berücksichtigt sowohl sprachliche als auch inhaltliche Aspekte.
4. Sammle alle Informationen zum Nibelungenlied, die du aus den Texten erfährst. Welche Fragen werden beantwortet? Welche Fragen bleiben offen?
5. Ergänzt eure Wandzeitung durch neue Informationen und Fragen zum Nibelungenlied.

Das kannst du jetzt lernen!

- Mittelalterliche Texte zu verstehen .... S. 38
- Texten Informationen zu entnehmen .... S. 40
- Inhalte zusammenzufassen .... S. 44
- Einen Basissatz zu formulieren .... S. 47
- Die indirekte Rede zu verwenden .... S. 48
- Eine Inhaltsangabe zu schreiben .... S. 50

Das Nibelungenlied

Beginn des Nibelungenliedes in der Handschrift C (um 1230)

1. Höre dir die berühmte erste Strophe des Nibelungenliedes an:

1. Âventiure[1]

Uns ist in alten mæren[2]   wunders vil geseit[3]
von helden lobebæren[4]   von grôzer arebeit[5],
von fröuden, hôchgezîten[6],   von weinen und von klagen,
von küener recken strîten[7]   muget[8] ir nu wunder hœren sagen. [...]

Uns wird in alten Erzählungen viel Wunderbares berichtet:
Von berühmten Helden, großer Mühsal,
von glücklichen Tagen und Festen, von Tränen und Klagen
und vom Kampf tapferer Männer könnt ihr jetzt Erstaunliches erfahren.

2. Welche Erwartungen weckt diese erste Strophe?
3. Lest die Strophe gemeinsam murmelnd mit Hilfe der Informationen zur Aussprache.
4. Vergleiche das mittelhochdeutsche Original und die Übersetzung. Sammle Gemeinsamkeiten und Unterschiede in einer Tabelle.
5. Vergleiche deine Sammlung mit deinem Partner.
6. Besprecht, was das Verständnis des mittelhochdeutschen Textes einerseits erleichtert, andererseits erschwert.
7. Überlege, wodurch ein solcher Sprachwandel vom Mittelalter bis heute zustande kam.

Aussprachehilfe:
Vokale:
â, ê, î, ô, û lang
ie als Doppellaut mit der Betonung auf dem i (Kri-emhild, li-ebe); ebenso die Diphthonge ei, ou, öu, uo, üe (brüeder)
iu als ü
œ, æ: langes ö bzw. ä
Konsonanten:
c am Wortende als k
h entweder als h (hant) oder als ch (lieht)
z entweder als z (zorn) oder als s oder ss (daz)

[1] **Âventiure** = eine (wunderbare) Begebenheit, ein gewagtes Unterfangen
[2] **mære** = mündliche Erzählung
[3] **geseit** = gesagt
[4] **lobebære** = ruhmreich, berühmt
[5] **arebeit** = Mühsal, Kampf
[6] **hôchgezît** = Fest
[7] **strît** = Kampf
[8] **mugen** = können

Die Inhaltsangabe | Ein Epos erkennen

Wie Kriemhild und Siegfried aufwachsen

Es wuohs in Búrgónden ein vil édel magedín[1],
daz in allen landen niht schœners mohte sîn,
Kriemhilt geheizen: sie wart ein scœne wîp[2].
dar umbe muosen degene[3] vil verlíesén[4] den lîp[5].
[...]

Dô wuohs in Niderlanden eins edelen küneges kint,
des vater der hiez Sigemunt, sîn muoter Sigelint,
in einer rîchen bürge[6] wîten wol bekannt,
nidene bî dem Rîne[7]: diu was Sántén[8] genant.

Sîvrit was geheizen der snelle[9] degen guot.
er versúochte[10] vil der rîche[11] durch ellenthaften[12] muot.
durch sînes lîbes sterke[13] er reit in menegiu[14] lant.
hey[15] waz er sneller degene sît[16] zen Búrgónden vant!

[1] **magedín** = Mädchen
[2] **wîp** = Frau
[3] **degene** = Helden
[4] **verlíesén** = verlieren
[5] **lîp** = Leben
[6] **bürge** = Burg
[7] **nidene bî dem rîne** = am Niederrhein
[8] **Sántén** = Xanten
[9] **snelle** = schnell, kampfgewandt
[10] **versúochte** = auf die Probe stellen
[11] **rîche** = Reiche, Länder
[12] **ellenthaft** = tapfer, kühn
[13] **lîbes sterke** = Kraft
[14] **menegiu** = manche
[15] **hey** = ach
[16] **sît** = später

1. Lest die Strophen zunächst laut. Tragt zusammen, was ihr sofort versteht.
2. Übertragt nun die Strophen ins Neuhochdeutsche.
3. Entnehmt den Strophen Informationen über Kriemhild und Siegfried und haltet sie auf der Wandzeitung fest. Passen die beiden zusammen?
4. Welche Vorausdeutungen macht der Erzähler?
5. Das Nibelungenlied wird auch als Epos bezeichnet. Überprüfe mit Hilfe der folgenden Definition, welche Merkmale des Epos erkennbar sind.

Epos (griech.: Wort, Erzählung, Gedicht): Früher mündlich vorgetragener, erzählender Text in Versen; Vorläufer des Romans. Das Epos zeichnet sich durch strenge Form (gleichbleibendes Versmaß, oft strophische Gliederung) und gehobene Sprache aus. Mythen, Götter- und Heldensagen sind Themen des Epos. Auch bedeutende historische Ereignisse oder Personen werden feierlich besungen. Ein allwissender Erzähler überblickt das Geschehen aus einer objektiven Distanz und schildert es mit Feierlichkeit und Ehrfurcht. Er beruft sich dabei meist auf anerkannte Quellen (Homers „Odyssee": „Nenne mir, Muse, den Helden ..."; Nibelungenlied: „Uns ist in alten mæren wunders vil geseit"). Bekannte **Heldenepen** sind Homers „Ilias" und „Odyssee" (8. Jh. vor Christus) sowie das um 1200 entstandene **Nibelungenlied**, dessen Dichter unbekannt ist.

6. Welche Bedeutung hat das Wort „episch" für euch heute?

Den Text verstehen | Die Inhaltsangabe

Die Inhaltsangabe vorbereiten
Der Traum vom Falken
Reiner Tetzner

Jenes große Königreich, von dem erzählt wird, hatten die Burgunden am Rhein gegründet. Von seiner Macht und seinem Ruhm sprechen wir noch heute. Drei junge Könige regierten in Worms. Aber ihre Schwester Kriemhild sollte noch berühmter werden. Wie keine andere Königstochter war sie über alle Maßen schön. Manche Mächtige des Reiches meinten, nun habe das Königsgeschlecht für ewig Bestand. Aber gerade ihre Schönheit sollte eine größere Gefahr werden als das stärkste feindliche Heer. Kriemhild war so reizvoll und anmutig, dass die kühnsten Helden sie zur Frau begehrten, sie war so schön, dass mancher junge Kämpfer für sie in den Tod gehen wollte.

Aber je heftiger sie die Freier begehrten, desto schroffer wehrte Kriemhild ab. Auch wegen eines Traumes, den sie keinen Tag vergaß:

Sie ziehe einen Falken auf, hatte sie geträumt, der sei stark, schön und wild, den liebte sie über alle Maßen. Da packten ihn vor ihren Augen zwei Adler mit ihren Klauen und zerfleischten ihn.

Tränenüberströmt hatte sie ihrer Mutter, Königin Ute, berichtet.

„Der Falke, den du zähmtest, ist ein edler Mann", deutete die Königin den Traum, „sobald du ihn gefunden, wird er dir wieder entrissen."

„Was redet Ihr von einem Mann, liebe Mutter, nun will ich erst recht keinen Helden lieben und so schön bleiben bis an meinen Tod."

„Nun sei nicht voreilig", entgegnete die Mutter, „Glück erfährst du nur durch die Liebe eines Mannes; neben ihm zu liegen macht dich noch schöner."

Kriemhild bat ihre Mutter zu schweigen und verbannte die Liebe aus ihrem Sinn, wies kühnste Bewerber ab. Nach Jahren meinte sie endlich, keinem Mann mehr zu erliegen. Da kam jener Falke, den sie im Traum gesehen; der berühmteste aller Helden von göttlicher Abstammung.

So begannen also Glück, Verrat und Tod, und niemand konnte sie aufhalten. So mächtig und glanzvoll das Königshaus auch war, so berühmt das Geschlecht der Burgunden, dem Kriemhild angehörte, so tapfer und weise ihre Brüder, die Könige Gunter, Gernot und der junge Giselher. Sie waren Helden von unmäßiger Kraft und Kühnheit, mit auserwählter Tatkraft und Freigebigkeit.

Den drei Königen und ihrer Mutter, Königin Ute – Vater Dankrat lebte nicht mehr – waren mächtige Herren untertan wie Hagen von Tronje und sein Bruder Dankwart. Auch Ortwin von Metz, die Markgrafen Gero und Eckwart und Volker von Alzey gehörten dazu. Rumold war der Küchenmeister, Sindold der Mundschenk und Hunold der Kämmerer[1]. Dankwart war der Marschall[2] und Ortwin der Truchsess[3] der Könige.

In den Übersetzungen findet man für Gunter die Schreibweisen ohne und mit h (Gunther).

[1] **Kämmerer** = führender Finanzbeamter, Schatzmeister
[2] **Marschall** = Stallmeister
[3] **Truchsess** = oberster Aufseher über die fürstliche Tafel

Wichtiges erkennen: Fragen an einen Text stellen

Bevor man einen Text zusammenfassen kann, ist es wichtig, ihn richtig zu verstehen. Dabei helfen W-Fragen.

> Kriemhild entsagt der Liebe und weist alle Bewerber ab. Trotzdem kommt eines Tages der Mann, den sie im Traum gesehen hat.

> Zahlreiche Freier werben um die schöne Kriemhild, die Schwester von drei jungen Königen in Worms. Doch wegen eines Traums weist sie alle zurück.

> Die Überschrift hebt den Falkentraum hervor.

1. Worauf deutet die Überschrift hin?
2. Wie ist die Ausgangssituation?
3. Welche Figuren werden auffällig charakterisiert?
4. Wie stehen die Figuren zueinander?
5. Welche Handlungsvorgänge sind wichtig?
6. Welche überraschenden Wendungen gibt es?
7. Wie endet der Textauszug?
8. Was ist die Aussage des Textauszugs?
9. Welche Funktion hat die Textstelle für das Nibelungenlied?

> Kriemhild sucht bei ihrer Mutter Trost und Rat nach dem schrecklichen Traum.

> Kriemhilds außergewöhnliche Schönheit wird besonders hervorgehoben. Auch ihre Freier werden als besonders kühn und todesmutig beschrieben. Kriemhilds Mutter Ute wirkt besonnen, lebenserfahren und klug.

> Der Falkentraum deutet inhaltlich auf den weiteren Verlauf der Handlung hinaus.

> Kriemhild träumt, sie habe einen sehr schönen, aber auch wilden Falken aufgezogen. Dieser sei dann von zwei Adlern vor ihren Augen getötet worden. Die Mutter deutet den Falken als geliebten Mann, den Kriemhild wieder verlieren werde.

> Der Falkentraum zeigt, dass es vorherbestimmt zu sein scheint, dass Kriemhild sich in einen außergewöhnlichen Helden verlieben wird, der daraufhin durch Verrat sterben muss. Dieses Schicksal kann nicht aufgehalten werden.

> Zum Schluss gibt der Erzähler Hinweise auf das weitere Geschehen, das mit dem Tod enden wird. Die große Macht und Stärke sowie weitere Vorzüge der Burgunden werden ausführlich hervorgehoben.

1. Ordne die Antworten den Fragen zu.
2. Vergleicht eure Zuordnungen und begründet sie.
3. Welche Tempusform wird in den Antworten verwendet?
4. Formuliere nun eine Zusammenfassung des Textes, indem du die Antworten auf die Fragen berücksichtigst. Beginne so:
   In der ersten Aventiure des „Nibelungenliedes" hat Kriemhild, die Schwester der Burgunderkönige Gunter, Gernot und Giselher, einen schrecklichen Falkentraum, der in die Zukunft weist.
   Sie erzählt ihrer Mutter Ute ...

Die Funktion von Tempusformen untersuchen → S. 230 f.

Einen Text in Abschnitte gliedern | Die Inhaltsangabe

3. Aventiure:
Was Hagen von Tronje über Siegfried weiß
Siegfried Grosse

Siegfried hört von der großen Schönheit Kriemhilds und möchte sie heiraten. Mit elf ausgewählten Rittern reitet er in kostbaren Gewändern und mit glänzenden Helmen und Schildern an den Hof der Burgunden nach Worms. König Gunter kennt den prachtvollen Helden nicht und erkundigt sich bei Hagen von Tronje.

86 Deshalb sprach Hagen: „Ich möchte dazu Folgendes sagen; obwohl ich Siegfried noch nie gesehen habe, so möchte ich wohl annehmen, mag es sein, wie es will, dass er der Krieger ist, der dort so stolz auf und ab geht.

87 Er bringt Neuigkeiten in dieses Land. Die Hand des Helden hat die tapferen Nibelungen besiegt, Schilbung und Nibelung, die Söhne eines mächtigen Königs. Mit seinen großen Kräften hat er seither beträchtliche Wunder vollbracht.

Siegfried kommt zu den Nibelungen.

88 Als der Held einmal ohne jeden Begleiter ausgeritten war, fand er vor einem Berg, wie mir berichtet worden ist, viele kühne Männer um den Hort der Nibelungen versammelt, die ihm fremd waren, bevor er sie dort kennenlernen sollte.

[1] **Hort** = Schatz

89 Der Hort[1] der Nibelunge war nämlich aus einer Berghöhle herausgetragen worden. Nun hört die seltsame Geschichte, wie ihn die Nibelungen teilen wollten. Das beobachtete der ritterliche Siegfried, und er begann, sich darüber zu wundern.

90 Er ging so nahe heran, dass er die Helden und diese auch ihn sehen konnten. Einer von ihnen sagte: ‚Hier kommt der starke Siegfried, der Held aus Niederland.' Sehr merkwürdige Geschichten erlebte er mit den Nibelungen.

91 Den Krieger empfingen Schilbung und Nibelung höflich. Nach einem gemeinsamen Beschluss baten die jungen, edlen Fürsten den wackeren Siegfried, den Schatz zu teilen, und sie drängten so lange, bis er es ihnen versprach.

92 Er sah, wie wir berichten hören, so viele Edelsteine, die hundert Wagen nicht hätten fassen können, außerdem noch mehr rotes Gold aus dem Land der Nibelungen. Und das alles sollte der tapfere Siegfried für sie aufteilen!

93 Da schenkten sie ihm das Schwert Nibelungs als Lohn. Doch mit dem Dienst, den ihnen der gute Siegfried leisten sollte, waren sie schlecht beraten. Denn er konnte die Aufgabe nicht lösen: Die Nibelungen waren deshalb zornig.

94 Sie hatten unter ihren Freunden zwölf mutige Männer, die starke Riesen waren. Aber was konnte ihnen das nutzen? Sie hat nämlich Siegfried später vol-

ler Wut eigenhändig erschlagen, und außerdem bezwang er noch siebenhundert Krieger aus dem Nibelungenland

95 mit dem vortrefflichen Schwert, das Balmung hieß. Aus großer Furcht vor dem Schwert und dem tollkühnen Mann unterwarfen sich viele junge Ritter Siegfried und übergaben ihm die Burgen und das Land dazu.

96 Außerdem erschlug der die beiden mächtigen Könige. Allerdings kam er danach durch Alberich in große Not, der nämlich gehofft hatte, seine Herren sogleich rächen zu können, bis er selbst Siegfrieds große Kraft zu spüren bekam.

97 Da konnte es der starke Zwerg mit ihm nicht aufnehmen. Sie rannten wie zwei wilde Löwen auf den Berg zu, bis Siegfried Alberich die Tarnkappe abgewann, und damit war er, der furchterregende Mann, Herr über den Nibelungenhort.

98 Die zu fechten gewagt hatten, lagen alle erschlagen auf dem Feld. Den Schatz ließ er sogleich dorthin führen und tragen, woher ihn die Nibelungen vorher geholt hatten. Der so starke Alberich wurde zum Kämmerer gemacht.

99 Dafür musste er Siegfried den Eid schwören, er wolle ihm als Knecht dienen. Zu allem war Alberich bereit." So berichtete Hagen von Tronje. „Das hat Siegfried getan. Größere Macht hat nie ein Krieger zuvor erlangt.

100 Ich weiß noch mehr von ihm, was mir zu Ohren gekommen ist. Einen Drachen hat der Held erschlagen. Er badete sich in dem Blute, und daraufhin hat er eine Hornhaut bekommen. Deshalb verwundet ihn keine Waffe, wie sich schon so oft gezeigt hat.

101 Wir werden den Herren möglichst freundlich empfangen, damit wir uns nicht die Feindschaft des jungen Kämpfers zuziehen. Er ist so unglaublich kühn, dass man ihn freundlich gegen sich stimmen sollte. Mit seiner Stärke hat er schon viele Wundertaten vollbracht."

> Siegfried besiegt den Drachen und wird unverwundbar.

> Siegfried macht sich die Nibelungen untertan und gewinnt den unermesslichen Hort.

> Siegfried soll den Nibelungenhort teilen und bekommt das Zauberschwert Balmung.

> Siegfried gewinnt die Tarnkappe.

> Siegfried verpflichtet den starken Zwerg Alberich als Wächter des Schatzes.

1. Gliedere den Text mit Hilfe der Sätze am Rand. Schreibe dazu die Strophennummern mit den passenden Überschriften in dein Heft. Finde eine Überschrift für die letzte Strophe 101.
   Beispiel: Strophe 86–90: Siegfried kommt zu den Nibelungen.
2. In Hagens Bericht stimmt die Reihenfolge der Heldentaten nicht ganz: Welche Heldentat steht am Anfang? Begründe.
3. Fasse Siegfrieds Heldentaten zusammen. Verwende das Präsens.
4. Was ist für euch ein Held? Besprecht, warum Siegfried als außergewöhnlicher Held bezeichnet wird.

Wichtiges aus einem Text herausschreiben | Die Inhaltsangabe

Siegfried begegnet Kriemhild
Reiner Tetzner

Siegfried wird am Hof in Worms freundlich empfangen, sieht Kriemhild jedoch ein Jahr lang nicht. Im Kampf gegen die Sachsen verhilft Siegfried den Burgunden zum Sieg. Daraufhin wird in Worms ein prunkvolles Fest ausgerichtet.

An einem Pfingstmorgen öffneten sich die Gemächer[1] bei Hofe. Königlich gekleidet kam Gunter mit seinem Gefolge. Fünftausend und mehr Gäste waren zum Siegesfest erschienen. Inzwischen hatte König Gunter erfahren, dass Siegfried seine Schwester Kriemhild liebte. Auch Ortwin von Metz schien das zu wissen und wandte sich an den König:
„Lasst zur Feier unseres Sieges und zur Ehre der Gäste das Glanzvollste zeigen, was wir besitzen, die Schönheit unserer Frauen und Mädchen."
Dieser Vorschlag gefiel dem König.
Die Bediensteten wählten aus den Schreinen[2] die prunkvollsten Gewänder. Dann traten Kriemhild und Ute vor den Hofstaat, goldglitzernd und mit Spangen geschmückt. Gunter hieß hundert Recken mit Schwertern in der Hand an der Seite seiner Schwester gehen. Viele anmutige Mädchen folgten ihr. Auch Ute hatte über hundert schöne Frauen um sich. Die Recken drängten sich um den festlichen Zug. Mancher Held wollte von den Frauen gesehen und bewundert werden, hätte dafür gern auf Land und Besitz verzichtet.
Wie das Morgenrot aus trüben Wolken bricht, so erschien die liebliche Kriemhild. Erfahrene Männer hielten bei ihrem Anblick den Atem an. Kriemhilds edelsteinbesetztes Gewand blitzte von Feuer und Schönheit. Auch davon lag ein rosenroter Schein auf ihrem Gesicht. Keiner hatte auf der Welt je Schöneres gesehen. So wie der lichte Mond zwischen den Wolken die Sterne überstrahlt, stand Kriemhild vor dem Zug der Frauen. Die Männer drängten sich, die Schöne zu schauen. Bei ihrem Anblick wurde Siegfried blass und rot und dachte: Wie konnte ich wagen, sie zu lieben? Aber gelingt es mir nicht, sie zu gewinnen, will ich lieber tot sein. Wie von einem großen Meister auf Pergament gemalt, so stand der verliebte Siegfried aus Xanten. Noch nie wurde ein so stolzer und schöner Held gesehen.
Da riet Gernot seinem Bruder: „Vergeltet es ihm, der uns so treu gedient hat, vor allen anderen. Lasst Kriemhild

[1] **Gemächer** = vornehme Zimmer, Wohnräume

[2] **Schrein** = hier: verschließbarer Schrank

vor Siegfried kommen und sie, die noch keinen grüßte, den Helden aus Xanten willkommen heißen. So gewinnen wir ihn immer als Freund."

40 Als Siegfried davon erfuhr, verflog sein Schmerz. Und als Kriemhild den Erwählten ansah, wurde er glühend rot im Gesicht.

„Seid willkommen, königlicher Held!", sagte Kriemhild.

45 Er verbeugte sich eifrig, bis sie seine Hand fasste und beide nebeneinander einhergingen. Sie sahen sich heimlich mit Liebesblicken an. Ob sie einander aus Zuneigung die Hand drückten, ist mir un-
50 bekannt. Aber ich kann kaum glauben, dass sie es unterließen. Erzählt wird, wie er über ihre weiße Hand strich und dass Kriemhild ihm ihre Neigung zeigte. Siegfried hatte noch nie so hohe Freude emp-
55 funden.

Mancher Recke beneidete Siegfried und wünschte sich, an seiner statt neben ihr zu gehen oder gar zu liegen. Die Liebe der beiden war so offensichtlich, dass alle es bemerkten.

60 Dann wurde Kriemhild erlaubt, den Helden von Xanten zu küssen. [...]

Dann zog Kriemhild mit ihrem Gefolge zur Andacht ins Münster. Die Gäste traten zur Seite. Auch Siegfried musste sich von ihr lösen; der Gesang der Messe schien ihm endlos. Als
65 Kriemhild wieder ins Freie trat, ließ sie die Wartenden zu sich bitten und dankte Siegfried für seinen Sieg über die Sachsen:

„Ihr habt verdient, dass die Kämpfer Euch so treu ergeben sind."
Er sah Kriemhild liebevoll an und erwiderte:
„Ich will Euch immer zu Diensten sein und nicht eher ruhen, bis ich alles getan
70 habe, was Ihr wünscht; nur für Euer Glück, meine Herrin Kriemhild."

1. Lies den Text. Was ist dein erster Eindruck dieser Begegnung?
2. Bereite diesen Text für eine Inhaltsangabe vor:
   ▶ Gliedere den Text in Abschnitte. Formuliere Überschriftensätze.
   oder
   ▶ Fertige ein Exzerpt an: Notiere wichtige Handlungsschritte auf einem Stichwortzettel (vgl. Info-Kasten).
3. Stellt W-Fragen an den Text und beantwortet sie.
4. Formuliert das Thema dieses Textes.

Info

Exzerpt, exzerpieren (lat. *excerpere*: herausnehmen, auslesen): Wichtiges aus einem Text in Form eines Stichwortzettels herauszuschreiben, nennt man **exzerpieren**. Wichtig sind die Informationen, die man braucht, um eine Geschichte zu verstehen. Dazu gehören Antworten auf die W-Fragen.

Die Inhaltsangabe schreiben
Inhaltsangabe – ein Beispiel

In diesem Textauszug „Siegfried begegnet Kriemhild" aus Reiner Tetzners Erzählfassung des Nibelungenliedes geht es um das schicksalhafte erste Aufeinandertreffen von Kriemhild, der burgundischen Königstochter, und Siegfried, dem Königssohn aus Xanten.

Anlässlich des Sieges über die Sachsen wird in Worms ein prunkvolles Fest veranstaltet. Als Höhepunkt der Feier sehen sich Kriemhild und Siegfried im Kreise zahlreicher festlich geschmückter Frauen und Männer zum ersten Mal. Sowohl bei Kriemhild als auch bei Siegfried wird die außerordentliche Schönheit hervorgehoben. Kriemhild, die bisher allen Freiern den Gruß versagt hat, begrüßt Siegfried herzlich und fasst ihn an der Hand. Beide werden von Gefühlen überrollt und betrachten sich verliebt. Schließlich darf Kriemhild Siegfried sogar küssen. Siegfried schwört Kriemhild, ihr für immer zu Diensten zu sein.

Info
Inhaltsangabe
- Eine sachliche Inhaltsangabe ist die geraffte Wiedergabe eines Erzähltextes.
- Sie beantwortet alle W-Fragen und macht Zusammenhänge deutlich.
- Sie enthält keine wörtliche Rede, sondern gibt wichtige Redepassagen in indirekter Rede wieder.
- Sie verwendet das Präsens.
- Die Inhaltsangabe hat einen Basissatz als Einleitung.

1. Prüfe diese Inhaltsangabe mit Hilfe deiner Gliederung oder deines Exzerpts. Enthält sie alle wichtigen Informationen?
2. Untersuche nun den Aufbau dieser Inhaltsangabe. Aus welchen Teilen besteht die Inhaltsangabe.
3. Kläre in folgendem Satz die Tempusformen. Welche Tempusform wird bei Vorzeitigkeit in der Inhaltsangabe verwendet?

Kriemhild, die bisher allen Freiern den Gruß versagt hat, begrüßt Siegfried herzlich und fasst ihn an der Hand.

4. Vergleiche die Inhaltsangabe mit dem Erzähltext „Siegfried begegnet Kriemhild" (S. 44). Übertrage dazu folgenden Beobachtungsbogen in dein Heft und ergänze ihn.

Beobachtungsbogen zum Vergleich

Merkmale	Erzähltext	Inhaltsangabe
Länge des Textes		
Tempus		
wörtliche Rede		
Anfang des Textes		
Sprache des Textes		neutral, sachlich

Gunter gewinnt Brünhild im Kampfspiel
Reiner Tetzner

Damit Siegfried Kriemhild heiraten kann, muss er Gunter helfen, die sagenhaft starke Brünhild zu gewinnen. Siegfried nimmt seinen Kraft verleihenden Tarnmantel mit und sie reisen ins ferne Isenland. Brünhild und Siegfried kennen sich von früher. Sie haben sich einst geschworen, einander zu heiraten. Doch Siegfried tritt als Lehnsmann[1] Gunters auf. Brünhild ist erstaunt. Sie fordert Gunter im Wettkampf heraus.

Brünhild wand an ihren weißen Armen die Ärmel auf, packte den Schild, schwang den Speer als Zeichen für den Beginn des Kampfes. Gunter und Siegfried spürten ihre Feindseligkeit. Käme der Held aus Xanten seinem König nicht zu Hilfe, verlöre er sein Leben. Siegfried näherte sich, streifte Gunters Hand, dass der verwirrt
5 um sich blickte, aber niemanden sah. „Was berührt mich?", fragte der König. „Ich bin's, Siegfried, dein lieber Freund. Fürchte die Königin nicht. Reiche mir den Schild, ich werde ihn tragen, und merke, was ich sage: Mache du die Gebärde zur Täuschung, werfen und springen werde ich selbst. Halte meine Zauberlist geheim, dann wird die Königin besiegt. Sieh, wie sorglos sie den Speer hält."
10 Erfreut erkannte der König Siegfrieds Stimme. Brünhild schleuderte mit solcher Kraft, wie sonst nur von Walküren[2] berichtet wird, den Speer gegen den neuen starken Schild Gunters, gehalten von Siegfried. Es zischte in der Luft, Funken sprangen vom Stahl. Die mächtige Speerspitze brach durch den Schildpanzer, dass aus der Brünne Feuer flammte. Gunter und Siegfried stürzten unter der Wucht
15 des Schusses; nur die Tarnhaut bewahrte sie vor dem Tod. Siegfried brach Blut aus dem Mund. Aber bald riss er den Speer, den Brünhild geschossen, aus dem durchlöcherten Schild. Um die Königin nicht zu durchbohren, drehte er ihn um und schoss den Speer mit dem Schaft voran auf ihr Kampfgewand, dass es dröhnte und wie vom Sturm entfacht Feuer aus ihrer Brünne[3] stob. Der Aufprall riss die
20 Königin zu Boden. König Gunter wäre ein solcher Wurf nie gelungen.
Wütend sprang Brünhild wieder auf und rief: „Gunter, edler Held, hab Dank für den Schuss!" Dann eilte sie zornentbrannt zu dem Steinblock, hob ihn in die Höhe und schleuderte ihn mit aller Kraft zwölf Klafter[4] weit. Dann sprang sie mit klirrender Rüstung hinterher und noch über den Stein hinweg.
25 Siegfried, stark und hochgewachsen, warf den Stein weiter als Brünhild und übertraf die Länge ihres Sprunges. Mit der Zwölfmännerkraft, die ihm der Tarnmantel verlieh, trug er dabei noch Gunter. Da nur der zu sehen war, wurden ihm die Taten zugeschrieben. So bewahrte Siegfried die Burgunden vor dem Tode. Königin Brünhild wurde zornrot und war gezwungen, ihren Leuten zu
30 verkünden: „Ihr Verwandten und Gefolgsleute, kommt näher, nun seid ihr alle König Gunter untertan!"

1. Klärt, wie es Gunter gelingt, Brünhild zu besiegen.
2. Formuliere einen Basissatz als Einleitung.
3. Besprecht, warum Brünhild so zornig ist.

---

[1] Ein **Lehnsmann** ist ein Adliger, der einem höher stehenden Adligen zu Treue und Dienstleistungen verpflichtet ist. Der Lehnsmann erhält für seine Dienste ein Stück Land, das sogenannte Lehen.

[2] **Walküre** = in der nordischen Mythologie Geistkriegerinnen des Göttervaters Odin (Wodan), die ruhmreiche Kämpfer in die Götterburg Walhalla holen; später auch jungfräuliche Kriegerinnen mit menschlichem Antlitz

[3] **Brünne** = Kettenhemd, Körperpanzer

[4] **Klafter** = historisches Längenmaß, ca. 1,80 m

Info
Der **Basissatz** nennt Verfasser, Textsorte und Titel sowie Thema des Textes.

Die Redewiedergabe üben | Die Inhaltsangabe

Gunter feiert mit Brünhild Hochzeit
Reiner Tetzner

Zurück in Worms findet eine Doppelhochzeit statt: Brünhild heiratet Gunter, Kriemhild und Siegfried gehen ebenfalls den Bund der Ehe ein. Doch Brünhild weint.

„Was ist, was trübt deine Augen?", fragte Gunter erstaunt, „warum freut Ihr Euch nicht? Euch werden mein Land und meine Burgen untertan, und mächtige Männer dazu." Die stolze Brünhild weinte weiter, ehe sie antworten konnte: „Um deine Schwester ist mir von Herzen leid, sie sitzt neben einem deiner Gefolgsmänner; wie erniedrigt ist sie, darum muss ich weinen."
„Sei still!", rief der König ungehalten, „zu anderer Zeit erfährst du, warum ich meine Schwester Siegfried gab. Sie wird fröhlich an seiner Seite leben."
„Welch ein Jammer für ihre Tugend und Schönheit! Ich bleibe nicht bei dir, liege nie bei dir, solange du mir den wahren Grund dafür verheimlichst."
„Ich sage es dir", lenkte er ein, „Siegfried besitzt Burgen und weite Länder wie ich, er ist ein mächtiger König, deshalb gab ich ihm meine schöne Schwester."
Aber was Gunter auch sagte, Brünhild blieb trübsinnig.

1. Besprecht, warum Brünhild weint. Was ist ihr wahrer Grund?
2. Wähle aus folgenden Sätzen den aus, der das Thema enthält. Begründe.
   Brünhild weint um Kriemhild.
   Brünhild ahnt einen Betrug.
   Brünhild will nicht bei Gunter bleiben.
3. Übertrage folgende Tabelle in dein Heft. Ergänze die direkte Rede, auf die sich die Beispiele beziehen.

Redewiedergabe	direkte Rede
Gunter erkundigt sich nach Brünhilds Kummer.	„Was ist, was trübt dein Auge?", fragte Gunter erstaunt, „warum freut Ihr Euch nicht?"
Brünhild beklagt, Kriemhild habe nur einen Gefolgsmann geheiratet.	
Gunter will den Grund für die Heirat von Siegfried und Kriemhild nicht sagen.	
Brünhild droht, sie bleibe nicht bei ihm, wenn sie den Grund nicht erfahre.	
Gunter gibt zu, dass Siegfried ein mächtiger König ist.	

4. Kläre bei den Beispielen, ob es sich um eine Wiedergabe in indirekter Rede handelt oder ob der Redeinhalt gerafft wiedergegeben wird.

Info

Direkte Rede in der Inhaltsangabe:
- Die direkte Rede wird mit der **indirekten Rede** (Konjunktiv I bzw. Konjunktiv II) oder durch **dass-Sätze** oder mit einer Umschreibung durch Hilfsverben (z. B. „sollen") wiedergegeben.
- Die **geraffte Redewiedergabe** dient der Zusammenfassung längerer Redepassagen in eigenen Worten (vgl. erstes Beispiel in der Tabelle).

Den Konjunktiv I erkennen → S. 222 f.

Die Inhaltsangabe | Die Redewiedergabe üben

Kriemhild und Siegfried erleben eine glückliche Hochzeitsnacht. Bei Brünhild und Gunter verläuft die Nacht jedoch anders:

Aber hört, wie Gunter bei Brünhild zu liegen kam. Sie erschien im feinsten weißen Hemd. Gunter verhüllte das Licht im Gemach, nahte sich ihr in Verlangen, legte sich dicht neben sie, berührte ihre zarte Haut und schlang seinen Arm um ihren Leib. Aber statt Zuwendung schlug ihm Feindschaft und Hass entgegen. „Lasst ab von
5 mir", warnte Brünhild ihn, „was Ihr wollt, wird misslingen; und das sollt Ihr wissen: solange Ihr mir nicht das Geheimnis verratet, werde ich Jungfrau bleiben."
Vielleicht dachte Gunter an seine Siege in Isenstein, umfing sie fest, wollte ihr Hemd abstreifen und rang mit ihr. Aber statt dass er sie bezwang, machte sie sich los, griff nach einem Gürtel, den sie um die Hüften trug, band ihm die Füße
10 und Hände zusammen und hängte den König an einen Nagel in der Wand. In dem Kampf mit ihr wurde Gunter beinahe zerquetscht. Er, der sie zu bändigen geglaubt hatte, baumelte an der Wand und flehte:
„Vieledle Königin, es gelingt mir nicht, Euch zu bezwingen, also halte ich gehörigen Abstand; aber bitte löst die Fesseln!"
15 Brünhild lag bequem im Bett und kümmerte sich nicht um Gunter. So hing der König die ganze Nacht am Nagel. Als der lichte Morgen durch die Fenster schien, meinte Brünhild:
„Nun, Herr Gunter, was werden die Kämmerer sagen, wenn sie Euch gebunden finden, von der Hand einer Frau? Ist das nicht eine Schmach[1]?"
20 „Das käme Euch teuer zu stehen. Ich, der König, am Haken baumelnd! Denkt auch an Eure Würde. Lasst mich frei, ich werde mit meinen Händen nie wieder an Euer Hemd rühren."
Daraufhin nahm Brünhild den König vom Nagel und löste die Bande. Gunther legte sich mit solcher Vorsicht zu ihr ins Bett, dass er ihr Hemd nicht einmal streifte.

[1] **Schmach** = Demütigung, starke Kränkung

5. Forme folgende Sätze in die indirekte Rede um. Verwende dabei die in Klammern angegebenen Formen der Redewiedergabe und passende redeeinleitende Verben (Sprechhandlungsverben).

indirekte Rede	direkte Rede
Brünhild warnt, er solle von ihr ablassen/er solle sie in Ruhe lassen.	„Lasst ab von mir!" (Konjunktiv I; Umschreibung mit *sollen*)
	„Es gelingt mir nicht, Euch zu bezwingen." (Indirekte Rede mit *dass*)
	„Aber bitte löst die Fesseln." (Konjunktiv I, Umschreibung mit *sollen*)
	„Ist das nicht eine Schmach?" (Konjunktiv I)
	„Ich werde meine Hände nie wieder an Euer Hemd rühren." (indirekte Rede mit *dass*)

Info

Redeeinleitende Verben (Sprechhandlungsverben): fragen, sich erkundigen, antworten, erwidern, versichern, warnen, drohen, berichten, erklären, zugeben, verneinen, bejahen, erläutern usw.

Den Konjunktiv I erkennen → S. 222 f.

Der Streit der Königinnen
Elsbeth Schulte-Goecke

Nach dieser missglückten Hochzeitsnacht erzählt Gunter Siegfried alles, der ihm in der folgenden Nacht zu Hilfe kommt. In einer Art Ringkampf besiegt Siegfried Brünhild. Sie merkt nicht, dass es Siegfried ist, weil er wieder seinen Tarnmantel trägt. Heimlich nimmt er Brünhilds Gürtel und den Nibelungenring mit und erzählt Kriemhild alles. Beide reisen nach Xanten, wo Siegfried König wird. Zehn Jahre später werden sie auf Brünhilds Wunsch nach Worms eingeladen. Dort kommt es zu einem furchtbaren Streit.

Eines Nachmittags ergötzten sich die Helden am Hofe mit Spielen, wie die Männer sie treiben, mit Speerwerfen, Fechten und Steinstoßen. Siegfried tat allen zuvor, er schleuderte den Stein über die Male[1] hinaus und den Speer mitten durchs Ziel. Die Frauen schauten vom hohen Balkon zu. Voller Stolz blickte Kriemhild auf ihren Gemahl. „Sieh ihn an, Brünhild", rief sie frohgemut, „ist er nicht der herrlichste von allen Recken?" Da verdüsterte sich Brünhilds Angesicht. „Du magst recht haben", sagte sie, „aber das ändert nichts an der Tatsache, dass er doch nur ein Dienstmann König Gunthers ist." Kriemhild schlug die Hände über dem Kopf zusammen. „Liebe Schwester, wie kommst du nur dazu, so etwas zu sagen? Glaube das ja nicht! Siegfried ist ein König und freier Herr und niemandem untertan und kein Mann auf Erden kommt ihm gleich an Wohlgestalt und Kraft, an Reichtum und an Ruhm, auch Gunther nicht im Entferntesten!" „Du scheinst gar nicht zu wissen, was du uns schuldig bist! Damals, als sie kamen, um mich zu werben, da hat Siegfried es mir selbst gesagt, dass König Gunther der Herr und er nur der Knecht ist, doch sollte es mich nicht wundern, wenn Siegfried auch den Lehnseid[2] nicht hielte, hat er doch schon andere Eide, die er schwor, gebrochen." Da lachte Kriemhild und sprach voll Spott und Hohn: „Wenn du wüsstest, was Siegfried alles für Gunther getan hat!", stand auf und ging weg.

Am anderen Morgen ging Brünhild zum Münster. Vor dem Tore blieb sie stehen und wartete auf Kriemhild. Es dauerte nicht lange, so kam diese mit ihren Frauen und hatte sich, der Königin zum Trotz, herrlicher geschmückt als je zuvor. Ohne Brünhild eines Blickes zu würdigen, schritt sie sogleich die Stufen hinan. Da trat Brünhild hervor und gebot ihr, stehen zu bleiben. „Es ziemt sich nicht, dass das Weib des Lehnsmannes vor ihrer Herrin in das Münster geht!", rief sie. Alle hörten den Ruf, erschraken und wussten nicht, was das zu bedeuten hatte. Kriemhild aber hielt nicht an, stieg die Stufen alle hinan, doch auf der obersten wandte sie sich um und rief: „Wenn du doch geschwiegen hättest! Nun aber hast du mich gereizt und nun sollst du es hören: Nie wärest du König Gunthers Weib geworden, wenn nicht Siegfried dich dazu gemacht hätte!" Dann ging sie in das Münster hinein. Brünhild war wie vom Donner gerührt. Auch sie ging in die Kirche, aber sie hörte und sah nichts von allem, was um sie her geschah.

---

[1] **Male** = Markierungen

[2] **Lehnseid** = Eid, den einer schwört, der ein Lehen (ein Gut, einen Besitz) erhalten hat, das ihn zu Lehnstreue verpflichtet

Nach der Messe vertrat sie Kriemhild vorm Münster den Weg: „Nun erkläre mir deutlicher, was das heißen sollte, was du gesagt hast", sprach sie. Statt aller Worte hielt Kriemhild ihr den Nibelungenring unter die Augen und er gab einen blutroten Schein. „Kennst du den?", schrie sie höhnisch, dann zog sie den Gürtel, den Siegfried Brünhild in jener Nacht abgenommen hatte, unter ihrem Gewande hervor. Brünhild verfärbte sich. Mühsam kamen die Worte: „Nun kenne ich den Dieb!"
„Nichts von Dieben", sagte Kriemhild, „Siegfried nahm dir Ring und Gürtel in der Nacht, als er dich für Gunther bezwang, und Siegfried ist es auch gewesen, der dich in Island im Wettkampf überwand, nicht Gunther!" Als sie das gesagt hatte, rauschte sie triumphierend hinweg, so verblendet war sie.
Brünhild eilte zu Gunther und sprach: „Jetzt weiß ich alles. Siegfried hat mich betrogen. Sterben muss der Verräter oder ich fahre heim, woher ich kam, und du siehst mich nimmer wieder."

Streit der Königinnen vor dem Wormser Dom (Wandbild von Frank Kirbach in Schloss Drachenburg bei Königswinter, um 1882/83)

1. Setzt euch zu viert zusammen und erschließt euch den Text mit Hilfe des reziproken Lesens (vgl. S. 167).
   ▸ Lies den ersten Abschnitt still durch. Bearbeite ihn gemäß deiner Rollenkarte.
   ▸ Sprecht über den ersten Abschnitt mit verteilten Rollen.
   Gebt die Rollenkarten im Uhrzeigersinn weiter und bearbeitet in Einzelarbeit den zweiten Abschnitt. Sprecht anschließend wieder gemeinsam darüber.
2. Erklärt, worüber die Königinnen streiten.
3. Bereitet den Text für ein szenisches Spiel vor. Geht dabei so vor:
   ▸ Gliedere den Text in (Szenen-)Abschnitte und formuliere Überschriften.
   ▸ Vergleicht eure Abschnitte und Überschriften. Ergänzt die auftretenden Personen.
   ▸ Einigt euch auf eine Szenenfolge. Schreibt die Überschriften auf Papierstreifen. Verteilt die Rollen und spielt den Königinnenstreit so vor, dass der Dialog immer wieder unterbrochen wird, um dem Publikum die Überschriften zu präsentieren.
4. Schreibe eine Zusammenfassung des Streitgesprächs, indem du vor allem die geraffte Redewiedergabe verwendest. Achte auf die Verwendung des Präsens.
5. Schreibe eine vollständige Inhaltsangabe mit Basissatz.
6. Besprecht, welche Andeutungen im Text über den weiteren Verlauf der Handlung zu finden sind.

Beweggründe verstehen | Die Inhaltsangabe

Siegfried wird verraten
Reiner Tetzner

Hagen von Tronje, ein treuer Gefolgsmann (Vasall) der burgundischen Könige, schwört der tief verletzten Brünhild, dass Siegfried sterben müsse. Dazu muss er wissen, wo Siegfrieds verletzliche Stelle ist. Er sucht Kriemhild auf.

„Wie froh bin ich", beteuerte die Schwester des Königs, „dass ich Siegfried zum Manne gewann, wie tapfer schützt er unser Königshaus. ==Mein lieber Freund Hagen==, denke daran, dass ich Euch noch nie gehasst habe und ==Euch vertraue==. Lasst mich meinen lieben Mann genießen. ==Vergelt es ihm nicht==, was ich Brünhild angetan. Es hat mich sehr gereut. Wegen meines Geredes hat mich Siegfried verbleut[1]. Soll ich die Flecke zeigen?"
„Bald werdet ihr versöhnt", ==versprach== Hagen. „Kriemhild, liebe Herrin, sagt mir, wie ich Eurem Siegfried dienen kann. Für keinen anderen täte ich das."
„Im Kampf ist er zu tollkühn und übermütig. Wäre er bedächtiger, könnte ihm nichts widerfahren."
„Ist er doch verwundbar?", ==forschte== Hagen weiter und ==gab sich besorgt==. „Herrin, lasst mich wissen, auf welche Weise ich ihn schützen kann. Ich will stets an seiner Seite reiten."
„Wir sind Verwandte", versicherte sich Kriemhild, „ich ==baue auf deine Treue==. Behüte meinen Mann." Und ohne dass Hagen zu fragen brauchte, ==verriet== sie ihm ==das Geheimnis==.
„Mein Mann ist äußerst stark und kühn", fuhr Kriemhild fort, „als er den Lindwurm erschlug, badete er in dessen Blut. Aber wenn im Kampf viele Speere fliegen, ==befürchte ich==, einer könnte Siegfried verletzen. Wie ==bange ich oft==! Viellieber Freund, ==im Vertrauen auf deine Treue== verrate ich dir etwas: Als er im Drachenblut badete, fiel ein breites Lindenblatt zwischen seine Schultern. Dort ist er nicht gehörnt[2]."
„Nähe ein kleines Zeichen auf sein Gewand", riet Hagen, „dann weiß ich, wo ich ihn im Gefecht schützen kann." So hoffte Kriemhild ihn zu retten. „Mit feinster Seide ein geheimes Kreuz", versprach sie, „geratet ihr ins Handgemenge, so achtet auf diese Stelle." „Meine vielliebe Herrin", ==beteuerte== Hagen, „wie ==gerne tue== ich das."
Kriemhild ==glaubte==, es sei zu Siegfrieds Schutz. Hagen verabschiedete sich ==fröhlich==.

[1] **verbleut** = geschlagen

[2] **gehörnt** = mit einer Hornhaut versehen; geschützt

Info
Das **Thema** eines Textes formuliert sehr knapp, worum es auf einer allgemeinen Ebene geht. Häufig kann das Thema als Nomen gefasst werden. Themen von Texten können sein: Liebe, Rache, Verrat, das Spinnen einer Intrige, Mord, Freundschaft, Vertrauen, ein aussichtsloser Kampf usw.

1. Lest das Gespräch mit verteilten Rollen.
2. Kläre die Beweggründe von Kriemhild und Hagen in diesem Gespräch. Was wollen sie?
   ▶ Fülle die Gedankenblasen: Was denken Kriemhild (K) bzw. Hagen (H) wirklich?
   oder
   ▶ Untersuche die markierten Textstellen. Was wollen Kriemhild und Hagen jeweils in dem Gespräch?
3. Besprecht, wie beide im Gespräch vorgehen.
4. Bestimme das Thema dieses Textes, wie du es für den Basissatz brauchst.

Wie Siegfried erschlagen wurde
Franz Fühmann

Die Burgunden gehen mit Siegfried auf die Jagd. Nachdem sich Siegfried als besonders geschickter Jäger präsentiert und zahlreiche Tiere, wie Wildschweine, Elche, Löwen und Bären, erlegt hat, ist man durstig. Hagen schlägt einen Wettlauf zu einer Quelle vor, die der schnelle Siegfried als Erster erreicht.

Das Wasser sprudelte klar und kalt. Endlich erschien König Gunther und hinter ihm Hagen. Der König legte sich über die Quelle und trank. Nach ihm trank Siegfried. Da räumte Hagen des Helden Köcher und Bogen und Schwert in die Büsche, den Speer aber stieß er ihm durch das Zeichen zwischen den Schultern ins Herz. Da spritzte Siegfrieds Blut auf Hagens Gewand.
Siegfried sprang auf. Hagen lief um sein Leben. Siegfried suchte Bogen und Balmung, doch er fand keines von beiden, da packte er den Schild, der ihm vor den Füßen lag. Mit dem Speer im Herzen lief er Hagen nach und holte ihn ein und schlug mit dem Schild zu. Da sprangen die Steine aus dem Gold und lagen im Gras und glänzten gleich tausend Regenbogen. Hagen brach ins Knie. Siegfried wollte noch einmal schlagen, doch da war sein Gesicht schon weiß, und er stürzte in die Blumen, und aus seiner Wunde schoss unaufhaltsam das Blut. Da schrie er: „So lohnt ihr meine Dienste! Ich war Euch treu! Ihr habt mich dafür erschlagen! Ihr habt Euren Namen geschändet für alle Zeiten! Ihr seid mit Schimpf gestoßen aus der Ritterschaft!"
Da liefen die Herren von allen Seiten zusammen, und wer von ihnen auf Ehre und Treue hielt, der klagte laut und verfluchte diesen Tag. Auch der König von Burgund bejammerte den Tod des Helden. Da schlug Siegfried noch einmal die Augen auf und öffnete die Lippen und sagte: „Beweint doch nicht, was Ihr selbst getan habt!" Da sagte Hagen: „Ich weiß auch nicht, ihr Herren, warum ihr da jammert. Ich habe euch von einer Macht befreit, die uns nur Sorgen bereitet hat! Ihr solltet aufatmen und mir danken!" Da sagte Siegfried: „Prahlt nur nicht so! Wäre ich nicht so arglos gewesen, hätte ich mein Leben wohl bewahrt! Nun sorge ich mich um Kriemhild. König Gunther, wenn Ihr noch einen Funken Ehre und Treue im Leib habt, nehmt Euch meiner Liebsten an! Sie ist Eure Schwester! O mein Gott, nie habe ich mehr Leid um Liebe erlitten!" Da er mit dem Tode rang, wurden alle Blumen von seinem Blut rot. Dann verstummte er.

1. Bearbeite diesen Text für eine Inhaltsangabe: Gliedere ihn in Sinnabschnitte und fasse die Abschnitte in einem Satz zusammen. Exzerpiere Wichtiges mit Hilfe von W-Fragen und kläre das Thema.
2. Schreibe eine Inhaltsangabe. Achte dabei auf die richtigen Formen der Redewiedergabe.
3. Lest die Inhaltsangaben in der Gruppe und holt euch eine Rückmeldung mit Hilfe der Checkliste oder eines Überarbeitungsbogens ein.
4. Überarbeite deine Inhaltsangabe auf der Grundlage dieser Rückmeldung.

Info
Checkliste Inhaltsangabe:
- **Basissatz** mit Autor, Titel, Textart und Thema
- Klärung der **W-Fragen**
- **Handlung vollständig**, jedoch ohne Nebensächliches
- **Zusammenhänge und Motive** werden geklärt
- **sachlicher** Stil
- **Präsens** (Perfekt)
- Rechtschreibung und Grammatik korrekt

Verschiedene Formen der Redewiedergabe nutzen → S. 226

Die Inhaltsangabe schreiben und überarbeiten | Die Inhaltsangabe

Überarbeitungsbogen zur Inhaltsangabe

Verfasser der Inhaltsangabe: _____

Textgrundlage/Titel: _____

Textredakteur: _____ Datum: _____

Kriterium	in Ordnung	kann noch verbessert werden	Vorschläge, Bemerkungen, Hinweise
Einleitung			
Werden am Anfang **Autor, Titel, Erscheinungsjahr** (soweit möglich) und **Textsorte** genannt?			
Wird im **Basissatz** formuliert, worum es geht bzw. welches **Thema** die Textgrundlage hat?			
Hauptteil			
Ist der Text so zusammengefasst, dass auch jemand, der den Originaltext nicht kennt, nun den Inhalt versteht? **(W-Fragen geklärt?)**			
Wird die Handlung **knapp** zusammengefasst?			
Sind die Aussagen **korrekt**, also mit dem Inhalt deckungsgleich?			
Werden **Zusammenhänge** und **Handlungsmotive** klar?			
Stil/Sprache			
Ist die Inhaltsangabe **sachlich** formuliert?			
Ist die Inhaltsangabe im **Präsens** verfasst?			
Enthält die Inhaltsangabe keine wörtliche Rede, sondern **indirekte Rede und/oder geraffte Redewiedergabe**?			
Ist der **Satzbau** (Grammatik) korrekt? Anzahl der Sb-/Gr-Fehler:			
Stimmt die **Kommasetzung**? Anzahl der Z-Fehler:			
Ist der Text frei von **Rechtschreibfehlern**? Anzahl der R-Fehler:			

Was ich sonst noch sagen möchte:

_____

_____

_____

TESTE dich

Überprüfe dein Wissen und Können, indem du hier die Testaufgaben bearbeitest.

Ich kann ...	Können	Hilfe	Training
das Thema eines Textes erkennen.	😄😉😳	S. 52	S. 56

Testaufgabe 1
Welcher Satz benennt das Thema des folgenden Textes am besten?
• Es geht um die Rache Kriemhilds. • Es geht um das Versenken des Horts. • Es geht um den bösen Hagen.

Wie Hagen den Nibelungenhort im Rhein versenkte

Kriemhild versinkt in tiefer Trauer nach Siegfrieds Tod. Sie fährt nicht als Königin nach Xanten, sondern bleibt freudlos mit ihrem Gefolge in Worms.

Den Schatz der Nibelungen, den Siegfried Fafnir genommen und den er Kriemhild zur Hochzeit geschenkt hatte, ließ Kriemhild nach Worms holen und machte sich viele Freunde damit. Hagen sah es und dachte: „Schwerter und Lanzen erwirbt sie sich gegen uns!" Und eines Nachts, als die drei Könige weggeritten waren, zwang er Kriemhild mit Gewalt die Schlüssel zu ihrer Schatzkammer ab, schleppte mit vieler Mühe das Gold an den Rhein und versenkte alles im Strom, wo er am tiefsten war. Aber von nun an wuchsen Hass und Rachgier gegen Siegfrieds Mörder in Kriemhilds Herzen nur noch mehr.

Ich kann ...	Können	Hilfe	Training
einen Basissatz formulieren.	😄😉😳	S. 47	S. 56, AH S. 17

Testaufgabe 2
Formuliere einen Basissatz zum Text „Wie Hagen den Nibelungenhort im Rhein versenkte".

Ich kann ...	Können	Hilfe	Training
die indirekte Rede verwenden.	😄😉😳	S. 48, 49, 222f.	S. 56, 226, AH S. 17

Testaufgabe 3
Formuliere folgende direkte Rede in indirekte um.

– Hagen dachte: „Schwerter und Lanzen erwirbt sie sich gegen uns."
– „Ehe uns aus dem Gold Unheil erwächst, versenken wir es lieber in den Rhein, damit es keiner mehr besitzt." So riet Gunter.
– „Ich nehme wieder die Schuld auf mich", beteuerte Hagen.

Ich kann ...	Können	Hilfe	Training
die geraffte Redewiedergabe verwenden.	😄😉😳	S. 48	S. 56, 226, AH S. 17

Testaufgabe 4
Fasse folgende direkte Rede Hagens in geraffter Redewiedergabe zusammen.

„Ein so unermesslicher Schatz gehört in keine Hand eines Weibes", versetzte Hagen, „der Hinterbliebenen eines Ermordeten. Bald wird Kriemhild so viel Macht innehaben, dass die drei Könige es bitter bereuen."

TRAINING

So kannst du dein Wissen anwenden und deine Fähigkeiten trainieren:

Wie Kriemhild König Etzels Gemahlin wurde
Elsbeth Schulte-Goecke

Eines Tages kamen Boten vom Hunnenkönig Etzel aus Ungarland. Seine Gattin Helge war ihm gestorben. Durch fahrende Sänger hatte er von Kriemhild gehört. Nun kam sein Markgraf Rüdiger von Bechlaren nach Worms, um für seinen Herrn um Kriemhild zu werben. Kriemhild aber sagte: „Es ist unmöglich, dass ich nach Siegfried je einen anderen Mann lieben könnte." Rüdiger aber schilderte ihr König Etzels Macht und Herrlichkeit: „Über breite fruchtbare Lande, über feste uneinnehmbare Burgen, über Riesenheere streitbarer Recken[1] werdet ihr gebieten und Gold und Silber und edle Steine die Fülle haben, wenn ihr mit mir zieht und der Hunnen Königin werdet!" „Aber ich werde fremd in der Fremde sein", sagte Kriemhild, „ich habe dort niemanden, der mir hilft, wenn ich der Hilfe bedarf." Rüdiger aber rief: „Ich will euch dienen mit Herz und Hand!" „So schwört mir", sprach Kriemhild, „dass ihr all mein Leid rächen wollt." Da schwor Rüdiger und Kriemhild sagte: „Ich gehe mit euch!" Sie nahm freundlich Abschied von ihren Brüdern und machte sich mit Rüdiger auf den Weg. In der Nähe von Wien waren Etzels bunte Völkerscharen zusammengeströmt, um die neue Königin zu begrüßen. Da fegten zusammengekauerte Gestalten mit runden kahlen Köpfen, gelber Haut und Schlitzaugen auf kleinen Pferden mit Windeseile heran. Am Sattel trugen sie krumme Säbel. Das waren die Hunnen. Es kamen Russen mit langen Bärten und Pelzmützen. Die Römer saßen auf hohen Rossen und trugen Gewänder aus purpurner Seide. Dann waren da Germanen aus allen Stämmen mit blonden Köpfen und breiten Schwertern. Und endlich erschien, reitend auf einem feurigen arabischen Hengst, König Etzel selbst, der Herr dieser Heerscharen. Er sprang vom Ross, ging der Königin entgegen und sah mit Freude, dass sie sehr schön war. Er hob sie vom Pferde, er küsste sie und seine Mannen schlugen an ihre Schilde. Dann stellte er ihr seine Heerführer vor, die neben ihm geritten waren, allen voran seinen Bruder Blödel und Herrn Dietrich von Bern mit Hildebrand, seinem alten Waffenmeister. Dann fuhren sie auf einer stolzen Flotte weiter die Donau abwärts und am Ende ihrer Reise kamen sie zu Etzels Burg. Hier wurde die Hochzeit gefeiert mit solcher Pracht, dass bei den Völkern des Ostens noch lange die Rede davon war.

[1] **Recken** = Helden

1. Kläre das Thema des Textes.
2. Formuliere einen Basissatz zu diesem Text.
3. Fasse die direkte Rede Rüdigers in den Zeilen 6–9 in geraffter Redewiedergabe zusammen.

39. Aventiure: Der Untergang der Nibelungen
Siegfried Grosse

Kriemhild kann bei König Etzel nicht vergessen, was Hagen von Tronje ihr angetan hat. Sie will Rache und den Nibelungenhort zurück. Deshalb lädt sie nach Jahren die Burgunden zu einem Besuch auf die Etzelburg in Gran[1] ein. Schon bei der Begrüßung fragt Kriemild nach dem Hort, doch Hagen weigert sich, das Versteck preiszugeben. Während eines Festmahls kommt es schließlich zu einer fürchterlichen Saalschlacht zwischen den Kriegern Etzels und den Burgunden. Bis auf Hagen fallen alle Burgunden. Wieder fordert sie den Nibelungenhort. Daraufhin spricht Hagen:

[1] **Gran** = Stadt an der Donau in Nordungarn

2371 „Nun sind vom Burgundenland der edle König, der junge Giselher und auch Herr Gernot tot. Den Schatz, den weiß jetzt niemand – außer mir und Gott. Der soll dir, du Teufelsweib, für immer verborgen bleiben!"

2372 Sie sagte: „Übel habt Ihr meine berechtigten Forderungen erfüllt. So will ich wenigstens Siegfrieds Schwert behalten. das hat mein lieber Mann getragen, als ich das letzte Mal ihn sah, an dem mir tiefes Herzeleid von Euch geschehen ist."

2373 Sie zog es aus der Scheide, das konnte Hagen nicht abwehren. Da gedachte sie, dem Krieger das Leben zu nehmen. Sie hob das Schwert mit ihren Händen; den Kopf schlug sie ihm ab. Das sah der König Etzel; da kannte sein Leid kein Maß.

[...]

2375 Da sagte der alte Hildebrand: „Ja, ihr darf es keinen Vorteil bringen, daß sie gewagt hat, ihn zu erschlagen, was immer mir geschieht. Wenn Hagen mich auch selbst in gefahrenvolle Not gebracht hat, so will ich den Tod des tapferen Tronjers rächen."

2376 Zornentbrannt sprang Hildebrand zu Kriemhild. Er traf die Königin mit einem schweren Schwung seines Schwertes. Ja, ihr tat die Angst vor Hildebrand weh. Was konnte es ihr helfen, daß sie so entsetzlich schrie?

2377 Da waren alle zum Tode Bestimmten gefallen. In Stücke war die edle Frau zerhauen. Dietrich und Etzel weinten. Sie klagten von Herzen um Verwandte und Gefolgsleute.

2378 Das glanzvolle Ansehen war da verloschen und tot. Alle Leute trauerten in Jammer und Elend. Leidvoll war das Fest des Königs zu Ende gegangen, wie stets die Liebe schließlich zum Leide führt.

2379 Ich kann euch nicht berichten, was später noch geschehen ist, nur, daß man Ritter, Damen und auch die edlen Knappen den Tod ihrer lieben Freunde beweinen sah. Hier hat die Geschichte ein Ende. Das ist „Der Nibelungen Not".

4. Schreibe eine Inhaltsangabe. Beachte dabei die Checkliste auf Seite 53.

Sprechen und Zuhören – Schreiben – Lesen

Theater, Theater

Szenisches Spiel

Sätze vor dem Gedicht
Peter Härtling

Ich rufe die Wörter
zusammen,
sie haben
kein Fell, kein Gefieder,
5 sie haben, wenn
sie sich im Rudel drängen
und auf mich warten,
nur eine dünne Haut,
die reißt und sie
10 bloßstellt,
sobald ich ungeduldig werde
und sie nicht streichle
mit meiner Stimme.

1. Lest dieses Gedicht laut mit unterschiedlichen Sprechweisen.
2. „Sätze vor dem Gedicht" – notiere, was dir durch den Kopf geht, bevor du ein Gedicht oder einen anderen Text vorträgst.
3. Vergleicht eure Gedanken mit denen des lyrischen Ichs.
4. Beschreibe die Sorgen des lyrischen Ichs mit eigenen Worten.
5. Besprecht, welche Möglichkeiten es gibt, mit Stimme und Sprache zu gestalten, und welche Bedeutung sie im Theater haben.

Tipp

Was ist mit dem „Bloßstellen" in Vers 10 gemeint?

Das lyrische Ich erkennen → S. 134

Von A bis Z

Achtzehn **b**ibbernde **C**horknaben **d**anken **e**hrerbietigst, **f**luchen grässlich, **h**usten **i**rrsinnig, **j**aulen **k**läglich, **l**allen **m**üde, **n**äseln **o**perettenhaft, **p**laudern **q**uakend, **r**andalieren **s**aumäßig, **t**anzen **u**nunterbrochen, **v**erstecken **w**einend **x**-beinig [**y**]hre **Z**ehen.

1. Bildet Gruppen und gestaltet mit diesem A-bis-Z-Text einen szenischen Kanon: Ein Sprecher liest den Text, die anderen führen im Kanon die genannten Tätigkeiten aus. Nach der zweiten Zeile setzt die zweite Gruppe ein usw.
2. Denkt euch weitere A-bis-Z-Texte aus (beim Y darf geschummelt werden!) und gestaltet diese szenisch.

Eins Zwei Drei und Plöp plöp plöp

Zwölf
Kurt Schwitters

Eins Zwei Drei Vier Fünf
Fünf Vier Drei Zwei Eins
Zwei Drei Vier Fünf Sechs
Sechs Fünf Vier Drei Zwei
5 Sieben Sieben Sieben Sieben Sieben
Acht Eins
Neun Eins
Zehn Eins
Elf Eins
10 Zehn Neun Acht Sieben Sechs
Fünf Vier Drei Zwei Eins

Regen

blop
plöp plöp
plöp plöp plöp
plip plip
5 blübb
plöp plöp plöp
plip plip
blübb
plopplopplopplopplopplop
10 plip plip plip plip
blübb
patsch
platsch
blubb!

3. Bildet Gruppen und setzt die beiden Gedichte szenisch um. Nutzt dabei neben unterschiedlichen sprachlichen Gestaltungsformen (z. B. Chorsprechen, leise – laut, schnell – langsam, hoch – tief, traurig – fröhlich ...) auch mimische und gestische Formen.
4. Beschreibt, wie sich die Texte durch unterschiedliche Sprechweisen verändern.
5. Besprecht, ob es Gestaltungsweisen gibt, die besser passen als andere.

Das kannst du jetzt lernen!

- Sprechweisen auszuprobieren .... S. 59
- Nonverbale Ausdrucksformen zu üben .... S. 60
- Vor anderen aufzutreten .... S. 61
- Kleine Szenen zu spielen .... S. 62
- Eine Rolle auszugestalten .... S. 63
- Eine Kurzgeschichte szenisch umzusetzen .... S. 64
- Handlungsschritte in Spielszenen umzuwandeln .... S. 66
- Einen Erzähltext für die Bühne einzurichten .... S. 68

Nonverbale Ausdrucksformen üben | Szenisches Spiel

Theaterübungen

Teltower Kutschersitz

Fangt mit dieser Übung an, um euch zu entspannen und zu konzentrieren:
- Setzt euch gerade auf die Stuhlkante, die Füße sind leicht gegrätscht, die Arme lasst ihr seitlich hängen; schließt die Augen.
- Lasst den Oberkörper sehr langsam auf die Knie sinken, der Kopf hängt zwischen den Knien.
- Gebt nach und nach das Gewicht völlig auf die Knie ab und lasst euch richtig hängen (die Nase wächst nach unten); atmet dabei ruhig weiter.
- Bei dem deutlichen Gefühl von Entspannung bringt ihr langsam wieder Spannung in den Körper – von unten nach oben aufbauend: die Zehen in den Boden „krallen", die Hacken anspannen, dann die Waden, die Oberschenkel, das Gesäß.
- Richtet euch ganz langsam, Wirbel für Wirbel, wieder auf; hebt zuletzt behutsam den Kopf und streckt ihn, aber nicht die Schultern!

> **Tipp**
>
> **Vor der Übung**
> Die Tische werden zur Seite geschoben. Jeder sucht sich mit seinem Stuhl einen Platz im Klassenraum.
> Es wird nicht gesprochen. Der Spielleiter gibt die Anweisungen.

Momentaufnahmen

Gefühlszustand
Geht im normalen Tempo umher, ohne Blickkontakt mit den anderen Spielern. Auf ein Zeichen sollt ihr sofort einen vorgegebenen Gefühlszustand (z. B. Trauer, Wut, Verzweiflung) wie auf einem ausdrucksstarken Foto für zehn Sekunden einfrieren. Dann weitergehen und auf die nächste Vorgabe warten.

Bewegungspantomime
Geht in mehreren Variationen durch den Raum (z. B. geschäftig, humpelnd, schleppend, schleichend). Dabei sollt ihr die Bewegungen immer wieder kurz „einfrieren", um die Aufmerksamkeit auf die Körperhaltung zu lenken.

Gruppenpantomime
Bildet mehrere Gruppen. Jede denkt sich eine Situation aus, die von allen pantomimisch zwei bis drei Minuten dargestellt werden soll. Hier ein paar Beispiele: ein sehr eigenartiges Objekt am Himmel erblicken; einen Fremden beobachten, einkreisen und ausschließen.

> **Tipp**
>
> Teilt den Klassenraum in die Bereiche Bühne und Publikum.

 1. Führt die Übungen durch: Eine Gruppe spielt, eine schaut zu, dann wird gewechselt.

Körpersprache einsetzen → S. 13

Szenisches Spiel | Vor anderen auftreten

Alle mal herschauen!

Lebendige Fotos: Sportevent
Auf ein Zeichen friert eine Gruppe von etwa sechs Spielern zu einem vorgegebenen Sportthema ein (z. B. „Freeclimbing"). Ein Sprecher erklärt den Zuschauern dieses Bild (schwärmt z. B. von der glitzernden Bergspitze). Die Zuschauer können durch Zwischenrufe in das Spiel eingreifen, z. B. „Näher ran!" – „Weiter weg zoomen!" – „Das Bild steht auf dem Kopf!" – Dann müssen die Spieler sofort darauf reagieren und neu einfrieren.

Tipp

Sportthemen:
- Beachsport
- Snowboarden
- Reitturnier
- Schlittenhunderennen

Diashow: Abenteuerurlaub
Etwa fünf bis sechs Spieler stehen auf der Bühne, einer von ihnen soll einen Vortrag zum Thema „Abenteuerliches" halten, die anderen stellen dazu die entsprechenden Dias. Der Vortragende begrüßt das Publikum und beginnt mit seiner Diashow. Immer, wenn er „Klick" sagt, muss das Publikum die Augen schließen. Sagt er „Klack", öffnen die Zuschauer die Augen und sehen das beschriebene Dia, das die anderen Spieler in einem Standbild gestalten und das von dem Vortragenden blumig und witzig erläutert wird.

Tipp

Abenteuerthemen:
- mit dem Roller durch den Kaukasus
- gefährliche Kanufahrt
- im Geländewagen durch den Dschungel
- Wanderung durch die Wüstenoase

Armrede: kuriose Erfindungen
Dem Publikum soll eine neue, kuriose Erfindung vorgeführt werden. Zwei Spieler – A = Redner, B = Gestikulierer – stehen auf der Bühne. A steht vorne, mit den Armen hinter seinem Rücken verschränkt. B steht hinter A und streckt seine Arme unter dessen Achseln vor. Während A seine geniale Erfindung wortreich anpreist, kommentiert B das Gesagte mit entsprechenden Gesten der Arme, Hände und Finger.

Tipp

Kuriose Erfindungen:
- der bequeme Dachstuhl
- Kopfstützen fürs Stehen in der Straßenbahn
- automatische Zielhilfe für Augentropfen
- Essstäbchen mit Klimaanlage
- Butter in Form eines Klebestifts

1. Probiert diese Spielszenen aus. Achtet beim Spiel auf Genauigkeit.
2. Wodurch entsteht die Komik bei der „Armrede"?

Bühnenfiguren

Szene: Radfahrer – Polizist

Polizist *(gerade stehend, rechter Arm angewinkelt, flache Hand, ernst)*
Radfahrer *(steigt vom Fahrrad – unschuldig, freundlich schauend)*
Polizist *(schmunzelnd, kopfschüttelnd, abwinkend und schulterzuckend)*
Radfahrer *(grinsend, abwinkend, schulterzuckend)*
Polizist *(zeigt auf seine Uhr, zieht Augenbrauen hoch, zeigt um sich, zeigt aufs Fahrrad, droht mit dem Finger, strenger Gesichtsausdruck)*
Radfahrer *(zweifelnd, sieht sich um, schulterzuckend, kopfschüttelnd, abwinkend)*
Polizist *(wütend, Armbewegung zur Unterstützung, zeigt aufs Fahrrad)*
Radfahrer *(schulterzuckend, zeigt auf den Dynamo[1])*
Polizist *(noch wütender, zeigt aufs Fahrrad)*
Radfahrer *(bückt sich, sucht den Dynamo, dreht sich ...)*

[1] **Dynamo (Lichtmaschine)** = kleiner Generator, der während der Fahrt die Stromversorgung der Fahrradbeleuchtung mittels einer Drehbewegung sicherstellt.

1. Erfindet einen Schluss und spielt die Szene:
   - einmal ohne Worte, nur gestisch-mimisch, nach den Regieanweisungen;
   - einmal mit Text, den ihr spontan improvisiert.

Wo ist Perlemann? – Sechs Variationen

A Perlemann kommt nicht!
B Was??? Perlemann kommt nicht?
A Sag ich doch. Er hat eben gerade angerufen und gesagt, dass er nicht kommen kann.
B Hat er denn gesagt, warum er nicht kommen kann?
A Nein, er meinte nur, dass er nicht kommen kann.
B Sag bloß, du hast ihn nicht gefragt, warum?
A Nee, da habe ich nicht dran gedacht.
B Ach Gott! Das ist ja –

2. Spielt diese Kurzszene in verschiedenen Situationen:
   - vor dem Spiegel in einer öffentlichen Toilette,
   - hinter dem Bühnenvorhang, kurz vor dem ersten Akt des Schauspiels,
   - in der Kirche vor dem Traualtar,
   - vor der Testamentseröffnung beim Notar,
   - beim Mittagessen im Altersheim,
   - vor dem Bankraub.
3. Besprecht, wie sich in den verschiedenen Situationen Körperhaltung und Sprechweise ändern.

Szenisches Spiel | Eine Rolle ausgestalten

Eine Rollenbiografie verfassen

Rollentausch

Aus einem Stapel von Kärtchen mit den verdeckten Namen von bekannten Persönlichkeiten (z. B. Sportlern) zieht jeder einen Partner. Jedes Paar überlegt sich nun möglichst interessante, pfiffige Fragen, die er seinem Partner in einem Interview stellt, sodass ein lebendiges Bild von der Person entsteht. Der Interviewer hört genau zu und macht sich eventuell Notizen.

1. Legt fest, wer von beiden mit dem Interview beginnt.
   Führt die Interviews durch und achtet genau auf die Antworten.
2. Die Interviewer stellen nun auf der Grundlage ihrer Notizen den interviewten Partner in der Ich-Form vor. Sie nehmen dabei auch eine entsprechende Körper- und Sprechhaltung ein.
3. Sprecht darüber, wie ihr den Rollentausch empfunden habt.

Beispiel für eine Rollenkarte

Letzte Woche bin ich 65 geworden. So fühl ich mich manchmal auch. Ich bin ziemlich klein, ein bisschen dicklich, eher kugelig. Ich esse eben gern, habe nie Sport getrieben, lieber Schach gespielt und mich um den Garten gekümmert. Ich lebe mit meinem Pudel Flocki sehr zurückgezogen als pensionierter Postbeamter in dem Städtchen Heide. Am Wochenende besuche ich oft meine Geschwister …

4. Gib der Figur einen passenden Namen.
5. Erstelle eine Rollenkarte mit den Informationen aus dem Text.
6. Überlegt gemeinsam, welche weiteren Fragen Aufschluss über diese Figur geben könnten, und vervollständigt eure Rollenkarte im Heft.
7. Schreibe diese Rollenbiografie mit den entsprechenden Informationen weiter.

Wer ist Xaver?

Ihr sollt die Bühnenfigur *Xaver* zum Leben erwecken. Außer dem Namen ist bisher nichts bekannt: Keiner weiß, wie Xaver aussieht, ob er ein älterer Herr oder ein junger Mann ist, was er für ein Leben führt, ob er ein Geizhals, ein Sonderling oder ein verkanntes Genie ist. Wer ist Xaver? Welche Rolle könnte er in einem Theaterstück spielen? Erfindet ihn!

8. Lege zunächst eine Rollenkarte über Xaver in deinem Heft an. Welche Informationen erscheinen dir wichtig?
9. Verfasse dann eine Rollenbiografie zu der Bühnenfigur Xaver in der Ich-Form. Der Infokasten kann dir dabei helfen.
10. Suche dir einen Partner und denkt euch eine Begegnung eurer beiden Figuren an einem bestimmten Ort (z. B. im Schulbus) aus und improvisiert einen kurzen Dialog, den ihr vorführt.

> **Tipp**
> Ihr könnt auch literarische Figuren nehmen, z. B. Märchenfiguren oder Fabeltiere.

> **Tipp**
> Beispiele für die Vorstellung in der Ich-Form: Mich kann man nicht übersehen, weil ich ziemlich groß bin / Ich hasse Milchbrei / Meine Stärke ist das Schweigen, ich bin überhaupt der große Schweiger …

ROLLENKARTE
Name:
Alter:
Interessen:
Gefühle:
…

> **Info**
> Die **Rollenbiografie** ist eine schriftliche Selbstdarstellung einer Person in der Ich-Form. Sie beinhaltet z. B. Eigenarten, Vorlieben, Ängste, Lebensverhältnisse und Beziehungen zu anderen.

Vom Erzähltext zum Spieltext

Ihr dürft mir nichts tun
Achim Bröger

Wir hatten einen bei uns in der Klasse. So fangen Schulgeschichten an. Aber Bernds Geschichte kann nicht so anfangen. Da wäre schon das erste Wort falsch. *Wir* hatten Bernd nicht. Zwischen uns und ihm gab es kein Wir. Wir waren die Klasse. Bernd war erst mal nur ein Satz von Hopf, dem Klassenlehrer: „Wir bekommen einen Neuen. Der lag lange im Krankenhaus und wird vieles nicht mitmachen können. Kümmert euch um ihn. Gebt euch Mühe."

Bernd Braeckow kam. Am Anfang fiel vor allem seine Narbe auf. Diese lange rote Furche am Hinterkopf. Als hätten sie ihn da umgegraben. Bernds Narbe, die sich wegen seiner kurz geschnittenen Haare nicht übersehen ließ. Und das Tablettenschlucken fiel natürlich auch auf. Jede Stunde eine. Die Packung steckte in seiner Schultasche wie bei uns das Pausenbrot.

Was haben die nur mit seinem Kopf gemacht?, hatte ich oft überlegt und mir alles Mögliche vorgestellt. Aber fragen wollte ich ihn nicht danach, die anderen auch nicht. Und er erzählte nie irgendwas davon.

Er redete überhaupt nicht viel. Nach der Schule kam er stumm zur Fußballwiese mit und trug uns den Ball. Dann stand er neben dem Tor und sah mit seinen großen, vorstehenden Augen zu. Oder er stand daneben, wenn wir mit den Mädchen aus unserer Klasse Völkerball spielten. Bernd mit seiner Narbe am Hinterkopf und dem Tablettenröhrchen in der Tasche sah immer nur zu und sagte nichts. So war das jedenfalls am Anfang.

Einmal waren wir bei ihm eingeladen. Kuchen gab's und Kakao. Und das alles in einem kleinen Wohnzimmer. Wir saßen zu fünft auf einem weichen Sofa und versanken darin. Bernd zwischen uns. Seine Mutter saß im einzigen Sessel. Ein Vater hätte in diese Wohnung nicht mehr gepasst.

Seine Mutter sagte: „Ihr seid also Bernds Freunde." Wir nickten, obwohl das sicher nicht stimmte. Wie bei einem Krankenhausbesuch war das, stockend und leise. Keiner wusste, worüber man reden sollte, gespielt wurde auch nichts. Die Mutter saß daneben, beobachtete uns und sagte: „Greift doch zu. Fühlt euch wie zu Hause." Wir blieben dann nicht lange.

Eigentlich wollte ich den Bernd wirklich zu meinem Geburtstag einladen, weil er mir leidtat. Aber mehr als acht Leute passten nicht in mein Zimmer. Bernd war zu viel. Er wurde auch sonst von niemandem eingeladen.

Eine Zeit lang ging Bernd noch stumm neben uns her und sah uns zu. Trug den Ball, stand neben dem Tor und wurde immer mehr übersehen. Aber plötzlich ließ er sich nicht mehr übersehen. Wenn ein Ball auf ihn zurollte, drosch er ihn weit in die Büsche. Dann rannte er weg und schrie aus sicherer Entfernung: „Ihr dürft mir nichts tun!"

Das hatte uns auch der Klassenlehrer gesagt: „Passt auf, dass ihm keiner was tut. Das könnte böse ausgehen."

40 Wir sahen hinter Bernd her. Einer meinte: „Komischer Kerl, hat bisher nie was gesagt und jetzt schreit er plötzlich los." Als das öfter vorkam, hieß es: „Der ist unberechenbar. Das hat wohl was mit der Narbe am Kopf zu tun. Vielleicht sollte er mal andere Tabletten nehmen."
Dann begann Bernd zu schlagen. Er haute auf dem Schulhof dem Pit die Faust
45 in den Magen, weil der ihn aus Versehen berührt hatte. Der starke Pit schnappte nach Luft.
Bernd stand vor ihm, rot im Gesicht, und sagte: „Du darfst mir nichts tun!"
„Der glaubt wohl, er kann sich alles erlauben. Nur weil er irgendwas am Kopf hat. So ein fieser Kerl."
50 Mit dem Mitleid war's jetzt vorbei. Wir ließen ihn stehen. Unseren Ball trugen wir selbst.
Bernd schlug immer häufiger und schrie sein „Ihr dürft mir nichts tun!". Irgendwie erfuhr unser Klassenlehrer davon. Er sagte: „Schluckt's runter, auch wenn ihr wütend auf ihn seid. Und fasst ihn bitte nicht an."
55 Wir fassten ihn nicht an. Und wir redeten kein Wort mit ihm, obwohl Bernd plötzlich überhaupt nicht mehr still war. Er schrie und tobte, wenn ihm eine Kleinigkeit nicht passte. Bernd haute um sich, egal, wohin er
60 traf, meldete jeden, der abschrieb oder in der Pause nicht auf den Hof hinunterging. Bernd Braeckow wirkte wie ausgewechselt. Wir standen da und schüttelten die Köpfe. Immer öfter sagte einer: „Der ist ja nicht normal.
65 Jetzt dreht er völlig durch."
Als Bernd krank wurde, wollte ihm keiner die Schularbeiten bringen. Hopf musste erst einen bestimmen. Und er bat wieder: „Gebt euch Mühe mit ihm, auch wenn er anders
70 ist." Noch drei Tage kam Bernd in die Schule.

Dann blieb er für immer weg. Hopf sagte dazu: „Wir haben's nicht geschafft."
Bernd hatte nur seine Narbe, seine Tabletten und keinen von uns. Deswegen kann ich nicht sagen: Wir hatten einen bei uns in der Klasse. Es gab kein Wir. Für kurze Zeit gab es den gleichen Klassenraum und die gleichen Lehrer. Sonst
75 nichts.

 1. Lest die Geschichte mit verteilten Rollen.
 2. Notiere jeweils zwei Fragen aus jeder Etage des *Haus des Fragens* und stelle sie deinem Partner. Stellt Vermutungen über das Ende der Geschichte an.
3. Prüft gemeinsam, welche Textstellen szenisch dargestellt werden können.

Tipp

Das Haus des Fragens findest du auf der Seite 83.

Eine Kurzgeschichte untersuchen → S. 82 ff.

Vom Standbild zur Spielszene

In dieser Tabelle wird die Handlung der Kurzgeschichte „Ihr dürft mir nichts tun" als Folge von Szenen dargestellt.

Handlungsschritte/ *Fragen des Regisseurs*	Handlungsorte	Personen
Der „Neue" erscheint – *Wie reagieren die Mitschüler?*	1. Klassenzimmer	Klassenlehrer Bernd Schülerinnen/Schüler
Fußballspiel – Völkerball *Wie verhält sich Bernd?*	2. Fußballwiese I	Bernd Mädchen/Jungen aus der Klasse
„Wie bei einem Krankenhausbesuch ..." – *Wie sieht das aus?*	3. Wohnzimmer bei Bernd zu Hause	Bernd seine Mutter vier Jungen aus der Klasse
Bernd „dreht völlig durch" – *Was sagen die anderen?*	4. Fußballwiese II	Bernd Mädchen und Jungen aus der Klasse
Bernd schlägt Pit – *Wie reagieren die anderen?*	5. Auf dem Schulhof	Bernd Pit weitere Schüler
Bernds Satz „Ihr dürft mir nichts tun" – *Zu wem, wie oft und wie sagt er ihn?*	6. Fußballwiese III	Bernd mehrere Mädchen und Jungen aus der Klasse
Ein Schüler bei Bernd im Krankenhaus *Wie verläuft die Begegnung?*	7. Krankenhauszimmer *nur angedeuteter Handlungsschritt*	Bernd ein Mitschüler [Stationsarzt]
Bernds Wegbleiben Gespräch in der Klasse *Was ist passiert?*	8. Klassenzimmer *offenes Ende*	Klassenlehrer Schülerinnen/Schüler

Info

Das Bauen eines Standbildes:
- Die „Modelle" bewegen sich nicht, sondern werden vom Baumeister in eine Haltung gebracht, in der sie „einfrieren".
- Zuerst achten die „Baumeister" auf allgemeine Haltungen wie Stehen, Sitzen, Knien, Liegen, dann auf Kopfhaltung, Mimik, Gestik.
- Während des Modellierens wird nicht gesprochen.
- Wenn das Bild „steht", verharren alle Spieler für ca. 20 Sekunden bewegungslos in der eingenommenen Haltung.
- Danach wird das Standbild von den Betrachtern beschrieben und gedeutet.

Info

Meist drucktechnisch mit einer anderen Schriftart (z. B. kursiv) vom restlichen Text abgesetzt stehen die **Regieanweisungen**. In ihnen macht der Autor über den Dialog hinaus Angaben zu ...
- Ort und Zeit der Handlung,
- deren Gesten, Sprechweisen und Bewegungen,
- und beschreibt das Verhalten der Figuren.

1. Bildet Gruppen und gestaltet zu einzelnen Handlungsorten ein Standbild. Achtet dabei besonders auf die Beziehungen der Personen untereinander.
2. Jede Gruppe wählt einen Handlungsschritt aus und improvisiert dazu eine kurze Szene.
3. Schreibt zu dem ersten Handlungsschritt eine Dialogfassung mit Regieanweisungen.

Die Szene bei Bernd zu Hause

Wir saßen zu fünft auf einem weichen Sofa (S. 90, Z. 22).

Ort: *Wohnzimmer*
Personen: *Bernd, seine Mutter, vier Mitschüler*

Es ist halb fünf. Die Mutter sitzt im Sessel, ihr gegenüber auf der Couch sitzt Bernd zwischen seinen vier Mitschülern. Er hält einen Becher mit Kakao in der Hand. Auf dem Couchtisch steht eine Platte mit Kuchenstücken.

Bernds Mutter *(freundlich)* Ihr seid also Bernds Freunde. *(Stille)*
1.–4. Mitschüler *(nicken unsicher. Bernd beobachtet sie aus dem Augenwinkel.)*
4. Mitschüler *(leise)* Ja – ja. *(Verlegenes Räuspern. Stille.*
Die Mutter legt Bernd ein neues Stück Kuchen auf den Teller. Er isst schweigend.)
Bernds Mutter Na, erzählt mal, was macht ihr so in eurer Freizeit?
(Stille. Bernd schaut immer wieder vom Teller zu den Schülern rechts und links neben ihm.)
1. Mitschüler Wir spielen Fußball. *(Steckt schnell ein Stück Kuchen in den Mund.)*
Bernd *(eifrig)* Wir sind mittwochs immer zusammen auf der Fußballwiese. *(Die anderen schauen ihn kurz an. Bernd senkt den Blick.)*
2. Mitschüler *(zögernd)* Na ja, es sind nicht immer alle da. *(Stille)*
Bernds Mutter *(deutet zur Kuchenplatte)* Greift doch zu. Fühlt euch wie zu Hause.
(Stille. Mitschüler 2 nimmt verlegen ein Stück Kuchen, reicht es dem Nachbarn, nimmt sich selbst ein Stück. Schweigend essen alle. Drei Mitschüler gleichzeitig:)
2. Mitschüler *(zögernd)* Ich hab nachher noch Training.
3. Mitschüler *(schnell)* Also, ich muss dann auch mal gehen, weil …
4. Mitschüler *(sich unsicher erhebend)* Es ist ja schon halb fünf. Also, dann …
Bernd *(trotzig)* Ist mir doch egal …

4. Ergänzt diese Szene und spielt sie.
5. Schreibt weitere Spielszenen mit Dialogen und Regieanweisungen. Orientiert euch an der Szenenübersicht und verwendet die Dialoge aus dem Erzähltext.
6. Probt die Szenen und spielt sie vor.

EXTRA Projekt

Einen Erzähltext für die Bühne einrichten
Eine Bühnenfassung

Bühnenfassung: Bühnenbearbeitung eines literarischen Werks (z. B. einer Erzählung), die für die Aufführung auf der Bühne bestimmt ist

Ihr könnt auf der Basis aller bisherigen Schritte eine Bühnenfassung der gesamten Erzählung „Ihr dürft mir nichts tun" erstellen und eine Aufführung vor anderen planen. Hier sind ein paar Ideen dazu.

▸ Programmheft

> **Ihr dürft mir nichts tun**
> **Kurzgeschichte von Achim Bröger**
> **in einer Spielfassung der Klasse 7c**
>
> ---
>
> **Personen:**
> Bernd Braeckow, der Neue; seine Mutter;
> Herr Hopf, Klassenlehrer der 7c; Pit; vier Mitschüler;
> weitere Schülerinnen und Schüler der Klasse 7c
> **Regie:**
> **Bühnenbild:**
> **Beleuchtung und Tontechnik:**

▸ Regiekonzept

Für die Erzählerfigur muss eine Lösung gefunden werden.
Ein Vorschlag:

▸ Vorszene

[Musikeinblendung]
[Spieler: Freeze]

Alle Schüler stehen auf der Bühne, mit dem Rücken zum Publikum, Arme hinten verschränkt. Ein Schüler steht an der Rampe zum Publikum gewandt. Er schaut mit weit geöffneten Augen ins Leere.

Parallel zu diesem Eröffnungsbild ertönt eine Stimme aus dem Off:

Sprecher Wir hatten einen bei uns in der Klasse. So fangen Schulgeschichten an. Aber Bernds Geschichte kann nicht so anfangen. […] Bernd war erst mal nur ein Satz von Hopf, dem Klassenlehrer: „Wir bekommen einen Neuen. Der lag lange im Krankenhaus und […]".

EXTRA Projekt

▸ Szene 1

[Freeze]

Im Klassenzimmer. Herr Hopf am Pult mit dem neuen Schüler. Alle Blicke auf Bernd gerichtet.

Parallel aus dem Off:

Sprecherin Bernd Braeckow kam. Am Anfang fiel vor allem seine Narbe auf. Diese lange …

[Auflösen des Freeze]
Bernd geht zu einem freien Platz, setzt sich. – Pause –

Dialog
Schüler 1 *(flüstert)* Guck mal, die Narbe …
Schüler 2 … und die Augen, komisch irgendwie …

▸ Szene 2

Auf der Fußballwiese
Sprecher Ihr dürft mir nichts tun! *(mehrmals, laut)*

▸ Szene 3

Wohnzimmer bei Bernd
Mutter …

- ▸ Ergänzt das Regiekonzept.
- ▸ Fertigt eine vollständige Spielfassung an und kopiert sie.
- ▸ Verteilt die Rollen und beginnt mit dem Einstudieren der Szenen.
- ▸ Führt eure Szenen vor.

Sprechen und Zuhören – Schreiben – Lesen

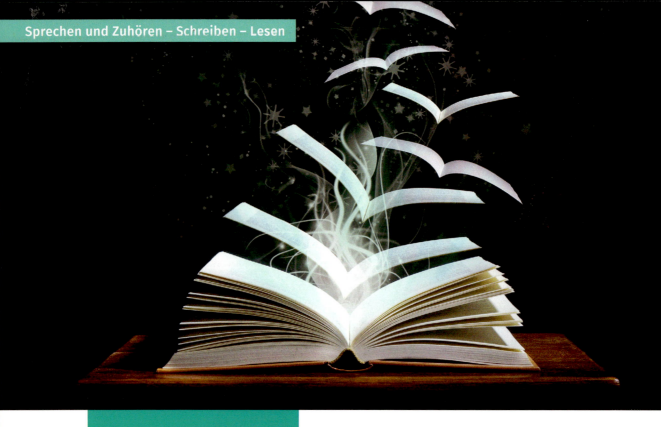

Wir sind Helden!

Lesen

„Macht Lernen in der Schule Spaß?"

Das haben wir Kinder in ganz Deutschland gefragt. Das Ergebnis: Acht von zehn Schülern antworteten mit Ja.

Von Montag bis Freitag jeden Morgen das gleiche Spiel: aufstehen, anziehen, frühstücken, Tasche packen und dann los zur Schule. Fünf Tage in der Woche verbringen deutsche Kinder Stunden um Stunden in Klassenzimmern. Eine Ausrede gibt es nicht, denn bei uns gilt die „Schulpflicht". Das bedeutet, dass Eltern ihre Kinder in die Schule schicken müssen.
Und was sollt ihr dort? Klar, lernen. Aber wie geht es euch damit? Macht euch die ganze Lernerei auch Spaß? Dazu haben wir […] eine große Umfrage gestartet und Kinder zwischen 5 und 13 Jahren in ganz Deutschland genau das gefragt. Und wir haben eine gute Nachricht: Acht von zehn Kindern haben immer oder manchmal Spaß beim Lernen in der und für die Schule. Nur zwei von zehn Kindern macht das Lernen eher selten Spaß. Je älter die befragten Kinder waren, desto mehr sagten zwar, dass ihnen das Lernen weniger Spaß macht, doch es gibt nur sehr wenige, die gar keinen Spaß daran haben.

Wie lernst du am liebsten? Das wollten wir auch wissen. Die meisten antworteten: In der Klasse mit allen Mitschülern, wenn der Lehrer etwas erklärt. Gruppenarbeit nur mit anderen Kindern ist nicht so beliebt. Die meisten von euch lernen dann lieber ganz allein oder mit Mama oder Papa. [...]

Konzentration hilft beim Lernen, das leuchtet ein, aber mit welchen Hilfsmitteln macht es euch Spaß? Weit vorne sind Computer, Tablets und Smartphones – das wählten fünf von zehn Kindern in unserer Umfrage. Jungen und Mädchen sind sich übrigens bei den meisten Fragen ziemlich einig gewesen: Die Jungs lernen ein bisschen lieber mit dem Computer. Dafür mögen die Mädchen Gruppenarbeit mehr als die Jungs.

Wie wäre es, wenn ihr bestimmen könntet, wie es in der Schule zugeht? Was wünschen sich deutsche Schüler? Hausaufgaben abschaffen und mehr Projektwochen liegen auf Platz eins. Danach kommen: mehr Aufgaben am Computer lösen, mehr in Gruppen lernen und Lehrer, die ihre Schüler öfter zum Lachen bringen.

Eure Eltern haben wir übrigens auch gefragt. Sie müssen zwar nicht selber lernen, wollen aber, dass ihr gut durch die Schule kommt. Sieben von zehn Müttern und Vätern ist es sehr wichtig, dass ihre Kinder Spaß beim Lernen haben. [...]

Wir haben deshalb auch gefragt, wann Kinder glauben, dass sie etwas gut behalten. Die meisten haben geantwortet: „Wenn der Lehrer etwas in eine spannende Geschichte verpackt." An zweiter Stelle kommt: „Wenn man etwas aus dem Unterricht im Alltag anwenden kann." Auf Platz drei liegt: „Wenn ich etwas ganz oft wiederhole oder auswendig lerne." Die befragten Kinder wissen also sehr gut, dass Lernen anstrengend ist. Spaß haben sie trotzdem.

Wie lernst du am liebsten?

In einer Gruppe mit anderen Kindern
sagen 2 von 10 Kindern

Allein, damit ich mich besser konzentrieren kann
sagen 2,5 von 10 Kindern

Mit Mama oder Papa
sagen 2,5 von 10 Kindern

In der Klasse, wenn der Lehrer etwas erklärt
sagen 3 von 10 Kindern

Tipp
Folgende Lesetechniken bzw. -strategien hast du kennengelernt:
- Slalomlesen,
- Fünf-Schritt-Lesemethode,
- Selektives (auswählendes) Lesen,
- Überfliegendes Lesen bzw. Scannen,
- Im Weitwinkel lesen.

1. Überlege, welche der dir schon bekannten Lesetechniken/-strategien du anwenden kannst, wenn du …
   ▶ ganz konkrete Informationen aus dem Text (z. B. Wann können Kinder etwas gut behalten?) heraussuchen möchtest,
   ▶ dir einen ersten Überblick über den Inhalt verschaffen möchtest,
   ▶ den kompletten Inhalt des Textes (z. B. für ein Referat) zusammenfassen möchtest.
2. Suche im Text alle wichtigen Informationen zu der Frage „Womit macht das Lernen für die Schule am meisten Spaß?" heraus.
   Welche Lesetechnik hast du verwendet?
3. Erläutere das Schaubild rechts oben. Formuliere zwei Aussagen dazu.
4. Stelle die Aussagen des Schaubilds in einem Diagramm dar, das dir sinnvoll erscheint, und begründe deine Wahl.

Tipp
Erinnere dich an die verschiedenen Diagrammformen:
- Kreisdiagramm,
- Säulendiagramm,
- Balkendiagramm,
- Liniendiagramm.

Das kannst du jetzt lernen!
▶ Unterschiedliche Lesetechniken/-strategien bewusst einzusetzen .... S. 71
▶ Informationen zu strukturieren .... S. 72
▶ Informationen aus Texten zu entnehmen und grafisch darzustellen .... S. 74

Informationen strukturieren | Lesen

Informationen visualisieren

Auch Wissen kann nach bestimmten Ordnungskriterien dargestellt werden. Du kennst bereits die Lernlandkarte – den Advance Organizer –, die/der dir hilft, verschiedene Aspekte eines Themas zu gliedern. Nun lernst du weitere Strukturierungsformen kennen, mit deren Hilfe du Informationen aus Texten nach bestimmten Kriterien darstellen kannst.

1. Hier herrscht das Chaos. Leider sind nach der letzten Aufführung im Theaterfundus eurer Schule alle Kostüme und Requisiten durcheinandergeraten. Wie kannst du diese vernünftig sortieren und jeweils einem gemeinsamen Oberbegriff zuordnen?
2. Diskutiere mit einem Partner, welche Ordnungskriterien sinnvoll sind. Findet passende Oberbegriffe und sortiert die Requisiten entsprechend.
3. Welche Gegenstände würden zu einem Helden passen?

Die zwei Gehirnhälften

Unser Gehirn hat zwei Hälften, die verschiedene Funktionen und Aufgaben übernehmen. Die linke Hälfte ist aktiv, wenn du Vokabeln lernst, Mathematikaufgaben löst, einen Text aufschreibst, eine Liste erstellst, etwas ordnest oder planst.
Die rechte Hälfte ist aktiv, wenn du ein Bild malst, etwas zeichnest, tanzt, Musik hörst oder anderweitig deine Fantasie spielen lässt.

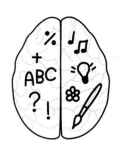

1. Gehe in Gedanken deinen Tagesablauf durch. In welchen Situationen ist welche deiner Gehirnhälften besonders aktiv? Fertige in deinem Heft eine Tabelle an oder zeichne ein großes Gehirn mit seinen beiden Gehirnhälften in dein Heft und trage die verschiedenen Tätigkeiten ein.

Wann ist ein Held ein Held?

Harry Potter ist ein ausgezeichneter Zauberer, Superman kann fliegen und Spider-Man klettert wie eine Spinne die Wände hoch.

2. Sammle in einem Brainstorming alles, was dir zum Thema „Held" einfällt.
3. Schreibe wichtige Begriffe auf Kärtchen und clustere sie.
4. Finde passende Oberbegriffe.
5. Lege nun eine Mindmap an. Schreibe dazu die Oberbegriffe auf die Hauptäste und die Unterbegriffe auf die Nebenäste.

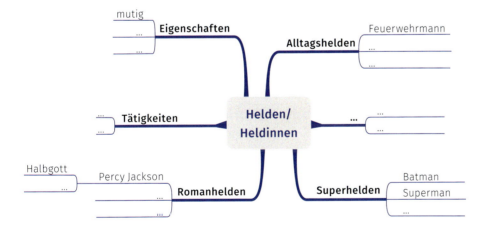

> **Info**
>
> Das Erstellen einer **Mindmap** ist eine besonders gehirngerechte Methode, um Texte oder bestimmte **Zusammenhänge** zu **strukturieren** und zu **visualisieren** (veranschaulichen). Du gehst dabei folgendermaßen vor: Den Ausgangsbegriff schreibst du in die Mitte. Auf Ästen stehen Oberbegriffe, von denen Zweige für Unterbegriffe abgehen.

6. Was macht einen Helden aus? Versuche, eine Definition zu formulieren. Tauscht eure Meinungen in der Gruppe aus.
7. Wer ist dein Lieblingsheld? Sammle in einer Mindmap Informationen zu deinem Helden und fertige danach einen Steckbrief dazu an (Bild, Name, besondere Fähigkeiten, Was macht ihn zum Helden für mich?).

Wir sind Helden
Inge Kutter

Stell dir vor, du wachst morgens auf ... und dein Körper fühlt sich ganz komisch an. Aber nicht komisch-schlecht, sondern komisch-gut, sogar richtig megamäßig! So zum Bäumeausreißen und Meterhoch-Springen! Ach was: zum Gleich-die-ganze-Welt-in-der-nächsten-Stunde-Retten!
Vielleicht wünschst du dir das manchmal? Vielleicht weil du gern jemandem helfen würdest? Oder weil du dich gegen etwas wehren willst, was dir ganz gewaltig stinkt? Dann geht es dir wie vielen Menschen. Woher kämen sonst all die Heldengeschichten? Seit Menschen sich Geschichten erzählen, geht es darin um besondere Typen. Um Typen, die etwas besser können als die anderen um sie herum. Typen, die sich etwas trauen. Diese Geschichte handelt davon, wie man selbst mutiger sein kann.
Wäre es nicht superpraktisch, wenn man es machen könnte wie Siegfried? Siegfried ist der Held des Nibelungenlieds, einer Sage aus dem Mittelalter. Er hat in Drachenblut gebadet. Das hat ihn unverwundbar gemacht, wodurch er besser kämpfen konnte. Leider wurden in unseren Breiten schon lange keine Drachen mehr gesichtet. Sich mit Drachenblut einzuschmieren, ist heute also kein Mittel mehr, um besonders stark zu werden.
Auch die Herkules-Methode ist für kein normales Kind anwendbar. Wie die meisten griechischen Helden, von denen man in der Antike erzählte, hatte Herkules einen Gott zum Vater. Der hat ihm übermenschliche Kräfte vererbt.
Die wissenschaftlichen Experimente, die Captain America zum Superhelden machten, sind bislang ebenfalls Fantasie. Das Einzige, was man nachmachen kann, ist Batmans Trick: superhart trainieren.
Aber braucht man überhaupt Superkräfte, um ein Held oder eine Heldin zu sein? Das Spannende an Siegfried, Superman und ihresgleichen ist ja, dass sie auch einen wunden Punkt haben. Das bedeutet: Sie sind verletzlich.
Bei Siegfried fiel ein Blatt vom Baum, während er im Drachenblut badete. Es landete auf seinem Rücken, sodass die Stelle frei von Blut blieb. Wenn ihn dort ein Speer traf, war er verwundbar wie jeder andere. Batman hat Angst vor Fledermäusen, Superman hat Angst vor dem Kryptonit aus seiner zerstörten Heimat Krypton. Und Harry Potter, der es wagt, sich dem schrecklichsten aller Zauberer entgegenzustellen, ist selbst noch ein Zauberschüler, der sich fürchtet.
Klar, sie alle können ein bisschen mehr als gewöhnliche Menschen wie du und ich. Aber richtig stark werden sie erst dadurch, dass sie ihre Angst überwinden. Mut. Das ist es, was einen Helden ausmacht. Obwohl er sich eigentlich vor Angst fast in den coolen Anzug macht, lässt er sich davon nicht beirren. Stattdessen tut er, was wichtig ist.
In Heldengeschichten ist das meistens: kämpfen. Gegen Drachen oder wen auch immer. Aber Mut kann man auch anders beweisen. Etwa indem man vor vielen Menschen seine Meinung sagt. Oder indem man jemandem hilft, obwohl es für einen selbst Nachteile hat. Mutig kann es auch sein, etwas zu tun, was andere

peinlich finden. Entscheidend ist, dass man nicht für sich selbst handelt, sondern für einen anderen Menschen oder eine gute Sache.

Man braucht also gar keine Superkräfte. Auch ohne kann man mutig sein. Mutig wie Malala zum Beispiel. Das Mädchen lebte in Pakistan. Als sie gerade elf Jahre alt war, wüteten Talibankämpfer in ihrer Heimat. Sie sprengten dort Schulen und folterten Menschen. Was hat Malala Yousafzai getan? Sie begann, ein Internettagebuch zu schreiben, in dem sie über die schlimmen Taten der Talibankämpfer berichtete. So erfuhr die ganze Welt davon, und viele Menschen waren bestürzt. Für Malala war das ziemlich gefährlich. Denn natürlich wollten die Taliban nicht, dass jemand schlecht über sie berichtet. Deswegen haben sie Malala verfolgt und schließlich in den Kopf geschossen. Malala hat den Angriff nur knapp überlebt. Für ihren Mut hat sie letztes Jahr den Friedensnobelpreis bekommen. Manche Helden setzen sich großer Gefahr aus. Sie finden das, was sie erreichen wollen, so wichtig, dass sie dafür sogar sterben würden. „Ich riskiere gern mein eines Leben, wenn dafür viele andere gerettet werden", sagen sie.

Das ist sehr bewundernswert. Ob man aber selbst so handeln will, das muss jeder für sich entscheiden. Und wenn man sich in Gefahr begibt, nur weil es gefährlich ist, ist das nicht mutig, sondern dumm. Dann hat ja niemand etwas davon.

Auch bei kleineren Gefahren muss man abwägen. Bei einer Prügelei in der Schule zum Beispiel. Wenn Größere einen Kleineren schlagen, und man selbst ist klein und schmächtig, kann man womöglich allein wenig helfen. Aber man kann andere zu Hilfe zu holen und gemeinsam den Streit beenden. Mutig muss man nicht allein sein. Mit Freunden zusammen ist es oft leichter.

Dafür braucht man keine Fäuste. Wenn man sich zu mehreren einem Schläger in den Weg stellt, reicht das schon, um ihm zu zeigen, dass niemand auf seiner Seite ist. Das kann sich für ihn genauso schlimm wie Dresche anfühlen.

Auch Worte können viel bewirken. Etwa wenn in der Klasse jemand einen anderen beleidigt: Wenn alle dazu schweigen, ist das, als ob sie es richtig fänden. Nimmt aber einer den Beschimpften in Schutz, trauen sich andere oft auch, sich auf seine Seite zu stellen. Meist merkt man dann, dass man mit seiner Meinung nicht so allein ist, wie man dachte. Das kostet natürlich Überwindung. Denn man kämpft dabei gegen sich selbst. Besonders wenn es um Dinge geht, die andere für uncool halten (und man selbst eigentlich auch). Zum Beispiel als Junge einem Mädchen zu helfen, wenn alle Jungs in der Klasse nur mit anderen Jungs befreundet sind. [...] Letztendlich tut man damit ja das, was alle Superhelden tun: Sie kümmern sich um die, die sie brauchen. Wenn jemand um Hilfe ruft, fliegt Superman schließlich auch nicht vorbei.

1. Markiere wichtige Begriffe im Text. Nutze die Folientechnik.
2. Welche neuen Informationen rund um das Thema „Held" gewinnst du aus dem Text? Ergänze deine Mindmap mit diesen Informationen.
3. Hast du auch schon einmal eine Heldentat wie im Text beschrieben vollbracht? Berichte davon.

Sachtexte erschließen → S. 164 ff.

Skaten in Kabul
Josephina Maier

In Afghanistan herrscht Krieg, darunter leiden vor allem die Kinder. Deshalb haben Helfer aus dem Ausland eine besondere Sportschule gegründet.

Tamana mag am liebsten den „Ollie". Das ist ein Trick auf dem Skateboard, bei dem man so abspringt, dass man das Brett in der Luft unter den Füßen behält und danach wieder darauf landet. Vor zwei Jahren stand Tamana zum ersten Mal in ihrem Leben auf einem Skateboard. Inzwischen ist sie zwölf Jahre alt und so gut geworden, dass sie anderen Kindern ihre Tricks beibringt: Tamana ist Trainerin bei Skateistan, einer Skateboardschule in der afghanischen Hauptstadt Kabul. Wenn ein Mädchen richtig gut skateboarden kann, ist das schon in Deutschland etwas Besonderes. In Afghanistan, wo Tamana lebt, sind Mädchen auf dem Skateboard eine Sensation. Bis vor zwölf Jahren waren dort die Taliban an der Macht, eine Gruppe, die strenge Regeln für die ganze Bevölkerung einführte. Frauen durften nur verschleiert auf die Straße und Mädchen nicht in die Schule gehen. Sport war für sie in dieser Zeit ganz verboten. Im Jahr 2001 kamen dann Soldaten aus den USA, Frankreich, Deutschland und weiteren 40 Ländern nach Afghanistan, um gegen die Taliban zu kämpfen. Seitdem dürfen die Mädchen in Kabul zwar wieder zur Schule gehen und auch Sport machen, aber wenn sie auf einem Fahrrad oder Skateboard durch die Straßen fahren, werden sie immer noch komisch angeguckt.

Dass es die Skateboardschule überhaupt gibt, ist ein großer Zufall. Vor sechs Jahren kam Oliver Percovich aus Australien nach Afghanistan. Er wollte dort eine Freundin besuchen, die für eine Hilfsorganisation arbeitete. Als begeisterter Skateboarder hatte er ein paar Bretter im Gepäck. Die Kinder in Kabul kannten Skateboards, wenn überhaupt, nur aus dem Fernsehen. Als sie sahen, wie Oliver auf den staubigen Straßen seine Tricks übte, wollten sie es unbedingt auch mal versuchen. Anfangs trafen sie sich nur draußen, aber das war sehr gefährlich. Bis heute gibt es immer wieder Bombenanschläge, bei denen unschuldige Menschen verletzt oder sogar getötet werden. Deshalb hatte Oliver die Idee, eine Skatehalle in Kabul zu bauen, mit Rampen und einer richtigen Halfpipe. Dazu sammelte er Spenden in aller Welt. Ende 2009 wurde die Halle schließlich eröffnet, und inzwischen kommen mehr als 350 Kinder regelmäßig dorthin.

Natürlich könnte man sagen, dass es für Kinder, die in einem Kriegsland wie Afghanistan leben, Wichtigeres gibt, als skaten zu lernen. Andererseits sind für sie in Kabul kaum Freizeitangebote vorhanden. Bei Skateistan sind sie sicher und können einfach Spaß haben. Außerdem gibt es eine Vereinbarung: Für jede Stunde Skaten in der Halle müssen die Teilnehmer eine Unterrichtsstunde belegen. Bei Skateistan gibt es nämlich auch Klassenzimmer und Lehrer. Mit ihnen pauken die Kinder Mathe und Englisch oder lernen, mit dem Computer umzugehen. Sie spielen aber auch Theater, malen, lernen zu fotografieren und Filme zu drehen.

In vielen afghanischen Familien müssen die Kinder mitverdienen, damit alle etwas zu essen haben.
Sie gehen auf die Straße und betteln oder versuchen, Kleinkram zu verkaufen. Mehr als der Hälfte der Skateistan-Schüler ergeht es so. Weil neben der Arbeit oft keine Zeit für die Schule bleibt, lernen viele erst hier lesen und schreiben. „Manchmal gibt es Probleme, weil Kinder aus reicheren Familien denken, sie wären etwas Besseres", sagt Oliver. „Aber spätestens beim Skateboarden merken sie, dass sie alle gleich sind." Tamana muss nicht auf der Straße arbeiten. Ihrem Vater ist es wichtig, dass sie zur Schule geht. Dennoch war er anfangs unsicher, ob er seiner Tochter erlauben sollte, zu Skateistan zu gehen. Ein Mädchen auf dem Skateboard? Zusammen mit Jungs? Weil viele Eltern solche Bedenken haben, kommen Jungen und Mädchen an verschiedenen Tagen in die Halle. Und weil es für Mädchen alleine auf den Straßen Kabuls zu gefährlich ist, holt ein Busfahrer sie ab und bringt sie nach dem Unterricht wieder nach Hause. „Wenn sie das hören, sind die meisten Eltern beruhigt", erklärt Oliver. „Inzwischen haben wir hier fast genauso viele Mädchen wie Jungs." Was Tamana und ihre Freundinnen alles draufhaben, sehen die Jungen zum Beispiel bei gemeinsamen Skatewettbewerben, die hin und wieder stattfinden. Suliman, ein 13-jähriger Junge, ist überzeugt: „Es ist Quatsch, zu denken, dass Skateboarden nur was für Jungs ist." Für Tamana ist das sowieso klar. „Mit dem Skateboarden mache ich auf jeden Fall weiter", sagt sie, „und später werde ich es auch meinen Töchtern erlauben."

Kinder in Afghanistan arbeiten als Teppichknüpfer.

4. Tauscht euch über den Text aus. Was hat dieser mit dem Thema „Held" zu tun?

5. Suche nach zusätzlichen Informationen im Text, strukturiere diese mit Hilfe von Oberbegriffen und ergänze die Informationen in deiner Mindmap.

6. Erstelle mit den Angaben aus dem Text einen Steckbrief von Tamana. Welche Lesetechnik hilft dir, die passenden Informationen zu finden?

7. Beschreibe und deute das Logo von Skateistan. Überlege zusammen mit deinem Partner, warum die Organisation sich für diese Darstellung entschieden hat.

8. Was macht eine Skaterschule in Afghanistan so besonders? Was hältst du von der Vereinbarung, dass die Teilnehmer für jede Stunde Skaten eine Stunde Unterricht belegen müssen?

Sachtexte erschließen → S. 164 ff.

TESTE dich

Überprüfe dein Wissen und Können, indem du hier die Testaufgaben bearbeitest.

Ich kann ...	Können	Hilfe	Training
Informationen aus Texten entnehmen und mit Hilfe einer Mindmap grafisch darstellen.	😀 😉 😳	S. 74 ff.	S. 79 AH S. 21

Testaufgabe 1

Lies den Text und markiere die wichtigsten Informationen mit Hilfe der Folientechnik. Lege nun eine Mindmap zum Text an. Schreibe dazu die Oberbegriffe auf die Hauptäste und die Unterbegriffe auf die Nebenäste.

Weltveränderer Helen Keller   Wiebke Plasse

Die taubblinde Helen Keller setzte sich gegen viele Ungerechtigkeiten zur Wehr: Sie half Blinden, die Brailleschrift zu lernen, sie setzte sich für die Rechte der Schwarzen ein und sie kämpfte für Frauenrechte.

Helen Keller wurde am 27. Juni 1880 als gesundes Kind im amerikanischen Alabama geboren. Als sie nicht einmal zwei Jahre alt war, erkrankte sie stark und verlor in der Folge ihr Seh- und Hörvermögen. Wenige Zeit später hörte sie auch mit dem Sprechen auf.
Das zuvor lebensfrohe und glückliche Kind zog sich zurück. Sie trat kaum noch in die Öffentlichkeit, schließlich wusste sie nicht, wie sie sich verständigen sollte. Ihre besorgten Eltern riefen im Jahre 1887 die Lehrerin Anne Sullivan zur Hilfe. Ausgebildet für das Unterrichten von blinden Kindern brachte sie auch Helen Keller neuen Lebensmut. Mit dem so genannten Fingeralphabet – dabei werden Buchstaben in die Handfläche geschrieben – blühte Helen neu auf.
Später lernte sie durch Anne Sullivan die vom Franzosen Louis Braille entwickelte Blindenschrift, auch als Brailleschrift bekannt, sowie das Schreiben auf einer Schreibmaschine. Nachdem sie auch erste Anfänge im Sprechen machte, schrieb sie sich am Radcliffe College in Boston ein, um mehrere Fremdsprachen zu studieren. Im Jahr 1904 erreichte sie den Abschluss.
Helen Keller hat die Situation von Menschen, die aus der Gesellschaft ausgeschlossen werden, am eigenen Leib zu spüren bekommen. Deshalb wechselte sie nach dem Studium die Rolle: Sie war nicht länger die Schülerin, sondern kümmerte sich fortan selbst um blinde oder taube Menschen. Als Mitglied in der Blindenkommission von Massachusetts lud man sie zu vielen Auslandsterminen ein.
Dort hielt sie Vorträge über das Leben mit einer Behinderung. Später wandte sie sich auch den Rechten der schwarzen Bevölkerung und der Gleichstellung von Mann und Frau zu. 1924 gründet sie die Internationale Helen Keller Organisation, innerhalb der die Sehkraft, die Gesundheit und Ernährung erforscht wurde. Man nannte sie nun „den Engel der Blinden".
Nach einem Schlaganfall zog sich die damals 81-Jährige zurück. Bevor sie am 1. Juni 1986 im Schlaf verstarb, soll sie gesagt haben: „Ich bin blind, aber ich sehe; ich bin taub, aber ich höre." Dieses Motto und die Lebensgeschichte der Helen Keller machen noch heute vielen Kranken Mut. [...] Heute gibt es zahlreiche Bücher und sogar Verfilmungen, die sich der Kunst, wie Taubblinde ihr Schicksal meistern, widmen. Sie sind immerzu von Helen Kellers Lebensmut inspiriert.

So kannst du dein Wissen anwenden und deine Fähigkeiten trainieren:

Moderne Gesellschaft – Helden wie wir
Katharina Dippold

Was haben Nelson Mandela, Sebastian Vettel und Frau Brock aus München gemeinsam? Richtig: eigentlich gar nichts. Der eine hat seinen Kampf für die Rechte der schwarzen Bevölkerung mit jahrzehntelanger Gefangenschaft bezahlt, ohne darüber zu verbittern. Der andere hat im Alter von nur 26 Jahren
5 bereits vier Formel-1-Weltmeisterschaften gewonnen und die Dritte hat in Kalenderwoche 48 des vergangenen Jahres den besten Umsatz in einer Baumarktfiliale erzielt. Und doch gibt es da etwas, was diese drei Personen miteinander verbindet: Alle drei werden für ihre Leistung als Helden gefeiert. Wie kann das möglich sein? Und was genau ist überhaupt ein Held?
10 Im klassischen Sinne ist ein Held zuerst einmal männlich. Dieser Mann muss etwas Außergewöhnliches leisten und sich so als eine Art „Übermensch" von der Masse abheben. Dafür ist er bereit, zentrale menschliche Maßstäbe und Werte außer Kraft zu setzen. Nicht selten gerät er dabei in Lebensgefahr, doch dieses Risiko nimmt er in Kauf, schließlich besitzt er selbst die Lizenz zum Töten.
15 „Er oder ich" – das ist die Logik des klassischen Kriegshelden, wie ihn uns Homer mit Achill nahebringt. Doch wenn es tatsächlich zum Äußersten kommt und der Held Gewalt anwenden muss, dann geschieht das stets zum Wohle der Gemeinschaft, die er verteidigen möchte; keinesfalls geht es ihm nur um sich selbst. Dazu braucht ein Held einen Zeugen. Das Ereignis muss erzählt und weitergetra-
20 gen werden; einen Helden ohne Publikum kann es nicht geben. [...]
Da wäre beispielsweise der amerikanische Pilot Chesley Sullenberger, dem eine spektakuläre Notlandung auf dem Hudson River gelang und der dafür als Held von Manhattan gefeiert wurde [...]. Edward Snowden ist für viele ein Held, seitdem er seine persönliche Freiheit aufgegeben hat, um die Öffentlichkeit über die
25 Überwachungstätigkeiten des amerikanischen Geheimdienstes aufzuklären. Barack Obama wiederum hatte selbst noch gar nicht viel geleistet, als er von weiten Teilen der westlichen Welt bereits zum Übermenschen ausgerufen wurde. „Ein typischer Fall von vorauseilender Heroisierung", urteilt Bröckling. Doch damit nicht genug. Helden begegnen einem mittlerweile fast schon auf Schritt und
30 Tritt. Es gibt „stille Helden", „heimliche Helden", Helden im Sport, in der Wirtschaft, in der Pop-Musik. Und somit letztlich eben auch den „Helden der Woche" im örtlichen Baumarkt. [...]

1. Unterstreiche alle Informationen zum Thema „Held" im Text.
2. Erstelle mit deinen Informationen eine Mindmap. Überlege dir vorher, welche Begriffe du auf die Haupt- und Nebenäste schreiben möchtest.

Texte und Medien

Wunschbilder und Wirklichkeit

Kurzgeschichten

Schwimmen
Nadja Einzmann

Manchmal möchte sie einen, der sich gut anfühlt und nett ausschaut. Einen, mit dem sie nicht viel reden muss. Der selber genug zu erzählen hat, dass es auf sie nicht ankommt. Dunkelblond könnte er sein mit kurzen, verwirrten Haaren. Helle, blaue Augen könnte er haben, blau wie der Himmel über der Wiese, auf der sie liegen. Und sie wären zusammen, wie sie alleine nicht sein kann: sommerlich braun gebrannt, und das Gras fühlte sich kühl an unter ihren nackten Beinen.
Sport wäre ein Thema zwischen ihnen, Volleyball spielen auf Sand in der Dämmerung und Schwimmen, immer wieder Schwimmen.

Zum Bild:
Marc Chagall, Über der Stadt, 1914–1918, Öl auf Leinwand, 141 x 198 cm, Tretjakow Galerie, Moskau

1. Vergleiche das Bild mit dem Text. Wie passen beide zusammen?
2. Besprecht, was ihr in dieser kurzen Geschichte über „sie" erfahrt.
3. „Manchmal möchte ich ..." Schreibe einen kleinen Text zu diesem Anfang.

4. Letztes Schuljahr wurde viel über Freundschaft gesprochen – welche Art von Freundschaft wird in dem Text „Schwimmen" angesprochen?

Ein Philosoph hat einmal gesagt: „Freundschaft ist die reinste und höchste Form der Liebe. Es ist eine Form der Liebe ohne Bedingungen und Erwartungen, bei der man das Geben an sich genießt."

5. Versuche, das Zitat zu erklären. Wie ist deine Meinung zu dem Zitat?

Du hast im letzten Schuljahr einiges im Umgang mit Erzähltexten gelernt. Wie fit bist du? Bearbeite die folgenden Aufgaben zum Text „Schwimmen".

6. Lege eine Figurenkonstellation zu den Figuren an. Was fällt dir auf?
7. Schreibe den Text in einen inneren Monolog in der Ich-Form um. Erkläre die veränderte Wirkung des Textes.
8. Arbeite mit deinem Partner zusammen: Einer erzählt die Vorgeschichte zu dem Text „Schwimmen", der andere erzählt die Nachgeschichte.

In diesem Kapitel geht es nun um Kurzgeschichten. Es gibt nicht die Kurzgeschichte, aber bestimmte Merkmale, an denen man Kurzgeschichten erkennen kann:

Merkmale der Kurzgeschichte
- Kurzgeschichten haben in der Regel keine Einleitung, sondern springen mitten hinein in die erzählte Situation oder das Ereignis.
- Die Handlung wird ohne Nebenhandlung geradlinig erzählt.
- Thema können Situationen und Ereignisse des alltäglichen Lebens sein.
- Die Kurzgeschichte ist in Bezug auf Zeit, Raum und Personen meist sparsam ausgestattet. Sie spielt oft in einem bestimmten Augenblick an einem bestimmten Ort.
- Die Handlung wird auf das Ende hin angelegt.
- Kurzgeschichten enden meist offen und abrupt. Teilweise wird der Schluss durch eine überraschende Wende in der Handlung oder eine Pointe eingeleitet.
- Ihren realistischen Inhalten entsprechend wird häufig die Alltagssprache verwendet.
- Der offene Schluss regt zum Nach- und Weiterdenken an.

9. Erstellt einen Spickzettel, indem ihr die Hinweise zu den Merkmalen auf die wesentlichen Stichwörter reduziert.
10. Vergleiche die Merkmale der Kurzgeschichte mit einer anderen Textsorte (z. B. Märchen oder Fabel) deiner Wahl.

> **Tipp**
> Hier noch einige Tipps zu den Aufgaben:
> - Die Figuren in einem Text stehen in einer Beziehung zueinander. Das nennt man **Figurenkonstellation**. Um diese Beziehung deutlich zu machen, kann man eine Grafik mit Symbolen nutzen.
> - Mit Hilfe des **inneren Monologs** kann man die Gedanken und Gefühle zum Ausdruck bringen.
> - Erzähltexte kann man ergänzen: In der **Vorgeschichte** verdeutlicht man, wie es zu der Situation gekommen ist; in der **Nachgeschichte**, wie eine Geschichte weitergehen könnte.

> **Info**
> Mit Hilfe der Methode „Spickzettel" fasst du die wesentlichen Informationen zusammen und stellst sie strukturiert dar. Du kannst auch Zeichen und Symbole dazu verwenden.

Das kannst du jetzt lernen!
- Merkmale der Kurzgeschichte zu erarbeiten .... S. 81
- Kurzgeschichten mit Hilfe des Haus des Fragens zu untersuchen und zu verstehen .... S. 82

Kurzgeschichten lesen und verstehen

Das „Haus des Fragens" hilft dir, eine Kurzgeschichte zu lesen und zu verstehen. Du kannst sie auf alle Kurzgeschichten anwenden.

Wir bauen unser Erdgeschoss: Wir lesen und stellen Fragen, bei denen die Antworten im Text stehen.

1. Lies die Kurzgeschichte mit Hilfe der Fünf-Schritt-Lesemethode.
2. Notiere dir zwei Aspekte, die du an der Geschichte interessant findest.
3. Beantworte die W-Fragen: Wer? Was? Wann? Wo? Wie? Warum?
4. Fasse in einem Satz zusammen, was in dem jeweiligen Abschnitt steht.

Wir bauen unser Obergeschoss: Wir stellen Fragen zu Beziehungen innerhalb des Textes.

5. Stelle zwei Fragen an den Text: Die Fragen können sich auf die Figuren beziehen, auf Zusammenhänge oder auch auf etwas, das du noch genauer wissen willst.
6. Beantworte folgende Fragen zum Text:
   - Warum handelt eine Figur so, wie sie im Text handelt?
   - Was sind die typischen Eigenschaften der Figur?
   - Welche Beziehungen haben die Figuren zueinander?
7. Lies den Text noch einmal: Nimm eine Folie und markiere Textstellen, die dir helfen, die gestellten Fragen zu beantworten. Markiere Stellen, die dir besonders wichtig erscheinen.
8. Tausche dich mit deinem Partner über deine bisherigen Ergebnisse aus.
9. Überprüfe die Aussagen zu den Merkmalen auf der Seite 81 an der Kurzgeschichte. Lege eine Tabelle nach folgendem Muster in deinem Heft an:

Merkmal	trifft zu	trifft nicht zu	Beleg aus dem Text
...			

10. Erstelle eine Inhaltsangabe zu der Kurzgeschichte.

Wir bauen unser Dachgeschoss: Wir beurteilen des Geschehen und reflektieren. Dabei werden wir auch kreativ tätig.

11. Für eine Verfilmung soll eine Darstellerin oder ein Darsteller für eine Figur in der Geschichte ausgewählt werden. Ihr seid das Casting-Team und macht euch nach genauer Lektüre der Kurzgeschichte auf Karteikarten Notizen. Die nebenstehenden Fragen können euch helfen. Notiert euch auf der Karteikarte auch die Textstellen, die eure Überlegungen begründen.

Tipp

Untersuche eine Kurzgeschichte deiner Wahl (S. 84–91) mit Hilfe der Aufgaben 1 bis 7. Bildet dann Gruppen zu den gewählten Kurzgeschichten, tauscht euch aus (Aufgabe 8) und bearbeitet die Aufgaben 9 und 10. Anschließend sucht ihr euch weitere Aufgaben aus (11–15), die ihr bearbeiten wollt. Präsentiert eure Ergebnisse.

- Was weiß ich alles über die Figur aus der Geschichte?
- Wie sieht sie aus?
- Was denkt sie?
- Welche Eigenschaften hat sie?
- Wie verhält sie sich und welche Verhaltensweisen kann ich ableiten?

Die Inhaltsangabe → S. 38 ff.

Von der Kurzgeschichte zum Film → S. 190 ff.

12. Wählt eine der beiden Arbeitsaufträge:
    - Fertigt eine Bildcollage zu euren Vorstellungen über die Figur an.
    - Spielt das Casting in der Klasse vor.
13. In einer Kurzgeschichte kommen meist mehrere Figuren vor. Erstelle eine Grafik, die die Beziehung unter den Figuren ausdrückt.
    Finde Textstellen, in denen die Gedanken und Empfindungen der Figure(n) deutlich werden. Notiere, was ihr daraus über die Beziehung zwischen den Figuren ableiten könnt.
14. Untersuche die sprachlichen Besonderheiten in der Geschichte. Achte dabei besonders auf den Satzbau und die Sprache. Beschreibe auch die Wirkung dieser sprachlichen Mittel.
15. Schreibe einen kurzen Text, in dem du erläuterst, was dir an der Geschichte gut und was dir weniger gut gefallen hat.

Tipp

Wichtig ist hierbei, dass die **Hauptfigur im Mittelpunkt der Figurenkonstellation** steht. Die anderen Figuren werden um diese Figur angeordnet. Hierbei können die **Beziehungen** zum Beispiel durch ein Herz oder Ringe auch symbolisch zum Ausdruck gebracht werden. Arbeite mit verschiedenen Elementen der Textgestaltung (Schriftgröße, -farbe etc.) und anderen Zeichen wie Pfeilen, Kästchen etc. Auch kannst du Verben einfügen, um die Beziehungen deutlich zu machen, z. B. verachten, umsorgen etc.

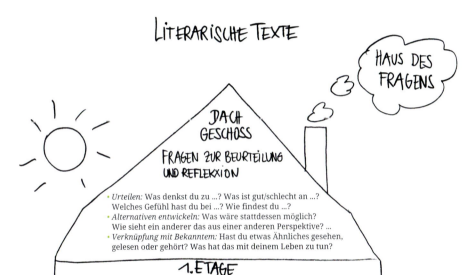

Tipp

Auf der S. 169 findest du das Haus des Fragens zu den Sachtexten.

Die Inhaltsangabe → S. 38 ff.
Die Figurenkonstellation erarbeiten → S. 112 f.
Von der Kurzgeschichte zum Film → S. 190 ff.

Eifersucht
Tanja Zimmermann

Diese Tussi! Denkt wohl, sie wäre die Schönste. Juhu, die Dauerwelle wächst schon raus. Und diese Stiefelchen von ihr sind auch zu albern. Außerdem hat sie sowieso keine Ahnung. Von nix und wieder nix hat die 'ne Ahnung. Immer, wenn sie ihn sieht, schmeißt sie die Haare zurück wie 'ne Filmdiva. Das sieht doch ein Blinder, was die für 'ne Show abzieht. Ja, okay, sie kann ganz gut tanzen. Besser als ich. Zugegeben. Hat auch 'ne ganz gute Stimme, schöne Augen, aber dieses ständige Getue. Die geht einem ja schon nach fünf Minuten auf die Nerven.
Und der redet mit der ... stundenlang. Extra nicht hingucken. Nee, jetzt legt er auch noch den Arm um die. Ich will hier weg! Aber aufstehen und gehen, das könnte der so passen. Damit die ihren Triumph hat.
Auf dem Klo sehe ich in den Spiegel, finde meine Augen widerlich, und auch sonst, ich könnte kotzen. Genau, ich müsste jetzt in Ohnmacht fallen, dann wird ihm das schon leidtun, sich stundenlang mit der zu unterhalten.
Als ich aus dem Klo komme, steht er da: „Sollen wir gehen?"
Ich versuche es betont gleichgültig mit einem Wenn-du-willst, kann gar nicht sagen, wie froh ich bin. An der Tür frage ich, was denn mit Kirsten ist.
„O Gott, eine Nervtante, nee, vielen Dank!" ...
„Och, ich find die ganz nett, eigentlich", murmel ich.

Sonntag
Max Bolliger

„Was möchtest du?", fragte der Vater.
Daniela studierte die Karte und entschied sich für Riz colonial.
„Gern!", sagte der Kellner. Er behandelte Daniela wie eine Dame.
Das Restaurant war bis auf den letzten Platz besetzt. Am Nebentisch saß ein Ehepaar mit zwei Kindern. Die beiden stritten sich wegen einer kleinen Puppe aus Plastik. Die Mutter versuchte, den Streit zu schlichten. Daniela sah, wie der Junge seine Schwester unter dem Tisch dauernd mit den Füßen stieß. Das Dessert machte dem Gezank ein Ende.
Daniela erinnerte sich, wie sehnlichst sie sich einmal ein Schwesterchen gewünscht hatte.
„Wie geht es in der Schule?", fragte der Vater.
„Wie immer", antwortete Daniela.
„Wird es fürs Gymnasium reichen?"
„Ja, ich hoffe es."
Daniela wusste genau, dass ihre Noten weder in Mathematik noch in Französisch genügten. Dann eben eine kaufmännische Lehre ..., oder Arztgehilfin ... Sie wollte jetzt nicht daran denken.

„Für mich waren Prüfungen nie ein Problem", sagte der Vater.
Daniela war froh, als der Kellner das Essen brachte.
Der Reis mit Fleisch und Früchten schmeckte ihr.
„Deine Mutter konnte nie richtig kochen", sagte der Vater.
Daniela gab darauf keine Antwort.
„Ich brauche einen neuen Wintermantel", sagte sie.
„Schon wieder?"
„Ich bin seit dem letzten Jahr zehn Zentimeter gewachsen."
„Wofür bezahl ich eigentlich Alimente[1]?"   [1] **Alimente** = Unterhalt
„Mutter sagt, das Geld reiche nur für das Nötigste."
„Gut! Aber ich will die Rechnung sehen."
„Wünschen die Herrschaften ein Dessert?"
Der Kellner versuchte, mit Daniela zu flirten.
„Nein, danke!", sagte sie, obwohl sie sich heute früh in der Kirche ausgedacht hatte, Vanilleeis mit heißer Schokoladensoße zu essen.
Nach dem Essen fuhren sie am See entlang.
Der Vater hatte ein neues Auto.
Er sprach über Autos wie die Jungen in der Schule.
Daniela verstand nicht, warum man sich über ein Auto freuen konnte, nur weil es einen starken Motor hatte. Aus dem Radio erklang Volksmusik. Sie fiel Daniela auf die Nerven. Aber sie stellte sie trotzdem lauter.
„Hast du viel Arbeit?", fragte sie.
„Wir bauen eine neue Fabrik."
Der Vater war Ingenieur. Daniela betrachtete ihn von der Seite, neugierig, wie einen Gegenstand. Sein Gesicht war braun gebrannt, sportlich. Der Schnurrbart stand ihm gut. Hatte er ihre Gedanken erraten?
„In zwei Wochen werde ich vierzig! Aber alle schätzen mich jünger."
Daniela lachte. Ihr schien er älter.
„Wie alt bist du eigentlich?"
„Hundert!", sagte Daniela.
„Nein, ehrlich ...!"
„Das solltest du doch wissen. Du fragst mich jedes Mal ... Im Februar dreizehn."
„Dreizehn! Hast du einen Freund?"
„Nein!", sagte Daniela.
„Das wundert mich. Du siehst hübsch aus!"
„Findest du?"
„So ... erwachsen!"
Auf einer Terrasse am See tranken sie Kaffee.
Daniela beobachtete die Segelschiffe.
Der schöne Herbstsonntag hatte unzählige Boote aufs Wasser hinausgelockt.
Der Vater war verstummt und schaute alle fünf Minuten auf seine Uhr.
„Ich habe um vier Uhr eine Verabredung."
„Also gehen wir doch", sagte Daniela und erhob sich.

Der Vater schien erleichtert.

„Ich bringe dich nach Hause", sagte er.

„Ach, du bist schon wieder da", sagte die Mutter.

Sie war noch immer im Morgenrock. Während der Woche arbeitete sie halbtags in einer Modeboutique. „Sonntags lasse ich mich gehen", sagte sie zu ihren Freunden, „sonntags bin ich nicht zu sprechen."

„Er hatte eine Verabredung", erzählte Daniela.

Die Mutter lachte.

„Ich möchte wissen, warum er eigentlich darauf besteht, dich zu sehen. Im Grunde liegt ihm doch nichts daran. Nur weil es das Gericht so entschieden hat und um mich zu ärgern."

Daniela wurde wütend.

„Es geht ihm ausgezeichnet", sagte sie. „Er hat sich ein neues Auto gekauft und sieht prima aus."

Die Mutter zuckte bei ihren Worten zusammen.

„Und den Wintermantel?", fragte sie.

„Bewilligt!"

Die Mutter griff sich mit der Hand an die Stirne.

„Diese Kopfschmerzen!", stöhnte sie. „Hol mir eine Tablette im Badezimmer!"

Daniela gehorchte.

„Ich gehe jetzt", sagte sie nachher.

„Hast du keine Aufgaben?"

„Nein!"

„Aber komm nicht zu spät zurück!"

„Ich esse bei Brigitte."

„Gut, bis neun Uhr. Ich lege mich wieder hin."

Als Daniela die Tür des Lokals öffnete, schlug ihr eine Welle von Rauch- und Kaffeegeruch entgegen. An den niederen Tischen saßen junge Leute, die meisten in Gespräche vertieft. Die Wände waren mit Poster tapeziert. Danielas Augen gewöhnten sich allmählich an das Halbdunkel. Suchend schaute sie sich um.

Der Discjockey nickte Daniela zu.

„Well, I left my happy home to see what I could find out", sang Cat Stevens.

Ja, er hatte recht. Um herauszufinden, wie die Welt wirklich war, musste man sein Zuhause verlassen.

Heinz hatte Daniela den Text übersetzt. Heinz war schon sechzehn Jahre alt. Sie war stolz darauf. Er saß in einer Ecke und winkte. Aufatmend setzte sich Daniela neben ihn. Er legte einen Arm um ihre Schultern.

„Hast du den Sonntag überstanden?", fragte er.

„Ja, Gott sei Dank!"

„War es schlimm?"

„Es geht ... wie immer."

„Mach dir nichts draus."

Daniela kuschelte sich an ihn.

„Was meinst du, werden wir es besser machen?", fragte sie. „Wenn wir einmal erwachsen sind?" In ihrer Stimme klangen Zweifel.

„Natürlich", sagte Heinz, „natürlich werden wir es besser machen."

Nasen kann man so oder so sehen
Ingrid Kötter

Es ist fast 20 Uhr, als Onkel Thomas aus Kanada zu Besuch kommt. Er will sofort Irina begrüßen. „Warte einen Augenblick!", bittet die Mutter. „Irina ist jetzt vierzehn. Das ist ein schwieriges Alter. Um 20 Uhr ist eine Klassenfete. Mal will sie hingehen, dann wieder nicht. Sie hat eine fürchterliche Laune."

Irina steht in ihrem Zimmer vor dem Spiegel. In letzter Zeit steht sie oft dort. Mürrisch betrachtet sie ihr Gesicht von allen Seiten. „Diese Nase!", flüstert sie. „Diese entsetzlich große Nase! Eine Nase wie Manuela müsste man haben." Alle Jungen in Irinas Klasse sind hinter Manuela mit der niedlichen Stupsnase und dem albernen Gekicher her.

Mit verbissenem Gesicht kratzt Irina an einem Pickel herum, befühlt eingehend ihre Nase und stöhnt. An manchen Tagen ist es wie verhext. Da kommt einfach alles zusammen: Zwei neue Pickel, davon einer mitten auf der großen Nase, die dadurch natürlich erst recht unangenehm auffällt. Und dann noch Onkel Thomas. Irina hat ihn mindestens drei Jahre nicht gesehen. Onkel Thomas ist Mutters jüngster Bruder. Er ist 23 Jahre alt, lebt in Kanada und hat die dämliche Angewohnheit, Irina bei jedem Wiedersehen hochzuheben und abzuküssen.

„Ich mag diese Küsserei nicht", sagt Irina zu ihrem Spiegelbild, geht zur Zimmertür und will sie abschließen. Das macht sie in letzter Zeit oft, wenn Besuch kommt, den sie nicht ausstehen kann.

„Sei nett zu meinem Lieblingsbruder! Er kommt extra aus Kanada", hat die Mutter gesagt. Irina denkt an den schlacksigen, pickeligen Jüngling und denkt: Von mir aus kann er vom Mond kommen. Sie will den Schlüssel im Schloss herumdrehen. – Zu spät! Onkel Thomas steckt seinen Kopf zur Tür herein: „Hallo, kann ich reinkommen?" Schon ist er im Zimmer.

Sieht echt gut aus, der Typ. Hat mächtig breite Schultern gekriegt. Und dann der Bart! Mensch, hat der sich verändert. Er hebt Irina nicht hoch. Er küsst sie nicht ab. Er sieht mit ihr zusammen in den Spiegel, staunt, haut ihr kräftig auf die

Schulter und sagt: „Meine Güte, du bist ja eine richtig hübsche junge Dame geworden!"

„Ach was! Quatsch keinen Käse!", sagt die junge Dame und hält ihr Gesicht ganz dicht vor die Spiegelscheibe. „Sieh dir diese Pickel an und meine Nase!"

„Pickel hatte ich in deinem Alter auch", sagt Onkel Thomas.

„Siehst du noch welche? Und was die Nase betrifft, tröste dich! Du bist ja erst vierzehn. Du und deine Nase, ihr wachst ja noch."

Irina reißt entsetzt die Augen auf. „Wächst noch? Meine Nase? – Alles! Bloß das nicht!"

Sie betrachtet sich im Spiegel. Ihre Augen füllen sich mit Tränen.

„Na, na!", sagt Onkel Thomas „Ich finde deine Nase schon fast richtig, aber noch ein wenig zu klein."

„Zu klein????" Irina wischt sich eine Träne ab und sieht ungläubig in den Spiegel.

„Na ja", meint Onkel Thomas. „Man kann Nasen so und so sehen. Es kommt wohl auf den Betrachter an."

„Wie siehst du es denn?"

„Also, wenn du mich fragst, ich kann zum Beispiel Frauen mit Stupsnasen nicht ausstehen. Kleine Mädchen mit Stupsnasen, na gut. Aber Frauen mit Stupsnasen sind für mich einfach unmöglich. Viel zu niedlich. Zu puppig. Keine frauliche Ausstrahlung. Magst du etwa Stupsnasen?«

„Ich? – Nein. – Eigentlich nicht." Irina strahlt ihren Onkel an, fällt ihm um den Hals und küsst ihn ab. „Oh, Onkel Thomas! Wenn du wüsstest! Du bist prima! Kannst ruhig mal wieder vorbeikommen! Tschüs! Ich muss weg. Wir haben jetzt 'ne Klassenfete!"

Der Retter
William M. Harg

[1] **Schoner** = Segelschiff mit 2 Masten
[2] **Ausguck** = erhöhter Beobachtungsposten

Der Schoner[1] „Christoph" ging so sanft unter, dass Senter, der einzige Mann am Ausguck[2], nichts empfand als Staunen über das Meer, das zu ihm emporstieg. Im nächsten Augenblick war er klatschnass, das Wasser schlug über ihm zusammen, und das Takelwerk, an das er sich klammerte, zog ihn in die Tiefe. Also ließ er los.

Senter schwamm benommen und verwirrt, wie ein Mensch, dessen Welt plötzlich versunken ist. Mit einem Mal hob sich, wie aus der Kanone geschossen, eine Planke mit einem Ende aus dem Wasser und fiel mit Dröhnen zurück. Er schwamm darauf zu und ergriff sie. Er sah, dass noch etwas auftauchte, und das musste einer seiner acht Kameraden sein. Als aber der Kopf sichtbar wurde, war es nur der Hund.

Senter mochte den Hund nicht, und da er erst so kurze Zeit zur Bemannung gehörte, erwiderte das Tier seine Abneigung. Aber jetzt hatte es die Planke erblickt. Es mühte sich ab, sie zu erreichen, und legte die Vorderpfoten darauf. Dadurch sank das Ende tiefer ins Wasser. Senter überkam die furchtbare Angst, sie könnte untergehen. Er zog verzweifelt an seinem Ende: die Pfoten des Hundes rutschten ab, und er versank.

Aber der Hund kam wieder hoch, und wieder schwamm er schweigend, ohne Hass oder Nachträglichkeit[3], zur Planke zurück und legte seine Pfoten darauf. Wieder zog Senter an seinem Ende, und wieder versank der Hund. Das wiederholte sich ein Dutzend Mal, bis Senter, vom Ziehen ermüdet, mit Entsetzen und Verzweiflung erkannte, dass der Hund es länger aushalten konnte als er.

Senter wollte nicht mehr an das Tier denken. Er stützte die Ellenbogen auf die Planke und hob sich, soweit es ging, aus dem Wasser empor, um sich umzusehen. Der Schrecken seiner Lage überwältigte ihn. Er war Hunderte von Meilen vom Land entfernt. Selbst unter den günstigsten Umständen konnte er kaum hoffen, aufgefischt zu werden. Mit Verzweiflung sah er, was ihm bevorstand. Er würde sich einige Stunden lang an der Planke festhalten können – nur wenige Stunden. Dann würde sich sein Griff vor Erschöpfung lösen, und er würde versinken.

Dann fiel sein Blick auf die geduldigen Augen des Hundes. Wut erfüllte ihn, weil der Hund offenbar nicht begriff, dass sie beide sterben mussten. Seine Pfoten lagen am Rande der Planke. Dazwischen hatte er die Schnauze gestützt, sodass die Nase aus dem Wasser ragte und er atmen konnte. Sein Körper war nicht angespannt, sondern trieb ohne Anstrengung auf dem Wasser. Er war nicht aufgeregt wie Senter. Er spähte nicht nach einem Schiff, dachte nicht daran, dass sie kein Wasser hatten, machte sich nicht klar, dass sie bald in ein nasses Grab versinken mussten. Er tat ganz einfach, was im Augenblick getan werden musste. In der halben Stunde, seit sie sich beide an der Planke festhielten, war Senter bereits ein Dutzend Mal gestorben. Aber der Hund würde nur einmal sterben. Plötzlich war es Senter klar: Wenn er selbst zum letzten Mal ins Wasser rutschte, würde der Hund noch immer oben liegen. Er wurde böse, als er das begriff, und er zog sich die Hosen aus und band sie zu einer Schlinge um die Planke. Und er triumphierte, denn er wusste: So konnte er es länger aushalten. Dann aber warf er einen Blick auf die See, und Entsetzen erfasste ihn aufs Neue. Schnell sah er den Hund an und versuchte, so wenig an die Zukunft zu denken wie das Tier.

Am Nachmittag des zweiten Tages fingen die Pfoten des Hundes an, von der Planke abzurutschen. Mehrere Male schwamm er mit Anstrengung zurück, aber jedes Mal war er schwächer. Jetzt wusste Senter, dass der Hund ertrinken musste, obwohl er selbst es noch nicht ahnte. Aber er wusste auch, dass er ihn nicht entbehren konnte.

[3] **ohne Nachträglichkeit** = ohne nachtragend zu sein; ohne übel zu nehmen

Ohne diese Augen, in die er blicken konnte, würde er an die Zukunft denken und den Verstand verlieren. Er zog sich das Hemd aus, schob sich vorsichtig auf der Planke vorwärts und band die Pfoten des Tieres fest.

Am vierten Abend kam ein Frachter vorüber. Seine Lichter waren abgeblendet. Senter schrie mit heiserer, sich überschlagender Stimme, so laut er konnte. Der Hund bellte schwach. Aber auf dem Dampfer bemerkte man sie nicht. Als er vorüber war, ließ Senter in seiner Verzweiflung und Enttäuschung nicht ab zu rufen. Aber als er merkte, dass der Hund aufgehört hatte zu bellen, hörte auch er auf zu rufen. Danach wusste er nicht mehr, was geschah, ob er lebendig war oder tot. Aber immer suchten seine Augen die Augen des Hundes.

Der Arzt des Zerstörers[4] „Vermont", der zur Freude und Aufregung der Mannschaft einen jungen Kameraden und einen Hund auf der See entdeckt und sie hatte auffischen lassen, schenkte den abgerissenen Fieberfantasien des jungen Menschen keinen Glauben. Denn danach hätten die beiden sechs Tage lang auf dem Wasser getrieben, und das war offenbar unmöglich. Er stand an der Koje und betrachtete den jungen Seemann, der den Hund in den Armen hielt, sodass eine Decke sie beide wärmte. Man hatte ihn erst beruhigen können, als auch der Hund gerettet war. Jetzt schliefen beide friedlich. „Können Sie das verstehen", fragte der Arzt einen neben ihm stehenden Offizier, „warum in aller Welt ein junger Bursche, der den gewissen Tod vor Augen sah, sich solche Mühe gab, das Leben eines Hundes zu retten?"

[4] **Zerstörer** = ein Kriegsschiff

Das Fenstertheater
Ilse Aichinger

Die Frau lehnte am Fenster und sah hinüber. Der Wind trieb in leichten Stößen vom Fluss herauf und brachte nichts Neues. Die Frau hatte den starren Blick neugieriger Leute, die unersättlich sind. Es hatte ihr noch niemand den Gefallen getan, vor ihrem Haus niedergefahren zu werden. Außerdem wohnte sie im vorletzten Stock, die Straße lag zu tief unten. Der Lärm rauschte nur mehr leicht herauf. Alles lag zu tief unten. Als sie sich eben vom Fenster abwenden wollte, bemerkte sie, dass der Alte gegenüber Licht angedreht hatte. Da es noch ganz hell war, blieb dieses Licht für sich und machte den merkwürdigen Eindruck, den aufflammende Straßenlaternen unter der Sonne machen. Als hätte einer an seinen Fenstern die Kerzen angesteckt, noch ehe die Prozession die Kirche verlassen hat. Die Frau blieb am Fenster. Der Alte öffnete und nickte herüber. Meint er mich?, dachte die Frau. Die Wohnung über ihr stand leer und unterhalb lag eine Werkstatt, die um diese Zeit schon geschlossen war. Sie bewegte leicht den Kopf. Der Alte nickte wieder. Er griff sich an die Stirne, entdeckte, dass er keinen Hut aufhatte, und verschwand im Inneren des Zimmers. Gleich darauf kam er in Hut und Mantel wieder. Er zog den Hut und lächelte. Dann nahm er ein weißes Tuch aus der Tasche und begann zu winken. Erst leicht und dann immer eifriger. Er hing über die Brüstung, dass man Angst bekam, er würde vornüberfallen.

Die Frau trat einen Schritt zurück, aber das schien ihn zu bestärken. Er ließ das Tuch fallen, löste seinen Schal vom Hals – einen großen bunten Schal – und ließ ihn aus dem Fenster wehen. Dazu lächelte er. Und als sie noch einen weiteren Schritt zurücktrat, warf er den Hut mit einer heftigen Bewegung ab und wand den Schal wie einen Turban um seinen Kopf. Dann kreuzte er die Arme über der Brust und verneigte sich. Sooft er aufsah, kniff er das linke Auge zu, als herrsche zwischen ihnen ein geheimes Einverständnis. Das bereitete ihr so lange Vergnügen, bis sie plötzlich nur mehr seine Beine in dünnen, geflickten Samthosen in die Luft ragen sah. Er stand auf dem Kopf. Als sein Gesicht gerötet, erhitzt und freundlich wieder auftauchte, hatte sie schon die Polizei verständigt. Und während er, in ein Leintuch gehüllt, abwechselnd an beiden Fenstern erschien, unterschied sie schon drei Gassen weiter über dem Geklingel der Straßenbahnen und dem gedämpften Lärm der Stadt das Hupen des Überfallautos. Denn ihre Erklärung hatte nicht sehr klar und ihre Stimme erregt geklungen. Der alte Mann lachte jetzt, sodass sich sein Gesicht in tiefe Falten legte, streifte dann mit einer vagen Gebärde darüber, wurde ernst, schien das Lachen eine Sekunde lang in der hohlen Hand zu halten und warf es dann hinüber. Erst als der Wagen schon um die Ecke bog, gelang es der Frau, sich von seinem Anblick loszureißen. Sie kam atemlos unten an. Eine Menschenmenge hatte sich um den Polizeiwagen gesammelt. Die Polizisten waren abgesprungen, und die Menge kam hinter ihnen und der Frau her. Sobald man die Leute zu verscheuchen suchte, erklärten sie einstimmig, in diesem Hause zu wohnen. Einige davon kamen bis zum letzten Stock mit. Von den Stufen beobachteten sie, wie die Männer, nachdem ihr Klopfen vergeblich blieb und die Glocke allem Anschein nach nicht funktionierte, die Tür aufbrachen. Sie arbeiteten schnell und mit einer Sicherheit, von der jeder Einbrecher lernen konnte. Auch in dem Vorraum, dessen Fenster auf den Hof sahen, zögerten sie nicht eine Sekunde. Zwei von ihnen zogen die Stiefel aus und schlichen um die Ecke. Es war inzwischen finster geworden. Sie stießen an einen Kleiderständer, gewahrten den Lichtschein am Ende des schmalen Ganges und gingen ihm nach. Die Frau schlich hinter ihnen her. Als die Tür auflog, stand der alte Mann mit dem Rücken zu ihnen gewandt noch immer am Fenster. Er hielt ein großes weißes Kissen auf dem Kopf, das er immer wieder abnahm, als bedeutete er jemandem, dass er schlafen wolle. Den Teppich, den er vom Boden genommen hatte, trug er um die Schultern. Da er schwerhörig war, wandte er sich auch nicht um, als die Männer auch schon knapp hinter ihm standen und die Frau über ihn hinweg in ihr eigenes finsteres Fenster sah. Die Werkstatt unterhalb war, wie sie angenommen hatte, geschlossen. Aber in die Wohnung oberhalb musste eine neue Partei eingezogen sein. An eines der erleuchteten Zimmer war ein Gitterbett geschoben, in dem aufrecht ein kleiner Knabe stand. Auch er trug sein Kissen auf dem Kopf und die Bettdecke um die Schultern. Er sprang und winkte herüber und krähte vor Jubel. Er lachte, strich mit der Hand über das Gesicht, wurde ernst und schien das Lachen eine Sekunde lang in der hohlen Hand zu halten. Dann warf er es mit aller Kraft den Wachleuten ins Gesicht.

Texte und Medien

Von Barbieren und Gespenstern

Kalendergeschichten

Viele Schülerinnen und Schüler planen ihre Tage, Wochen und Monate mit einem Kalender. Dabei dürfte ihnen kaum bewusst sein, wie umfassend der Kalender ihren Zeitrhythmus bestimmt. Besonders wichtig für ihre Kalender sind die Schulferien, die das Schuljahr unterteilen und ihm eine Struktur geben. Dabei geht es nicht nur um Zeiteinteilung, sondern auch um die Verankerung von besonderen Ereignissen, die man gemeinsam feiert und die jährlich wiederkehren, z. B. Schulfeste, Weihnachtskonzerte etc.

1. Manche Menschen führen gar keinen Kalender, manche nutzen ihn intensiv, tragen regelmäßige Termine ein, z. B. Musikunterricht oder Fußballtraining, halten Geburtstage fest und schreiben Hausaufgaben auf.
   Wo und wie nutzt ihr Kalender? Berichtet von euren Erfahrungen.
2. Erstellt ein Cluster zum Begriff „Kalender" und schreibt alles auf ein Plakat, was euch zum Thema einfällt. Welche Termine kann man sich notieren? Was gehört alles zu einem Kalender? Welche besonderen Kalender kennt ihr?

Von 1807 bis 1834 erschien in Baden ein Volkskalender (= zeittypische Textsammlung) mit dem Titel: „Der Rheinländische Hausfreund". Solche Kalender waren zu dieser Zeit weit verbreitet. Jeweils zu Beginn eines neuen Jahres erschienen sie als kleine Büchlein oder Hefte und enthielten Kalenderspalten, Informationen und Ratschläge.

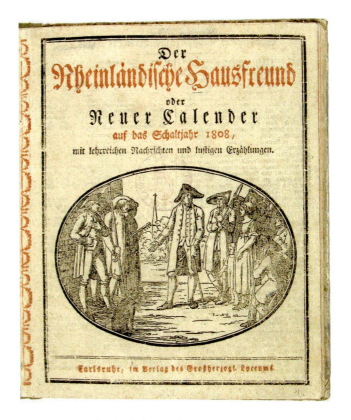

1. Beschreibe das abgebildete Titelblatt.
2. Vergleiche die Inhalte des Volkskalenders mit eurem Cluster und nenne Gemeinsamkeiten und Unterschiede?

Dankbarkeit
Johann Peter Hebel

In der Seeschlacht von Trafalgar, während die Kugeln sausten und die Mastbäume krachten, fand ein Matrose noch Zeit, zu kratzen, wo es ihn biss, nämlich auf dem Kopf. Auf einmal streifte er mit zusammengelegtem Daumen und Zeigefinger bedächtig an einem Haare herab und ließ ein armes Tierlein, das er zum Gefangenen gemacht hatte, auf den Boden fallen. Aber indem er sich niederbückte, um ihm den Garaus zu machen, flog eine feindliche Kanonenkugel ihm über den Rücken weg, paff, in das benachbarte Schiff. Da ergriff den Matrosen ein dankbares Gefühl, und überzeugt, dass er von dieser Kugel wäre zerschmettert worden, wenn er sich nicht nach dem Tierlein gebückt hätte, hob er es schonend von dem Boden auf und setzte es wieder auf den Kopf. „Weil du mir das Leben gerettet hast", sagte er; „aber lass dich nicht zum zweiten Mal attrappieren, denn ich kenne dich nimmer."

3. Lest die Geschichte und besprecht, worum es geht.
4. Warum eignet sie sich für einen Volkskalender?

Das kannst du jetzt lernen!
- Merkmale der Kalendergeschichte zu erkennen .... S. 94
- Die Figuren in einer Kalendergeschichte zu untersuchen .... S. 96
- Kalendergeschichten von anderen Textsorten zu unterscheiden .... S. 97
- Die Moral in einer Kalendergeschichte zu erklären .... S. 99
- Kalendergeschichten zu schreiben .... S. 100

Kalendergeschichten lesen und verstehen

Die Ohrfeige
Johann Peter Hebel

Ein Büblein klagte seiner Mutter: „Der Vater hat mir eine Ohrfeige gegeben." Der Vater kam dazu und sagte: „Lügst du wieder? Willst du noch eine?"

Professor Švolba
Jaroslav Hašek

Professor Švolba hatte schon einige Bücher über den persönlichen Umgang von Eltern mit ihren Kindern herausgegeben. Sein erster Auftritt vor den Schülern der fünften Gymnasialklasse in der Tschechischstunde bestand in einem interessanten Vortrag. [...] Das Kind müsse sich [...] der Schwächen seiner Eltern bewusst sein und solle sich davor hüten, diese nachzuahmen. Die Folge dieses Vortrages war die Hausaufgabe, die er den neuen Schülern stellte, mit dem vielversprechenden Titel: „Auch wenn die Kinder berechtigten Grund haben, sich der Schwächen ihrer Eltern zu schämen, so bleibt doch die Pflicht zur Dankbarkeit."
Für diese Aufgabe diktierte er den Schülern verschiedene Thesen und Punkte, nach denen sie bei der Bearbeitung vorgehen sollten:

Aufzählung der Schändlichkeiten, Gemeinheiten, Schwächen und Fehler meiner Eltern.

1. Verbergen meine Eltern die oben genannten Mängel vor mir?
2. Warum sollte ich diese Fehler der eigenen Eltern nach Möglichkeit vor der Allgemeinheit verstecken?
3. Warum sollte ich die Fehler meiner Eltern nicht nachahmen?
4. Herrscht zwischen meinen Eltern Zwietracht?
5. Warum sollte ich mich bei häuslichen Skandalen nach Vernunft und Überlegung richten?

Professor Švolba wurde in die Karpatenukraine versetzt.

Der hilflose Knabe
Bertolt Brecht

Herr K. sprach über die Unart, erlittenes Unrecht stillschweigend in sich hineinzufressen, und erzählte folgende Geschichte: „Einen vor sich hin weinenden Jungen fragte ein Vorübergehender nach dem Grund seines Kummers. ‚Ich hatte zwei Groschen für das Kino zusammen', sagte der Knabe, ‚da kam ein Junge und riß mir einen aus der Hand', und er zeigte auf einen Jungen, der in einiger Entfernung zu sehen war. ‚Hast du denn nicht um Hilfe geschrien?' fragte der Mann. ‚Doch', sagte der Junge und schluchzte ein wenig stärker. ‚Hat dich denn niemand gehört?', fragte ihn der Mann weiter, ihn liebevoll streichelnd. ‚Nein', schluchzte der Junge. ‚Kannst du denn nicht lauter schreien?' fragte der Mann. ‚Nein', sagte der Junge und blickte ihn mit neuer Hoffnung an. Denn der Mann lächelte. ‚Dann gib auch den her', sagte er, nahm ihm den letzten Groschen aus der Hand und ging unbekümmert weiter."

1. Lest die drei Geschichten durch und fasst deren Inhalt in eigenen Worten zusammen.
2. Im Infokasten erfährst du die Merkmale der Kalendergeschichten. Kläre, was mit dem jeweiligen Begriff gemeint ist.
3. Prüfe die Merkmale für die Geschichten und ordne jedem Merkmal einen Ausschlag auf der Skala zu. Trage dann die Zahlen 0–10 in die Spalte der jeweiligen Kalendergeschichte ein.

> **Info**
>
> Die **Kalendergeschichte** hat ihren Namen von dem Medium Kalender. Es handelt sich um eine **kürzere, unterhaltende, oft belehrende Erzählung** aus der Lebenswelt ihrer Leser, die häufig einen **kritischen Blick** auf Traditionen und Regeln wirft.

gar nicht — sehr
0 1 2 3 4 5 6 7 8 9 10

Merkmal	„Die Ohrfeige"	„Professor Švolba"	„Der hilflose Knabe"
kurz			
unterhaltsam			
belehrend			
Lebenswelt der Leser			
Kritik			

4. Stellt euch eure Einschätzung vor und begründet eure Position.
5. Diskutiert die Aussagen und Lehren der Kalendergeschichten.
6. Erzählt euch von eigenen Erfahrungen mit ähnlichen Problemen.

Die Inhaltsangabe → S. 38 ff.

Der Barbierjunge von Segringen
Johann Peter Hebel

Johann Peter Hebel (1760–1826) studierte Theologie und wurde Direktor eines Gymnasiums. Später machte er Karriere als Prälat der evangelischen Landeskirche in Baden. Er wurde weltberühmt vor allem als alemannischer Dichter und aufgrund seiner lehrreichen und unterhaltsamen Kalendergeschichten, die im „Schatzkästlein des rheinischen Hausfreundes" veröffentlicht wurden.

[1] **nicht vexiert wäre** = kein Spaß wäre, es ernst gemeint sei
[2] **Rock** = Anzug
[3] **Kirchweihe** = Weihfest der Kirche
[4] **Schnepper** = Gerät für den Aderlass, d. h. um Blut abzunehmen (Barbiere zogen häufig umher und betätigten sich auch als Heiler, z. B. bei Bluthochdruck)
[5] **Zundel** = Zündmittel, wie unser heutiges Streichholz
[6] **Fließpapier** = Löschpapier, um Blut zu stillen

Man muss Gott nicht versuchen, aber auch die Menschen nicht. Denn im vorigen Spätjahr kam in dem Wirtshause zu Segringen ein Fremder von der Armee an, der einen starken Bart hatte und fast wunderlich aussah, also dass ihm nicht recht zu trauen war. Der sagt zum Wirt, eh er etwas zu essen oder zu trinken fordert: „Habt Ihr keinen Barbier im Ort, der mich rasieren kann?" Der Wirt sagt Ja und holt den Barbier. Zu dem sagt der Fremde: „Ihr sollt mir den Bart abnehmen, aber ich habe eine kitzlige Haut. Wenn Ihr mich nicht ins Gesicht schneidet, so bezahl ich Euch vier Kronentaler. Wenn Ihr mich aber schneidet, so stech ich Euch tot. Ihr wäret nicht der Erste." Wie der erschrockene Mann das hörte (denn der fremde Herr machte ein Gesicht, als wenn es nicht vexiert wäre[1], und das spitzige, kalte Eisen lag auf dem Tisch), so springt er fort und schickt den Gesellen. Zu dem sagt der Herr das Nämliche. Wie der Gesell das Nämliche hört, springt er ebenfalls fort und schickt den Lehrjungen.

Der Lehrjunge lässt sich blenden von dem Geld und denkt: „Ich wag's. Geratet es und ich schneide ihn nicht, so kann ich mir für vier Kronentaler einen neuen Rock[2] auf die Kirchweihe[3] kaufen und einen Schnepper[4]. Geratet's nicht, so weiß ich, was ich tue", und rasiert den Herrn. Der Herr hält ruhig still, weiß nicht, in welcher entsetzlichen Todesgefahr er ist, und der verwegene Lehrjunge spaziert ihm auch ganz kaltblütig mit dem Messer im Gesicht und um die Nase herum, als wenn's nur um einen Sechser oder im Fall eines Schnittes um ein Stücklein Zundel[5] oder Fließpapier[6] darauf zu tun wäre und nicht um vier Kronentaler und um ein Leben, und bringt ihm glücklich den Bart aus dem Gesicht ohne Schnitt und ohne Blut und dachte doch, als er fertig war: „Gottlob!"

Als aber der Herr aufgestanden war und sich im Spiegel beschaut und abgetrocknet hatte und gibt dem Jungen die vier Kronentaler, sagt er zu ihm: „Aber junger Mensch, wer hat dir den Mut gegeben, mich zu rasieren, so doch dein Herr und der Gesell sind fortgesprungen? Denn wenn du mich geschnitten hättest, so hätt ich dich erstochen." Der Lehrjunge aber bedankte sich lächelnd für das schöne Stück Geld und sagte: „Gnädiger Herr, Ihr hättet mich nicht verstochen, sondern wenn Ihr gezuckt hättet und ich hätt Euch ins Gesicht geschnitten, so wär ich Euch zuvorgekommen, hätt Euch augenblicklich die Gurgel abgehauen und wäre auf- und davongesprungen." Als aber der fremde Herr das hörte und an die Gefahr dachte, in der er gesessen war, ward er erst blass vor Schrecken und Todesangst, schenkte dem Burschen noch einen Kronentaler extra und hat seitdem zu keinem Barbier mehr gesagt: „Ich steche dich tot, wenn du mich schneidest."

1. Lest die Kalendergeschichte und besprecht den Textinhalt. Welche Figuren kommen darin vor und an welchem Ort spielt das Geschehen?
2. Untersucht das Verhalten der Figuren. Worin besteht die Überlegenheit des Lehrlings?

Überblick über Handlung und Figuren gewinnen → S. 109 ff.
Die Figuren charakterisieren → S. 124 f.

Der rechte Barbier
Adelbert von Chamisso

Und soll ich nach Philisterart
    Mir Kinn und Wange putzen,
So will ich meinen langen Bart
    Den letzten Tag noch nutzen.
Ja, ärgerlich, wie ich nun bin,
Vor meinem Groll, vor meinem Kinn
    Soll mancher noch erzittern!

„Holla! Herr Wirt, mein Pferd! Macht fort!
    Ihm wird der Hafer frommen.
Habt Ihr Barbierer hier im Ort?
    Lasst gleich den rechten kommen.
Waldaus, waldein, verfluchtes Land!
Ich ritt die Kreuz und Quer und fand
    Doch nirgends noch den rechten.

Tritt her, Bartputzer, aufgeschaut!
    Du sollst den Bart mir kratzen;
Doch kitzlig sehr ist meine Haut,
    Ich biete hundert Batzen.
Nur, machst du nicht die Sache gut,
Und fließt ein einzges Tröpflein Blut, –
    Fährt dir mein Dolch ins Herze."

Das spitze, kalte Eisen sah
    Man auf dem Tische blitzen,
Und dem verwünschten Ding gar nah
    Auf seinem Schemel sitzen
Den grimm'gen, schwarz behaarten Mann
Im schwarzen, kurzen Wams, woran
    Noch schwärz're Troddeln hingen.

Dem Meister wird's zu grausig fast;
    Er will die Messer wetzen;
Er sieht den Dolch; er sieht den Gast;
    Es packt ihn das Entsetzen;
Er zittert wie das Espenlaub,
Er macht sich plötzlich aus dem Staub
    Und sendet den Gesellen.

„Einhundert Batzen mein Gebot,
    Falls du die Kunst besitzest;
Doch, merk es dir, dich stech ich tot,
    So du die Haut mir ritzest."
Und der Gesell: „Den Teufel auch!
Das ist des Landes nicht der Brauch."
    Er läuft und schickt den Jungen.

„Bist du der Rechte, kleiner Molch?
    Frisch auf! fang an zu schaben;
Hier ist das Geld, hier ist der Dolch,
    Das beides ist zu haben!
Und schneidest, ritzest du mich bloß,
So geb ich dir den Gnadenstoß;
    Du wärest nicht der Erste."

Der Junge denkt der Batzen, druckst
    Nicht lang und ruft verwegen:
„Nur still gesessen! Nicht gemuckst!
    Gott geb Euch seinen Segen!"
Er seift ihn ein ganz unverdutzt,
Er wetzt, er stutzt, er kratzt, er putzt:
    „Gottlob! Nun seid Ihr fertig."
...

1. Lest die Ballade mit verteilten Rollen in der Klasse laut vor.
2. Besprecht Gemeinsamkeiten und Unterschiede zum „Barbierjungen von Segringen".
3. Schreibe den Schluss der Ballade.
4. Besprecht, wie sich die Wirkung der Geschichte verändert.

Eine Kalendergeschichte mit anderen Textsorten vergleichen | Kalendergeschichten

Info

Anekdoten unterscheiden sich von Kalendergeschichten dadurch, dass sie nicht so ausführlich sind und sich auf das **Wesentliche** konzentrieren.

Zeitungstext aus dem Jahre 1808

Vor geraumer Zeit kam jemand unaufgefordert zu einem französischen Kommandanten in den preußischen Staaten, und wollte ihm verrathen, wo man eine Quantität Bauholz verborgen habe. Der brave Kommandant wies ihn ab und sagte (Schlussteil)

Franzosen-Billigkeit (Anekdote)   Heinrich von Kleist

Zu dem französischen General Hulin kam, während des Kriegs, ein Bürger und gab, behufs einer kriegsrechtlichen Beschlagnehmung, zu des Feindes Besten eine Anzahl, im Pontonhof liegender Stämme an. Der General, der sich eben anzog, sagte: (Schlussteil)

Schlechter Lohn   Johann Peter Hebel

Als im letzten preußischen Krieg der Franzos nach Berlin kam, in die Residenzstadt des Königs von Preußen, da wurde unter anderm viel königliches Eigentum weggenommen und fortgeführt oder verkauft. Denn der Krieg bringt nichts, er holt. Was noch so gut verborgen war, wurde entdeckt und manches davon zur Beute gemacht, doch nicht alles. Ein großer Vorrat von königlichem Bauholz blieb lange unverraten und unversehrt. Doch kam zuletzt noch ein Spitzbube von des Königs eigenen Untertanen, dachte, da ist ein gutes Trinkgeld zu verdienen, und zeigte dem französischen Kommandanten mit schmunzlicher Miene und spitzbübischen Augen an, was für ein schönes Quantum von eichenen und tannenen Baumstämmen noch da und da beisammenliege, woraus manch tausend Gulden zu lösen wäre. Aber der brave Kommandant gab schlechten Dank für die Verräterei und sagte: (Schlussteil)

Schlussteile:

A: „Lassen Sie Ihrem guten Könige dieses Holz, damit er einst Galgen bauen könne, um solche niederträchtigen Verräter, wie Sie sind, daran aufzuhängen."
B: „Nein, mein Freund; diese Stämme können wir nicht nehmen." – „Warum nicht?", fragte der Bürger. – „Es ist königliches Eigentum." – „Eben darum", sprach der General, indem er ihn flüchtig ansah. „Der König von Preußen braucht dergleichen Stämme, um solche Schurken daran hängen zu lassen wie er." –
C: „Lasst Ihr die schönen Baumstämme nur liegen, wo sie sind. Man muss dem Feind nicht sein Notwendigstes nehmen. Denn wenn Euer König wieder ins Land kommt, so braucht er Holz zu neuen Galgen für so ehrliche Untertanen, wie Ihr einer seid." Das muss der Rheinländische Hausfreund loben und wollte gern aus seinem eigenen Wald ein paar Stämmlein auch hergeben, wenn's fehlen sollte.

1. Ordne jeder Geschichte einen Schlussteil zu. Begründe deine Entscheidung.
2. Kleist und Hebel erzählen die gleiche Begebenheit. Welchen Text habt ihr lieber gelesen? Begründet.

Kalendergeschichten selbst schreiben
Das wohlbezahlte Gespenst
Johann Peter Hebel

In einem gewissen Dorfe, das ich wohl nennen könnte, geht ein üblicher Fußweg über den Kirchhof und von da durch den Acker eines Mannes, der an der Kirche wohnt, und es ist ein Recht. Wenn nun die Ackerwege bei nasser Witterung schlüpfrig und ungangbar sind, ging man immer tiefer in den Acker hinein, und zertrat dem Eigentümer die Saat, sodass bei anhaltend feuchter Witterung der Weg immer breiter und der Acker immer schmäler wurde, und das war kein Recht. Zum Teil wusste nun der beschädigte Mann sich wohl zu helfen. Er gab bei Tag, wenn er sonst nichts zu tun hatte, fleißig acht, und wenn ein unverständiger Mensch diesen Weg kam, der lieber seine Schuhe als seines Nachbars Gerstensaat schonte, so lief er schnell hinzu und pfändete ihn oder tat's mit ein paar Ohrfeigen kurz ab. Bei Nacht aber, wo man noch am ersten einen guten Weg braucht und sucht, war's nur desto schlimmer, und die Dornenäste und Rispen, mit welchen er den Wandernden verständlich machen wollte, wo der Weg sei, waren allemal in wenig Nächten niedergerissen oder ausgetreten, und mancher tat's vielleicht mit Fleiß. Aber da kam dem Mann etwas anderes zustatten. Es wurde auf einmal unsicher auf dem Kirchhofe, über welchen der Weg ging. Bei trockenem Wetter und etwas hellen Nächten sah man oft ein langes, weißes Gespenst über die Gräber wandeln. Wenn es regnete oder sehr finster war, hörte man im Beinhaus bald ein ängstliches Stöhnen und Winseln, bald ein Klappern, als wenn alle Totenköpfe und Totengebeine darin lebendig werden wollten. Wer das hörte, sprang bebend wieder zur nächsten Kirchhoftüre hinaus, und in kurzer Zeit sah man, sobald der Abend dämmerte und die letzte Schwalbe aus der Luft verschwunden war, gewiss keinen Menschen mehr auf dem Kirchhofwege, bis ein verständiger und herzhafter Mann aus einem benachbarten Dorfe sich an diesem Ort verspätete und den nächsten Weg nach Haus doch über diesen verschrienen Platz und über den Gerstenacker nahm. Denn ob ihm gleich seine Freunde die Gefahr vorstellten und lange abwehrten, so sagte er doch am Ende: „Wenn es ein Geist ist, geh ich mit Gott als ein ehrlicher Mann den nächsten Weg zu meiner Frau und zu meinen Kindern heim, habe nichts Böses getan, und ein Geist, wenn's auch der schlimmste unter allen wäre, tut mir nichts. Ist's aber Fleisch und Bein, so habe ich zwei Fäuste bei mir, die sind auch schon dabei gewesen." Er ging. Als er aber auf den Kirchhof kam und kaum am zweiten Grab vorbei war, hörte er hinter sich ein klägliches Ächzen und Stöhnen, und als er zurückschaute, siehe, da erhob sich hinter ihm, wie aus einem Grab herauf, eine lange, weiße Gestalt. Der Mond schimmerte blass über die Gräber. Totenstille war ringsumher, nur ein paar Fledermäuse flatterten vorüber. Da war dem guten Manne doch nicht wohl zumute, wie er nachher selber gestand, und wäre gerne wieder zurückgegangen, wenn er nicht noch einmal an dem Gespenst hätte vorbeigehen müssen. Was war nun zu tun? Langsam und still ging er seines Weges zwischen den Gräbern und manchem schwarzen Totenkreuz vorbei. Langsam und immer ächzend folgte zu seinem Entsetzen das Gespenst ihm nach, bis an das Ende des Kirchhofs, und das war in der Ordnung, und bis vor den Kirchhof hinaus, und das war dumm.

Aber so geht es. Kein Betrüger ist so schlau, er vertratet sich. Denn sobald der verfolgte Ehrenmann das Gespenst auf dem Acker erblickte, dachte er bei sich selber: Ein rechtes Gespenst muss wie eine Schildwache auf seinem Posten bleiben, und ein Geist, der auf den Kirchhof gehört, geht nicht aufs Ackerfeld. Daher bekam er auf einmal Mut, drehte sich schnell um, fasste die weiße Gestalt mit fester Hand und merkte bald, dass er unter einem Leintuch einen Burschen am Brusttuch habe, der noch nicht auf dem Kirchhof daheim sei. Er fing daher an, mit der andern Faust auf ihn loszutrommeln, bis er seinen Mut an ihm gekühlt hatte, und da er vor dem Leintuch selber nicht sah, wo er hinschlug, so musste das arme Gespenst die Schläge annehmen, wie sie fielen.

Damit war nun die Sache abgetan, und man hat weiter nichts mehr davon erfahren, als dass der Eigentümer des Gerstenackers ein paar Wochen lang mit blauen und gelben Zierraten im Gesicht herumging und von dieser Stunde an kein Gespenst mehr auf dem Kirchhof zu sehen war. Denn solche Leute wie unser handfester Ehrenmann, das sind allein die rechten Geisterbanner, und es wäre zu wünschen, dass jeder andere Betrüger und Gaukelhans ebenso sein Recht und seinen Meister finden möchte.

1. Lies die Geschichte.
2. Teile sie in Sinnabschnitte ein und finde Überschriften.
3. Formuliere für die Kalendergeschichte eine Lehre.
4. Wähle eine der folgenden Aufgaben:
   ▸ Zeichne einen Comic in acht Bildern.
   ▸ Schreibe die Geschichte aus der Sicht des Fremden, der über den Friedhof geht, oder aus der des „Gespenstes".
5. Lest euch die Geschichten gegenseitig vor. Welche Gedanken, Gefühle, Hoffnungen und Ängste der Figuren werden dargestellt?

Einen Erzähltext gestaltend interpretieren → S. 104 ff.

Schreibideen

Hier findet ihr Ideen zum Verfassen eigener Kalendergeschichten. Aus euren Erzählungen kann ein Geschichtenkalender entstehen, den ihr auch illustrieren könnt. Überarbeitet eure Erzählungen nach dem Schreiben mit Hilfe der Textlupe oder in einer Schreibkonferenz und schreibt dann die Endfassung auf.

Zu Sprichwörtern Kalendergeschichten schreiben
Johann Peter Hebel hat oft Sprichwörter und Redensarten in seinen Kalendergeschichten genutzt, um die Lehre oder die Pointe seiner Erzählungen herauszustellen.

> **1.** Suche dir ein Sprichwort aus und überlege, welche Lehre darin versteckt ist. Entwickle mit Hilfe eines Clusters eine Kalendergeschichte.

Spare im Guten, dann hast du in der Not. – Die wahren Freunde erkennt man oft erst in der Not. – Schuster, bleib bei deinen Leisten. – Ehrlich währt[1] am längsten. – Der frühe Vogel fängt den Wurm.

[1] **währt** = dauert

Zu Welt- und Festtagen eine Kalendergeschichte schreiben
Neben den üblichen Kalendertagen gibt es besondere, oft außergewöhnliche Welt- und Festtage. Hier eine kleine Auswahl:

- 21. Januar: Weltknuddeltag; Welttag der Jogginghose
- 10. Februar: Tag der Kinderhospizarbeit
- 22. März: Weltwassertag
- 6. April: Weltolympiatag
- 3. Mai: Welttag der Pressefreiheit
- 3. Juni: Europäischer Tag des Fahrrads
- 18. Juli: Internationaler Nelson-Mandela-Tag
- 13. August: Internationaler Linkshändertag
- 26. September: Europäischer Tag der Sprachen
- 1. Oktober: Internationaler Tag der älteren Menschen
- 16. November: Internationaler Tag der Toleranz
- 10. Dezember: Tag der Menschenrechte

> **2.** Ihr könnt noch weitere Welttage recherchieren. Welche findet ihr besonders interessant?
> **3.** Tauscht euch über die Bedeutung solcher Welttage aus.
> **4.** Wählt einen Welttag aus und schreibt eine unterhaltsame und/oder belehrende Kalendergeschichte dazu.

Texte und Medien

„Kleider machen Leute"

Novelle

1. Sieh dir die Bildcollage an. Beschreibe jeweils die Person, ihre Kleidung und die Wirkung, die von der Kleidung auf den Betrachter ausgeht.
2. Je nachdem, wie jemand gekleidet ist, haben wir ganz bestimmte Erwartungen an den Menschen. Überlege dir Beispiele für dieses Phänomen.

Das kannst du jetzt lernen!
▸ Eine Novelle zu untersuchen und gestaltend zu interpretieren .... S. 103
▸ Die Figuren in einer Novelle zu untersuchen .... S. 109
▸ Die Figurenkonstellation zu erarbeiten .... S. 112
▸ Die Merkmale einer Novelle zu erkennen .... S. 117

Die Novelle kennenlernen
Kleider machen Leute [Auszug 1] (1874)
Gottfried Keller

An einem unfreundlichen Novembertage wanderte ein armes Schneiderlein auf der Landstraße nach Goldach, einer kleinen reichen Stadt, die nur wenige Stunden von Seldwyla entfernt ist. Der Schneider trug in seiner Tasche nichts als einen Fingerhut, welchen er, in Ermangelung irgendeiner Münze, unablässig zwischen den Fingern drehte, wenn er der Kälte wegen die Hände in die Hosen steckte, und die Finger schmerzten ihm ordentlich von diesem Drehen und Reiben. Denn er hatte wegen des Fallimentes[1] irgendeines Seldwyler Schneidermeisters seinen Arbeitslohn mit der Arbeit zugleich verlieren und auswandern müssen. Er hatte noch nichts gefrühstückt als einige Schneeflocken, die ihm in den Mund geflogen, und er sah noch weniger ab, wo das geringste Mittagbrot herwachsen sollte. Das Fechten[2] fiel ihm äußerst schwer, ja schien ihm gänzlich unmöglich, weil er über seinem schwarzen Sonntagskleide, welches sein einziges war, einen weiten dunkelgrauen Radmantel[3] trug, mit schwarzem Samt ausgeschlagen, der seinem Träger ein edles und romantisches Aussehen verlieh, zumal dessen lange schwarze Haare und Schnurrbärtchen sorgfältig gepflegt waren und er sich blasser, aber regelmäßiger Gesichtszüge erfreute.
Solcher Habitus[4] war ihm zum Bedürfnis geworden, ohne dass er etwas Schlimmes oder Betrügerisches dabei im Schilde führte; vielmehr war er zufrieden, wenn man ihn nur gewähren und im stillen seine Arbeit verrichten ließ; aber lieber wäre er verhungert, als dass er sich von seinem Radmantel und von seiner polnischen Pelzmütze getrennt hätte, die er ebenfalls mit großem Anstand zu tragen wusste. Er konnte deshalb nur in größeren Städten arbeiten, wo solches nicht zu sehr auffiel; wenn er wanderte und keine Ersparnisse mitführte, geriet er in die größte Not. Näherte er sich einem Hause, so betrachteten ihn die Leute mit Verwunderung und Neugierde und erwarteten eher alles andere, als dass er betteln würde; so erstarben ihm, da er überdies nicht beredt war, die Worte im Munde, also dass er der Märtyrer[5] seines Mantels war und Hunger litt, so schwarz wie des Letzteren[6] Samtfutter.

Gottfried Keller, (1819–1890), Schweizer Schriftsteller; nach dem frühen Tod seines Vaters und der ungerechtfertigten Entlassung aus der Schule mit 15 versuchte er, sich in Armut und ohne Schulbildung als Landschaftsmaler durchzuschlagen. Da er damit wenig Erfolg hatte, begann er zu schreiben. Keller wurde mit seinen Novellensammlungen und Romanen bekannt.

[1] **Fallimentes** = Geschäftszusammenbruch
[2] **Fechten** = hier: Betteln
[3] **Radmantel** = kreisförmig geschnittener Umhang
[4] **Habitus** = äußere Erscheinungsform, Auftreten, Verhalten, Haltung
[5] **Märtyrer** = Opfer
[6] gemeint ist der Mantel

1. Stelle – in stichpunktartigen Notizen – alles zusammen, was der Leser über die Situation des Schneiders erfährt, und überlege, inwieweit er an seiner schlechten Lage selbst schuld ist.
2. Wähle eine der beiden Aufgabenstellungen:
    ▸ Beschreibe Aussehen und Kleidung des Schneiders Strapinski genau.
    ▸ Gestalte eine Figurine zu dem Schneider.
3. Informiere dich im Internet über die Novelle „Kleider machen Leute". Gerne kannst du auch auf die Verfilmung aus dem Jahre 1940 zurückgreifen. Verfasse im Anschluss daran eine Inhaltszusammenfassung, die dir als Grundlage für die Bearbeitung des folgenden Kapitels dient.

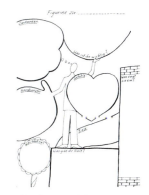

Figurine = Zeichnung zur Figur mit Angaben zu Gedanken, Gefühlen, Aussehen etc.

Kleider machen Leute [Auszug 2] (1874)
Gottfried Keller

Die Einladung

Ein Kutscher, der eine neue und prächtige Kutsche für seinen adeligen Herrn überführt, hat Mitleid mit dem Schneider und nimmt ihn in dem Wagen mit bis nach Goldach, wo sie vor dem Gasthof „Zur Waage" anhalten.
Da stürzten Wirt und Leute herunter und rissen den Schlag auf; Kinder und Nachbarn umringten schon den prächtigen Wagen, neugierig, welch ein Kern sich aus so unerhörter Schale enthüllen werde; und als der verdutzte Schneider endlich hervorsprang in seinem Mantel, blass und schön und schwermütig zur Erde blickend, schien er ihnen wenigstens ein geheimnisvoller Prinz oder Grafensohn zu sein. Der Raum zwischen dem Reisewagen und der Pforte des Gasthauses war schmal und im Übrigen der Weg durch die Zuschauer ziemlich gesperrt. Mochte es nun der Mangel an Geistesgegenwart oder an Mut sein, den Haufen zu durchbrechen und einfach seines Weges zu gehen – er tat dieses nicht, sondern ließ sich willenlos in das Haus und die Treppe hinangeleiten und bemerkte seine neue seltsame Lage erst recht, als er sich in einen wohnlichen Speisesaal versetzt sah und ihm sein ehrwürdiger Mantel dienstfertig abgenommen wurde. [...] Der Wirt beauftragt die Köchin, dem Fremden die besten Speisen zuzubereiten.

Der Versuch einer Flucht

Während dieser umständlichen Zubereitungen befand sich der Schneider in der peinlichsten Angst, da der Tisch mit glänzendem Zeuge gedeckt wurde, und so heiß sich der ausgehungerte Mann vor Kurzem noch nach einiger Nahrung gesehnt hatte, so ängstlich wünschte er jetzt, der drohenden Mahlzeit zu entfliehen. Endlich fasste er sich einen Mut, nahm seinen Mantel um, setzte die Mütze auf und begab sich hinaus, um den Ausweg zu gewinnen. Da er aber in seiner Verwirrung und in dem weitläufigen Hause die Treppe nicht gleich fand, so glaubte der Kellner jener suche eine gewisse Bequemlichkeit, rief: »Erlauben Sie gefälligst, mein Herr, ich werde Ihnen den Weg weisen!« und führte ihn durch einen langen Gang, der nirgend anders endigte als vor einer schön lackierten Türe, auf welcher eine zierliche Inschrift angebracht war.
Also ging der Mantelträger ohne Widerspruch, sanft wie ein Lämmlein, dort hinein und schloss ordentlich hinter sich zu. [...]

Der Schneider wird umsorgt und sagt nicht Nein

Doch verwickelte er sich jetzt in die ==erste selbsttätige Lüge==, weil er in dem verschlossenen Raume ein wenig verweilte, und er betrat hiermit den abschüssigen Weg des Bösen.
Unterdessen schrie der Wirt, der ihn gesehen hatte im Mantel dahin gehen: „Der Herr friert! Heizet mehr ein im Saal! Wo ist die Liese, wo ist die Anne? Rasch einen Korb Holz in den Ofen und einige Hände voll Späne, dass es brennt! Zum Teufel, sollen die Leute in der ›Waage‹ im Mantel zu Tisch sitzen?"
Und als der Schneider wieder aus dem langen Gange hervorgewandelt kam, melancholisch wie der umgehende Ahnherr eines Stammschlosses, begleitete er ihn

mit hundert Komplimenten und Handreibungen wiederum in den verwünschten Saal hinein. Dort wurde er ohne ferneres Verweilen an den Tisch gebeten, der Stuhl zurechtgerückt, und da der Duft der kräftigen Suppe, dergleichen er lange nicht gerochen, ihn vollends seines Willens beraubte, so ließ er sich in Gottes Namen nieder und tauchte sofort den schweren Löffel in die braungoldene Brühe. In tiefem Schweigen erfrischte er seine matten Lebensgeister und wurde mit achtungsvoller Stille und Ruhe bedient.

Als er den Teller geleert hatte und der Wirt sah, dass es ihm so wohl schmeckte, munterte er ihn höflich auf, noch einen Löffel voll zu nehmen, das sei gut bei dem rauen Wetter.

Nun wurde die Forelle aufgetragen, mit Grünem bekränzt[1], und der Wirt legte ein schönes Stück vor. Doch der Schneider, von Sorgen gequält, wagte in seiner Blödigkeit[2] nicht, das blanke Messer zu brauchen, sondern hantierte schüchtern und zimperlich mit der silbernen Gabel daran herum. Das bemerkte die Köchin, welche zur Türe hereinguckte, den großen Herrn zu sehen, und sie sagte zu den Umstehenden: „Gelobt sei Jesus Christ! Der weiß noch einen feinen Fisch zu essen, wie es sich gehört, der sägt nicht mit dem Messer in dem zarten Wesen herum, wie wenn er ein Kalb schlachten wollte. Das ist ein Herr von großem Hause, darauf wollt' ich schwören, wenn es nicht verboten wäre! Und wie schön und traurig er ist! Gewiss ist er in ein armes Fräulein verliebt, das man ihm nicht lassen will! Ja, ja, die vornehmen Leute haben auch ihre Leiden!"

Inzwischen sah der Wirt, dass der Gast nicht trank, und sagte ehrerbietig: „Der Herr mögen den Tischwein nicht; befehlen Sie vielleicht ein Glas guten Bordeaux[3], den ich bestens empfehlen kann?"

Da beging der Schneider den **zweiten selbsttätigen Fehler**, indem er aus Gehorsam ja statt nein sagte, und alsobald verfügte sich der Waagwirt persönlich in den Keller, um eine ausgesuchte Flasche zu holen; denn es lag ihm alles daran, dass man sagen könne, es sei etwas Rechtes im Ort zu haben. Als der Gast von dem eingeschenkten Weine wiederum aus bösem Gewissen ganz kleine Schlücklein nahm, lief der Wirt voll Freuden in die Küche, schnalzte mit der Zunge und rief: „Hol' mich der Teufel, der versteht's, der schlürft meinen guten Wein auf die Zunge, wie man einen Dukaten[4] auf die Goldwaage legt!"

So nahm die Mahlzeit denn ihren Verlauf, und zwar sehr langsam, weil der arme Schneider immer zimperlich und unentschlossen aß und trank und der Wirt, um ihm Zeit zu lassen, die Speisen genugsam stehenließ. Trotzdem war es nicht der Rede wert, was der Gast bis jetzt zu sich genommen; vielmehr begann der Hunger, der immerfort so gefährlich gereizt wurde, nun den Schrecken zu überwinden, und als die Pastete von Rebhühnern erschien, schlug die Stimmung des Schneiders gleichzeitig um, und ein fester Gedanke begann sich in ihm zu bilden. „Es ist jetzt einmal, wie es ist!", sagte er sich, von einem neuen Tröpflein Weines erwärmt und aufgestachelt. „Nun wäre ich ein Tor[5], wenn ich die kommende Schande und Verfolgung ertragen wollte, ohne mich dafür sattgegessen zu haben! Also vorgesehen, weil es noch Zeit ist! Das Türmchen, das sie da auf-

[1] **bekränzt** = geschmückt

[2] **Blödigkeit** = Schüchternheit

[3] **Bordeaux** = Stadt in Frankreich und Weinbaugebiet; hier: Wein

[4] **Dukaten** = Goldmünze

Der Schneider will das Essen genießen

[4] **Tor** = jemand, der unklug handelt

gestellt haben, dürfte leichthin die letzte Speise sein; daran will ich mich halten, komme, was da wolle! Was ich einmal im Leibe habe, kann mir kein König wieder rauben!"

Gesagt, getan; mit dem Mute der Verzweiflung hieb er in die leckere Pastete, ohne an ein Aufhören zu denken, sodass sie in weniger als fünf Minuten zur Hälfte geschwunden war und die Sache für die Abendherren sehr bedenklich zu werden begann. Fleisch, Trüffeln, Klößchen, Boden, Deckel, alles schlang er ohne Ansehen der Person hinunter, nur besorgt, sein Ränzchen[6] vollzupacken, ehe das Verhängnis hereinbräche; dazu trank er den Wein in tüchtigen Zügen und steckte große Brotbissen in den Mund; [...].

[4] **Ränzchen** = Bauch

Die Verwandlung nimmt ihren Lauf

Abermals lief der Wirt in die Küche und rief: „Köchin! Er isst die Pastete auf, während er den Braten kaum berührt hat! Und den Bordeaux trinkt er in halben Gläsern!"

„Wohl bekomm' es ihm", sagte die Köchin, „lassen Sie ihn nur machen, der weiß, was Rebhühner sind! Wär' er ein gemeiner Kerl, so hätte er sich an den Braten gehalten!"

„Ich sag's auch", meinte der Wirt; „es sieht sich zwar nicht ganz elegant an, aber so hab' ich, als ich zu meiner Ausbildung reiste, nur Generäle und Kapitelsherren essen sehen!"

Unterdessen hatte der Kutscher die Pferde füttern lassen und selbst ein handfestes Essen eingenommen in der Stube für das untere Volk, und da er Eile hatte, ließ er bald wieder anspannen. Die Angehörigen des Gasthofes „Zur Waage" konnten sich nun nicht länger enthalten und fragten, eh es zu spät wurde, den herrschaftlichen Kutscher geradezu, wer sein Herr da oben sei und wie er heiße. Der Kutscher, ein schalkhafter und durchtriebener Kerl, versetzte: „Hat er es noch nicht selbst gesagt?"

„Nein" hieß es, und er erwiderte: „Das glaub' ich wohl, der spricht nicht viel in einem Tage; nun, es ist der Graf Strapinski! Er wird aber heut und vielleicht einige Tage hierbleiben, denn er hat mir befohlen, mit dem Wagen vorauszufahren."

Er machte diesen schlechten Spaß, um sich an dem Schneiderlein zu rächen, das, wie er glaubte, statt ihm für seine Gefälligkeit ein Wort des Dankes und des Abschiedes zu sagen, sich ohne Umsehen in das Haus begeben hatte und den Herrn spielte. [...]

| | Novelle | Einen Erzähltext gestaltend interpretieren |

1. Lies den Auszug aus der Novelle mit Hilfe der Fünf-Schritt-Lesemethode.
2. Wie sehen die Menschen aus Goldach und vor allem Wirt und Köchin den Schneider, inwiefern bestärkt er ihren Irrtum? Tausche dich mit deinem Partner aus, indem du konkrete Textstellen anführst.
3. Der Text erwähnt zwei „selbsttätige" Fehler bzw. Lügen (vergleiche die markierten Stellen); untersuche, inwiefern sich an diesen beiden Stellen das Verhalten des Schneiders von seinem sonstigen Auftreten unterscheidet. Erkläre auch, was mit dem Wort „selbsttätig" gemeint ist.
4. Ist der Schneider ein Betrüger? Teilt die Klasse in verschiedene Gruppen auf, die Argumente zu seiner Verteidigung und Punkte zur Anklage sammeln.

Argumente zur Verteidigung	Argumente für die Anklage
...	...

5. Lies die Informationen zur Biografie von Gottfried Keller auf Seite 103. Welchen Zusammenhang könnte es zwischen Kellers Biografie und der Geschichte geben?
6. Wähle einen der folgenden Arbeitsaufträge:
   ▶ Verfasse eine Inhaltsangabe zu dem Ausschnitt.
   ▶ Schreibe die Gedanken, die dem Schneider während des Essens durch den Kopf gehen könnten, in einem inneren Monolog auf.
   ▶ Vor welchem Problem steht der Schneider nun? Überlege dir davon ausgehend, wie die Handlung weitergehen könnte. Denke dir dabei verschiedene Fortsetzungen (eine für den Schneider „gute" und „schlechte") aus und notiere sie stichpunktartig.

Info

Gestaltendes Interpretieren

Es gibt vielfältige Möglichkeiten, mit einem Text umzugehen, z. B. Möglichkeiten der kreativen und produktiven Auseinandersetzung. Dabei nutzt du den Text jedoch nicht nur als Anregung zum Schreiben. Wichtig ist, dass du dabei aufzeigst, dass du den Text verstanden hast.

Aufgaben zum gestaltenden Interpretieren lassen sich grob in zwei Gruppen unterteilen:

Innertextliche Ergänzungen: Du erweiterst den Text innerhalb der vorgegebenen Handlung, z. B. indem du ...
- Leerstellen füllst (z. B. so genannte Subtexte verfasst: Was denkt, fühlt eine Figur?),
- den Text aus der Perspektive einer anderen Figur erzählst,
- einen inneren Monolog ergänzt (Der innere Monolog spiegelt die Gedanken einer Figur wider. Die Figur spricht sich dabei direkt an, macht sich Vorwürfe etc.).

Außertextliche Ergänzungen: Hier erweiterst du den Text, indem du ihn nachträglich kommentierst. Du kannst z. B. ...
- einen Tagebucheintrag oder einen Brief schreiben,
- einen Paralleltext verfassen,
- den Text weiterschreiben ...

Die Inhaltsangabe ⟶ S. 36 ff.

Nachschlagen: Merkwissen ⟶ S. 285 f.

Erzählende Texte verstehen

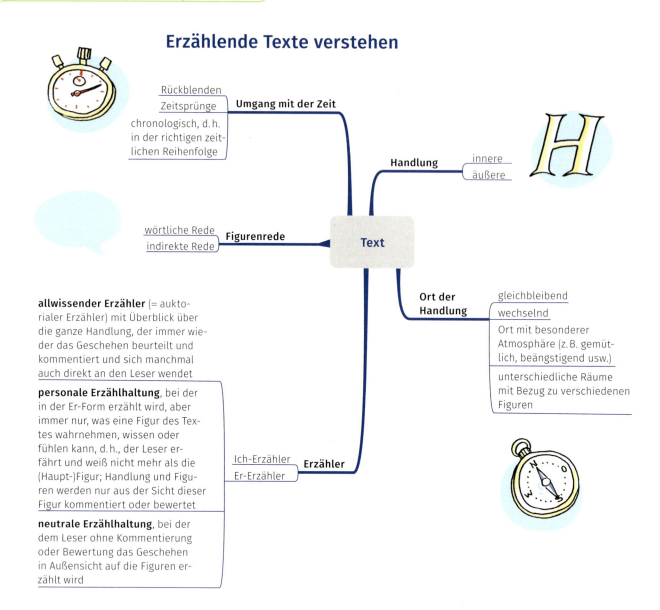

 1. Bildet fünf Kleingruppen. Jede Kleingruppe setzt sich mit einem der nachfolgenden Aspekte auseinander und untersucht Textauszug 2 im Hinblick auf diesen Aspekt:
   - Handlung
   - Ort der Handlung
   - Erzähler
   - Figurenrede
   - Umgang mit der Zeit.

   Macht euch in der Gruppe Notizen zu den einzelnen Seitenarmen und notiert euch entsprechende Textstellen zu den jeweiligen Aspekten.
2. Stellt im Anschluss eure Arbeitsergebnisse in der Gruppe vor.

Lesestrategien entwickeln
Kleider machen Leute [Auszug 3] (1874)
Gottfried Keller

Noch während des Essens im Gasthaus „Zur Waage" begutachten einige wohlhabende Goldacher den fremden „Grafen", schließen mit ihm Bekanntschaft und laden ihn ein, mit ihnen den Amtsrat[1] in seinem Landhaus zu besuchen. Zur Unterhaltung beginnen sie ein Kartenspiel.

A Die beiden Partien[2] waren nun zu Ende, auch das Sausergelüste[3] der Herren gebüßt, und sie zogen nun vor, sich an den alten Weinen des Amtsrats ein wenig abzukühlen, die jetzt gebracht wurden; doch war die Abkühlung etwas leidenschaftlicher Natur, indem sofort, um nicht in schnöden Müßiggang[4] zu verfallen, ein allgemeines Hasardspiel[5] vorgeschlagen wurde. Man mischte die Karten, jeder warf einen Brabanter Taler[6] hin, und als die Reihe an Strapinski war, konnte er nicht wohl seinen Fingerhut auf den Tisch setzen. „Ich habe nicht ein solches Geldstück", sagte er errötend; aber schon hatte Melcher Böhni, der ihn beobachtet, für ihn eingesetzt, ohne dass jemand darauf achtgab; denn alle waren viel zu behaglich[7], als dass sie auf den Argwohn[8] geraten wären, jemand in der Welt könne kein Geld haben. Im nächsten Augenblicke wurde dem Schneider, der gewonnen hatte, der ganze Einsatz zugeschoben; verwirrt ließ er das Geld liegen, und Böhni besorgte für ihn das zweite Spiel, welches ein anderer gewann, sowie das dritte. Doch das vierte und fünfte gewann wiederum der Polacke[9], der allmählich aufwachte und sich in die Sache fand. Indem er sich still und ruhig verhielt, spielte er mit abwechselndem Glück; einmal kam er bis auf einen Taler herunter, den er setzen musste, gewann wieder, und zuletzt, als man das Spiel satt bekam, besaß er einige Louisdors[10], mehr, als er jemals in seinem Leben besessen, welche er, als er sah, dass jedermann sein Geld einsteckte, ebenfalls zu sich nahm, nicht ohne Furcht, dass alles ein Traum sei. Böhni, welcher ihn fortwährend scharf betrachtete, war jetzt fast im Klaren über ihn und dachte: den Teufel fährt der in einem vierspännigen Wagen!

B Der Wanderer nahm schnell seine Mütze vom Kopfe und machte ehrfurchtsvolle, ja furchtsame Verbeugungen, von Rot übergossen. Denn eine neue Wendung war eingetreten; ein Fräulein beschritt den Schauplatz der Ereignisse. [...]

C Strapinski, welcher die Teilnahme aus verschiedenen Gründen ablehnen musste, wurde eingeladen zuzusehen, denn das schien ihnen immerhin der Mühe wert, da sie so viel Klugheit und Geistesgegenwart bei den Karten zu entwickeln pflegten. Er musste sich zwischen beide Partien setzen, und sie legten es nun darauf an, geistreich und gewandt zu spielen und den Gast zu gleicher Zeit zu unterhalten. So saß er denn wie ein kränkelnder Fürst, vor welchem die Hofleute ein angenehmes Schauspiel aufführen und den Lauf der Welt darstellen. [...]

---

[1] **Amtsrat** = Beamter in gehobener Stellung

[2] **Partien** = Gruppen

[3] **Sauser** = neuer Wein im ersten Stadium der Gärung

[4] **schnöden Müßiggang** = verachtenswertes Faulsein

[5] **Hasardspiel** = Glücksspiel

[6] **Brabanter Taler** = auch Kreuztaler; Zahlungsmittel

[7] **behaglich** = genießerisch

[8] **Argwohn** = Zweifel

[9] **Polacke** = diskriminierende Bezeichnung für einen Polen

[10] **Louisdors** = französisches Goldstück

[11] **holdseligste** = liebevoll

D Sie grüßte den Ritter daher auf das holdseligste[11], indem sie auch lieblich errötete, und sprach sogleich hastig und schnell und vieles mit ihm, wie es die Art behaglicher Kleinstädterinnen ist, die sich den Fremden zeigen wollen. Strapinski hingegen wandelte sich in kurzer Zeit um; während er bisher nichts getan hatte, um im geringsten in die Rolle einzugehen, die man ihm aufbürdete[12], begann er nun unwillkürlich etwas gesuchter zu sprechen und mischte allerhand polnische Brocken in die Rede, kurz, das Schneiderblütchen fing in der Nähe des Frauenzimmers an, seine Sprünge zu machen und seinen Reiter davonzutragen.

[12] **aufbürden** = jemanden mit etwas belasten

E Nur Melcher Böhni, der Buchhalter, als ein geborener Zweifler, rieb sich vergnügt die Hände und sagte zu sich selbst: „Ich sehe es kommen, dass es wieder einen Goldacher Putsch[13] gibt, ja, er ist gewissermaßen schon da! Es war aber auch Zeit, denn schon sind's zwei Jahre seit dem letzten! Der Mann dort hat mir so wunderlich zerstochene Finger! Nun, ich werde mich hüten, den Verlauf zu stören!"

[13] **Putsch** = hier: Zusammenprall, Knall

F Weil er aber zugleich bemerkte, dass der rätselhafte Fremde keine Gier nach dem Gelde gezeigt, sich überhaupt bescheiden und nüchtern verhalten hatte, so war er nicht übel gegen ihn gesinnt, sondern beschloss, die Sache durchaus gehen zu lassen. Aber der Graf Strapinski, als man sich vor dem Abendessen im Freien erging, nahm jetzo seine Gedanken zusammen und hielt den rechten Zeitpunkt einer geräuschlosen Beurlaubung für gekommen. Er hatte ein artiges Reisegeld und nahm sich vor, dem Wirt „Zur Waage" von der nächsten Stadt aus sein aufgedrungenes Mittagsmahl zu bezahlen. Also schlug er seinen Radmantel malerisch um, drückte die Pelzmütze tiefer in die Augen und schritt unter einer Reihe von hohen Akazien[14] in der Abendsonne langsam auf und nieder, das schöne Gelände betrachtend oder vielmehr den Weg erspähend, den er einschlagen wollte. [...] Allmählich ging er immer etwas weiter vom Hause hinweg, schritt durch ein Gebüsch, hinter welchem ein Feldweg vorüberging, und als er sich vor den Blicken der Gesellschaft gedeckt sah, wollte er eben mit festen Schritten ins Feld rücken, als um eine Ecke herum plötzlich der Amtsrat mit seiner Tochter Nettchen ihm entgegentrat. Nettchen war ein hübsches Fräulein, äußerst prächtig, etwas stutzerhaft[15] gekleidet und mit Schmuck reichlich verziert.

[14] **Akazien** = Mimosengewächs

[15] **stutzenhaft** = sehr modern

„Wir suchen Sie, Herr Graf", rief der Amtsrat, „damit ich Sie erstens hier meinem Kinde vorstelle und zweitens, um Sie zu bitten, dass Sie uns die Ehre erweisen möchten, einen Bissen Abendbrot mit uns zu nehmen; die anderen Herren sind bereits im Hause."

Novelle | Einen Überblick über Handlung und Figuren gewinnen

1. Lest die einzelnen Handlungsschritte nach der Methode „Reziprokes Lesen". Ihr bildet Vierergruppen und lest einen Text abschnittweise gemeinsam. Jeder von euch übernimmt eine Rolle:

   A liest den Abschnitt des Textes vor und stellt den Gruppenmitgliedern anschließend Fragen zum Inhalt.

   B fasst den Inhalt des Abschnitts mündlich kurz zusammen.

   C stellt Fragen zu Textstellen und Wörtern, die schwierig sind oder die er/sie nicht verstanden hat. Im gemeinsamen Gespräch werden Verstehenslücken geschlossen. Wenn erforderlich, werden Hilfsquellen benutzt oder wird die Lehrkraft befragt.

   D stellt Vermutungen darüber an, wie der Text weitergehen könnte. Die anderen Gruppenmitglieder ergänzen.

2. Bringe die Handlungsschritte in die richtige Reihenfolge.

3. Lest noch einmal den letzten Satz dieses Ausschnittes. Wie stellt ihr euch vor, dass sich das „Schneiderblütchen" verhält? Was fühlt er in dieser Situation?

4. Dieser Ausschnitt aus dem Fortgang der Handlung bringt einerseits im Vergleich mit dem Anfang Bekanntes und Vertrautes, andererseits auch Neues. Lege für beide Seiten eine stichpunktartige Liste an.

> **Tipp**
>
> 1. Jeder liest den Abschnitt leise.
> 2. Ihr bearbeitet den jeweiligen Abschnitt in eurer Gruppe. Jeder übernimmt eine Rolle.
> 3. Bevor es mit dem nächsten Textabschnitt weitergeht, werden die Rollen gewechselt, zum Beispiel im Uhrzeigersinn.
> 4. Das Prozedere wiederholt sich so lange, bis der Text vollständig gelesen wurde.
> 5. Danach besprecht ihr in der Gruppe, worum es im gesamten Text geht.

Bekanntes	Neues
…	…

5. Überlege dir für diesen Textausschnitt …
   ▸ welche wichtigen Handlungsschritte in diesem Textausschnitt geschehen,
   ▸ welche Figuren für die weitere Handlung wichtig wären.
   Mach dir dazu kurze Notizen.

> **Info**
>
> **Unterstreichen und Randnotizen machen**
> Um sich einen Überblick über einen längeren Text zu verschaffen, ist es sinnvoll, sich **am Rand** des Textes, auf einer darübergelegten Klarsichtfolie, auf einem eingeklebten Marker oder Blatt kurze **Notizen** über Figuren, Handlungsschritte oder wichtige Ereignisse zu machen, damit man wichtige Stellen später schnell finden kann.
> Man muss sich vorher allerdings klar machen, was man unterstreichen oder am Rand notieren will, damit es nicht zu viel wird.
> Oft erleichtert es das Zurechtfinden bereits, wenn man am Rand **Ortswechsel** und die **wichtigsten handelnden Figuren** mit **Abkürzungen** kennzeichnet. Zentrale Aussagen einer Figur oder über eine Figur sollte man unterstreichen. Auch **wichtige Handlungsschritte** lassen sich so am Rand notieren. Diese kann man in Form von Stichwörtern festhalten und ggf. auch Fragen zum weiteren Handlungsverlauf notieren.

6. Lege eine Klarsichtfolie über den folgenden Abschnitt aus „Kleider machen Leute" und wende die im Info-Kasten beschriebene Technik an.

Die Figurenkonstellation erarbeiten | **Novelle**

Kleider machen Leute [Auszug 4] (1874)
Gottfried Keller

Wenzel will Goldach endgültig verlassen, aber seine Gedanken an Nettchen hindern ihn daran, diese Pläne umzusetzen. Bei einer Tanzveranstaltung sieht er sie erneut, tanzt aber nicht mit ihr, sondern flüchtet ins Freie.

Dann kam sie wieder zurück, und da er jetzt mit klopfendem Herzen ihr im Wege stand und bittend die Hände nach ihr ausstreckte, fiel sie ihm ohne weiteres um den Hals und fing jämmerlich an zu weinen. Er bedeckte ihre glühenden Wangen mit seinen fein duftenden dunklen Locken, und sein Mantel umschlug die schlanke, stolze, schneeweiße Gestalt des Mädchens wie mit schwarzen Adlerflügeln; es war ein wahrhaft schönes Bild, das seine Berechtigung ganz allein in sich selbst zu tragen schien.

Strapinski aber verlor in diesem Abenteuer seinen Verstand und gewann das Glück, das öfter den Unverständigen hold ist[1]. Nettchen eröffnete ihrem Vater noch in selbiger Nacht beim Nachhausefahren, dass kein anderer als der Graf der Ihrige[2] sein werde; dieser erschien am Morgen in aller Frühe, um bei dem Vater liebenswürdig schüchtern und melancholisch[3], wie immer, um sie zu werben, und der Vater hielt folgende Rede:

„So hat sich denn das Schicksal und der Wille dieses törichten Mädchens erfüllt! Schon als Schulkind behauptete sie fortwährend, nur einen Italiener oder einen Polen, einen großen Pianisten oder einen Räuberhauptmann mit schönen Locken heiraten zu wollen, und nun haben wir die Bescherung! Alle inländischen wohlmeinenden Anträge hat sie ausgeschlagen, noch neulich musste ich den gescheiten und tüchtigen Melchior Böhni heimschicken, der noch große Geschäfte machen wird, und sie hat ihn noch schrecklich verhöhnt[4], weil er nur ein rötliches Backenbärtchen trägt und aus einem silbernen Döschen schnupft! Nun, Gott sei Dank, ist ein polnischer Graf da aus wildester Ferne! Nehmen Sie die Gans, Herr Graf, und schicken Sie mir dieselbe wieder, wenn sie in Ihrer Polackei[5] friert und einst unglücklich wird und heult! Nun, was würde die selige Mutter für ein Entzücken genießen, wenn sie noch erlebt hätte, dass das verzogene Kind eine Gräfin geworden ist!"

Nun gab es große Bewegung; in wenig Tagen sollte rasch die Verlobung gefeiert werden; denn der Amtsrat behauptete, dass der künftige Schwiegersohn sich in seinen Geschäften und vorhabenden Reisen nicht durch Heiratssachen dürfe aufhalten lassen, sondern diese durch die Beförderung jener beschleunigen müsse.

---

[1] **hold sein** = wohlgesonnen sein
[2] **der Ihrige** = zu ihr gehörend
[3] **melancholisch** = trübsinnig, niedergeschlagen
[4] **verhöhnt** = verlachen, verspotten
[5] **Polackei** = geringschätziger Ausdruck über polnische Staatsbürger

---

1. Auf den inhaltlich ungeordneten Karten der nächsten Seite findest du für einen Teil der Handlung knapp zusammengefasst die wichtigsten Ereignisse jeweils kombiniert mit einer Angabe des Ortes, an dem dieser Handlungsteil sich abspielt. Ergänze diese Karten mit Hilfe deines Wissens aus dem Internet.

Novelle | **Die Figurenkonstellation erarbeiten**

Seldwyl/Goldach
Strapinski wird mit Nettchens Vermögen steinreich.

Bauernhof
Nettchen und Strapinski sprechen sich aus.

Schlittenfahrt
Seldwyler und Goldacher treffen in einem Gasthof aufeinander.

Goldach
Zwei Monate später
Strapinski gewinnt in einer Lotterie und verlobt sich mit Nettchen.

Wirtshaus in Goldach
Der Schneider wird für einen Grafen Strapinski gehalten.

…

> **Tipp**
> Lies noch einmal den Infokasten auf S. 107!

2. Wenzel versucht, aus seiner misslichen Situation zu fliehen. Versuche, dich in seine Situation zu versetzen, und schreibe aus seiner Sicht einen Brief an Nettchen, den er ihr nach seiner Flucht zusendet.
3. Erstellt für folgende Figuren jeweils eine Karteikarte mit all den Informationen, die ihr bislang über die Person erlangt habt: Melchior Böhni, Nettchen, Vater Nettchen.
4. Erstellt im Anschluss mit Hilfe der Informationen eine Grafik zur Figurenkonstellation.

Info

Figurenkonstellation
Unter der Figurenkonstellation versteht man das Beziehungsgeflecht, in dem die Figuren zueinander stehen und das die Handlung mitbestimmt. So trennt man zwischen **Hauptfiguren** (die in fast allen Textabschnitten zu finden sind und um deren Leben oder Schicksal es geht) und **Nebenfiguren** (spielen nur an einer oder an wenigen Stellen eine Rolle). Die Figuren eines Textes stehen in der Regel in ganz bestimmter **Beziehung** zueinander: als (Liebes-)Paar, als Kontrahenten und Gegner, als Freunde, als Vertraute.
Eine als **Grafik** dargestellte Figurenkonstellation erleichtert es, den Überblick über einen Text zu gewinnen, da man mit ihrer Hilfe die Handlungen einzelner Figuren leichter einordnen kann. Manchmal ist es nötig, an zwei oder drei Stellen des Textes ein solches Schaubild zu entwickeln, damit auch Veränderungen in dem Beziehungsgeflecht deutlich werden.
Um sich die Beziehungen zwischen den Figuren klarzumachen, werden folgende Möglichkeiten der grafischen Veranschaulichung benutzt:
- unterschiedliche **Linien** (evtl. als Pfeile), die ausdrücken, wie wichtig die Personen für die einzelne Figur sind:
    ▬▬ sehr wichtig (dicke, durchgezogene Linie)
    ▃ ▃ ▃ wenig wichtig (dünne, gestrichelte Linie).
- unterschiedliche **Linienfarben**, die ausdrücken, welches Verhältnis die Figuren untereinander haben:
    ▬▬ grün: Figuren mögen sich und sind füreinander wichtig.
    ▬▬ rot: Figuren, zwischen denen es Probleme gibt.
- den **Raum** auf dem Blatt (an der Tafel), um darzustellen, wem die Figur nahesteht und zu wem sie Abstand hält.
- **oben und unten**, um zu verdeutlichen, wer das Sagen hat, wie die Hierarchieverhältnisse sind.
- aussagekräftige Symbole: ♥ ? ⚡ ⇔ ↔ ☺ ☐.

5. Erstellt zu der Figurenkonstellation am Ende ein Standbild.

> **Tipp**
> Hinweise zum Bauen eines Standbildes findet ihr auf der S. 66.

Kleider machen Leute [Auszug 5] (1874)

Gottfried Keller

Um aus seiner Situation zu entkommen, gibt Wenzel Strapinski vor, eine Reise antreten zu müssen. Aber Nettchen durchkreuzt diesen Plan, indem sie Wenzel ihre Liebe gesteht und von ihrem Vater eine rasche Verlobungsfeier erreicht. Sie soll in einem Landgasthaus zwischen Seldwyla und Goldach stattfinden. Melchior fädelt nun die Entlarvung (Aufdeckung) Wenzels ein, indem er die Seldwyler informiert. Diese kommen ebenfalls zu diesem Gasthof und veranstalten dort einen Maskenzug unter dem Motto: „Kleider machen Leute."

Bald saßen beide Gesellschaften, jegliche auf ihrem Stockwerke, an den gedeckten Tafeln und gaben sich fröhlichen Gesprächen und Scherzreden hin. [...]
Nun traten allmählich jene besagten Schneidergruppen nacheinander ein. Jede führte in zierlichem Gebärdenspiel[1] den Satz „Leute machen Kleider" und dessen Umkehrung durch, indem sie erst mit Emsigkeit[2] irgendein stattliches Kleidungsstück, einen Fürstenmantel, Priestertalar[3] und dergleichen anzufertigen schien und sodann eine dürftige Person damit bekleidete, welche, urplötzlich umgewandelt, sich in höchstem Ansehen aufrichtete und nach dem Takte der Musik feierlich einherging. [...] Alle, die so erschienen, traten nach vollbrachter Darstellung zurück und machten allmählich so den Halbkreis der Goldacher zu einem weiten Ring von Zuschauern, dessen innerer Raum endlich leer ward. In diesem Augenblicke ging die Musik in eine wehmütige ernste Weise über, und zugleich beschritt eine letzte Erscheinung den Kreis, dessen Augen sämtlich auf sie gerichtet waren. Es war ein schlanker junger Mann in dunklem Mantel, dunkeln schönen Haaren und mit einer polnischen Mütze; es war niemand anders als der Graf Strapinski, wie er an jenem Novembertage auf der Straße gewandert und den verhängnisvollen Wagen bestiegen hatte.
Die ganze Versammlung blickte lautlos gespannt auf die Gestalt, welche feierlich schwermütig[4] einige Gänge nach dem Takte der Musik umhertrat, dann in die Mitte des Ringes sich begab, den Mantel auf den Boden breitete, sich schneidermäßig darauf niedersetzte und anfing, ein Bündel auszupacken. Er zog einen beinahe fertigen Grafenrock hervor, ganz wie ihn Strapinski in diesem Augenblicke trug, nähete mit großer Hast und Geschicklichkeit Troddeln[5] und Schnüre darauf und bügelte ihn schulgerecht aus, indem er das scheinbar heiße Bügeleisen mit nassen Fingern prüfte. Dann richtete er sich langsam auf, zog seinen fadenscheinigen Rock aus und das Prachtkleid an, nahm ein Spiegelchen, kämmte sich und vollendete seinen Anzug, dass er endlich als das leibhaftige Ebenbild des Grafen dastand. Unversehens ging die Musik in eine rasche mutige Weise über, der Mann wickelte seine Siebensachen in den alten Mantel und warf das Pack weit über die Köpfe der Anwesenden hinweg in die Tiefe des Saales, als wollte er sich ewig von seiner Vergangenheit trennen. Hierauf beging er als stolzer Weltmann in stattlichen Tanzschritten den Kreis, hie und da sich vor den An-

---

[1] **zierlichem Gebärdenspiel** = Pantomime
[2] **Emsigkeit** = Fleiß
[3] **Priestertaler** = Amtstracht von Priestern
[4] **schermütig** = freudlos
[5] **Troddeln** = Bommel

wesenden huldreich verbeugend, bis er vor das Brautpaar gelangte. Plötzlich fasste er den Polen, ungeheuer überrascht, fest ins Auge, stand als eine Säule vor ihm still, während gleichzeitig wie auf Verabredung die Musik aufhörte und eine fürchterliche Stille wie ein stummer Blitz einfiel.

„Ei, ei, ei, ei", rief er mit weithin vernehmlichen Stimme und reckte den Arm gegen den Unglücklichen aus, „Sieh da den Bruder Schlesier, den Wasserpolacken! Der mir aus der Arbeit gelaufen ist, weil er wegen einer kleinen Geschäftsschwankung glaubte, es sei zu Ende mit mir. Nun, es freut mich, dass es Ihnen so lustig geht und Sie hier so fröhliche Fastnacht halten! Stehen Sie in Arbeit⁶ zu Goldach?"

Zugleich gab er dem bleich und lächelnd dasitzenden Grafensohn die Hand, welche dieser willenlos ergriff wie eine feurige Eisenstange, während der Doppelgänger rief: „Kommt, Freunde, seht hier unsern sanften Schneidergesellen, der wie ein Raphael aussieht und unsern Dienstmägden, auch der Pfarrerstochter so wohl gefiel, die freilich ein bisschen übergeschnappt ist!"

Nun kamen die Seldwyler Leute alle herbei und drängten sich um Strapinski und seinen ehemaligen Meister, indem sie ersterm treuherzig die Hand schüttelten, dass er auf seinem Stuhle schwankte und zitterte. Gleichzeitig setzte die Musik wieder ein mit einem lebhaften Marsch; die Seldwyler, sowie sie an dem Brautpaar vorüber waren, ordneten sich zum Abzuge und marschierten unter Absingung⁷ eines wohl einstudierten diabolischen⁸ Lachchors aus dem Saale, während die Goldacher, unter welchen Böhni die Erklärung des Mirakels blitzschnell zu verbreiten gewusst hatte, durcheinanderliefen und sich mit den Seldwylern kreuzten, so dass es einen großen Tumult gab. [...]

Das Paar aber saß unbeweglich auf seinen Stühlen gleich einem steinernen ägyptischen Königspaar, ganz still und einsam; man glaubte, den unabsehbaren glühenden Wüstensand zu fühlen.

Nettchen, weiß wie Marmor⁹, wendete das Gesicht langsam nach ihrem Bräutigam und sah ihn seltsam von der Seite an.

Da stand er langsam auf und ging mit schweren Schritten hinweg, die Augen auf den Boden gerichtet, während große Tränen aus denselben fielen.

Er ging durch die Goldacher und Seldwyler, welche die Treppen bedeckten, hindurch wie ein Toter, der sich gespenstisch von einem Jahrmarkt stiehlt, und sie ließen ihn seltsamerweise auch wie einen solchen passieren, indem sie ihm still auswichen, ohne zu lachen oder harte Worte nachzurufen. Er ging auch zwischen den zur Abfahrt gerüsteten Schlitten und Pferden von Goldach hindurch, indessen die Seldwyler sich in ihrem Quartiere¹⁰ erst noch recht belustigten, und er wandelte halb unbewusst, nur in der Meinung, nicht mehr nach Goldach zurückzukommen, dieselbe Straße gegen Seldwyla hin, auf welcher er vor einigen Monaten hergewandert war. Bald verschwand er in der Dunkelheit des Waldes, durch welchen sich die Straße zog.

⁶ **Stehen Sie in Arbeit** = Haben Sie eine Arbeitsstelle

⁷ **Absingung** = fröhlich singend

⁸ **diabolisch** = teuflisch

⁹ **Marmor** = hartes, kostbares Gestein

¹⁰ **Quartier** = Unterkunft

Den Höhepunkt der Handlung untersuchen | **Novelle**

1. Lies den Text leise.
2. Erzählt eurem Nachbarn anhand der Bilder den Textausschnitt nach.
3. Inwiefern erfolgt die „Entlarvung" Wenzels? Begründet, indem ihr euch dazu besonders auf die Wortwahl achtet. Bezieht auch den Titel der Novelle in eure Überlegungen mit ein.
4. Ordnet den Textauszug in die Handlung ein und erläutert seine Bedeutung.
5. Schaut euch noch einmal genauer die Person „Schneider" an.
   Überlege zusammen mit deinem Nachbarn:
   ▸ Wie fühlt sich der Schneider?
   ▸ Kennt ihr dieses Gefühl?
   ▸ Verhalten sich Leute heute auch noch so wie der Schneider?
   ▸ In welchen Situationen verhalten sich die Menschen auf diese Art und Weise?
6. Die zentrale Thematik des Textes ist die Frage von „Schein und Sein". Erkläre, was mit „Sein" und „Schein" gemeint sind könnte mit Hilfe der Worterklärung im Tipp und belege deine Aussage am Text.

Tipp

mehr Schein als Sein = etwas Besseres/Größeres vortäuschen, als es in Wirklichkeit ist; besser erscheinen, als es ist; Fassade/Blendwerk

Novelle — Merkmale der Novelle erkennen

1. Lies den Infokasten zu der Textsorte Novelle.

> **Info**
>
> **Novelle**
> Die Novelle gehört zu den **umfangreicheren erzählenden Texten**. Aufgrund besonderer Kennzeichen kann man sie von anderen epischen Formen unterscheiden:
> Goethe, der selbst Novellen schrieb, nannte sie „eine sich ereignete unerhörte Begebenheit", d.h., es muss **etwas Besonderes, Aufsehenerregendes** in ihr passieren und dies könnte sich **tatsächlich ereignet** haben oder zumindest möglich sein. Das Wort Novelle kommt von dem italienischen *novella* = (kleine) Neuigkeit.
> Die Novelle hat einen **klaren und geradlinigen Aufbau** und wird mit Blick auf das Wichtigste ohne Nebenhandlungen oder Abschweifungen erzählt. Außerdem muss die Handlung einen deutlichen **Höhe- und Wendepunkt** aufweisen.
> Am Ende der Novelle steht ein eindeutiger Schluss, der alle wichtigen Fragen klärt.

2. Erstelle eine zweispaltige Tabelle und trage die Informationen aus dem Infokasten ein. Führe im Anschluss Textstellen aus den Ausschnitten im Buch an, die das Merkmal belegen. Nenne Seite und Zeile oder du formulierst sie in eigenen Worten.

Merkmal	Textbeleg
etwas Besonderes, Aufsehenerregendes	...

3. Lege Karteikarten mit den Merkmalen zu folgenden Textsorten an: Märchen, Kalendergeschichte, Fabel, Kurzgeschichte.

4. Diskutiere mit deinem Nachbarn, ob es in Teilbereichen auch Überschneidungen der einzelnen Textsorten mit „Kleider machen Leute" gibt.

Kleider machen Leute [Auszug 6] (1874)
Gottfried Keller

Der Schluss der Novelle „Kleider machen Leute" lautet wie folgt:

So endigte denn der Krieg mit einer Hochzeit, an welcher die Seldwyler mit ihren sogenannten Katzenköpfen gewaltig schossen zum Verdrusse der Goldacher, welche den Geschützdonner ganz gut hören konnten, da der Westwind wehte. Der Amtsrat gab Nettchen ihr ganzes Gut heraus, und sie sagte, Wenzel müsse nun ein großer Marchand-Tailleur[1] und Tuchherr werden in Seldwyla; denn da hieß der Tuchhändler noch Tuchherr, der Eisenhändler Eisenherr usw.
Das geschah denn auch, aber in ganz anderer Weise, als die Seldwyler geträumt hatten. Er war bescheiden, sparsam und fleißig in seinem Geschäfte, welchem er einen großen Umfang zu geben verstand. Er machte ihnen ihre veilchenfarbigen oder weiß und blau gewürfelten Sammetwesten[2], ihre Ballfräcke[3] mit goldenen Knöpfen, ihre rot ausgeschlagenen Mäntel, und alles waren sie ihm schuldig, aber nie zu lange Zeit. Denn um neue, noch schönere Sachen zu erhalten, welche er kommen oder anfertigen ließ, mussten sie ihm das Frühere bezahlen, sodass sie untereinander klagten, er presse ihnen das Blut unter den Nägeln hervor. Dabei wurde er rund und stattlich und sah beinah gar nicht mehr träumerisch aus; er wurde von Jahr zu Jahr geschäftserfahrener und gewandter und wusste in Verbindung mit seinem bald versöhnten Schwiegervater, dem Amtsrat, so gute Spekulationen zu machen, dass sich sein Vermögen verdoppelte und er nach zehn oder zwölf Jahren mit ebenso vielen Kindern, die inzwischen Nettchen, die Strapinska[4], geboren hatte, und mit Letzterer nach Goldach übersiedelte und daselbst ein angesehener Mann ward.
Aber in Seldwyla ließ er nicht einen Stüber[5] zurück, sei es aus Undank oder aus Rache.

[1] **Marchand-Tailleur** = Tuchhändler
[2] **Sammet** = Samt
[3] **Fräcke** = Anzugform
[4] **Strapinska** = weibliche Namensform zu Strapinski
[5] **Stüber** = eine Münze

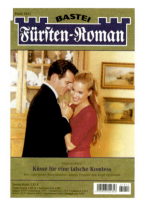

Alles wird gut!
Marion Alexi

Im Folgenden ist das Ende des Trivialromans „Küsse für eine falsche Komtess[1]" abgedruckt.
James Frankenberg, ein amerikanischer Millionär, will sich in Deutschland niederlassen und kauft von Gräfin Friederike von Sandow Schloss Wittmoor – sehr zum Ärger seiner Tochter Jenny, die lieber bei ihrem Freund in New York geblieben wäre. Damit sich dem neuen, allerdings bürgerlichen Schlossherrn die adligen Kreise öffnen, wird er von einem Verwandten Friederikes adoptiert und erwirbt dadurch den Titel „Graf James von Sandow". Jenny, seine Tochter, wird somit zur (falschen) Komtess.

[1] **Komtess** = unverheiratete Gräfin

	Novelle	Den Schluss der Novelle untersuchen

Auf einem Opernball lernt sie Maximilian von Dieffenberg, den Sohn der Fürstin Maria Carola, kennen und lieben. Als die Fürstin von dem Schwindel erfährt, will sie die junge Liebe zerstören, besinnt sich aber eines Besseren, weil Jenny und Maximilian ihr Glück in der Fremde suchen wollen. Von ihrem Standesdünkel geheilt, ist sie mit der Verlobung der beiden einverstanden.

„Sie sind da!", rief Gloria[2] und sprang auf. „Die Kinder sind endlich gekommen", sagte nun auch James, zur Dame des Hauses gewandt. Maria Carola nahm seinen Arm und ließ sich von ihm zur Tür führen. Ihnen folgten Carl Eduard[3] und Friederike. Jennifer und Maximilian […] strahlten, wie nur junge, sehr verliebte Menschen strahlen können. Und es schien, als hätten sie sich vorgenommen, künftig immer Hand in Hand durchs Leben zu gehen. Maria Carola bedeutete Anna[4], den Champagner zu holen. Sie hatte ihn vorsorglich auf Eis stellen lassen. Alles war bereit zur großen Party, denn es sollte nun Verlobung gefeiert werden. Wie es sich gehörte in den ersten Kreisen nach Ansicht der Fürstin. „Meine liebe Jennifer!" Mit ausgebreiteten Armen ging sie auf Jennifer zu und begrüßte erst sie und anschließend Maximilian. Alle Anwesenden deuteten dies als gutes Zeichen. Maximilian fand es großartig, wie elegant seine Mutter über ihren Schatten sprang. Er schloss seine Mutter in die Arme und dankte ihr. Sie war gerührt. „Schließlich feiert unser Sohn nicht alle Tage Verlobung", schloss sie mit etwas zittriger Stimme. „Dann lasst uns auf unsere Kinder anstoßen!" Carl Eduard sagte es mit freudig bewegter Stimme und reichte jedem sein Glas. „Möge das Glück ihnen gewogen bleiben." Die Gläser klirrten und alle betrachteten wohlwollend das junge Paar. Maximilian zog seine Jennifer zu sich heran. Ganz nah waren sie sich und würden es auch in Zukunft immer sein. Der junge Prinz war glücklich, als er in die Augen seiner schönen Braut blickte. Mit Jennifer an seiner Seite würde er alle Schwierigkeiten im Leben überwinden …

[2] Gloria ist Jennys Mutter

[3] Carl Eduard ist der Ehemann der Fürstin Maria Carola

[4] Anna ist die Haushälterin von Fürstin Maria Carola

1. Vergleiche das Ende der Novelle mit deinen eigenen Überlegungen über den möglichen Ausgang von „Kleider machen Leute".
2. Vergleiche den Erzählschluss des Trivialromans mit dem Ende der Novelle. Welche Gemeinsamkeiten und welche Unterschiede kannst du feststellen?
3. Inwiefern findet sich der Titel der Novelle im Schluss wieder? Suche passende Textstellen dazu heraus.
4. Wähle einen der folgenden Arbeitsaufträge:
   - Wie denkt ihr über Strapinski? Was ist aus Wenzel Strapinski 10 Jahre später geworden? Schreibe einen kurzen Novellenausschnitt über eine Begegnung Strapinskis mit einem Seldwyler.
   - Was hat sich am Verhalten beider verändert? Setze die Novelle an der Stelle fort, an der sich Nettchen für Strapinkski entschieden hat. Dieses Mal entscheidet sie sich nicht für Strapinks. Sondern …
   - Welche Situation gefällt dir besser? Begründe deine Entscheidung in einem kurzen Text.

Train Kids

Ein Jugendbuch

Train Kids
Dirk Reinhardt

„Wenn wir über den Fluss setzen", sagt Fernando, „dann sind wir im Krieg. Vergesst das nicht!"
Er zeigt hinüber. Ich versuche, etwas zu erkennen am anderen Ufer, aber es gibt nichts zu sehen. Schon gar nichts Bedrohliches oder Gefährliches. Auch der Fluss selbst sieht ganz harmlos aus, wie er so träge vor sich hin fließt, im frühen Morgenlicht, mit den vielen schwer bepackten Flößen auf dem Wasser.
Krieg – das klingt nach Toten und Verwundeten, Bomben und Gewehren. Hat Fernando einen Witz gemacht? Er dreht sich um und sieht mir in die Augen. Nein, kein Witz. Dafür ist er zu ernst.
„Tu's nur, wenn du sicher bist, dass du es willst", sagt er. „Wenn nicht, hau besser wieder ab. *Es la última oportunidad, hombre.* Ist die letzte Gelegenheit."

1. Sammelt in einem Brainstorming, welche Gründe es geben könnte, die vertraute Heimat zu verlassen.

Ein Jugendbuch | Den Ich-Erzähler kennenlernen

Zu der Bestie
Dirk Reinhardt

Für einen Moment bin ich unsicher. Bisher war alles so weit weg: die Grenze und das Land dahinter und der lange Weg hindurch. Jetzt liegt es vor mir. Was mich wohl auf der anderen Seite der Grenze erwartet? Im Grunde habe ich nicht die geringste Ahnung, aber als ich aufgebrochen bin, habe ich mir geschworen, dass es kein Zurück geben darf. Nie wieder. „Ich kann nicht anders", höre ich mich sagen. „Ich muss es tun. Ich hab's viel zu lange vor mir hergeschoben."
[...] So weit entfernt ist es inzwischen: unser kleines Haus in Tajumulco, in den Bergen von Guatemala. Mein Zuhause. Vielleicht sehe ich es nie wieder.
Ich weiß nicht, wie oft ich es mir vorgenommen habe: abzuhauen und meine Mutter zu suchen. Unendlich oft. Vor sechs Jahren hat sie uns verlassen, meine Schwester Juana und mich, und ist nie zurückgekehrt. Ich war acht damals, Juana vier. Erst war ich zu jung, um zu gehen. Später hatte ich nicht den Mut. Bis zur vorletzten Nacht. Da ging es nicht mehr anders, nach all den Dingen, die passiert waren: Ich musste los. Während wir daliegen und den Fluss beobachten, sind die Bilder aus jener Nacht wieder da. Ich sehe es vor mir: wie ich aufstehe, Juana wecke und ihr erzähle, was ich vorhabe. Sie will mich zurückhalten. Als sie merkt, dass es zwecklos ist, holt sie ihre Ersparnisse unter der Matratze hervor und hält sie mir hin. Erst will ich das Geld nicht haben, doch sie droht, unseren Onkel und die Tante aufzuwecken. Also nehme ich es. Aber ich schwöre mir, es zurückzugeben – irgendwann, wenn wir uns wiedersehen. Dann umarme ich sie und schleiche nach draußen.
Es ist kalt und sternenklar. Über der Stadt ist der weiße Kegel des Vulkans zu sehen. Ich laufe, um warm zu werden. Später, als es schon hell ist, nimmt mich ein Lastwagenfahrer mit. Wir fahren aus den Bergen hinab in die Ebene und am Mittag bin ich weiter von zu Hause entfernt als je zuvor. Am Nachmittag setzt der Fahrer mich ab. Ich laufe zu Fuß weiter, nach Tecún Umán. Davon haben sie mir in Tajumulco erzählt: von der Stadt am Fluss, in der sich alle treffen, die über die Grenze nach Mexiko wollen.
Auf der Straße frage ich einen Jungen nach dem Weg. Er sagt, ich soll zur Migrantenherberge gehen, das sei der einzig sichere Ort in der Stadt. Da könnte ich zum letzten Mal in einem Bett schlafen und ein Frühstück kriegen, bevor es hinübergeht. „A la bestia", sagt er. Zu der Bestie.

Alle Textauszüge in diesem Kapitel sind dem Roman „Train Kids" entnommen.

Tipp

Möchtet ihr über das Thema „Train Kids" in eurer Schule informieren? Gestaltet eine kleine Ausstellung mit Plakaten, Bildern und Infografiken. Sammelt dazu alle Informationen in diesem Kapitel.

2. Klärt, wer die Geschichte erzählt und was ihr über den Ich-Erzähler erfahrt.
3. Stellt Fragen an den Text und schreibt sie auf ein Plakat.

Das kannst du jetzt lernen!
- Hintergrundinformationen zu recherchieren .... S. 121
- Figuren und Figurenkonstellation in einem Jugendbuch zu erarbeiten ...... S. 120
- Leitmotive zu erkennen und zu deuten .... S. 127
- Einen Autor kennenzulernen .... S. 129
- Die Homepage eines Autors zu untersuchen .... S. 130

Aktuelle Bezüge erkennen | Ein Jugendbuch

Die Hintergründe

Auf gefährlicher Fahrt
Dirk Reinhardt

Zehntausende Kinder und Jugendliche reisen heimlich auf Zügen durch Mexiko. Sie versuchen, in die USA zu gelangen, weil dort ihre Mütter arbeiten. Der Autor Dirk Reinhardt hat vier Zugkinder getroffen.

Noch spät am Abend ist es heiß und schwül auf dem Bahnhof von Arriaga, bestimmt an die 40 Grad. So wie jeden Tag hier im Süden von Mexiko. Felipe, Catarina, José und León klettern auf einen Güterzug, der bald abfahren wird. Zusammen mit Dutzenden anderen blinden Passagieren wollen sie nach Norden reisen, in die Vereinigten Staaten von Amerika, kurz USA. Viele Hundert Kilometer haben die vier schon hinter sich gebracht, mehr als 2000 liegen noch vor ihnen. Felipe, Catarina, José und León sind 15 und 16 Jahre alt, sie stammen aus El Salvador und Guatemala, sehr armen Ländern in Mittelamerika. Ihre Väter haben die Familien früh verlassen. Und als die vier noch klein waren, sind auch ihre Mütter fortgegangen – in die USA, um dort Arbeit zu finden. Ihre Kinder ließen sie bei den Nachbarn zurück.

Auf dem Bahnhof von Arriaga sitze ich mit Felipe, Catarina, José und León versteckt zwischen den Güterwaggons, und sie erzählen mir ihre Geschichten: wie ihre Mütter ihnen am Telefon immer wieder versprochen hatten, bald zurückzukommen, und wie sie diese Versprechen nie einhielten. Wie es immer öfter zu Streitereien mit ihren Ersatzeltern kam, je älter sie wurden. „Ich weiß nicht mal mehr, wie meine Mutter aussieht, so klein war ich, als sie ging", sagt Catarina. „Ich erinnere mich nur noch daran, wie sie gerochen hat." Felipe denkt gern daran, wie ihm seine Mutter zum Geburtstag immer sein Lieblingsessen gekocht hat. Einsam und verlassen fühlten sich die vier, von Jahr zu Jahr wuchs die Sehnsucht. Bis sich jeder allein auf den Weg gemacht hat. „Mitten in der Nacht bin ich losgezogen, ohne jemandem davon zu erzählen", sagt José. „Endlich habe ich den Mut gehabt aufzubrechen." Und León hat jetzt wieder das Gefühl, dass „wir unser Leben selbst in der Hand haben".

An der Grenze zu Mexiko haben sich die vier zufällig getroffen. Und sie haben beschlossen zusammenzubleiben. Sie wissen, dass es gut ist, nicht allein zu sein, denn die Reise zu ihren Müttern ist nicht nur sehr weit, sondern auch gefährlich. Die Jugendlichen haben sich heimlich über die Grenze nach Mexiko geschlichen; wenn die Polizei sie erwischt, werden sie wieder zurückgeschickt. Oft halten Polizisten Züge auf offener Strecke an, um die blinden Passagiere abzufangen. Und sie gehen nicht gerade zimperlich mit denen um, die sie erwischen.

Auch vor Räubern müssen sich die vier in Acht nehmen. Es gibt ganze Banden, die sich darauf spezialisiert haben, Kinder und Jugendliche wie Felipe, Catarina, José und León zu überfallen und ihnen das bisschen Geld abzunehmen, das sie mühsam für die Reise gespart haben.

Und natürlich ist die Fahrt oben auf den Zügen riskant: Wer von einem Ast erfasst wird, kann vom Dach geschleudert werden. Wer beim Auf- oder Abspringen nicht schnell und wendig genug ist, kann sich böse verletzen. Die Hitze des

Dschungels, die Kälte des Gebirges und die Trockenheit der Wüste müssen die vier auf ihrer Reise überstehen. Nachts schlafen sie im Gebüsch, in Parks und auf Friedhöfen.
Wenn sie Hunger haben, versuchen sie, sich etwas Geld oder Essen zu erbetteln, oder sie stehlen, was auf den Feldern wächst.
Es ist mehr als ungewiss, ob die vier jemals bei ihren Müttern ankommen werden, dennoch sind sie unterwegs. So wie viele, viele andere. Etwa 50 000 Kinder reisen derzeit in Mexiko als blinde Passagiere auf Güterzügen in Richtung Norden. Und das ist nur eine grobe Schätzung, vielleicht sind es noch viel mehr. Die meisten sind zwischen 14 und 18 Jahre alt, manche sogar noch jünger.

Zum Glück gibt es für all diese Kinder und Jugendlichen unterwegs auch Hilfe, zum Beispiel von Organisationen wie Amnesty International und terre des hommes. Oder auch von der Kirche. Sie hat an einigen Orten Herbergen eingerichtet, in denen die Kinder in einem richtigen Bett schlafen können und etwas zu essen bekommen. Orte, wo sie zwischendurch einmal sicher sind. Auf diese Weise zu helfen verstößt zwar gegen das Gesetz, einige Priester tun es dennoch.
Und das größte Hindernis wartet dann ohnehin erst am Ende der Reise: die Grenze zu den USA, die wie eine Festungsmauer bewacht wird. Selbst wer es bis hierher geschafft hat, kann nicht sicher sein, dass er wirklich in das Land gelangt, in dem seine Mutter lebt.
Ob Felipe, Catarina, José und León bis zur Grenze kommen und dann auch noch in die USA? […] Werden sie ihre Mütter wiederfinden? Ich weiß es nicht. Doch ich muss immer daran denken, was Felipe sagte, als wir uns auf dem Bahnhof von Arriaga verabschiedeten: „Wir haben so viele Jahre verloren. Aber jetzt sind wir unterwegs und schauen nur noch nach vorn. Egal, was passiert: Unsere Hoffnung lassen wir uns nie mehr nehmen!"

1. Lest den Text und sprecht über eure Eindrücke.
2. Exzerpiere alle Informationen, die der Artikel über die Situation der flüchtenden Kinder in Südamerika liefert. Beziehe die Karte mit ein.
3. Dirk Reinhardt hat aus seinen Recherchereisen in Südamerika ein Jugendbuch geschrieben. Sammelt Gründe, warum dieses Thema auch für uns interessant ist.

Wichtiges aus einem Text herausschreiben → S. 44 ff.

Miguel und seine Freunde

Wir sind fünf
Dirk Reinhardt

Miguel, der 14-jährige Ich-Erzähler, trifft am Grenzfluss zu Mexiko andere jugendliche Flüchtlinge.

Wir finden heraus, dass wir alle das gleiche Ziel haben: durch Mexiko nach Norden bis in die USA. Als wir mit dem Frühstück fertig sind und jeder für sich losziehen will, schlägt Fernando vor, wir könnten die Sache ebenso gut zusammen angehen. Dann wären unsere Chancen besser, als wenn es jeder alleine versucht. Ich überlege kurz, dann bin ich einverstanden, die anderen auch. Und so hocken wir jetzt alle zusammen hier – am Río Suchiate, dem Grenzfluss, versteckt hinter einem Gebüsch, und überlegen, wie wir am besten hinüberkommen.
Ich weiß nicht viel über die anderen. Nur das Wenige, das sie beim Frühstück erzählt haben. Fernando ist der Älteste von uns, 16 oder so. Er stammt aus El Salvador und will zu seinem Vater nach Texas. Er ist der Einzige, der Mexiko kennt, weil er die Reise schon ein paarmal versucht hat. Was dabei schiefgelaufen ist und warum er es nie geschafft hat, habe ich mich nicht getraut zu fragen. Aber er weiß eine Menge über das Land. Jedenfalls mehr als ich und die anderen. Wir wissen so gut wie gar nichts.
Die anderen, das sind Emilio, Ángel und Jaz. Emilio ist aus Honduras, mehr hat er nicht von sich erzählt. Dass er Indio ist, sieht man ihm auch so an. Ángel stammt aus Guatemala, genau wie ich. Aber nicht aus den Bergen, sondern aus der Hauptstadt. Er ist erst 11 oder 12 und will sich zu seinem Bruder nach Los Angeles durchschlagen. Und Jaz, die heißt eigentlich Jazmina. Sie ist aus El Salvador, hat sich die Haare abgeschnitten und als Junge verkleidet. Damit sie auf der Fahrt nicht dumm angemacht wird, sagt sie.

1. Fertigt arbeitsteilig Steckbriefe der fünf Jugendlichen an, die sich für die Flucht nach Amerika zusammentun.
2. Recherchiert auf Google Earth, woher die Kinder kommen und wie es dort aussieht.

Miguel und Jaz
Dirk Reinhardt

Die Fünf setzen die gefährliche Reise gemeinsam fort. In einem verfallenen Haus am Stadtrand von Ixtepec verbringen die Train Kids die Nacht.

Ich öffne die Augen. Erst weiß ich nicht, wo ich bin, dann sehe ich die anderen im Schein der Glut. Emilio und Ángel schlafen, Fernando hat die Hände unter dem

Kopf verschränkt und starrt nach oben. Keine Ahnung, worüber er nachgrübelt. Direkt neben mir liegt Jaz, sie atmet schwer und scheint noch wach zu sein.

„Hey, Jaz!" Sie dreht sich zu mir hin. „Was ist?"

„Das, was du vorhin erzählt hast – das tut mir leid."

„Muss dir nicht leidtun. Ist doch vorbei."

„Trotzdem. Als deine Mutter gegangen ist – da warst du erst vier, oder?"

Sie antwortet nicht.

„Kannst du dich überhaupt noch an sie erinnern?"

Erst zögert sie wieder, dann rückt sie näher zu mir heran. „Ich weiß noch, wie sie gerochen hat", flüstert sie. „Das heißt – ich glaube, ich weiß es noch. Wie sie aussieht, nicht mehr so richtig. Nur von Bildern. Und du?"

Ich überlege. Ja: Was weiß ich eigentlich noch? „Wie ihre Stimme klingt." Das ist das Erste, was mir einfällt. „Daran erinnere ich mich genau. Und an ein paar andere Dinge. Wie sie mir zum Geburtstag mein Lieblingsessen gekocht hat. Und wie sie mich ins Bett gebracht hat. So was eben."

Jaz wickelt sich in ihren Mantel. „Muss schön sein, so was noch zu wissen", sagt sie.

„Ja, irgendwie schon. Aber irgendwie auch nicht. Weil es nur Erinnerungen sind, verstehst du?" „In welcher Stadt wohnt sie denn?"

„Los Angeles."

„Ist das weit von Chicago?"

„Weiß nicht. Ja – glaub schon."

Jaz sieht an mir vorbei. „Schade", murmelt sie.

Eine Weile liegen wir da und schweigen. Jetzt, wo sie ihre Kappe abgenommen hat, sieht sie im Schein des Feuers gar nicht mehr wie ein Junge aus. Ich betrachte sie von der Seite. Und dann plötzlich erzähle ich ihr davon. Ich habe bisher noch nie jemandem davon erzählt. Nicht einmal Juana.

„Damals – als meine Mutter mich immer vertröstet hat mit ihren Briefen und immer neue Entschuldigungen hatte, warum sie nicht kommt und uns holt –, da hab ich irgendwann nicht mehr gewusst, ob ich ihr glauben soll. Ich hab gedacht, vielleicht stimmt es ja gar nicht. Vielleicht sind es nur Ausreden. Vielleicht will sie uns gar nicht mehr, Juana und mich. Das ist der Grund, warum ich zu ihr muss, weißt du. Ich will es rauskriegen. Sie soll es mir sagen, nicht nur schreiben. Sie soll es mir ins Gesicht sagen. Damit ich endlich weiß, woran ich bin."

Jaz wendet sich zu mir hin und sieht mich aus ihren dunklen Augen an. Endlos lang. Dann dreht sie sich auf den Rücken und blickt zur Decke. Eine ganze Weile sagt sie nichts. „Ja", flüstert sie dann. „Ja. Das will ich auch."

1. Klärt, worüber Miguel und Jaz sprechen.
2. Warum begeben sich die beiden auf die gefährliche Reise?
3. Beschreibe, welche Beziehung Miguel und Jaz haben. Belege deine Befunde am Text.
4. Jaz schaut Miguel „endlos lang" (Z. 36 f.) an. Was denkt sie? Schreibe einen inneren Monolog in dieser Situation.

Info

Um sein Verständnis einer literarischen Figur zu verdeutlichen, kann man einen **inneren Monolog** zu Textstellen ergänzen. Darin verdeutlicht man, was in einer Figur vorgeht, indem man ihre Gedanken und Gefühle in der Ich-Form aufschreibt.

Einen Erzähltext gestaltend interpretieren → S. 104 ff.

Miguel und Emilio
Dirk Reinhardt

Bei einer Razzia werden die Train Kids von zwei Polizisten brutal festgenommen. Diese lassen sie nur laufen, wenn sie all ihr Geld abgeben. Das tun sie, nur Emilio hat kein Geld mehr und wird festgehalten.

„Ich habe gesagt, ihr sollt verschwinden!", herrscht der Polizist sie an. „Oder willst du genauso hierbleiben wie er?"
Jaz dreht sich zu Fernando um, fast flehend, so als wollte sie sagen: Tu doch was! Auch ich sehe ihn an. Die Vorstellung, zu gehen und Emilio hierzulassen, ist nicht zu ertragen. Irgendwie gehören wir doch zusammen. Seit wir die Grenze überquert haben, gehören wir zusammen. Obwohl es keiner von uns jemals so gesagt hat, ist es doch so: Bevor wir einen von uns alleine zurücklassen, sollten wir lieber alle aufgeben.
Fernando legt den Kopf schräg, kneift die Augen zusammen und sieht Emilio an. Ich kann spüren, wie er mit sich kämpft. Dann bückt er sich, streift einen seiner abgetretenen Schuhe vom Fuß und zieht ein paar Scheine daraus hervor.
„Das ist von ihm", sagt er zu dem Polizisten, so beiläufig wie möglich, hält ihm das Geld hin und nickt zu Emilio hinüber. „Er hat's mir gegeben, damit ich's für ihn aufbewahre. Tut mir leid. Hab ganz vergessen, dass ich's noch hab."
Mit einem Mal ist die Spannung, die in der Luft liegt, fast mit Händen zu greifen. Der Polizist nimmt das Geld und steckt es langsam ein. Dann wendet er sich ab, fast so, als wäre die Sache für ihn erledigt. Aber im nächsten Moment wirbelt er herum und schlägt Fernando die schwere Taschenlampe, die er in der Hand hält, mitten ins Gesicht.
Fernando taumelt zurück und prallt gegen die Wand. Unendlich langsam rutscht er daran hinab und fällt stöhnend auf den Boden. Der Polizist zieht seinen Schlagstock und geht auf ihn zu. Fernando hält die Hände vors Gesicht. Ich kann seine Augen sehen, sie sind weit aufgerissen, Angst steht darin, aber mehr noch eine unbändige Wut. Jetzt hebt der Polizist den Stock. Alles in mir zieht sich zusammen. Mit einem Schlag wird mir klar, dass es nun an mir liegt. Wenn ich nichts tue, ist Fernando verloren. Ich muss mich auf den Typen stürzen. Vielleicht kann ich ihm das Knie zwischen die Beine rammen und in dem Tumult …
Aber bevor es so weit kommt, mischt sich plötzlich der zweite Polizist ein, der bis dahin gar nichts gesagt und immer nur im Hintergrund gestanden hat.
„Lass ihn in Ruhe, Vicente. Wir haben, was wir wollen."

Die Polizisten verschwinden. Fernando bleibt mit klaffender Wunde und blutüberströmtem Gesicht liegen.

Von hinten höre ich Schritte. Es ist Emilio. Bisher hat er ein Stück entfernt gestanden, jetzt kommt er näher und bleibt verlegen vor uns stehen.

„Danke, Fernando", sagt er leise. Fernando lacht verächtlich. „Halt bloß dein Maul. Davon, dass du dich bedankst, wird's auch nicht besser. Ich hab von Anfang an gewusst, dass wir mit dir nur Ärger kriegen."

Emilio weicht einen Schritt zurück. „Wie – wie meinst du das?", fragt er verdattert. „Wie ich das meine? Tolle Frage, echt." Fernando befühlt seine Stirn und verzieht vor Schmerzen das Gesicht. „Muss ich dir ja wohl nicht erklären, oder?"

„Ich will es aber wissen."

„Ach, du willst es wissen. Du willst es wirklich wissen, ja? Na gut, dann sag ich's dir. Weil du ein verdammter Scheißindio bist. Und weil man mit verdammten Scheißindios immer Ärger hat. Mann, hundertmal hat mein Vater mir das eingetrichtert. Ich war ein Idiot, dass ich dich überhaupt mitgenommen hab." Er fasst sich wieder an die Stirn und stöhnt.

Emilio steht da, als hätte ihn der Blitz getroffen. Er öffnet den Mund, bringt aber nichts heraus. „Hör zu, Emilio, ich glaube, er meint das nicht so", sagt Jaz. „Es ist nur, weil er …"

„Halt deine dumme Klappe!", fällt Fernando ihr ins Wort und schiebt sich mühsam ein Stück an der Wand nach oben. „Und red nicht über mich, während ich danebensitze. Ich meine jedes verfluchte Wort verdammt noch mal genau so, wie ich's gesagt hab. Ist das jetzt angekommen?"

Für ein paar Augenblicke ist es still. Dann dreht Emilio sich um und geht.

„Emilio! Wo willst du hin?", ruft Jaz ihm nach und wendet sich dann wieder zu uns. „Fernando, hör auf damit. Sag, dass du es nicht so gemeint hast. Dass er bleiben soll." Fernando dreht den Kopf zur Seite und starrt ins Leere, sagt aber nichts. Ich beuge mich vor und packe ihn an der Schulter. „Ich will auch, dass er bleibt. Er gehört zu uns. Wie alle anderen. Wenn einer geht, sollten wir uns alle trennen." „Oh, Mann!", stöhnt Fernando und winkt ab. „Ihr und eure dämliche Gefühlskacke. Aber gut, von mir aus: Soll er bleiben. Jetzt ist sowieso alles zu spät, schlimmer kann's nicht werden."

„Hast du gehört, Emilio?", ruft Jaz. „Komm zurück, sei nicht albern. Wir müssen bereden, wie es weitergehen soll." Emilio ist schon draußen verschwunden. Jetzt erscheint er wieder in der Tür, bleibt aber zögernd dort stehen.

„Ihr müsst ihm einen Verband anlegen", sagt er nur.

1. Klärt, in welcher Situation sich die Train Kids befinden.
2. Beschreibe das Verhältnis zwischen Fernando und Emilio.
3. Verfasse einen inneren Monolog Fernandos (vgl. Z. 25).
4. Wählt eine der beiden Aufgabenstellungen:
    - Baut ein Standbild, das die Beziehung der fünf Train Kids untereinander deutlich macht.
    - Erstellt ein Soziogramm, das die Beziehungen zwischen Miguel, Fernando, Jaz, Emilio und Angel deutlich macht. Beziehe dabei die Textstellen auf Seite 124 und 125 mit ein.
5. Besprecht, ob die fünf Train Kids Freunde sind.

Info

Die Figurenkonstellation kann grafisch durch Pfeile in einem **Soziogramm** veranschaulicht werden. Dabei arbeitet man mit dem Abstand der Figuren, mit Pfeilen und Symbolen (z. B. ein Herz).

Die Figurenkonstellation erarbeiten → S. 113

Zwischen Hoffnung und Angst

Die Blicke der Leute
Dirk Reinhardt

Es ist heiß und schwül geworden, meine Sachen kleben mir auf der Haut. Ich kann den Fahrtwind spüren, es tut gut, sich ihn ins Gesicht wehen zu lassen. Nicht nur, weil es dadurch ein wenig kühler wird. Auch weil er so etwas wie der lebendige Beweis dafür ist, dass es vorwärtsgeht. Dass ich meinem Ziel näher komme. Dass die Zeit des Wartens und Zweifelns endlich vorbei ist.
Aber vor mir liegt nicht nur die Hoffnung. Da ist auch die Angst. Seit ich aufgebrochen bin, ist mir klar geworden, dass das zwei Dinge sind, die zusammengehören. Die Hoffnung aufs Ankommen, aufs Wiedersehen, auf ein besseres Leben, irgendwo da oben im Norden – und die Angst davor, was bis dahin passieren kann. So sind auch die Blicke der Leute auf dem Zug: In dem einen Auge ist Hoffnung, in dem anderen Angst.

 1. Miguel beschreibt die Augen der Flüchtlinge. Wie stellst du dir das vor?
- Beschreibe ausführlicher, was Miguel in den Augen der Menschen auf den Zügen lesen kann.
- Gestalte ein Bild mit den zwei Augen, die Miguel beschreibt.

Der Padre
Dirk Reinhardt

In Tierra Blanca werden Miguel und seine Freunde wieder von Polizisten verfolgt, die illegale Einwanderer festnehmen wollen. Schließlich flüchten sie in eine voll besetzte Kirche, in der gerade ein Gottesdienst stattfindet.

Erst als wir vor der Kanzel sind, bleiben wir stehen. Am anderen Ende des Ganges tauchen die Polizisten auf. Sie zögern kurz, als sie die vielen Gesichter sehen, die sich zu ihnen umdrehen, dann gehen sie weiter. Es sind drei. Der an der Spitze hat ein breites rotes Gesicht. Die beiden anderen halten sich hinter ihm, sie sind deutlich jünger als er. Ihre Stiefel hallen durch das Kirchengewölbe, es klingt bedrohlich. Fernando stößt einen Fluch aus und sieht gehetzt um sich, aber selbst er scheint keinen Ausweg mehr zu finden. Wir sitzen in der Falle. Ich weiß nicht, warum, aber für einen Moment muss ich daran denken, wie wir heute durch die Hügel gefahren sind und die Felder geplündert haben. Alles war mir so leicht vorgekommen, ich hatte wirklich gehofft, wir könnten eine Chance haben.
Da mischen sich andere Schritte in die Geräusche der Stiefel.
Sie sind leiser, aber trotzdem gut zu hören. Es dauert einen Augenblick, bis ich begreife, dass es der Padre ist. Er steigt von der Kanzel, geht an uns vorbei in den Gang, ohne uns anzusehen, und versperrt den Polizisten den Weg.

„Kann ich Ihnen helfen?", fragt er, ziemlich unfreundlich.

Der mit dem roten Gesicht nimmt widerwillig seine Mütze ab.

„Entschuldigen Sie, Padre", sagt er, während die beiden anderen hinter ihm stehen bleiben. „Es dauert nicht lange."

„Was dauert nicht lange?", fragt der Padre. Seine Stimme klingt ungeduldig.

Anscheinend ist er verärgert, dass wir seine Predigt gestört haben.

„Bis wir die da mitgenommen haben", entgegnet der Rote und zeigt in unsere Richtung.

„Ach, mitnehmen wollen Sie sie. Dann haben sie bestimmt etwas verbrochen, oder?"

„Tja, vermutlich. Im Einzelnen können wir das noch nicht sagen. Auf jeden Fall sind sie illegal hier."

„So, illegal." Der Padre betont das Wort sehr auffällig, als ob er erst darüber nachdenken müsste, was es bedeutet. „Sicher haben Sie Beweise dafür?" […]

„Ich könnte Sie verhaften. Wegen Unterstützung Illegaler."

„Könnten Sie."

Der Rote sieht ihm eine Weile prüfend ins Gesicht. „Aber ich tue es nicht", sagt er dann. „Wir sind nicht wegen Ihnen hier. Wenn Sie also jetzt so freundlich wären …" Er versucht, den Padre zur Seite zu drängen. Die beiden Jüngeren stehen nur da und wirken irgendwie hilflos, die ganze Sache scheint ihnen peinlich zu sein. Die Leute auf den Bänken haben der Auseinandersetzung bisher schweigend zugesehen, aber als der Rote jetzt handgreiflich wird, ändert sich das. Zuerst murren sie nur ein bisschen, dann steht einer von ihnen auf und stellt sich neben den Padre. Nach kurzem Zögern tut ein anderer das Gleiche und schon tritt ein Dritter dazu. Ich halte den Atem an. Von dem Gespräch eben habe ich nicht alles so richtig kapiert, aber immerhin so viel, dass der Padre aus irgendwelchen Gründen auf unserer Seite steht. Jetzt wird mir klar, dass er nicht der Einzige ist: Immer mehr Leute erheben sich und treten in den Gang zwischen die Polizisten und uns. Und das Beeindruckendste daran ist das vollkommene Schweigen, mit dem es passiert. Keiner sagt etwas, nur die Schritte sind zu hören und das Rascheln auf den Bänken. Irgendwann stehen so viele Leute im Gang, dass ich den Padre und die Polizisten gar nicht mehr sehen kann.

„Und jetzt?", höre ich nur die Stimme des Padre. „Wollen Sie die ganze Gemeinde verhaften?"

2. Sprecht über diese Szene. Was beeindruckt euch?
3. Beschreibe den Padre und seine Charktereigenschaften.
4. Auch in dieser Situation liegen Hoffnung und Angst für Miguel und seine Freunde nahe beieinander. Markiere alle Textstellen, die von Angst zeugen, rot, und alle Textstellen, in denen Hoffnung aufkeimt, grün.
5. Erkläre, welche Bedeutung die Leitmotive Hoffnung und Angst für die Train Kids in diesem Roman haben.
6. Untersuche andere Textstellen in diesem Kapitel auf diese Leitmotive.
7. Besprecht, wie die Situation in der Kirche ausgehen könnte. Bezieht euch auf Hinweise im Text.

Info

Ein **Leitmotiv** ist eine Handlung, ein Symbol, ein Thema, eine Stimmung, eine Figur oder eine Farbe, die in einem literarischen Werk immer wieder vorkommt und mit einem bestimmten Inhalt verknüpft ist.

Einen Autor kennenlernen | Ein Jugendbuch

Dirk Reinhardt (* 1963) arbeitete nach dem Studium der Germanistik und Geschichte unter anderem als freier Journalist. 2009 veröffentlichte er sein erstes Kinderbuch „Anastasia Cruz – Die Höhlen von Aztlán" und 2010 die Fortsetzung „Anastasia Cruz – Die Bücher des Thot". Sein Jugendroman „Edelweißpiraten" (2012) setzt sich mit Jugendlichen im Nationalsozialismus auseinander. Der Roman „Train Kids" (2015) wurde u. a. mit dem Friedrich-Gerstäcker-Preis für Jugendliteratur 2016 ausgezeichnet.

Der Autor Dirk Reinhardt

Ein Interview

Wann und wo sind Ihnen die jungen Migranten in Mexiko zum ersten Mal begegnet, und warum haben sie Sie seitdem nicht losgelassen?

Zum ersten Mal auf das Thema aufmerksam geworden bin ich im Jahr 2003 über eine Reportage in der Zeitschrift „GEO". Schon damals hat mich die Geschichte dieser Jugendlichen tief berührt: die schwierigen Verhältnisse, in denen sie aufwachsen, die Einsamkeit und Orientierungslosigkeit, die sie empfinden, vor allem aber der Mut, mit dem sie sich gegen ihr Schicksal stemmen. Manche Themen packen einen eben, und bei diesem war es in besonderer Weise so. Ich habe es immer mit mir herumgetragen und gewusst, dass ich einmal darüber schreiben werde.

Sehen Sie Möglichkeiten, wie sich die brisante Migrantensituation dort verbessern kann?

Das wird nur gelingen, wenn man an den Ursachen der Migration ansetzt. Diese Menschen verlassen ihr Zuhause ja nicht aus Spaß. Sie würden liebend gern in ihrem Heimatland bleiben, wenn es dort eine Zukunft für sie gäbe. Aber die gibt es eben nicht. Die kleinen Länder in Mittelamerika zählen zu den ärmsten der Welt, und dazu tragen die Industrieländer, allen voran die USA, mit ihrer Handels- und „Entwicklungs"politik einiges bei. Es gilt, die Wirtschaft dieser Länder zu stärken, die Armut zu bekämpfen und das Bildungsniveau zu heben. Das wäre der richtige Weg, an dieses Problem heranzugehen – stattdessen errichtet man Mauern und Zäune.

Auch in Europa gibt es aktuell viele Migrantenschicksale. Warum haben Sie sich entschieden, über mittelamerikanische Jugendliche zu schreiben?

Das hat mehrere Gründe. Erstens ist das Nebeneinander von Armut und Reichtum in dieser Region besonders krass. In Guatemala, Honduras, Nicaragua und El Salvador herrscht bittere Armut, in den USA extremer Wohlstand. Dazwischen liegt Mexiko. Deshalb erlebt dieses Land eine Migrationswelle, die größer ist als irgendwo sonst auf der Welt. Zweitens sind gerade dort viele Jugendliche unterwegs – vermutlich mehr als 50 000. Und drittens sind die Fahrten auf den Güterzügen in Mexiko besonders abenteuerlich, was für einen Jugendroman ja nicht eben unwichtig ist. So kann ich im Kleinen, also am Beispiel meiner Protagonisten, ganz eindringlich das beschreiben, was im Großen derzeit überall auf der Welt passiert.

1. Sammelt Gründe, warum der Autor Dirk Reinhardt ein Jugendbuch über die Train Kids geschrieben hat.
2. Welche Möglichkeiten sieht er, das Flüchtlingsproblem zu lösen?

Ein Jugendbuch | Die Homepage eines Autors untersuchen

www.autor-dirk-reinhardt.de

Viele Autoren haben eine eigene Homepage, auf der sie sich und ihre Bücher vorstellen. Über Dirk Reinhardt, den Autor des Romans Train Kids, kann man sich auf seiner Seite www.autor-dirk-reinhardt.de informieren.

irk Reinhardt
- Über den Autor
- Lesungen
- Pressematerial
- Impressum

rain Kids
- Interview mit dem Autor
- Weitere Informationen
- Unterrichtsmaterialien

delweißpiraten
- Interview mit dem Autor
- Weitere Informationen
- Unterrichtsmaterialien
- Bilder der Hauptfiguren

nastasia Cruz
- Die Höhlen von Aztlán
- Die Bücher des Thot
- Weitere Informationen

Überall auf der Welt sind Menschen unterwegs, die der Armut, Gewalt oder Kriminalität in ihrer Heimat entfliehen wollen. Viele Kinder und Jugendliche sind darunter. Nirgends ist die Situation so dramatisch wie in Mexiko, wo Zehntausende von ihnen versuchen, in die USA zu kommen, auf der Suche nach ihren Müttern, die dort arbeiten und sie alleine zurückgelassen haben. Der Weg durch Mexiko – auf den Dächern der Güterzüge – ist gefährlich. Sie werden von Räubern verfolgt, von der Polizei gejagt, kämpfen mit Hunger und Durst, leiden unter der Hitze im Dschungel, der Kälte im Gebirge und der Trockenheit in der Wüste. Und dann wartet das größte Hindernis auf sie: die schwer bewachte Grenze zu den USA. Von ihrem Schicksal, das bei uns noch kaum bekannt ist, erzählt mein aktueller Jugendroman »Train Kids«. Auf diesen Seiten könnt ihr alles über das Buch und seine Hintergründe erfahren.

In einer ganz anderen Zeit lebten die »Edelweißpiraten«: Arbeiterjugendliche, die sich im Nationalsozialismus nicht auf den Krieg vorbereiten lassen wollten. Sie wurden von der Gestapo verfolgt, verfassten Flugblätter und gingen in den Untergrund. Ähnlich wie die jugendlichen Migranten in Mexiko konnten auch sie ihr Schicksal nur meistern, weil sie bedingungslos füreinander einstanden und eine enorme Solidarität entwickelten. Von ihrer Geschichte erzählt mein gleichnamiger Roman, der inzwischen auch in ein Theaterstück umgesetzt wurde und in einer eigenen Schulausgabe erschienen ist.

Auch die Bücher der »Anastasia Cruz«-Reihe stelle ich euch vor – die Abenteuer der Archäologentochter Anastasia, die mit ihrem Vater und ihrem Hund Schliemann in ferne Länder reist, dort Freunde findet, mit ihnen aufregende Abenteuer erlebt und Entdeckungen macht, die immer viel mit der Kultur und Geschichte dieser Länder zu tun haben. Klickt euch einfach mit der Leiste am linken Bildrand durch meine Seiten und lasst euch überraschen.

Beim Lesen und Stöbern wünsche ich euch viel Spaß. Wenn ihr Fragen oder Vorschläge habt oder etwas zu den Büchern sagen wollt, schreibt mir unter dirkreinhardt(at)gmx.de. Ich freue mich auf eure Post! Und wenn euch meine Website gefällt, empfehlt sie einfach euren Freundinnen und Freunden weiter.

Euer Dirk Reinhardt

1. Sammelt Fragen, die ihr an Dirk Reinhardt habt.
2. Versucht, mit Hilfe der Internetseite des Autors Antworten auf eure Fragen zu finden.
3. Erfindet mit Hilfe eurer Fragen Interviews mit Dirk Reinhardt und spielt diese zu zweit vor.
4. Informiert euch auf der Homepage über die Bücher, die Dirk Reinhardt geschrieben hat.
5. Falls ihr nicht alle eure Fragen klären konntet, verfasst eine E-Mail an den Autor Dirk Reinhardt.

Texte und Medien

Auf der Suche nach dem Ich

Gedichte

Foto von mir
Ronan Kaczynski

Schattenbilder
inmitten milder
Bitterkeit
stehlen längst verlorene Zeit.

1. Lest das Gedicht laut. Wie klingt es? Woran liegt das?
2. Was sagt dir das Gedicht?
3. Klärt in Partnerarbeit die Aussage des Gedichts.
4. Besprecht, welche Bedeutung Fotos, auf denen ihr abgebildet seid, für euch haben.
5. Du weißt schon eine ganze Menge über Gedichte und die entsprechenden Fachbegriffe zur Beschreibung von Gedichten. Jetzt kannst du strukturiert darstellen, was du bereits alles über Gedichte gelernt hast. Lege dazu eine Lernlandkarte (Advance Organizer) an und gehe folgendermaßen vor:
    ▶ Notiere in der Mitte eines Plakates oder eines großen Zettels das Wort Gedichte.
    ▶ Nun kannst du verschiedene Zweige anlegen, die Begriffe, die zusammengehören (z. B. sprachliche Bilder), gliedern.

Gedichte — Einen Advance Organizer erstellen

Im Laufe der Unterrichtseinheit soll der Advance Organizer immer weiter ergänzt werden. Ihr könnt das Plakat auch im Klassenzimmer aufhängen.

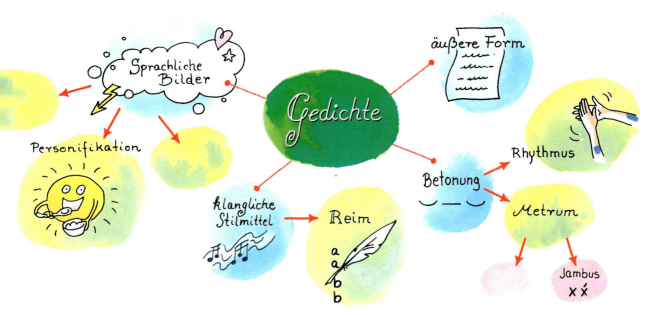

An Tischbein
Johann Wolfgang Goethe

Erst ein Deutscher, dann ein Schweizer,
Dann ein Berg- und Taldurchkreuzer,
Römer, dann Napolitaner,
Philosoph und doch kein Aner[1],
5 Dichter, fruchtbar aller Orten
Bald mit Zeichen, bald mit Worten,
Immer bleibest du derselbe

Von der Tiber bis zur Elbe!
Glück und Heil! so wie du strebest,
10 Leben! so wie du belebest,
So genieße! lass genießen!
Bis die Nymphen[2] dich begrüßen,
Die sich in der Ilme[3] baden
Und aufs Freundlichste dich laden.

Johann Heinrich Wilhelm Tischbein (1751–1829) genannt Goethe-Tischbein, war ein deutscher Maler aus der hessischen Malerfamilie Tischbein.

[1] **Aner** = Wortspiel, damit es sich reimt
[2] **Nymphe** = junge Göttin, Naturgeist
[3] **Ilm(e)** = Fluss in Weimar

1. Lest das Gedicht und tragt es laut vor.
2. Welches Bild hast du von der Person vor Augen, die im Gedicht von Goethe beschrieben wird? Tausche deine Vorstellungen mit deinem Partner aus.
3. Schreibe das Gedicht in dein Heft und wende die Fachbegriffe aus dem Advance Organizer auf die Gedichte an.
4. Ergänze den Advance Organizer in deinem Heft.

> **Tipp**
> Auf der Seite 279 findest du das berühmte von Tischbein gezeichnete Porträt von Johann Wolfgang Goethe.

Das kannst du jetzt lernen!

- Das lyrische Ich zu erkennen ..... S. 134
- Sprachliche Bilder zu erkennen und zu deuten ..... S. 135
- Reim, Metrum und Rhythmus zu erkennen und zu unterscheiden ..... S. 136
- Klangliche Stilmittel zu untersuchen ..... S. 138
- Wortwahl und Satzbau zu untersuchen ..... S. 139
- Ein Gedicht zu beschreiben ..... S. 140
- Songtexte zu vergleichen ..... S. 142

„Du bist eine Insel!" – Gedichte untersuchen

Was uns an der Schule stört
Hans-Peter Kraus

Bei Mathe stören die Zahlen,
bei Deutsch die Wörter,
bei Englisch die Vokabeln,
bei Erdkunde die Länder
und bei den Pausen die Enden.

Was gar nicht geht, sind Lehrer,
die uns das Leben leeren,
die Zeit minutenweise absaugen,
bis sie rote Bäckchen kriegen
und wir blass und leblos
auf den Stühlen gammeln.

Das einzige, was an der Schule nicht stört,
ist der Schlussgong,
der zwar Stunden zu spät kommt,
doch er kommt.
Darauf ist Verlass.

Dann können wir endlich
unsere geleerten Hirne
mit all dem Zeug füllen,
das uns so viel Spaß macht
und vor dem die Lehrer warnen.

Vielleicht haben sie recht,
aber das werden wir erst wissen, wenn's zu spät ist,
und dann können wir immer noch die Schuld
der bescheuerten Schulzeit in die Schuhe schieben.

Was ich kenne
Walter Helmut Fritz

Mein Arbeitsplatz,
das Haus, die Straße, die Bäume,
die Bus-Haltestelle,
die nähere Umgebung,
ein Quadratkilometer,
die Gesichter von Gestern,
von letzter Woche –

das und einiges andere
ist das, was ich kenne.
Zu kennen glaube.

Denn dessen sicher,
dass ich es kenne,
bin ich nun schon nicht mehr.

Wie sonst
könnte ich mir erklären,
dass ich das, was ich so oft sah,
immer wieder sehen möchte.

Begierig,
mit wachsender Neugier.

Info
So wie jede Geschichte einen Erzähler hat, gibt es in Gedichten einen **Sprecher**, den man als **lyrisches Ich** bezeichnet. Dieser Sprecher kann **neutral** oder eine **erkennbare Figur** sein, der seine Eindrücke in der Ich- oder Wir-Form wiedergibt.
Er darf jedoch nicht mit dem Dichter/der Dichterin gleichgesetzt werden.

1. Untersuche das lyrische Ich in den beiden Gedichten. Wie zeigt es sich? Wer spricht? Was erfahren wir?
2. Ergänze im Gedicht von H.-P. Kraus nach der vierten Strophe eine weitere Strophe. Führe darin aus, was der Sprecher „mit all dem Zeug" (V. 19) meint.
3. Besprecht, warum der Sprecher im Gedicht bzw. das lyrische Ich nicht identisch ist mit dem Dichter oder der Dichterin.
4. Verfasse ein Parallelgedicht zu dem Thema „Was ich kenne" über das, was du zu kennen glaubst.

Gedichte — Sprachliche Bilder erkennen und deuten

Der Kobold
Wilhelm Busch

In einem Häuschen, sozusagen
(Den ersten Stock bewohnt der Magen),
In einem Häuschen war's nicht richtig,
Darinnen spukt' und tobte tüchtig
5   Ein Kobold, wie ein wildes Bübchen,
Vom Keller bis zum Oberstübchen.
Fürwahr, es war ein bös Getös.
Der Hausherr wird zuletzt nervös,
Und als ein desperater Mann
10 Steckt er kurzweg sein Häuschen an
Und baut ein Haus sich anderswo
Und meint, da ging es ihm nicht so.
Allein, da sieht er sich betrogen.
Der Kobold ist mit umgezogen
15 Und macht Spektakel und Rumor
Viel ärger noch als wie zuvor.
„Ha", rief der Mann, „wer bist du, sprich?"
Der Kobold lacht: „Ich bin dein Ich!"

Du bist eine Insel!
Judith Haas

Wenn ich an dich eine Bitte habe,
dann diese:
Such dir eine Insel in dir,
einen Halt deiner selbst.
5   Du bist so einzigartig,
so unauswechselbar,
und mein größter Wunsch für dich bleibt,
dass du dich selbst nicht verlässt,
dass du zu dir stehst
10 mit deinen Größen und Schwächen.
Und wenn du dir selber Insel bist,
dich richtig gern hast,
kann es auch für den einen oder anderen
von draußen
15 ganz gemütlich bei dir werden.
Und das wünsche ich dir.

1. Lest beide Gedichte. Sprecht über euren ersten Eindruck.
2. Die „Insel" ist im Gedicht von Judith Haas ein sprachliches Bild. Erkläre, was damit gemeint sein kann. Was wäre dann das „Meer" um die Insel?
3. Überlege gemeinsam mit einem Partner, wer hier zu wem sprechen könnte und entwerft passende Situationen dazu.
4. „Man muss sich selber mögen, um auch andere mögen zu können. Ich muss erst mal für mich selbst sorgen, dann brauche ich die anderen nicht." Welcher dieser Sätze passt am ehesten zum Gedicht von Judith Haas? Begründe deine Meinung mit Textbelegen.
5. Untersuche das Gedicht von Wilhelm Busch auf seine Bildlichkeit. Wer ist der „Kobold" und wo wohnt er?

Info

Sprachliche Bilder
Ein **Vergleich** ist ein sprachliches Bild, das mit dem Wort *wie* eingeleitet wird.
Beispiel: *Menschen wie Schatten.*
Eine **Metapher** ist ein bildhafter Ausdruck mit übertragener Bedeutung.
Sie ist ein verkürzter Vergleich (das *wie* fällt weg), bei dem sich zwei Vorstellungsbereiche überlagern.
Beispiel: *Gespensterbaum.*
Bei der **Personifizierung/Personifikation** werden Tieren, Pflanzen oder Gegenständen menschliche Eigenschaften oder Fähigkeiten zugesprochen.
Beispiel: *Die Sonne lacht.*

In der Vaterstadt
Friedrich Theodor Vischer

x x́ x x́ x x́ x
Ist mancher so gegangen
Und hat zurückgedacht,
Wie er mit Kinderwangen
Hier einst gespielt, gelacht.

5 Wird mancher noch so gehen
Und denken so zurück
Und wird sich selber sehen
In seinem Kindesglück.

Wird stehen, wie ich heute,
10 An seinem Vaterhaus,
Wo nun die fremden Leute
Zum Fenster schaun heraus,

Wird suchen und wird spähen,
Am hellen Tage blind,
15 Wird meinen, er müsse sie sehen,
Die alle nicht mehr sind.

Hundertwasser
(631) DAS TOR ZUM GLÜCK – DAS WARTEN BEI HERRN SCHELL, 1966

Glück
Mario Haßler

Glück ist nicht Zufall, es ist Geschick,
für Kleinigkeiten der richtige Blick
und Zeit, das Leben zu genießen;
die Kraft, um Dinge, die verdrießen,
5 zu ertragen, gepaart mit dem Vertrauen,
auf Freunde voll und ganz zu bauen.
Doch erst ins Bewußtsein aufgenommen
wird das Leben reich und Glück vollkommen.

Glück ist
Unbekannt

Glück ist gar nicht mal so selten,
Glück wird überall beschert,
vieles kann als Glück uns gelten,
was das Leben uns so lehrt.

5 Glück ist jeder neue Morgen,
Glück ist bunte Blumenpracht
Glück sind Tage ohne Sorgen,
Glück ist, wenn man fröhlich lacht.

Glück ist Regen, wenn es heiß ist,
10 Glück ist Sonne nach dem Guss,
Glück ist, wenn ein Kind ein Eis isst,
Glück ist auch ein lieber Gruß.

Glück ist Wärme, wenn es kalt ist,
Glück ist weißer Meeresstrand,
15 Glück ist Ruhe, die im Wald ist,
Glück ist eines Freundes Hand.

Glück ist eine stille Stunde,
Glück ist auch ein gutes Buch,
Glück ist Spaß in froher Runde,
20 Glück ist freundlicher Besuch.

Glück ist niemals ortsgebunden,
Glück kennt keine Jahreszeit,
Glück hat immer der gefunden,
der sich seines Lebens freut.

Gedichte | Reim, Metrum und Rhythmus wiederholen

Metrum (Versmaß)
- Jambus: xx́
- Trochäus: x́x
- Daktylus: x́xx
- Anapäst: xxx́

Reim
- Paarreim (aabb)
- Kreuzreim (abab)
- umarmender Reim (abba)
- unreiner Reim (aa')

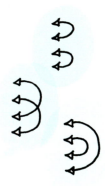

Kadenz
= metrisch-rhythmische Gestalt des Versschlusses. Dabei betrachtet man die letzten Silben des Verses von der letzten betonten Silbe an. Man unterscheidet:
- einsilbiger (auch männlicher oder stumpfer) Versschluss (m): Abschluss mit einer betonten Silbe, z. B. „Hand – Strand"
- zweisilbiger (auch weiblicher oder klingender) Versschluss (w): Abschluss mit einer unbetonten Silbe, z. B. „selten – gelten"

Rhythmus
= natürliche Sprechmelodie eines Gedichts, die durch das Metrum und durch die bewusste Betonung zentraler Wörter und Silben bestimmt wird (z. B. *ruhig*, *bewegt* etc.)

Parallelismus
= Wiederholung derselben Wortreihenfolge in zwei oder mehreren aufeinanderfolgenden Sätzen

1. Lest die Gedichte auf S. 136 laut vor oder hört euch die Lesung an.
2. Vergleicht die Gedichte in Bezug auf das Thema Glück. Wie wird es jeweils dargestellt?
3. Besprecht, ob das lyrische Ich in Vischers Gedicht „In der Vaterstadt" glücklich ist.
4. Wähle eines der Gedichte und bestimme Reim, Kadenzen, Metrum und Rhythmus mit Hilfe der Kästen. Stellt eure Ergebnisse vor.
5. Besprecht, welche Rolle die formalen Merkmale in Bezug auf den Inhalt des Gedichts spielen. Wo gibt es Unregelmäßigkeiten und wie deutet ihr diese?
6. Das Gedicht des unbekannten Dichters klingt besonders harmonisch. Woran liegt das? Wie passt das zum Inhalt?

Wollen
Kurt Sigel

wenn wir wollten wie wir können
und könnten wie wir wollen
täten wir wollen dass wir wirklich so wollen
wie wir können
5 dann könnten wir wollen können
oder wollen wollen
wie wir wirklich wollen
wirklich!

my own song
Ernst Jandl

ich will nicht sein
so wie ihr mich wollt
ich will nicht ihr sein
so wie ihr mich wollt
5 ich will nicht sein wie ihr
so wie ihr mich wollt
ich will nicht sein wie ihr seid
so wie ihr mich wollt
ich will nicht sein wie ihr sein wollt
10 so wie ihr mich wollt

nicht wie ihr mich wollt
wie ich sein will
will ich sein
nicht wie ihr mich wollt
15 wie ich bin will ich sein
nicht wie ihr mich wollt
wie *ich* will ich sein
nicht wie ihr mich wollt
ich will *ich* sein
20 nicht wie ihr mich wollt will ich sein
ich will *sein*

Info
Die **Assonanz** (Gleichklang von Vokalen; von lat. *ad* „zu, an" + *sonare* „klingen") ist ein vokalischer Halbreim, bei dem eine oder mehrere Silben den gleichen vokalischen Laut (z. B. *i* und *o*) besitzen.
Die Assonanz beginnt wie beim Reim meist mit einer betonten Silbe.

Info
Die **Anapher** (von griech. *anaphorá* „zurückführen") bezeichnet die Wiederholung eines Wortes bzw. einer Wortgruppe am Anfang aufeinanderfolgender Verse oder Strophen (z. B. *ich will*). Dadurch werden Texte strukturiert bzw. rhythmisiert und als besonders bedeutsam hervorgehoben.

Info
Bei der **Alliteration** (von lat. *ad* „zu, an" + *litera/littera* „Buchstabe") besitzen die betonten Stammsilben benachbarter Wörter (oder Bestandteile von Zusammensetzungen) den gleichen Anlaut (z. B. *w*).

1. Tragt die Gedichte vor oder hört euch die Lesung an.
2. Was bleibt euch in Erinnerung, nachdem ihr sie gehört habt?
3. Untersucht, wie die Gedichte gemacht sind. Welche klanglichen Stilmittel könnt ihr erkennen? Die Infokästen helfen euch dabei.
4. Beschreibe die Wirkung, die durch diese sprachliche Form erzeugt wird, und stelle einen Zusammenhang zwischen Form und Inhalt her.
5. Versucht, den Titel des Gedichts von Jandl zu erklären. Geht dabei auch auf die gewählte Sprache ein.
6. Verfasse ein eigenes Klanggedicht mit dem Titel „Sollen", „Können" oder „Müssen".
7. Bearbeite dein Lieblingsgedicht am Computer. Du kannst die Besonderheiten im Satzbau des Gedichts durch Gestaltung hervorheben (**fett**, *kursiv*, Unterstreichungen, verschiedene Schriftgrößen und -typen etc.)
8. Ergänze deinen Advance Organizer um Hinweise zur Assonanz, zur Anapher, zur Alliteration und zum Parallelismus.

Ich will dich heut nicht sehen
Bernhard Lins

Ich will dich heut nicht sehen
Und sag dir ins Gesicht:
Ich will dich heut nicht sehen
Ich mag dich heute nicht.

5 Ich kann dich heut nicht riechen,
du machst dich nicht beliebt.
Mach bitte eine Fliege,
bevor es Ärger gibt.

Ich möchte heut allein sein
10 und sag dir ins Gesicht:
Ich hab heut schlechte Laune
Und mag mich selber nicht.

Ich will dich heut nicht sehen.
Ich weiß, das klingt gemein.
15 Doch ich kann heute leider nicht
auf Knopfdruck lustig sein.

Hast du mal schlechte Laune,
dann kann ich dich verstehn.
Und spätestens heut Abend
20 möchte ich dich wieder sehn.

Ich
Hans Manz

Ich: träumerisch, träge, schlafmützig, faul.
Und ich: ruhelos, neugierig, hellwach, triebsam.
Und ich: kleingläubig, feige, zweiflerisch, hasenherzig.
Und ich: unverblümt, frech, tapfer, gar mutig.
5 Und ich: mitfühlend, zärtlich, hilfsbereit, beschützend.
Und ich: launisch, gleichgültig, einsilbig, eigenbrödlerisch.

Erst wir alle zusammen sind ICH!

1. Lies die Gedichte und überlege, wie das lyrische Ich sich jeweils selbst beschreibt. Achte besonders auf die Wortwahl. Stelle einen Zusammenhang zwischen Inhalt, Wortwahl und vermittelter Aussage her.
2. Verkürze die Strophen des Gedichts von Bernhard Lins auf jeweils einen zentralen Vers. Achte dabei auf die Modalverben. Welche Strophe weicht ab? Begründe.
3. Wähle einen der beiden Arbeitsaufträge:
   - In den Versen 11 bis 16 erklärt das lyrische Ich im Gedicht von Bernhard Lins, warum es allein sein will. Schreibe die genannten Gründe heraus und stelle Vermutungen an, was mit ihm los sein könnte.
   - Vielleicht ist es dir auch schon einmal passiert, dass dein(e) Freund(in) schlechte Laune hatte und dich weggeschickt hat. Überlege, wie du darauf reagieren könntest, um ihn/sie wieder aufzumuntern. Verfasse ein passendes Gedicht als Antwort dazu.
4. Verfasse ein eigenes „Gedicht vom Ich", in dem du dein „Ich" durch passende Wortwahl zum Ausdruck bringst. Du darfst dazu auch andere Stilmittel verwenden.

Modalverben verwenden → S. 224 f.

Ein Gedicht beschreiben | Gedichte

Info

Enjambement (von frz. *überspringen/überschreiten*) bzw. **Zeilen-/Verssprung**: Ein Enjambement tritt dann auf, wenn der Satz oder die Sinneinheit über das Ende eines Verses oder einer Strophe hinausgeht und auf den ihm folgenden Vers übergreift. Wenn hingegen das Satzende mit dem Versende zusammenfällt, spricht man von **Zeilenstil**.
Häufig ergeben sich durch Enjambements neue Bedeutungen, da die Versstruktur nicht unmittelbar vorgibt, welche Wörter zueinander gehören. Auch können dadurch **Bezugswörter** hörbar gemacht werden, deren Dynamik nicht an den Versenden haltmacht.

Noch einmal: Mein Körper
Robert Gernhardt

Mein Körper rät mir:
Ruh dich aus!
Ich sage: Mach ich,
altes Haus!

5 Denk aber: Ach, der
sieht's ja nicht!
Und schreibe heimlich
dies Gedicht.

Da sagt mein Körper:
10 Na, na, na!
Mein guter Freund,
was tun wir da?

Ach gar nichts! sag ich aufgeschreckt,
15 und denk: Wie hat er
das entdeckt?

Die Frage scheint recht
schlicht zu sein,
doch ihre Schlichtheit
20 ist nur Schein.

Sie läßt mir seither
keine Ruh:
Wie weiß mein Körper
was ich tu?

1. Trage das Gedicht laut vor und achte darauf, dass du die Enjambements durch einen beschleunigten Sprechrhythmus am Versende verdeutlichst. Du kannst dir auch die Lesung anhören.
2. Besprecht, was das Thema des Gedichts ist.
3. Markiere alle Enjambements durch einen Pfeil am Versende mit Hilfe der Folientechnik. Welche Bezugswörter werden durch die Enjambements hörbar gemacht?
4. Vergleiche die Strophen mit Enjambements mit denen, die im Zeilenstil verfasst sind, und überlege, welche Wirkung durch das Enjambement erzeugt wird:
   ▶ Wer spricht jeweils?
   ▶ Wie ist die Stimmung in dieser Strophe?
5. Ordne den jeweiligen Strophen die passenden Wörter zu: *schnell, hektisch, Bewegung, Ruhelosigkeit, unbeweglich, Ruhe, belehrend, getragen*.
6. Ergänze deinen Advance Organizer um Hinweise zum Enjambement.
7. Beschreibe das Gedicht in einem zusammenhängenden Text. Beginne so:

   Im Gedicht „Noch einmal: Mein Körper" von Robert Gernhardt geht es darum, dass das lyrische Ich mit seinem Körper ein Zwiegespräch führt. Dabei scheinen sich der Körper und und das „Ich" zu trennen. Das Gedicht besteht aus sechs vierversigen Strophen. …

Tipp

Nutze für die Beschreibung deinen Advance Organzier. Denke auch daran, dass du Form und Inhalt des Gedichtes in Beziehung setzt. Arbeite mit Textbelegen.

Selbstbildnis im Supermarkt
Rolf Dieter Brinkmann
für Dieter Wellershoff

In einer
großen
Fensterscheibe des Super-

markts komme ich mir selbst
entgegen, wie ich bin.

Der Schlag, der trifft, ist
nicht der erwartete Schlag
aber der Schlag trifft mich

trotzdem. Und ich geh weiter

bis ich vor einer kahlen
Wand steh und nicht weiter
weiß.

Dort holt mich später dann
sicher jemand
ab.

Aus dem Rahmen
Lena Fischer

Falle ich raus,
nur weil ich anders bin,
als das Bild es erwartet?
Darf ich nicht ab und zu
einen ausgiebigen Spazier-Gang
auf ihm machen?
Mit Sprüngen so hoch
bis zur Sonne? Oder zum Mond?

Und immer wieder lande ich
sanft auf ihm – ganz am Rand,
aber ich lande.

Und wenn ich Lust habe, setze ich
mich sogar hinein,
mitten in das schöne Bild,
damit ich es in meinen Träumen
wieder verlasse.

Vielleicht mache ich morgen
wieder einen Spazier-Gang
und sehe das Bild von außen …

Bei allem Abstand –
gefallen bin ich noch nie!

1. Lies die Gedichte und suche dir eins aus.
2. Was sagt dir das Gedicht? Notiere deinen ersten Eindruck.
3. Untersuche das Gedicht auf Stilmittel. Kläre, wie sie die Wirkung beeinflussen.
4. Beschreibe das Gedicht in einem zusammenhängenden Text.

„Ich bin ich" – Songtexte untersuchen

Ich bin ich
Glasperlenspiel

Glasperlenspiel ist eine deutsche Pop- und Singer-Songwriterband aus Stockach: Carolin Niemczyk und Daniel Grunenberg.

Du sagst, warum bist du so still
Und du meinst, ich weiß nicht, was ich will
Du siehst mich mit geschlossenen Augen
Würdest dich in meiner Welt verlaufen

5 Komm schon, komm schon, komm schon
Sieh mal genauer hin
Ich bin so und so und so oder so
Weißt du, wer ich wirklich bin

Chorus
10 Ich bin ich
Ich bin ich auf meine Weise
Ich bin ich
Manchmal laut und manchmal leise

Du sagst, warum lachst du so laut
15 Und du glaubst,
Du hast mich schon durchschaut
Du fragst die anderen, nur nicht mich
Wer bin ich denn aus deiner Sicht?

Komm schon, komm schon, komm schon
20 Sieh mal genauer hin
Ich bin so und so und so oder so
Weißt du, wer ich wirklich bin

Chorus
Ich bin ich ...

25 Atemlos, durchgedreht, seriös,
Nie zu spät, bin benommen,
Völlig klar, ungeliebt, sonderbar

Ich bin bunt, ich bin grau
Ich bin Tag, ich bin Nacht
30 Ich bin das, was du hasst
Und das, was du magst

Komm schon, komm schon, komm schon,
Komm schon, komm schon, komm schon

Chorus
35 *Ich bin ich ...*

Nur ein Wort und du glaubst
Ja, du glaubst mich zu kennen
Nur ein Blick und du glaubst,
Dass du weißt, wer ich bin

40 Ich bin ich
Ich bin ich auf meine Weise

Ich bin ich
Ich bin ich
Ich bin ich
45 Ich bin ich auf meine Weise
Ich bin ich

Ich gehör nur mir
(aus dem Musical „Elisabeth")

Ich will nicht gehorsam, gezähmt und gezogen sein.
Ich will nicht bescheiden, beliebt und betrogen sein.
Ich bin nicht das Eigentum von dir,
denn ich gehör nur mir.

5 Ich möchte vom Drahtseil herabsehn auf diese Welt.
Ich möchte aufs Eis gehen und selbst sehn,
wie lang's mich hält.
Was geht es dich an, was ich riskier!?
Ich gehör nur mir.

10 Willst du mich belehren, dann zwingst du mich bloß,
zu fliehn vor der lästigen Pflicht.
Willst du mich bekehren, dann reiß ich mich los
und flieg wie ein Vogel ins Licht.

Und will ich die Sterne, dann finde ich selbst dorthin.
15 Ich wachse und lerne und bleibe doch, wie ich bin.
Ich wehr mich, bevor ich mich verlier!
Denn ich gehör nur mir.

Ich will nicht mit Fragen und Wünschen belastet sein,
vom Saum bis zum Kragen von Blicken betastet sein.
20 Ich flieh, wenn ich fremde Augen spür.
Denn ich gehör nur mir.

Und willst du mich finden, dann halt mich nicht fest.
Ich geb' meine Freiheit nicht her.
Und willst du mich binden, verlass ich dein Nest
25 und tauch wie ein Vogel ins Meer.

Ich warte auf Freunde und suche Geborgenheit.
Ich teile die Freude, ich teile die Traurigkeit.
Doch verlang nicht mein Leben,
das kann ich dir nicht geben.
30 Denn ich gehör nur mir.
Nur mir!

„Elisabeth" ist ein Drama-Musical von Michael Kunze (Libretto) und Sylvester Levay (Musik) und wurde am 3. September 1992 im Theater an der Wien uraufgeführt. Es erzählt die Lebensgeschichte der österreichischen Kaiserin Elisabeth als Totentanz.

1. Lest euch die beiden Songtexte gegenseitig vor oder hört euch die Lieder an.
2. Vergleicht die Texte inhaltlich.
3. Informiert euch über das Leben der Kaiserin Elisabeth („Sissi") von Österreich.
4. Untersucht die Form der beiden Songtexte: Welche Stilmittel, die ihr von Gedichten kennt, werden hier ebenfalls verwendet? Welche Wirkung erzielen sie?
5. Im Text von Glasperlenspiel ist das Motiv des „Sehens" auffällig. Schreibe alle Wörter, die zum Wortfeld „sehen" gehören, mit Versangabe heraus.
6. Welche Bedeutung hat das Motiv des „Sehens" für die Aussage des Songtextes?

Info

Ein **Motiv** ist ein wiederkehrender, bedeutungsvoller Baustein in einem Text in Form einer bestimmten Wortfolge oder eines Bildes.

Überprüfe dein Wissen und Können, indem du hier die Testaufgaben bearbeitest.

Ich kann ...	Können	Hilfe	Training
das lyrische Ich als Sprecher in Gedichten erkennen.	😄 😉 🤓	S. 134	S. 145, AH S. 27

Testaufgabe 1
Woran kannst du den Sprechenden im folgenden Gedicht erkennen?
Welcher Begriff aus dem Gedicht von Theobaldy irritiert dich?

Gedicht   Jürgen Theobaldy

Ich möchte gern ein kurzes Gedicht schreiben
eins mit vier fünf Zeilen
nicht länger
ein ganz einfaches
5   eins das alles sagt über uns beide
und doch nichts verrät
von dir und mir

Ich kann ...	Können	Hilfe	Training
sprachliche Bilder erkennen und deuten.	😄 😉 🤓	S. 135	S. 145, AH S. 27

Testaufgabe 2
Bestimme die sprachlichen Bilder in den folgenden Beispielen:

Glück ist wie weißer Meeresstrand. – Ein Blick sagt mehr als tausend Worte. –
Die Augen sind Spiegel der Seele.

Ich kann ...	Können	Hilfe	Training
unterschiedliche Reimschemata und Kadenzen erkennen und bestimmen.	😄 😉 🤓	S. 137	S. 145, AH S. 27

Testaufgabe 3
Bestimme das Reimschema und die Kadenzen des Gedichts „Gestern".

Gestern   Franz Wittkamp

Gestern hab ich mir vorgestellt,
ich wär der einzige Mensch auf der Welt.
Ganz einsam war ich und weinte schon,
da klingelte leider das Telefon.

Ich kann ...	Können	Hilfe	Training
eine Gedichtbeschreibung anfertigen.	😄 😉 🤓	S. 133, 140	S. 145 AH S. 28

Testaufgabe 4
Nenne mindestens drei Aspekte, auf die du bei der Gedichtbeschreibung eingehen musst.

So kannst du dein Wissen anwenden und deine Fähigkeiten trainieren:

Wenn man nur wüsste
Jürg Amann

Wenn man nur wüsste, wie
sie gemeint ist, die Welt.
Diese rollende Kugel,
in den Gnadenmantel aus blauem Himmel
5 gehüllt,
auf der es die Liebe gibt.
Und wir, die wir sie einstweilen bewohnen.
Ob wir gemeint sind.
Ob sie gemeint ist, die Welt.

1. Untersuche das Gedicht auf klangliche und sprachliche Stilmittel und beschreibe deren Wirkung.

Lob der Faulheit
Gotthold Ephraim Lessing

Faulheit, endlich muss ich dir
Auch ein kleines Loblied bringen!
O! ... Wie ... sauer ... wird es mir
Dich nach Würde zu besingen!
5 Doch ich will mein Bestes tun:
Nach der Arbeit ist gut ruhn.

Höchstes Gut, wer dich nur hat,
Dessen ungestörtes Leben ...
Ach! ... ich gähn! ... ich ... werde matt.
10 Nun, so magst du mir's vergeben,
Dass ich dich nicht singen kann:
Du verhinderst mich ja dran.

1. Lies das Gedicht laut vor.
2. Benenne das Thema des Gedichts und beschreibe die Situation des lyrischen Ichs im Gedicht. Wie verstehst du den Titel des Gedichts?
3. Notiere (sprachliche) Auffälligkeiten in deinem Heft.
4. Höre dir den Gedichtvortrag an und notiere, mit welchen Mitteln (Lautstärke, Tempo etc.) der Inhalt des Gedichts verdeutlicht wird.
5. Beschreibe das Gedicht in einem zusammenhängenden Text. Nutze dazu deinen Advance Organizer. Beginne folgendermaßen:

   Im Gedicht „Lob der Faulheit" von Gotthold Ephraim Lessing geht es darum, dass das lyrische Ich …
   Das Gedicht besteht aus …

Texte und Medien

Am Meer und im Moor

Zum Bild:
Emil Nolde, *Mondnacht*, 1914, Ölfarben auf Leinwand, 69 × 89 cm, Wien, Museum Albertina, Wvz Urban 613

Balladen

„Das, was man malt, ist dem Maler wie das Instrument, auf dem der Musiker seine Töne streicht." *Emil Nolde (29.08.1940)*

„Träume können Empfindungen, Szenen und Bilder so eindringlich und schön gestalten, wie der wache Künstler es nicht kann." *Emil Nolde (28.12.1940)*

1. Emil Nolde ist bekannt für seine farbintensiven Naturbilder. Beschreibt das Bild und diskutiert, welche Stimmung das Bild ausdrückt.
2. Erklärt die beiden Zitate, indem ihr sie mit eigenen Worten umschreibt. Welche „Farben" und „Instrumente" benutzt ein Dichter, um eine Stimmung auszudrücken?

Balladenmix

Wer reitet so spät durch Nacht und Wind?
Es ist der Vater mit seinem Kind;
Er hat den Knaben wohl in dem Arm,
Er fasst ihn sicher, er hält ihn warm.

Da birst das Moor, ein Seufzer geht
Hervor aus der klaffenden Höhle;
Weh, weh, da ruft die verdammte Margret:
„Ho, ho, meine arme Seele!"
Der Knabe springt wie ein wundes Reh;
Wär'n nicht Schutzengel in seiner Näh,
Seine bleichenden Knöchelchen fände spät
Ein Gräber im Moorgeschwele.

Das Wasser rauscht', das Wasser schwoll,
Netzt' ihm den nackten Fuß;
Sein Herz wuchs ihm so sehnsuchtsvoll,
Wie bei der Liebsten Gruß.
Sie sprach zu ihm, sie sang zu ihm;
Da war's um ihn geschehn:
Halb zog sie ihn, halb sank er hin,
Und ward nicht mehr gesehn.

Der Zugwind wächst, doch die Qualmwolke steht,
Der Kapitän nach dem Steuer späht,
Er sieht nicht mehr seinen Steuermann,
Aber durchs Sprachrohr fragt er an:
„Noch da, John Maynard?"
„Ja, Herr. Ich bin."
„Auf den Strand! In die Brandung!"
„Ich halte drauf hin."
Und das Schiffsvolk jubelt: „Halt aus! Hallo!"
Und noch zehn Minuten bis Buffalo.

1. Lest die Ausschnitte und erzählt euch den Inhalt.
   Welche Geschichten könnten hinter diesen Inhalten liegen?
2. Was haben alle Ausschnitte auf dieser Seite in ihrer Gestaltung gemeinsam?
   Tauscht euch darüber aus.
3. Wie unterscheiden sich die Balladenausschnitte von anderen Textsorten,
   die du bislang kennengelernt hast?

> **Tipp**
>
> Du kannst auch in diesem Buch blättern und in den Kapiteln „Kurzgeschichten" (S. 80 ff.), „Kalendergeschichten" (S. 92 ff.) oder „Gedichte" (S. 132 ff.) nachlesen, welche Merkmale diese Textsorten haben.

Das kannst du jetzt lernen!

▸ Merkmale von Balladen zu erkennen .... S. 147
▸ Eine Ballade zu verstehen und vorzutragen .... S. 148
▸ Eine Ballade mit einer historischen Vorlage zu vergleichen .... S. 150
▸ Eine Ballade gestaltend zu interpretieren .... S. 154

Balladen präsentieren

Erlkönig (1782)
Johann Wolfgang Goethe

Johann Wolfgang Goethe wurde 1749 in Frankfurt am Main geboren. Er ist der berühmteste deutsche Dichter mit einer Vielzahl an Gedichten, Balladen und erzählenden Werken.
Auch veröffentlichte er naturwissenschaftliche und literaturtheoretische Texte. Durch seinen Roman „Die Leiden des jungen Werther" wurde er 1774 in ganz Europa bekannt. 1832 starb Goethe in Weimar.

[1] jemanden warten = sich um jemanden kümmern, für jemanden sorgen

Der Erlkönig ist eine norddeutsche Sagengestalt. Er ist der König der Elben, das sind Naturgeister, und heißt daher auch „Elber-" oder „Ellerkönig". Sein Name hat nichts mit der Erle zu tun, doch wachsen Erlen häufig an feuchten, nebligen Orten. Der Sage nach gelangen von dort aus die Menschen, verführt vom Erlkönig, ins Totenreich.

Wer reitet so spät durch Nacht und Wind?
Es ist der Vater mit seinem Kind;
Er hat den Knaben wohl in dem Arm,
Er fasst ihn sicher, er hält ihn warm.

Mein Sohn, was birgst du so bang dein Gesicht? –
Siehst, Vater, du den Erlkönig nicht?
Den Erlenkönig mit Kron' und Schweif?
Mein Sohn, es ist ein Nebelstreif. –

„Du liebes Kind, komm, geh mit mir!
Gar schöne Spiele spiel ich mit dir;
Manch' bunte Blumen sind an dem Strand;
Meine Mutter hat manch' gülden Gewand."

Mein Vater, mein Vater, und hörest du nicht,
Was Erlenkönig mir leise verspricht? –
Sei ruhig, bleibe ruhig, mein Kind;
In dürren Blättern säuselt der Wind. –

„Willst, feiner Knabe, du mit mir gehn?
Meine Töchter sollen dich warten[1] schön;
Meine Töchter führen den nächtlichen Reihn
Und wiegen und tanzen und singen dich ein."

Mein Vater, mein Vater, und siehst du nicht dort
Erlkönigs Töchter am düstern Ort? –
Mein Sohn, mein Sohn, ich seh es genau:
Es scheinen die alten Weiden so grau. –

„Ich liebe dich, mich reizt deine schöne Gestalt;
Und bist du nicht willig, so brauch ich Gewalt." –
Mein Vater, mein Vater, jetzt fasst er mich an!
Erlkönig hat mir ein Leids getan! –

Dem Vater grauset's, er reitet geschwind,
Er hält in Armen das ächzende Kind,
Erreicht den Hof mit Mühe und Not;
In seinen Armen das Kind war tot.

1. Lies die Ballade und notiere kurz, worum es in dieser Ballade geht.

Balladen | Eine Ballade verstehen und vortragen

2. Beschreibt das Bild: Was hat es mit der Ballade „Erlkönig" gemeinsam?
3. Übertragt die Tabelle in euer Heft. Bearbeitet zuerst die linke Hälfte der Tabelle. Überlegt euch dann, wie ihr den Inhalt bei einem Vortrag mit Sprechweisen, Geräuschen, Pantomime und Instrumenten unterstützen könnt.

Sprecher	Zeile	Inhalt	Sprechweise	Geräusche, Pantomime, Instrumente
Erzähler	1–4	Vater reitet mit Sohn durch die Nacht	ruhig, normale Lautstärke	im ruhigen Rhythmus mit den Händen auf die Oberschenkel klopfen
Vater				
…				

4. Bereitet die Ballade für einen Vortrag in der Klasse vor. Ihr könnt z. B. so vorgehen und einige Ideen ausprobieren:
    ▶ Stellung der Sprecher im Raum überlegen (in vier Ecken, in einer Reihe, verteilt in zwei Gruppen …),
    ▶ Skizze entwerfen, wer mit wem zu welchem Zeitpunkt kommuniziert,
    ▶ mit Gesten Beziehungen und Stimmungen verdeutlichen (Hand auf die Schulter legen, mit dem Finger locken, Haare raufen …),
    ▶ Klanginstrumente (z. B. Orff'sche Instrumente) einsetzen oder Geräusche erzeugen.
5. Tragt die Ballade vor und diskutiert danach, inwiefern der Vortrag den Inhalt und die Stimmung der Ballade aufgreift.

Sprechweisen ausprobieren → S. 59

Der Fischer (1779)
Johann Wolfgang Goethe

Das Wasser rauscht', das Wasser schwoll,
Ein Fischer saß daran,
Sah nach dem Angel ruhevoll,
Kühl bis ans Herz hinan.
5 Und wie er sitzt und wie er lauscht,
Teilt sich die Flut empor;
Aus dem bewegten Wasser rauscht
Ein feuchtes Weib hervor.

Sie sang zu ihm, sie sprach zu ihm:
10 „Was lockst du meine Brut
Mit Menschenwitz und Menschenlist
Hinauf in Todesglut?
Ach wüsstest du, wie 's Fischlein ist
So wohlig auf dem Grund,
15 Du stiegst herunter, wie du bist,
Und würdest erst gesund.

Labt sich die liebe Sonne nicht,
Der Mond sich nicht im Meer?
Kehrt wellenatmend ihr Gesicht
20 Nicht doppelt schöner her?
Lockt dich der tiefe Himmel nicht,
Das feuchtverklärte Blau?
Lockt dich dein eigen Angesicht
Nicht her in ewgen Tau?"

25 Das Wasser rauscht', das Wasser schwoll,
Netzt' ihm den nackten Fuß;
Sein Herz wuchs ihm so sehnsuchtsvoll,
Wie bei der Liebsten Gruß.
Sie sprach zu ihm, sie sang zu ihm;
30 Da war's um ihn geschehn:
Halb zog sie ihn, halb sank er hin,
Und ward nicht mehr gesehn.

6. Finde für jede Strophe eine Überschrift, die den Inhalt der jeweiligen Strophe treffend zusammenfasst.
7. Überlegt, welche Aussage die Ballade haben könnte. Diskutiert eure Meinungen.

Vorbereitung eines Balladenvortrags

Text	Sprechweise
Das Wasser rauscht', das Wasser schwoll,	*dynamisch, schnell*
Ein Fischer saß daran,	*freundlich*
Sah nach dem Angel ruhevoll,	*gelassen*
Kühl bis ans Herz hinan. |	*gelassen*
Und wie er sitzt und wie er lauscht,	*beginnende Spannung*
Teilt sich die Flut empor;	*steigende Spannung*
Aus dem bewegten Wasser rauscht	*schnell*
Ein feuchtes Weib hervor. |	*überraschend*

Betonungen:
/ Silbe betonen
∧ Pause
wechselnde Lautstärke:
< lauter werden
> leiser werden
unterschiedliches Sprechtempo:
→ schneller werden
← langsamer werden
Veränderung der Stimme:
↗ Stimme heben
↘ Stimme senken
\| Sinneinheiten

8. Lest die oben abgedruckte Strophe laut vor und bezieht dabei die Betonungszeichen und Hinweise mit ein.
9. Bearbeitet in Gruppen die übrigen Strophen in derselben Weise.
10. Überlegt euch Kriterien, anhand derer ihr die Qualität des Vortrags bestimmen wollt.
11. Jede Gruppe präsentiert nun ihre Strophe. Ihr könnt euren Vortrag auch aufnehmen und die Sprechweisen miteinander vergleichen.

Die Ballade – Gattungsmerkmale

lyrische Elemente	dramatische Elemente	epische Elemente
▶ Reim ▶ Vers/Strophe ▶ Rhythmus/Metrum	▶ Wiedergabe von Handlung in direkter Rede ▶ Einteilung in Szenen ▶ Aufbau von Spannung	▶ Darstellung einer Abfolge von Ereignissen durch einen Erzähler ▶ berichthaftes Erzählen

Tipp

Die Ballade kann man auch als Rap vortragen: Informiert euch, was einen Rap auszeichnet, achtet bei den Proben auf eine rhythmisierte Aussprache, klatscht oder klopft dazu, um den Rhythmus zu verstärken. Versucht auch, den Erlkönig als Rap zu gestalten.

12. Untersuche die Ballade in Bezug auf lyrische, dramatische und epische Elemente.

Sprechweisen ausprobieren → S. 59

Balladen gestalten

Der Knabe im Moor (1842)
Annette von Droste-Hülshoff

Annette von Droste-Hülshoff wurde 1797 auf Burg Hülshoff bei Münster in Westfalen geboren. Sie gehört zu den wichtigsten deutschen Schriftstellerinnen des 19. Jahrhunderts. 2002 wurde ihr deshalb eine Briefmarke in der Serie „Frauen in der deutschen Geschichte" gewidmet. Bekannt wurde sie durch die Novelle „Die Judenbuche", Balladen und Gedichte. 1848 starb sie in Meersburg am Bodensee.

O schaurig ist's übers Moor zu gehn,
Wenn es wimmelt vom Heiderauche,
Sich wie Phantome[1] die Dünste drehn
Und die Ranke häkelt am Strauche,
Unter jedem Tritte ein Quellchen springt,
Wenn aus der Spalte es zischt und singt,
O schaurig ist's übers Moor zu gehn,
Wenn das Röhricht knistert im Hauche!

Fest hält die Fibel[2] das zitternde Kind
Und rennt, als ob man es jage;
Hohl über die Fläche sauset der Wind –
Was raschelt drüben am Hage[3]?
Das ist der gespenstige Gräberknecht,
Der dem Meister die besten Torfe verzecht;
Hu, hu, es bricht wie ein irres Rind!
Hinducket das Knäblein zage.

Vom Ufer starret Gestumpf hervor,
Unheimlich nicket die Föhre[4],
Der Knabe rennt, gespannt das Ohr,
Durch Riesenhalme wie Speere;
Und wie es rieselt und knittert darin!
Das ist die unselige Spinnerin,
Das ist die gebannte Spinnlenor',
Die den Haspel[5] dreht im Geröhre[6]!

Voran, voran! nur immer im Lauf,
Voran, als woll es ihn holen;
Vor seinem Fuße brodelt es auf,
Es pfeift ihm unter den Sohlen
Wie eine gespenstige Melodei;
Das ist der Geigemann ungetreu,
Das ist der diebische Fiedler Knauf,
Der den Hochzeitheller[7] gestohlen!

Da birst das Moor, ein Seufzer geht
Hervor aus der klaffenden Höhle;
Weh, weh, da ruft die verdammte Margret:
„Ho, ho, meine arme Seele!"
Der Knabe springt wie ein wundes Reh;
Wär'n nicht Schutzengel in seiner Näh,
Seine bleichenden Knöchelchen fände spät
Ein Gräber im Moorgeschwele.

Da mählich gründet der Boden sich,
Und drüben, neben der Weide,
Die Lampe flimmert so heimatlich,
Der Knabe steht an der Scheide.
Tief atmet er auf, zum Moor zurück
Noch immer wirft er den scheuen Blick:
Ja, im Geröhre war's fürchterlich,
O schaurig war's in der Heide!

[1] **Phantome** = etwas, was nur in der Einbildung existiert
[2] **Fibel** = Lesebuch für die ersten Klassen
[3] **Hage** = Gebüsch, Hecke
[4] **Föhre** = Kiefer
[5] **Haspel** = Garnwinde, Spinnspule
[6] **Geröhre** = Schilf oder schilfähnliches Gras, wie es in Sümpfen wächst (Röhricht)
[7] **Hochzeitheller** = Brautgabe; ein Heller war eine kleine Münze aus Kupfer oder Silber

Balladen | Balladen gestaltend interpretieren

1. Erzähle die Ballade nach. Welche Hilfe könnte bei deiner Nacherzählung das Bild sein?

Zum Bild:
Der Weg über das Moor, um 1940

2. Welches Thema könnte Annette von Droste-Hülshoff mit ihrer Ballade ansprechen wollen?
3. Untersuche die Ballade. Übertrage das Stimmungsbarometer in dein Heft und zeichne ein, wie sich die Stimmung des Jungen im Verlauf der Handlung ändert.

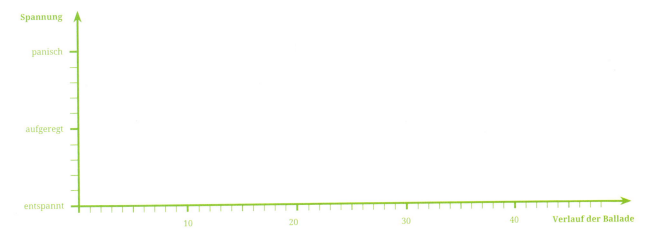

4. Beschreibe die weiteren Figuren in der Ballade.
5. Bereitet die Ballade für ein pantomimisches Spiel hinter einer Schattenwand vor.
    ▸ Welche Figuren treten auf?
    ▸ Wie kann die Stimmung des Jungen dargestellt werden?
    ▸ Wie können das Stimmungsbarometer sowie die Beschreibung der Figuren genutzt werden?
    ▸ Welche Bewegungen müssen die Spieler machen?
    ▸ Welche Requisiten können eingesetzt werden?
    ▸ Welche Geräusche unterstützen das Spiel?
6. Präsentiert euer Schattenspiel.

Tipp

Für das **Schattenspiel** braucht man ein großes weißes Tuch, hinter welches eine starke Lampe gestellt wird. Gespielt wird hinter der Schattenwand, sodass das Publikum auf der von der Lichtquelle abgewandten Seite sitzt.

Nis Randers (1901)
Otto Ernst

Otto Ernst (eigentlich Otto Ernst Schmidt) wurde 1862 in Ottensen/Holstein als Sohn eines Zigarrenarbeiters geboren. Er arbeitete als Volksschullehrer und wurde 1901 freier Schriftsteller. Otto Ernst schrieb zahlreiche Dramen, Romane, Erzählungen, Komödien, Gedichte und Novellen. 1926 starb er in Groß-Flottbek bei Hamburg.

Krachen und Heulen und berstende Nacht,
Dunkel und Flammen in rasender Jagd –
Ein Schrei durch die Brandung!

Und brennt der Himmel, so sieht man's gut:
5 Ein Wrack auf der Sandbank! Noch wiegt es die Flut;
Gleich holt sich's der Abgrund.

Nis Randers lugt – und ohne Hast
Spricht er: „Da hängt noch ein Mann im Mast;
Wir müssen ihn holen."

10 Da fasst ihn die Mutter: „Du steigst mir nicht ein:
Dich will ich behalten, du bliebst mir allein,
Ich will's, deine Mutter!

Dein Vater ging unter und Momme, mein Sohn;
Drei Jahre verschollen ist Uwe schon.
15 Mein Uwe, mein Uwe!"

Nis tritt auf die Brücke. Die Mutter ihm nach!
Er weist nach dem Wrack und spricht gemach¹:
„Und seine Mutter?"

Nun springt er ins Boot, und mit ihm noch sechs:
20 Hohes, hartes Friesengewächs;
Schon sausen die Ruder.

Boot oben, Boot unten, ein Höllentanz!
Nun muss es zerschmettern …! Nein, es blieb ganz! …
Wie lange? Wie lange?

25 Mit feurigen Geißeln² peitscht das Meer
Die menschenfressenden Rosse daher;
Sie schnauben und schäumen.

Wie hechelnde Hast sie zusammenzwingt!
Eins auf den Nacken des andern springt
30 Mit stampfenden Hufen!

Drei Wetter zusammen! Nun brennt die Welt!
Was da? – Ein Boot, das landwärts hält –
Sie sind es! Sie kommen! –

Und Auge und Ohr ins Dunkel gespannt …
35 Still – ruft da nicht einer? – Er schreit's durch die Hand:

„Sagt Mutter, 's ist Uwe!"

¹ **gemach** = langsam, ruhig
² **Geißel** = Peitsche

7. Sprecht über die Ballade und tauscht euch über den Inhalt aus.
8. Beschreibe das Besondere an der Beziehung der Mutter zu ihrem Sohn Nis Randers. Welche Textstellen helfen dir dabei?
9. Diskutiert: Könnt ihr das Handeln von Nis Randers verstehen? Warum hat die Mutter Angst?

Vorbereitung für das szenische Spiel

Szenenfolge
- Teilt die Ballade in Handlungsabschnitte ein und überlegt euch, wie ihr die Stimmung durch nonverbale Kommunikationsmittel wie Gestik und Mimik ergänzen könnt.
- Verseht die Ballade mit Regieanweisungen, die euch für das Spiel hilfreich sein könnten. In der Ballade sind bereits versteckte Regieanweisungen vorhanden (z. B. „schreit's durch die Hand").

Sprecher und Spieler
- Eine Schülerin oder ein Schüler spricht als Erzählerin oder Erzähler den Balladentext. Sie oder er darf nicht zu schnell sprechen, damit genügend Zeit für das Spiel bleibt.
- Ihr braucht Spieler für Nis Randers, die Mutter und für die Männer, die mit im Boot sitzen.

Requisiten und Theaterraum
- Schiebt die Tische zur Seite und schafft somit Platz für das Spiel. Aus einigen Tischen könnt ihr ein Schiff bauen, in dem Nis Randers und die anderen sitzen.
- Die nicht als Schauspieler oder Erzähler eingesetzten Schülerinnen und Schüler sitzen im Zuschauerraum.

Probenphase
- Übt eure Szenenfolge in Gruppen. Achtet darauf, dass der Inhalt sowie die Stimmung der Ballade dabei zum Ausdruck kommt.

Aufführung
- Spielt die Gruppenergebnisse vor. Ihr könnt sie auch mit einer Kamera aufnehmen. Diskutiert anschließend, welche Szenen besonders gut gelungen sind und welche weniger gut.

10. Bereitet die Ballade nach der obigen Anweisung vor und spielt sie.

> **Tipp**
> Ihr könnt eure Präsentation z. B. an einem Balladenabend vorstellen.

Geschichtliche Hintergründe

John Maynard (1886)
Theodor Fontane

Theodor Fontane wurde 1819 in Neuruppin geboren. Er war Apotheker und Schriftsteller. Noch heute werden viele seiner Romane, Novellen, Erzählungen und Balladen gelesen.
1898 starb Fontane in Berlin. 1952 zierte er eine Briefmarke in der Serie „Männer aus der Geschichte Berlins".

John Maynard!

„Wer ist John Maynard?"

„John Maynard war unser Steuermann,
Aus hielt er, bis er das Ufer gewann,
Er hat uns gerettet, er trägt die Kron',
Er starb für uns, unsre Liebe sein Lohn.
John Maynard."

*

Die „Schwalbe" fliegt über den Eriesee,
Gischt schäumt um den Bug wie Flocken von Schnee,
Von Detroit fliegt sie nach Buffalo –
Die Herzen aber sind frei und froh,
Und die Passagiere mit Kindern und Fraun
Im Dämmerlicht schon das Ufer schaun,
Und plaudernd an John Maynard heran
Tritt alles: „Wie weit noch, Steuermann?"
Der schaut nach vorn und schaut in die Rund':
„Noch dreißig Minuten ... Halbe Stund'."

Alle Herzen sind froh, alle Herzen sind frei –
Da klingt's aus dem Schiffsraum her wie ein Schrei,
„Feuer!" war es, was da klang,
Ein Qualm aus Kajüt' und Luke drang,
Ein Qualm, dann Flammen lichterloh,
Und noch zwanzig Minuten bis Buffalo.

Und die Passagiere, bunt gemengt,
Am Bugspriet[1] stehn sie zusammengedrängt,
Am Bugspriet vorn ist noch Luft und Licht,
Am Steuer aber lagert sich's dicht,
Und ein Jammern wird laut: „Wo sind wir? Wo?"
Und noch fünfzehn Minuten bis Buffalo.

[1] **Bugspriet** = über den Bug hinausragende Segelstange

30 Der Zugwind wächst, doch die Qualmwolke steht,
Der Kapitän nach dem Steuer späht,
Er sieht nicht mehr seinen Steuermann,
Aber durchs Sprachrohr fragt er an:
„Noch da, John Maynard?"
35   „Ja, Herr. Ich bin."
„Auf den Strand! In die Brandung!"
            „Ich halte drauf hin."
Und das Schiffsvolk jubelt: „Halt aus! Hallo!"
Und noch zehn Minuten bis Buffalo.

40 „Noch da, John Maynard?" Und Antwort schallt's
Mit ersterbender Stimme: „Ja, Herr, ich halt's!"
Und in die Brandung, was Klippe, was Stein,
Jagt er die „Schwalbe" mitten hinein.
Soll Rettung kommen, so kommt sie nur *so*.
45 Rettung: der Strand von Buffalo.
            *
Das Schiff geborsten. Das Feuer verschwelt.
Gerettet alle. Nur *einer* fehlt!
            *

Geschichtliche Notiz
Am 9. August 1841, abends kurz nach 20 Uhr, fing das Passagierschiff „Erie" in der Nähe von Silver Creek auf dem Eriesee Feuer. Kapitän Titus befahl dem Steuermann Luther Fuller, das Schiff unter Einsatz seines Lebens auf Land zu setzen. Aber kurz bevor das Schiff die Küste erreicht hatte, brannte die Steueranlage durch und 249 Passagiere kamen ums Leben. Fuller und der Kapitän überlebten als Einzige mit schweren Verletzungen das Unglück.
Der Steuermann starb am 22. November 1900 als Trinker im Armenhaus in Pennsylvania (Bezirk Erie) unter dem angenommenen Namen James Rafferty. Kapitän Titus, der ebenfalls überlebte, ließ den Steuermann bereits nach dem Unglück unter den 249 Toten eintragen.

Alle Glocken gehn; ihre Töne schwell'n
Himmelan aus Kirchen und Kapell'n,
50 Ein Klingen und Läuten, sonst schweigt die Stadt,
Ein Dienst nur, den sie heute hat:
Zehntausend folgen oder mehr,
Und kein Aug' im Zuge, das tränenleer.

Sie lassen den Sarg in Blumen hinab,
55 Mit Blumen schließen sie das Grab,
Und mit goldner Schrift in den Marmorstein
Schreibt die Stadt ihren Dankspruch ein:
     „Hier ruht John Maynard! In Qualm und Brand
     Hielt er das Steuer fest in der Hand,
60   Er hat uns gerettet, er trägt die Kron',
     Er starb für *uns*, unsre Liebe sein Lohn.
           John Maynard."

1. Fasse kurz den Inhalt der vier Abschnitte zusammen, die durch die Sternchen voneinander abgetrennt werden.
2. Stelle die Informationen über die wahren Ereignisse der Schiffskatastrophe in Stichworten zusammen. Denke dabei an die W-Fragen.
3. Vergleiche die geschichtlichen Tatsachen des Schiffsunglücks mit dem Geschehen in Theodor Fontanes „John Maynard" im Hinblick auf Gemeinsamkeiten und Unterschiede.
4. Überlege, warum Fontane einiges von den tatsächlichen Begebenheiten verändert hat.

TESTE dich

Überprüfe dein Wissen und Können, indem du hier die Testaufgaben bearbeitest.

Ich kann ...	Können	Hilfe	Training
Merkmale einer Ballade erkennen.	😄 😉 😳	S. 151	S. 160/161 AH S. 31

Testaufgabe 1
Lies die Ballade und untersuche sie im Hinblick auf lyrische, dramatische und epische Elemente.

Ich kann ...	Können	Hilfe	Training
den Inhalt der Ballade wiedergeben.	😄 😉 😳	S. 150, S. 40 ff.	S. 160/161 AH S. 32 f.

Testaufgabe 2
Fasse die Ballade „Die Brück' am Tay" auf S. 159 zusammen. Gehe dabei so vor:
▸ Notiere dir Stichworte zum Inhalt der Ballade.
▸ Die Ballade wird eingerahmt von der Verabredung dreier Hexen. Was beschließen die drei Hexen?
▸ Verfasse die Inhaltsangabe. Überprüfe, ob du die Inhaltsangabe im Präsens verfasst hast, keine wörtliche Rede vorkommt und nur wesentliche Informationen aufgenommen wurden.
▸ Liste auf, wie sich die Inhaltsangabe von der Nacherzählung abgrenzt.

Ich kann ...	Können	Hilfe	Training
eine Ballade gestaltend interpretieren.	😄 😉 😳	S. 148 ff.	S. 160/161 AH S. 34

Testaufgabe 3
Wähle einen der folgenden Arbeitsaufträge:
▸ Gestalte einen Dialog zwischen den Eltern von Johnie, wie sie auf Johnie warten.
▸ Überlege dir, welchen sprachlichen und gestischen Mittel du für einen Vortrag einsetzen würdest.
▸ Schreibe einen inneren Monolog Johnies, aus dem hervorgeht, was er denkt, als er mit dem Zug über die Brücke fährt.

Ich kann ...	Können	Hilfe	Training
die Ballade mit einer historischen Vorlage vergleichen.	😄 😉 😳	S. 156 f.	

Testaufgabe 4
Vergleiche die historische Begebenheit mit der Ballade von Theodor Fontane. Was hat er auf der inhaltlichen Ebene beibehalten, was hat er verändert?

> Nach einer Reise durch Schottland verfasste Theodor Fontane die Ballade. Er reagierte mit der Ballade auf ein Unglück am Fluss Tay im Jahre 1879. Als Verbindung zwischen den schottischen Städten Dundee und Edinburgh wurde die Brücke am Tay nach sechsjähriger Bauzeit 1877 fertiggestellt. Mit einer für die damalige Zeit unglaublichen Länge von drei Kilometern wurde sie zum weltweiten Vorbild für viele andere Brücken. Am 28. Dezember 1879 passierte die Katastrophe. Ein Zug überquerte die Firth-of-Tay-Brücke bei starkem Wind, die Brücke stürzte ein. Alle 75 Passagiere ertranken in den Fluten der schottischen Nordsee.

Die Brück' am Tay (1879)
Theodor Fontane

When shall we three meet again?   Macbeth

„Wann treffen wir drei wieder zusamm'?"
„Um die siebente Stund', am Brückendamm."
    „Am Mittelpfeiler."
        „Ich lösche die Flamm'!"
5   „Ich mit."
        „Ich komme von Norden her."
„Und ich von Süden."
        „Und ich vom Meer."
„Hei, das gibt einen Ringelreihn,
10 und die Brücke muss in den Grund hinein."
„Und der Zug, der in die Brücke tritt
Um die siebente Stund'?"
        „Ei, der muss mit."
„Muss mit."
15   „Tand[1], Tand
Ist das Gebilde von Menschenhand."
            *

Auf der *Norder*seite, das Brückenhaus –
Alle Fenster sehen nach Süden aus,
Und die Brücknersleut' ohne Rast und Ruh
20 Und in Bangen sehen nach Süden zu,
Sehen und warten, ob nicht ein Licht
Übers Wasser hin „Ich komme" spricht,
„Ich komme, trotz Nacht und Sturmesflug,
Ich, der Edinburger Zug."

25 Und der Brückner jetzt: „Ich seh einen Schein
Am anderen Ufer. Das muss er sein.
Nun, Mutter, weg mit dem bangen Traum,
Unser Johnie kommt und will seinen Baum,
Und was noch am Baume von Lichtern ist,
30 Zünd alles an wie zum heiligen Christ,
Der will heuer *zweimal* mit uns sein, –
Und in elf Minuten ist er herein."
            *

Und es war der Zug. Am *Süder*turm
Keucht er vorbei jetzt gegen den Sturm,
35 Und Johnie spricht: „Die Brücke noch!
Aber was tut es, wir zwingen es doch.
Ein fester Kessel, ein doppelter Dampf,
Die bleiben Sieger in solchem Kampf.
Und wie's auch rast und ringt und rennt,
40 Wir kriegen es unter, das Element.

Und unser Stolz ist unsre Brück';
Ich lache, denk ich an früher zurück,
An all den Jammer und all die Not
Mit dem elend alten Schifferboot;
45 Wie manche liebe Christfestnacht
Hab ich im Fährhaus zugebracht
Und sah unsrer Fenster lichten Schein
Und zählte und konnte nicht drüben sein."

Auf der Norderseite, das Brückenhaus –
50 Alle Fenster sehen nach Süden aus,
Und die Brücknersleut' ohne Rast und Ruh
Und in Bangen sehen nach Süden zu;
Denn wütender wurde der Winde Spiel,
Und jetzt, als ob Feuer vom Himmel fiel',
55 Erglüht es in niederschießender Pracht
Überm Wasser unten ... Und wieder ist Nacht.

„Wann treffen wir drei wieder zusamm?"
„Um Mitternacht, am Bergeskamm."
„Auf dem hohen Moor, am Erlenstamm."
            *

60 „Ich komme."
        „Ich mit."
            „Ich nenn euch die Zahl."
„Und ich die Namen."
            „Und ich die Qual."
65 „Hei!
Wie Splitter brach das Gebälk entzwei."
        „Tand, Tand[1]
Ist das Gebilde von Menschenhand."

---
[1] **Tand** = wertloses Zeug

TRAINING

So kannst du dein Wissen anwenden und deine Fähigkeiten trainieren:

Johanna Sebus (1809)
Johann Wolfgang Goethe

Zum Andenken der siebzehnjährigen Schönen Guten aus dem Dorfe Brienen, die am 13. Januar 1809, bei dem Eisgange des Rheins und dem großen Bruche des Dammes von Cleverham, Hilfe reichend unterging.

5 Der Damm zerreißt, das Feld erbraust,
   Die Fluten spülen, die Fläche saust.
   „Ich trage dich, Mutter, durch die Flut,
   Noch reicht sie nicht hoch, ich wate gut." –
   „Auch uns bedenke, bedrängt, wie wir sind,
10 Die Hausgenossin, drei arme Kind!
   Die schwache Frau! ... Du gehst davon!" –
   Sie trägt die Mutter durchs Wasser schon.
   „Zum Bühle, da rettet euch! Harret derweil;
   Gleich kehr ich zurück, uns allen ist Heil.
15 Zum Bühl[1] ist's noch trocken und wenige Schritt';
   Doch nehmt auch mir meine Ziege mit!"

   Der Damm zerschmilzt, das Feld erbraust,
   Die Fluten wühlen, die Fläche saust.
   Sie setzt die Mutter auf sichres Land,
20 Schön Suschen, gleich wieder zur Flut gewandt.
   „Wohin? Wohin? Die Breite schwoll,
   Des Wassers ist hüben und drüben voll.
   Verwegen ins Tiefe willst du hinein!" –
   „Sie sollen und müssen gerettet sein!"

25 Der Damm verschwindet, die Welle braust,
   Eine Meereswoge, sie schwankt und saust.
   Schön Suschen schreitet gewohnten Steg,
   Umströmt auch, gleitet sie nicht vom Weg,
   Erreicht den Bühl und die Nachbarin;
30 Doch der und den Kindern kein Gewinn!

[1] **Bühle** = Hügel

Der Damm verschwand, ein Meer erbraust's,
Den kleinen Hügel im Kreis umsaust's.
Da gähnet und wirbelt der schäumende Schlund
Und ziehet die Frau mit den Kindern zu Grund;
35 Das Horn der Ziege fasst das ein',
So sollten sie alle verloren sein!
Schön Suschen steht noch strack und gut:
Wer rettet das junge, das edelste Blut!
Schön Suschen steht noch wie ein Stern;
40 Doch alle Werber sind alle fern.
Rings um sie her ist Wasserbahn,
Kein Schifflein schwimmet zu ihr heran.
Noch einmal blickt sie zum Himmel hinauf,
Da nehmen die schmeichelnden Fluten sie auf.

45 Kein Damm, kein Feld! Nur hier und dort
Bezeichnet ein Baum, ein Turn² den Ort.
Bedeckt ist alles mit Wasserschwall;
Doch Suschens Bild schwebt überall. –
Das Wasser sinkt, das Land erscheint,
50 Und überall wird schön Suschen beweint. –
Und dem sei, wer's nicht singt und sagt,
Im Leben und Tod nicht nachgefragt!

² **Turn** = altes (mittelhochdeutsches) Wort für Turm

1. Finde Handlungsabschnitte und fasse jeden Handlungsabschnitt mit kurzen Sätzen zusammen.
2. Verfasse mit Hilfe der Handlungsabschnitte eine Inhaltsangabe.
3. Überlege, welche Aussage die Ballade haben könnte. Notiere eine mögliche Deutung.
4. Untersuche die Ballade auf lyrische, dramatische und epische Elemente. Welche Wirkung erzeugen hier jeweils die genannten Elemente?
5. Bereite die Ballade für einen Vortrag vor.

Denkmal für Johanna Sebus

Texte und Medien

Bittersüße Schokolade

Sachtexte

Ostergedicht
Joachim Ringelnatz

Joachim Ringelnatz (1883–1934) war Schriftsteller und Dichter, der auch für Kinder witzige und teilweise skurrile (= sonderbare, seltsame) Texte schrieb. *Das Geheime Kinder-Verwirr-Buch* ist einzigartig in der Kinderliteratur, weil es Kinder zu Frechheiten und Gemeinheiten auffordert und so auf die Verlogenheit in der Erwachsenenwelt hinweist.

Wenn die Schokolade keimt,
Wenn nach langem Druck bei Dichterlingen
„Glockenklingen" sich auf „Lenzesschwingen"[1]
Endlich reimt, [...]

[1] **Lenz** = Frühling

1. Lies den Anfang des Gedichtes von Joachim Ringelnatz und fertige eine Zeichnung dazu an.
2. Vergleicht eure Bilder und besprecht Unterschiede und Gemeinsamkeiten.
3. In welchen Situationen verzehrt ihr gerne Schokolade? Berichtet von euren Erfahrungen.
4. Besprecht, welche Strategien vor, während und nach der Textlektüre euch bekannt sind.

Wie (un)gesund ist Schokolade?

Die Forscherin Beatrice Golomb von der University of California [...] sagt: „Schokolade ist mein Lieblingsgemüse." In der verteufelten Süßigkeit stecke so viel Gutes, dass man am besten jeden Tag ein paar Stückchen davon essen sollte.

Wenn Golomb das sagt, glaubt man ihr. Schließlich hat sie Belege. Sie hat mit ihrem Team etwa 1000 US-Amerikaner auf ihre Ernährungsweise und Gesundheit untersucht. Und entgegen allen Erwartungen zeigte sich, dass Schokoladenliebhaber schlanker sind als Menschen, die den zarten Schmelz verachten.

Die Hinweise verdichten sich, dass Herz, Gefäße, Gedächtnis und Psyche durch Kakao gestärkt werden. Aber kann die süße Sünde Gemüse tatsächlich Konkurrenz machen? Beatrice Golomb, die Wissenschaftlerin aus Kalifornien, will ihr Motto bei aller Ernsthaftigkeit zwar nicht als „Freifahrtschein für den kiloweisen Verzehr von Schokolade" verstanden wissen. Aber die regelmäßigen Schoko-Esser sind nicht dick. Im Gegenteil: Sie sind sogar um zwei bis drei Kilogramm leichter als Schoko-Verweigerer. Dabei werden in den USA fast nur Vollmilchriegel verzehrt – und nicht die kalorienärmeren Bitterschokoladen.

[...]

„Vermutlich", erklärt Beatrice Golomb, „kurbeln die Catechine in der Schokolade den Stoffwechsel an." Die Schoko-Inhaltsstoffe lassen die Zellen mehr Energie verbrennen. Auch Wissenschaftler der Forschungsabteilung des Schokoladenherstellers Hershey's schließen sich, [...] nach einer Schokoladen-Analyse dem Gesund-Vergleich von Beatrice Golomb an.

Glaubt man ihren Messergebnissen, so konnten sie nachweisen, dass dunkle Schokolade mehr Antioxidantien enthält als diverse Früchte oder Fruchtsäfte. „Kakaosamen sind eine Superfrucht" übertitelten sie dementsprechend ihre Veröffentlichung im „Chemistry Central Journal". [...]

1. Beschreibt die Wirkung, die Schokoladeessen auf euch hat.
2. Erarbeite die im Text enthaltenden Informationen mit Hilfe der Lesestrategien.
3. Stellt euch gegenseitig Fragen zum Text.
4. Diskutiert den möglichen Zusammenhang zwischen dem Gedicht auf S. 148 und den wissenschaftlichen Informationen aus dem Text.

Info

Lesestrategien wendest du **vor**, **während** und **nach** der Textlektüre an. **Vor der Lektüre** kannst du z. B. eigene Gedanken und Fragen zur Überschrift notieren, **während der Lektüre** markierst du unbekannte Wörter und wichtige Fakten. Du kannst auch diese Zeichen verwenden: o = „Das wusste ich schon." ! = „Das ist neu für mich." ? = „Das verstehe ich nicht." Notiere dir **nach der Lektüre**, was du Neues gelernt hast.

Das kannst du jetzt lernen!

▸ Informationen aus einem Sachtext zusammenzufassen .... S. 164
▸ Einen Sachtext mit Hilfe eines Flussdiagramms zu visualisieren .... S. 165
▸ Inhalte von Sachtexten zusammenhängend wiederzugeben und einzuordnen .... S. 166
▸ Die Funktion eines Sachtextes zu bestimmen .... S. 168
▸ Ein Diagramm in einen Sachtext umzuwandeln .... S. 171
▸ Ein Diagramm zu einem Sachtext zu erstellen .... S. 172

Sachtexte erschließen
Kakaoalltag in Afrika

[1] **Ashanti** = ein Volk in Südghana, dessen Reich im 19. Jahrhundert von Großbritannien unterworfen wurde

Kwadjo Assamoha ist ein Kakaobauer aus Ghana. Er ist mehr als 70 Jahre alt. Er weiß, dass er zwischen dem großen Krieg der Ashanti[1] gegen die Engländer im Jahr 1900 und dem Besuch des Prinzen von Wales in Ghana 1925 geboren wurde. Kwadjos Familie besteht aus vierzig Personen: seiner Frau und seinen Kindern, einem Bruder seines Vaters, aus den Frauen seiner verstorbenen Brüder und ihren Kindern. Die ganze Familie lebt von den Nahrungsmitteln, die die Frauen anbauen und auf dem Markt verkaufen. Zusammen mit seinen Söhnen hat Kwadjo einen Acker von fünf Hektar. Er verwendet keine Insektizide, da er Chemikalien und Sprühmaschinen nicht bezahlen kann. Kwadjos Frau stellt aus den Schalen der Kakaofrucht Seife her. Sie lässt die Schalen in der Sonne trocknen und verbrennt sie dann. Die Asche wird mit Palmöl vermischt, wodurch kleine Seifenkugeln gebildet werden, die etwas zusätzliches Geld zum Familieneinkommen hereinbringen.

Kwadjo: „Beinahe das ganze Einkommen aus dem Kakao wird durch das, was die Familie kostet, aufgebraucht: die Schule für die Kinder, Krankenhaus- und Arztrechnungen. All diese Sachen muss ich heute selber bezahlen. Früher war das kostenlos. Das Oberhaupt einer ghanaischen Familie hat eine große Verantwortung."

Weiß Kwadjo jedoch, was mit dem Kakao geschieht, nachdem er ihn zum Cocoa Board[2] gebracht hat? „Keine Ahnung. Ich hab noch niemals gesehen, was man daraus macht. Schokolade? Ich weiß, dass es so was gibt, aber ich habe sie noch nie gegessen. Das einzig Wichtige ist, dass ich einen guten Preis für meinen Kakao bekomme. Der Preis wird sicherlich wieder steigen. Kakao aus Ghana ist ja der beste überhaupt."

[2] **Cocoa Board** = Institution zur Unterstützung aller am Kakaoanbau in Ghana beteiligten Firmen und Personen

1. Bildet Paare und erschließt den Text in Partnerarbeit. Geht dabei so vor:
   - Jeder liest den ersten Abschnitt leise für sich durch.
   - Schüler A liest den ersten Abschnitt leise vor, Schüler B hört zu, ohne mitzulesen.
   - Schüler B fasst den Text mit eigenen Worten zusammen, Schüler A überprüft die Richtigkeit.
   - Jeder liest den zweiten Abschnitt leise durch, anschließend wird weitergearbeitet wie oben, aber die Rollen wechseln.
   - Wenn ihr am Ende des Textes angekommen seid, schreibt jeder für sich eine Zusammenfassung des Textes ins Heft.
2. Lest einige Zusammenfassungen vor der Klasse vor und besprecht sie.

Sachtexte | Einen Sachtext mit Hilfe eines Flussdiagramms visualisieren

Einst Opfergegenstand und Zahlungsmittel …

Ursprünglich wuchs der Kakao als Wildpflanze in dem feuchtheißen Klima in Südamerika. Man weiß, dass die Olmeken, ein Volk an der Südküste des Golfs von Mexiko, diese Pflanze schon 1500 v. Chr. kannten. In der Zeit der Hochkultur der Maya[1] um 300 n. Chr. wurde Kakao hauptsächlich als Handelsgegenstand und Zahlungsmittel genutzt. Für öffentliche Feste stellten sie jedoch auch berauschende Getränke aus Kakao und Maismehl her. Der Kakaobaum war ihnen heilig.
Die Azteken[2] übernahmen ab 1200 n. Chr. die Kultur und Verwendung des Kakaos von den Maya. Unterworfene Völker leisteten ihre Abgaben z. B. in Form von Kakaobohnen. Zudem galten Kakaobohnen bei ihnen als eine Götterspeise. Regelmäßig brachten sie ihrem Windgott Quetzalcoatl Opfer in Form von Kakaobohnen und sie nutzten sie als Nahrungsmittel. Bei Ausgrabungen wurden Reibsteine für Kakao gefunden. Kakao hieß bei ihnen Xocolatl (= bitteres Wasser). 1502 lernte Christoph Kolumbus auf einer seiner Entdeckungsfahrten Kakao kennen, doch interessierte ihn dieses bittere Getränk nicht. Erst Hernando Cortez brachte über zwanzig Jahre später, 1528, den ersten Kakao nach Europa. Das Getränk wurde dort gesüßt mit Zucker und verfeinert mit Zimt, Mandeln und Nelken und hauptsächlich von der Oberschicht getrunken, von dem Adel und den Mönchen. In Deutschland wurde Schokolade zunächst als Arzneimittel verwendet. 1765 wurde dann die erste deutsche Schokoladenfabrik von dem Fürsten Wilhelm von Schaumburg-Lippe im niedersächsischen Steinhude errichtet. Aber erst im 19. Jahrhundert wurden die Voraussetzungen für die Verarbeitung von großen Kakaomengen geschaffen. Der Niederländer van Houten erfand ein Gerät zur Entfettung des Kakaos. Durch Nestlé[3] wurde das Pulverisieren von Milch und die Herstellung von Milchschokolade möglich.

[1] **Maya** = Angehörige eines indianischen Kulturvolkes in Mittelamerika

[2] **Azteken** = Angehörige eines Indianerstammes in Mexiko

[3] **Nestlé** = Konzern, der u. a. Süßwaren herstellt

1. Stelle die Geschichte des Kakaos in einem Flussdiagramm dar.

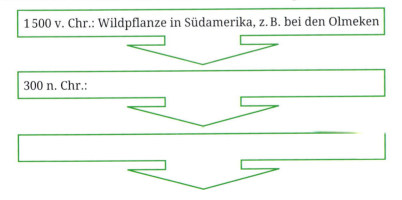

2. Vergleicht eure Entwürfe.
3. Besprecht, worin sich die Darstellungsform des Textes von euren Diagrammen unterscheidet.
4. Beschreibt, in welchen Situationen ein Diagramm sinnvoller ist als ein Text.

Info

In **Fluss- und Ablaufdiagrammen** lassen sich Phasen und Schritte, in denen **Handlungen**, **Vorgänge** und **Entwicklungen** ablaufen, übersichtlich darstellen. Die Phasen eines Vorgangs werden in Felder notiert, die durch Linien oder Pfeile verbunden werden und so z. B. Ursache, Wirkung und Folge anzeigen.

Informationen aus Texten entnehmen und grafisch darstellen → S. 74 ff.

Die volle Kraft der Tropensonne

Zwischen 400 v. Chr. und 100 n. Chr. wurde bei den Maya bereits ein Wort für Kakao eingeführt.

Der Konditor Hans-Jürgen Roos aus der Pfalz hat Schokolade so gern, dass er gleich eine Riesentafel davon fabrizierte. Sie war so groß wie der Fußboden eines Klassenzimmers: 14 Meter lang und über 5 Meter breit. Mehr als 70 Quadratmeter Schokolade – das ist der Weltrekord; eine größere Tafel hat es noch nie gegeben! Hoffentlich hat der Weltmeister das süße Monstrum nicht ganz allein aufgegessen. Sonst hätte der Ärmste nämlich einen richtigen „Schokorausch" bekommen. In der braunen Süßigkeit sind nämlich Stoffe, die so wirken wie die Droge Haschisch! Aber keine Angst: Ihr müsstet 200 Vollmilchtafeln verputzen, ehe ihr davon bedueselt würdet …

Aber schon wenn ihr nur ein paar Stückchen Schokolade esst, geschieht etwas in eurem Körper: Er produziert dann nämlich sogenannte „Endorphine" – das sind Hormone, die glücklich machen. Deshalb stopfen viele Menschen gerade dann Massen von Schokolade in sich hinein, wenn sie frustriert oder traurig sind. […]

Um Schokolade herzustellen, braucht man Kakaobohnen. Die schmecken allerdings überhaupt nicht schokoladig, sondern einfach scheußlich: säuerlich und bitter. Sie stammen von Bäumen, die nur in tropischen Ländern gedeihen, zum Beispiel an der Elfenbeinküste in Afrika oder in Indonesien. Diese Bäume tragen Früchte, die aussehen wie kleine Rugbybälle mit Warzen. Darin versteckt sind die Kakaobohnen – ähnlich wie die Kerne einer Melone.

Damit aus den ungenießbaren Bohnen einmal köstliche Schokolade wird, werden sie geröstet. Dann landen sie in speziellen Mühlen, die das Fett (die sogenannte Kakaobutter) aus den Bohnen pressen und den Rest zu einem zähen Brei zerdrücken – der duftet schon lecker. Zur schmackhaften Schokolade wird das Ganze aber erst, wenn Milch, Zucker, Kakaobutter oder Sahne dazu gerührt werden – je nachdem, ob eine Zartbitter- oder Vollmilchtafel entstehen soll.

Zu den ersten Schokofans gehörten übrigens die Maya in Mittelamerika. Das haben Forscher herausgefunden, als sie in einem 1500 Jahre alten Krug der Indianer noch Kakaoreste fanden. Später mixten die Azteken – ein anderes Volk, das im heutigen Mexiko lebte – aus gemahlenen Kakaobohnen und Wasser ein erfrischendes Getränk, fast wie unsere Trinkschokolade. Aber statt mit Zucker würzten sie ihren Trunk zuweilen mit – hust! – Paprika und Pfeffer.

Sie nannten das Getränk „Xocoatl" – das heißt „würziges Wasser". Daraus wurde später unser Wort „Schokolade". Die Azteken boten das herbe Gemisch vor fast 500 Jahren dem spanischen Eroberer Hernán Cortés an. Der fand das anscheinend ganz lecker – jedenfalls nahm er im Jahr 1528 ein paar Säcke Kakaobohnen mit zurück nach Spanien. Dort bekamen aber nur die Adeligen am Königshof etwas von der ersten Trinkschokolade ab – diesmal süß mit Zucker verrührt, nicht à la Azteke mit Chiliaroma. Den einfachen Leuten in Europa

Sachtexte | Inhalte von Sachtexten zusammenhängend wiedergeben und einordnen

blieb die Leckerei dagegen noch lange unbekannt. So kam es, dass Seeräuber ganze Schiffsladungen voll kostbarer Kakaobohnen versenkten – sie hielten die kleinen braunen Kügelchen für Schafsköteln.

Bis vor 150 Jahren gab es Schokolade nur zum Trinken. Dann fanden ein paar Tüftler in England heraus, dass sie fest wird, wenn man Kakaopulver mit Zucker und Kakaobutter vermengt – die Schokolade „mit Biss" war geboren.
Heute werden die Schokoladenhersteller immer verrückter. Da soll es in Paris Pralinen mit Spinatfüllung geben, und ein Konditor in Hessen umhüllt sogar Knoblauch- und Selleriecreme mit einer Schokohaut. Na ja, den Azteken hätte das bestimmt geschmeckt.

1. Setzt euch zu viert zusammen und erschließt den Text mit Hilfe des „Reziproken Lesens". Geht dabei so vor:
   ▶ Lies den ersten Abschnitt des Textes still durch und beachte die Anweisungen auf deiner Rollenkarte.

▶ Nach dem Gespräch über den ersten Abschnitt werden die Rollen im Uhrzeigersinn weitergegeben. Anschließend liest jeder den nächsten Abschnitt für sich durch. Einzel- und Gruppenarbeit wechseln sich ab, bis ihr am Ende des Textes angekommen seid.

2. Wähle einen der beiden Arbeitsaufträge:
   ▶ Stellt die wesentlichen Informationen aus dem Text in einem Flussdiagramm dar.
   ▶ Ordne die Zeichnungen den Textstellen zu und bringe sie in die richtige Reihenfolge.

> **Tipp**
>
> Vergleiche die Informationen zum Flussdiagramm auf der Seite 165.

Rohstoff für Schokolade
Millionen Kinder müssen auf Kakaoplantagen schuften
Phillip Seibt

In Westafrika sollten deutlich weniger Kinder im Kakaoanbau arbeiten – das versprachen Konzerne und Regierungen. Doch eine neue Studie belegt ihr Scheitern: Die Zahl der minderjährigen Arbeiter auf den Plantagen ist stark gestiegen. Dabei könnte jeder Verbraucher etwas dagegen tun.

Es gibt sie in Braun und Weiß und Dunkelbraun, mit Nuss, mit Keks, mit Crisp: Schokolade. Doch der Rohstoff für das, was in Deutschland Millionen Kindern schmeckt, wird in Westafrika auch von Millionen Kindern produziert – allen voran in der Elfenbeinküste und Ghana. Dieser Missstand sollte der Vergangenheit angehören: 2010 vereinbarten die Regierungen der beiden Länder und die Schokoladenindustrie, die Kinderarbeit in ihrer schlimmsten Form zu reduzieren. Doch die Zahl der arbeitenden Kinder ist nicht gesunken, sondern sogar gestiegen. Im Zeitraum 2013/14 arbeiteten in beiden Ländern rund 2,26 Millionen Kinder im Alter von 5 bis 17 Jahren in der Kakaoproduktion. Das sind 443 000 mehr als noch 2008/09.

Nahezu alle diese Kinder – rund 90 Prozent – verrichteten gefährliche Arbeiten. Sie ernteten zum Beispiel mit einer Machete Kakaoschoten, schleppten Säcke mit Kakaobohnen oder Wasser für die Behandlung mit Insektiziden.

Dabei hat sich das Ausmaß der Kinderarbeit in den beiden Ländern gegenläufig entwickelt. Während die Zahl der arbeitenden Kinder in Ghana leicht gesunken ist, hat die Elfenbeinküste einen Anstieg um 59 Prozent zu verzeichnen.

Eine mögliche Erklärung für den großen Unterschied zwischen den beiden Nachbarländern könnte die politische Situation sein: Während Ghana in den vergangenen Jahren als verhältnismäßig stabile Demokratie galt, war in der konfliktreichen Elfenbeinküste im Jahr 2011 ein Bürgerkrieg ausgebrochen.

Die Initiative Make Chocolate Fair sieht die Konzerne in der Pflicht. „Die Schokoladenindustrie verspricht seit 15 Jahren, die Kinderarbeit zu eliminieren", sagt Projektkoordinatorin Evelyn Bahn. Tatsächlich hatte sich die Schokoladenindustrie 2001 verpflichtet, gegen die schlimmsten Formen der Kinderarbeit vorzugehen. Der Grund für die Kinderarbeit sei vor allem die Armut der Bauern, die sich keine erwachsenen Arbeiter leisten können. [...] Doch was bedeutet die Arbeit auf der Kakaoplantage konkret für die betroffenen Kinder? Die Kinder werden auch keineswegs für alle Arbeiten auf den Plantagen eingesetzt. Vielmehr helfen sie bei Tätigkeiten, die viele Arbeitskräfte erfordern, wie die Vorbereitung des Bodens, die Ernte und die Weiterverarbeitung.

Nur vergleichsweise wenige Kinder helfen beim Einpflanzen der Setzlinge oder bringen Dünger aus. Allerdings gefährden viele Arbeiten die Gesundheit der Kinder. Beispiele für Gefahren sind etwa die bei der Ernte eingesetzten Macheten und die schweren Säcke mit Kakaoschoten. Aktivisten sehen die Industrie in der Pflicht: Würde sie höhere Kakaopreise bezahlen, müssten Bauern nicht Kinder als Arbeitskräfte einsetzen. Doch auch Handel und Verbraucher in Deutschland können etwas gegen Kinderarbeit tun.

Das Haus des Fragens ermöglicht es euch, Texte selbstständig in Gruppen zu erschließen. Das Haus hat drei Stockwerke. Im Erdgeschoss geht es um den Inhalt des Textes, in der 1. Etage stehen Fragen zur Textanalyse und im Dachgeschoss geht es darum, den Text zu beurteilen.

1. Übertragt den Umriss des Hauses ins Heft. Anschließend arbeitet ihr in Gruppen weiter.
   ▸ Lies den Text und notiere drei selbst formulierte Fragen zum Inhalt ins Erdgeschoss. Notiere auch die Antworten.
   ▸ Der jüngste Schüler stellt eine Frage, die anderen müssen versuchen, sie richtig zu beantworten. Reihum stellt jeder Schüler jeweils eine Frage, dabei darf sich keine Frage wiederholen.
   ▸ Schreibe zwei Fragen der 1. Etage in dein Haus. Notiere auch die Antworten.
   ▸ Führt eine weitere Fragerunde nach dem gleichen Muster durch.
   ▸ Schreibe mindestens eine Frage ins Dachgeschoss und notiere auch die Antwort.
   ▸ Führt eine weitere Fragerunde durch.
   Zum Abschluss stellen die Gruppen ihre schwierigsten Fragen aus allen drei Stockwerken im Plenum.

Tipp

Arbeitet mit Redestiften, damit sich alle Gruppenmitglieder an den Antworten beteiligen. Jeder Schüler nimmt vier Stifte und legt für jede Antwort einen Stift ab. Hat jemand alle Stifte abgelegt, muss er warten, bis auch alle anderen ihre Stifte abgelegt haben.

Eine Kurzgeschichte untersuchen → S. 83

Schaubilder und Diagramme erschließen

Auf der Homepage der Kampagne „Make Chocolate Fair" kann man folgenden Text lesen:

Im Dezember 2015 versprach der Dachverband der europäischen Schokoladenindustrie (CAOBISCO) Make Chocolate Fair!, dass Schokoladenunternehmen ihre Bemühungen zur Verbesserung der Lebens- und Arbeitsbedingungen von Kakaobauernfamilien verstärken werden. Doch Versprechen allein reichen nicht aus – den Worten müssen Taten folgen!
Das wird aber nur geschehen, wenn Verbraucher/-innen immer wieder nachfragen: „Ist meine Lieblings-Schoki fair?"

Unterstützen Sie uns und haken Sie bei den Schokoladenunternehmen nach, was sie tun, um die Situation der Kakaobauernfamilien zu verbessern. Denn Hunger, Armut und missbräuchliche Kinderarbeit gehören noch immer zum Alltag auf den Kakaoplantagen.

Info

Sachtexte lassen sich nach bestimmten **Funktionen** unterscheiden. **Information:** Der Leser soll informiert werden. **Instruktion:** Dem Leser wird etwas erklärt oder erläutert. **Werbung:** Der Leser soll von etwas überzeugt werden.

1. Vergleicht diesen Text mit dem auf S. 168, indem ihr ein Placemat zu folgender Frage durchführt:
   Denken: Welche Gemeinsamkeiten und Unterschiede fallen dir an den beiden Texten auf?
   Schreiben: Notiere Stichworte in dein Feld.
   Austauschen: Vergleicht eure Ergebnisse. Berücksichtigt auch, wo diese Texte erschienen sind und an welche Adressaten sie sich richten.
2. Beschreibt das Schaubild rechts und notiert zwei Aussagen, die sich aus ihm ablesen lassen.
3. Für welchen Text könnte man das Schaubild als Illustration verwenden? Begründet eure Wahl.

Nachschlagen: Merkwissen → S. 286

Sachtexte | Ein Diagramm in einen Sachtext umwandeln

Mehr Kinderarbeiter als vor fünf Jahren

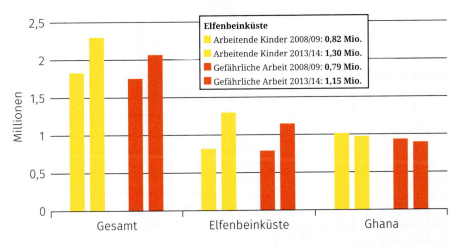

Anzahl der Kinder, die in der Kakaoproduktion arbeiten (gelb), und der Kinder, die gefährliche Arbeiten ausführen (rot)

Elfenbeinküste
- Arbeitende Kinder 2008/09: **0,82 Mio.**
- Arbeitende Kinder 2013/14: **1,30 Mio.**
- Gefährliche Arbeit 2008/09: **0,79 Mio.**
- Gefährliche Arbeit 2013/14: **1,15 Mio.**

Quelle: Survey Research on Child Labor in West African Cocoa Growing Areas

Kinder schuften in allen Branchen

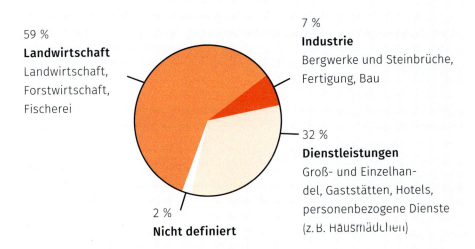

Kinder schuften in allen Branchen

- 59 % **Landwirtschaft** – Landwirtschaft, Forstwirtschaft, Fischerei
- 7 % **Industrie** – Bergwerke und Steinbrüche, Fertigung, Bau
- 32 % **Dienstleistungen** – Groß- und Einzelhandel, Gaststätten, Hotels, personenbezogene Dienste (z. B. Hausmädchen)
- 2 % **Nicht definiert**

Quelle: Internationale Arbeitsorganisation (IAO), September 2013

1. Ordne die zwei richtigen Bezeichnungen aus dem Infokasten den Diagrammen zu und beschreibe die Diagrammtypen.
2. Wähle ein Diagramm aus und verschriftliche die darin enthaltenen Informationen mit Hilfe des Infokastens.

Info

Diagramme auswerten

Neben dem Flussdiagramm gibt es weitere Formen von Schaubildern und Diagrammen: Säulen-, Balken-, Kuchen- und Liniendiagramm.

So wertest du ein Diagramm aus:
Gliedere deinen Text in Einleitung, Hauptteil und Schluss. Beginne mit einem **Basissatz**, der den Titel, das Thema, die Quelle und den Diagrammtyp enthält, z. B.: *Im September 2013 veröffentlichte die Internationale Arbeitsorganisation (IAO) ein Schaubild mit dem Titel: „Kinder schuften in allen Branchen".*
... Im **Hauptteil** werden die optische Darstellung zusammengefasst und die wichtigsten Aussagen des Themas wiedergegeben. Der **Schluss** rundet die Beschreibung ab, indem er auf wichtige Aspekte hinweist, die im Schaubild eventuell fehlen, oder mögliche künftige Entwicklungen beschreibt.

Nachschlagen: Merkwissen → S. 286

Ein Diagramm zu einem Sachtext erstellen | Sachtexte

Kakaoproduktion: Ein Überblick

Kakaopflanzen benötigen ein tropisches Klima, um zu gedeihen. Sie brauchen viel Wärme und Feuchtigkeit. Daher kann Kakao nur in wenigen Regionen weltweit rund um den Äquator angebaut werden. Heutzutage findet 70 Prozent der globalen Kakaoproduktion in Westafrika statt. Dort sind die Elfenbeinküste (1 796 000 t) und Ghana (740 000 t) neben Kamerun (232 000 t) und Nigeria (195 000 t) Hauptanbauländer. Große Kakaoanbaugebiete gibt es auch in Indonesien (325 000 t) und Papua-Neuginea (36 000 t). Nur 15 Prozent der weltweiten Kakaoernte stammt aus Mittel- und Südamerika, den Ursprungsregionen des Kakaos. Hier gibt es vor allem in Ecuador (250 000 t) und Brasilien (230 000 t) große Anbaugebiete. 5,5 Millionen Kakaobäuerinnen und -bauern gibt es weltweit. Zudem sichert der Kakaoanbau den Lebensunterhalt von bis zu 14 Millionen Arbeitern und deren Familien. Kakao wird überwiegend von Kleinbäuerinnen und -bauern angebaut. 90 Prozent des Kakaoanbaus findet auf kleineren Parzellen von 2 bis 5 Hektar statt. Zum Vergleich: Ein Fußballfeld hat 1 Hektar. Und ein Landwirt in Deutschland bewirtschaftet durchschnittlich 56 Hektar. [...] Der Kakaobaum blüht das ganze Jahr hindurch, und entwickelt somit auch ständig Früchte. An ihm wachsen die großen Kakaoschoten, die mit Macheten oder Stöcken von den Bäumen geschlagen werden. Jede Kakaoschote enthält circa 20–30 Samen, die von einem süßen weißen Fruchtfleisch umgeben sind – dies sind die Kakaobohnen. Es braucht eine ganze Jahresernte eines Baumes, um ein halbes Kilo Kakao zu produzieren. Da die Schoten eben nicht alle zur gleichen Zeit reif sind, müssen die Bäume ständig beobachtet werden. Kakao ist eine sehr empfindliche Pflanze, die schnell auf Wetterveränderungen reagiert und anfällig für Krankheiten und Schädlinge ist. Nachdem die reifen Schoten geerntet wurden, werden sie mit Macheten geöffnet und die Bohnen herausgepult. Die Kakaobohnen müssen anschließend noch fermentiert, gewaschen, getrocknet und in Säcke verpackt werden. Dann sind sie fertig zum Weiterverkauf an die Zwischenhändler.

Bis aus der bitteren Bohne Schokolade entsteht, ist es ein langer Weg. Zwischenhändler kaufen die Säcke mit den rohen Kakaobohnen und verkaufen sie an Exporteure. Der Großteil der Kakaobohnen wird nicht in den Anbauländern verarbeitet. Nachdem die Kakaobohnen bei den Vermahlungsunternehmen im globalen Norden ankommen, werden sie weiterverarbeitet. Die Bohnen werden zerstoßen und die Hüllen entfernt, geröstet und schließlich gemahlen. Das Ergebnis – Kakaomasse – wird zur Herstellung von Schokolade verwendet oder weiterverarbeitet zu Kakaobutter und Kakaopulver.

Info

Ein Diagramm zu einem Sachtext erstellen:
Achte dabei auf folgende Arbeitsschritte:
- Formuliere einen **Titel** (= Thema).
- Erkläre in einer **Legende** die Strukturelemente und Bezugsgrößen.
- Gib **Quelle, Veröffentlichungsdatum** und **Bezugszeitraum** an.
- Übertrage die zentralen Informationen in das Diagramm.

1. Lies den Text mit Hilfe der Lesestrategien durch.
2. Wähle einen Aspekt der im Text dargestellten Themen aus und stelle die Informationen in einem Diagramm dar. Nutze den Infokasten.
3. Präsentiert eure Ergebnisse und besprecht, welche Diagramme gelungen sind.

Lesestrategien anwenden → S. 163

Ein Rezept: Der Azteken Aufguss

- Mischt das Kakaopulver und das Wasser in einem Rührbecher, am besten mit einem Schneebesen schaumig aufschlagen.
- Halbiert die Vanilleschote vorsichtig mit einem scharfen Messer. Dann das schwarze Mark entlang der Hälften mit dem Messer herauskratzen.
- Das Vanillemark gebt ihr zur Kakaomischung und fügt auch noch den Pfeffer hinzu. Den Aztekentrunk könnt ihr jetzt noch ganz nach Geschmack mit Honig süßen. Zwei Esslöffel voll müssen es für den pfeffrigen Trunk aber mindestens sein.
- Den fertigen Aztekentrunk noch in Gläser füllen und … mutig probieren. Gesund ist er auf jeden Fall!

AZTEKEN - AUFGUSS

Mutige vor. Denn dieser Trank ist nichts für schwache Gaumen. Die Azteken bevorzugten ihn kalt und nutzten ihn auch als Medizin gegen Bauchweh.

MUTIGE VOR!

ZUTATEN
für 2 Personen
- 75g Kakaopulver
- Mark einer Vanilleschote
- 2 Teelöffel schwarzer Pfeffer
- 400 ml Wasser
- Honig zum Süßen

Sich interessant machen (für einen großen Backfisch)
Joachim Ringelnatz

Du kannst doch schweigen? Du bist doch kein Kind
Mehr! – Die Lederbände im Bücherspind
Haben, wenn du die umgeschlagenen Deckel hältst,
Hinten eine kleine Höhlung im Rücken.
Dort hinein musst du weichen Käse drücken.
Außerdem kannst du Käsepfropfen
Tief zwischen die Sofapolster stopfen:

Lasse ruhig eine Woche verstreichen.
Dann musst du immer traurig herumschleichen.
Bis die Eltern nach der Ursache fragen.
Dann tu erst, als wolltest du ausweichen,
Und zuletzt musst du so stammeln und sagen:
„Ich weiß nicht, – ich rieche überall Leichen – ."

Deine Eltern werden furchtbar erschrecken
Und überall rumschnüffeln nach Leichengestank,
Und dich mit Schokolade ins Bett stecken.
Und zum Arzt sage dann: „Ich bin seelenkrank."

Nur lass dich ja nicht zum Lachen verleiten.
Deine Eltern – wie die Eltern so sind –
Werden bald überall verbreiten:
Du wärst so ein merkwürdiges, interessantes Kind.

1. Lest euch die beiden Texte durch und verwendet dabei Lesestrategien.
2. Benennt möglichst viele Gemeinsamkeiten. Wo findet ihr ähnliche Texte und welche Funktion haben sie?
3. Achtet nun auf die Unterschiede und diskutiert, wie sie mit der Absicht der Texte zusammenhängen.
4. Besprecht, wie die Schokolade im Gedicht zum Einsatz kommt. Kennt ihr ähnliche Situationen?

Gedichte → S. 132 ff.
Die Absicht von Texten unterscheiden → S. 170

TESTE dich

Überprüfe dein Wissen und Können, indem du hier die Testaufgaben bearbeitest.

Ich kann …	Können	Hilfe	Training
bei der Lektüre eines Sachtextes Lesestrategien anwenden.	😃 😉 😳	S. 163	S. 175 AH S. 36

Testaufgabe 1
Mit welchen Lesestrategien bereitest du die Textlektüre vor, wie bereitest du das Lesen nach? Notiere in deinem Heft.

Ich kann …	Können	Hilfe	Training
Informationen in Diagrammen darstellen.	😃 😉 😳	S. 165, 171	AH S. 40

Testaufgabe 2
Ergänze die Merksätze mit den passenden Fachbegriffen.

> In **?** lassen sich Phasen und Schritte, in denen Handlungen, Vorgänge und Entwicklungen ablaufen, übersichtlich darstellen. Die Phasen eines Vorgangs werden in Felder notiert, die durch **?** verbunden werden. Andere Diagrammtypen sind z. B. **?**, das **?** und das **?**-Diagramm.

Ich kann …	Können	Hilfe	Training
ein Diagramm in einen Sachtext umwandeln.	😃 😉 😳	S. 171	AH S. 39

Testaufgabe 3
Lies das Diagramm und verschriftliche die darin enthaltenen Informationen.

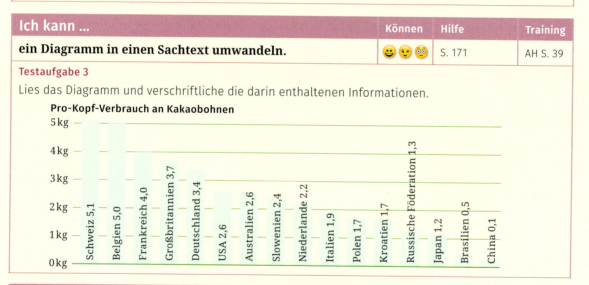

Pro-Kopf-Verbrauch an Kakaobohnen: Schweiz 5,1; Belgien 5,0; Frankreich 4,0; Großbritannien 3,7; Deutschland 3,4; USA 2,6; Australien 2,6; Slowenien 2,4; Niederlande 2,2; Italien 1,9; Polen 1,7; Kroatien 1,7; Russische Föderation 1,3; Japan 1,2; Brasilien 0,5; China 0,1

Ich kann …	Können	Hilfe	Training
einen Sachtext visualisieren.	😃 😉 😳	S. 172	S. 175 AH S. 40

Testaufgabe 4
Stelle die Informationen aus dem Text in einem geeigneten Schaubild dar. Begründe deine Wahl.

> Die sechs größten Konzerne erzielten im Jahr 2005 mit irgendwie kakaohaltigen Süßwaren einen Umsatz von knapp 40 Milliarden Dollar […]. In absteigender Reihenfolge sind es Mars Inc (9,5), Cadburs Schweppes (8,1), Nestlé (7.9), Ferrero (5,6), Hershey Foods (4,9) und Kraft Foods (2.2). Vergleichsweise klein, aber immer noch riesig: Lindt&Sprüngli (1,7) und Barry Callebaut (1,4) – der weltgrößte reine Kakaoverarbeitungskonzern.

So kannst du dein Wissen anwenden und deine Fähigkeiten trainieren:

Bananen im Handel

Bananen gedeihen rund um den Globus. Von den über 50 Millionen Tonnen, die jährlich weltweit geerntet werden, wandert jedoch weniger als ein Fünftel in den Export. In ihrer Wiege, den ostasiatischen Ländern, reifen sie fast ausschließlich für den Eigenbedarf als Mehl- oder Kochbananen. Als süße Exportfrucht wird die Banane hauptsächlich in Mittelamerika angebaut. Für Länder wie Guatemala, Panama oder Honduras gehört sie zu den wichtigsten Wirtschaftsgütern. Die Abhängigkeit vom Bananenexport und den dahinterstehenden Konzernen macht diese Länder zu den sprichwörtlichen „Bananenrepubliken". Aber auch außerhalb Mittelamerikas ist der Bananenexport für einige Länder und Regionen eine bedeutende Einnahmequelle. Die Dominikanische Republik und die Winward Islands beziehen ihre Deviseneinnahmen[1] zu über 80 % aus dem Bananenexport. Auf den Kanarischen Inseln ist besonders La Palma auf den Bananenanbau angewiesen. Der größte Abnehmer ist die Europäische Union. Hier landen 40 % aller Bananenexporte. Auf die USA entfallen weitere 30 %. Zunehmend beliebter werden Bananen in Japan und den osteuropäischen Ländern. In Polen, Ungarn oder Tschechien machen sich Südfrüchte mit dem westlichen Lebensstil zunehmend in den Regalen breit. Im internationalen Handel stehen Bananen hinter Apfelsinen und Trauben an dritter Stelle. Sie werden ganz überwiegend als Frischobst verzehrt. Bananenchips, -säfte und -marmeladen sind Nischenprodukte; allenfalls als Babybrei lassen sich größere Mengen absetzen. In Deutschland gehören Bananen nach Äpfeln zum meistverzehrten Frischobst. Der Pro-Kopf-Verbrauch liegt bei ca. 14 kg jährlich, das entspricht in etwa 80 Früchten. Sie bescheren den Handelsketten rund 10 % ihres Obstumsatzes. Die Gewinnmargen[2] sind besonders groß. Die Differenz zwischen Großhandels- und Einzelhandelspreisen liegt bei gut 1/2 Euro pro Kilo. Zu berücksichtigen ist allerdings, dass ein beträchtlicher Teil der Früchte noch in den Regalen auf Kosten des Einzelhandels verdirbt.

[...] Untrennbar ist das Bananengeschäft mit den Namen „Chiquita" (früher United Brands), „Dole" (früher Standard Fruits) und „Del Monte" verbunden. Über 70 % der weltweiten Exporte und über 90 % der Einfuhren in die USA gehen auf das Konto dieser Gesellschaften. Seit über 100 Jahren ist Chiquita Marktführer der Bananenindustrie. [...].

[1] **Devisen** = Zahlungsmittel in ausländischer Währung

[2] **Gewinnmargen** = Gewinnspannen

1. Teile den Text in Sinnabschnitte ein und schreibe die zentralen Informationen heraus.
2. Erstelle jeweils ein Diagramm zu den Einnahmen der einzelnen Länder durch den Bananenexport und zu den Importländern.

Texte und Medien

Licht aus, Spot an!

Überzeugend präsentieren

Jede Schülerin und jeder Schüler muss in Baden-Württemberg in der Regel ab Klasse 7 jährlich eine GFS, eine „gleichwertige Feststellung von Schülerleistungen", erbringen. Dies kann zum Beispiel ein Vortrag oder ein Kurzreferat sein. Auch in vielen Berufen sind das Präsentieren von Sachverhalten und Ideen sowie das Überzeugen von Zuhörern von großer Bedeutung.

Die Kunst des Präsentierens besteht nicht darin, möglichst lange über möglichst viel zu reden, sondern als Referentin oder Referent ein Thema möglichst gut zu erfassen und die wichtigsten Gesichtspunkte anschaulich und einprägsam darzustellen. Neben dem gesprochenen Wort kommt dabei auch der Visualisierung der Inhalte eine besondere Bedeutung zu.

1. Hast du selbst schon einmal einen Vortrag oder ein Referat mit einem Präsentationsprogramm gehalten? Wie ist es dir dabei ergangen?
2. Bist du schon einmal Zuhörerin oder Zuhörer eines mediengestützten Vortrags gewesen? Was hat dir dabei gut, was weniger gut gefallen?

Wie gelingt ein guter Vortrag?

Ein guter Referent kennt sich in seinem Fachgebiet aus. Er hat seinen Vortrag umsichtig vorbereitet und kann sein Wissen einem breiten Publikum vermitteln. Das allein reicht aber nicht unbedingt aus, um restlos zu überzeugen. Aufmerksame Zuhörer nehmen weit mehr wahr als die inhaltliche Aufbereitung eines Themas …

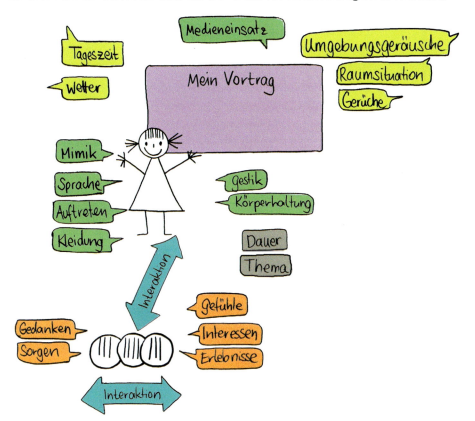

Interaktion = gegenseitige Beeinflussung

1. Was kann ich als Redner gut planen oder beeinflussen, was eher nicht? Erkläre mit Hilfe der Grafik.
2. Fallen dir weitere Dinge ein, die du bei einer Präsentation beachten musst?
3. Worauf kommt es an, wenn man als Redner einen positiven Eindruck hinterlassen möchte? Nenne die fünf Punkte, die du am wichtigsten findest, und begründe deine Entscheidung.
4. Nimm die Grafik zur Hilfe und gestalte einen Kurzvortrag zum Thema: „Was muss ich bei der Planung und Durchführung eines Vortrags alles beachten?"

Das kannst du jetzt lernen!

- Eine Präsentation zu gestalten .... S. 178
- Gestaltungsentscheidungen zu erläutern .... S. 180
- Vortrags- und Präsentationstechniken begründet einzusetzen .... S. 181
- Ein Feedback zu geben und anzunehmen .... S. 185

Vor dem Vortrag
Wie findet man ein passendes Thema?

Einige Schülerinnen und Schüler der Klasse 7d des Uhlandgymnasiums diskutieren die Themen, die sie für ihre GFS wählen wollen.

Annemarie: Ich mach was mit einem Jugendbuch!
Julia: Und ich etwas mit der Zeitung!
Alexander: Ich mach auf jeden Fall eine Computerpräsentation.
Bene: Ja, ich auch. Und die steuere ich dann mit meinem Handy. Voll cool!
Lorena: Moment mal, ich glaube, ihr solltet euch zunächst einmal um euer Thema kümmern – und dann über den Einsatz von Medien nachdenken.
Annemarie: Ja, sag ich doch: Jugendbuch!
Alexander: Und ich nehme einen Film!
Bene: Das hilft doch auch nicht wirklich weiter …
Lorena: Nein, so nicht. Statt eines allgemeinen Themas wäre es sicher hilfreicher, eine Leitfrage, die dich interessiert, für den Vortrag zu finden.
Julia: Du meinst, statt „Zeitung" so etwas wie: „Ist unsere Lokalzeitung für jugendliche Leser interessant?"
Alexander: Statt „Film" besser: „Ist der Film ‚Krabat' ein Beispiel für eine gelungene Literaturverfilmung?"
Lorena: Ja, genau. Das klappt sicher nicht immer, aber wenn man einen Vortrag mit einer Frage beginnt und diese dann mit der Präsentation überzeugend beantwortet, macht das bestimmt keinen schlechten Eindruck …

Tipp
- Die Leitfrage steht zu Beginn eines Vortrags. Sie kündigt den Zuhörerinnen und Zuhörern das Thema an.
- Die Frage sollte neugierig auf den Vortrag machen.
- Sie sollte nicht so formuliert werden, dass die Antwort schon auf der Hand liegt.
- Sie sollte so gewählt werden, dass sie sich in einem Vortrag überzeugend beantworten lässt.

1. Formuliere die nachfolgenden Themenvorschläge in sinnvolle Leitfragen um. Die Tipps an der Seite können dir dabei helfen.

▸ Kommunikation von Jugendlichen
▸ Moderne Jugendbücher
▸ Literatur und Computerspiele
▸ Schülerinnen und Schüler lesen immer weniger in ihrer Freizeit.
▸ Erschreckende Bildungsstudien: Kinder sprechen immer schlechter Deutsch!
▸ Computer im Deutschunterricht

2. Überlegt euch in Kleingruppen weitere Themen für Präsentationen im Fach Deutsch. Tauscht euch darüber aus, was euch an diesen Themen interessant erscheint und formuliert dann dazu passende Leitfragen.

3. Formuliert auch Leitfragen zu Unterrichtsthemen eurer weiteren Fächer.

Wie baut man einen Vortrag auf?

Wenn die passende Leitfrage gefunden ist, muss der Aufbau des Vortrags geplant werden. Die 7d tauscht sich darüber aus, was dabei alles zu beachten ist.

Julia: Ich denke, der Einstieg ist ganz wichtig. Der muss interessant sein, damit du sofort die Aufmerksamkeit des Publikums bekommst. Außerdem muss gleich klar werden, worum es in dem Vortrag geht. Deswegen würde ich diesen Teil besonders gut vorbereiten.
Bene: Da hast du recht, aber der Schluss ist mindestens genauso wichtig, weil der doch immer im Gedächtnis bleibt. Ich würde am Ende noch einmal meine Überlegungen zusammenfassen und auf den Punkt bringen.
Alexander: Der Hauptteil sollte in sinnvolle Unterthemen gegliedert sein. Ansonsten kann es schnell passieren, dass Zuhörer den Faden verlieren und dem Vortrag nicht mehr folgen können.
Julia: Stimmt genau! Deswegen würde ich die Gliederung an die Tafel oder auf ein Flipchart schreiben – dann ist sie während des gesamten Vortrags sichtbar und hilft bei der Orientierung.
Annemarie: Es wäre auch gut, wenn der ganze Vortrag einen Spannungsbogen hätte. Eine gute Geschichte bleibt den Zuhörern doch viel besser in Erinnerung als eine Sammlung von Daten und Fakten.
Lorena: Das ist auch bei anschaulichen Beispielen so – an die erinnert man sich später noch.
Bene: Was haltet ihr davon, Medien in den Vortrag einzubauen? Bilder können ein Referat auflockern und Schaubilder können sehr nützlich sein, wenn man schwierige Themen anschaulich darstellen will.
Alexander: Ja, gute Idee, aber sie müssen immer zum Vortrag passen und dürfen nicht von ihm ablenken!
Lorena: Sehr richtig. Ablenken kann man übrigens auch mit seinem Vortragsstil. Das Publikum achtet ja auch auf die Gestik und Mimik des Vortragenden – deswegen sollte man auch diese vorab einüben.

1. Schreibe die wichtigsten Überlegungen der Schülerinnen und Schüler heraus und fertige eine Checkliste an.
2. Gliedere eine von dir gewählte Leitfrage (vgl. Aufgabe 2 von Seite 178) in sinnvolle Unterthemen.
3. Notiere dir Ideen, wie du die Präsentation beginnen und wie du sie beschließen könntest.
4. Arbeite einen Einstieg für deine Präsentation aus und trage ihn in der Klasse vor.

Info

Bei der **Vorbereitung deiner Präsentation** musst du dir über folgende Fragen im Klaren sein:
- Was will ich präsentieren? (Inhalt)
- Wie will ich präsentieren? (Form)
- Womit kann ich meinen Vortrag unterstützen? (Medien)

Tipp

Ihr könnt statt einer Checkliste auch ein Wandplakat gestalten.

Passende Hilfsmittel auswählen | **Überzeugend präsentieren**

Welche Hilfsmittel sind sinnvoll?

Bei der Wahl der passenden Hilfsmittel gehen die Meinungen in der 7d sehr weit auseinander ...

Annemarie: Ich nehme nur die Tafel, da kann nichts schieflaufen.
Alexander: Der Computer bietet mir die meisten Möglichkeiten, deswegen würde ich immer mit dem PC präsentieren.
Lorena: Ich zeichne gern, und deswegen nutze ich am liebsten das Flipchart oder Wandplakate.
Alexander: Das scheidet für mich aus, denn da kann ich ja keine Filme einbauen. Das wäre mir für meine Präsentation sehr wichtig!
Bene: Ich denke, das hängt auch ein bisschen vom Thema ab, findet ihr nicht?
Julia: Na, mir wäre vor allem wichtig, dass ich mit den Medien umgehen kann ...

1. Welche Medien würdest du gern bei einem Vortrag einsetzen? Begründe.
2. Würdest du die Wahl der Hilfsmittel (auch) vom Thema deines Vortrages abhängig machen? Begründe.

Jedes Medium, das du bei deinem Vortrag unterstützend einsetzen kannst, hat Stärken und Schwächen. Es hängt stark von deinen persönlichen Vorlieben und Fähigkeiten, den technischen Voraussetzungen und natürlich dem Thema deiner Präsentation ab, welches Medium besonders geeignet ist.

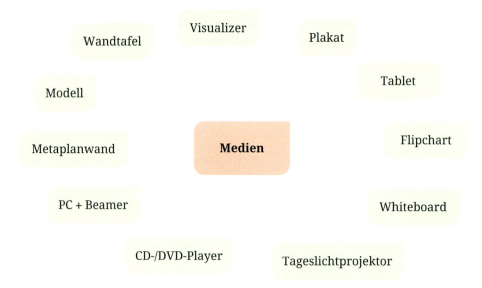

3. Nenne für zwei Hilfsmittel die Vor- und Nachteile, die ihr Einsatz für dich und/oder das Publikum haben kann.
4. Suche nach Beispielen von Präsentationen, bei denen sich einzelne Medien besonders gut einsetzen lassen.

Wie gestaltet man eine digitale Präsentation?

Die Gliederung und der Inhalt des Vortrags sind ausgearbeitet, der zeitliche Rahmen steht fest: Jetzt fehlt nur noch eine digitale Präsentation – oder? Die 7d hat auch dazu ganz unterschiedliche Ansichten.

Alexander: Wenn ich meinen Vortrag vorbereite, tippe ich ihn gleich am Computer ab. So kann ich dann meine Notizen gleich als Folien verwenden.
Bene: Super! Das hat den Vorteil, dass niemand mühsam mitschreiben muss, wenn du uns nachher deine Folien einfach kopierst.
Julia: Oder kopiere sie doch schon vorher, dann müssen wir dir nicht einmal mehr zuhören!
Annemarie: Ich finde, du solltest deine Notizkärtchen nicht auch noch an die Wand projizieren. Dann kannst du doch gar keine Spannung mehr aufbauen.
Alexander: Die erreiche ich durch coole Animationen und Soundeffekte.
Lorena: Wenn du dabei dann jeden einzelnen Buchstaben einfliegen lässt, stirbt dein Publikum eher vor Langeweile.
Bene: Also, ich weiß auch nicht. Mich würde das vor allem ablenken.
Julia: Wie wäre es dann mit ein paar schönen Bildern? Wenn der Vortrag langweilig ist, wird wenigstens den Augen etwas geboten.
Alexander: Aber das kann doch wohl auch nicht der Sinn einer Präsentation sein, oder?

1. Diskutiert: Welche Aufgaben sollten digitale Folien bei einer Präsentation erfüllen? Notiert, wie und wofür man Folien einsetzen kann.
2. Lest euch die folgenden Standpunkte der Schülerinnen und Schüler durch und nehmt Stellung dazu: Würdet ihr euch diesen Meinungen anschließen?

Alexander: Digitale Präsentationen bieten bei einem Vortrag so viele Möglichkeiten wie kein anderes Medium. Deswegen ist der PC für mich immer erste Wahl. Außerdem beeindrucken digitale Folien immer – selbst wenn sie nicht ganz so gut gestaltet sind.

Julia: Ich sehe eher die Gefahr, dass digitale Präsentationen schnell uninteressiert werden – auf den Folien steht meist genau das, was der Referent dann sagt, und zum Schluss gibt es alles noch einmal als Kopie. Da muss man sich doch langweilen!

Annemarie: Ich glaube, man kann auch sehr gut ohne PC auskommen. Tafelbilder und Wandzeitungen sind viel persönlicher. Mir fällt kein Thema ein, das durch ein Präsentationsprogramm besser werden könnte.

Argumentieren → S. 15 ff.

Mit Präsentationsprogrammen arbeiten | Überzeugend präsentieren

Was macht eine gute Präsentationsfolie aus?

Info

Der Mensch denkt in **Bildern** – wenn wir uns an etwas erinnern oder wenn wir nachts träumen, dann läuft vor unserem inneren Auge ein Film ab. Niemand denkt in Textseiten oder träumt nur Sprache und Geräusche.

Die meisten Reize, die auf uns einströmen, nehmen wir über unsere Augen auf. Aus der Vielzahl der Informationen wählt das Gehirn diejenigen aus, die zunächst im Kurzzeit- und schließlich dauerhaft im Langzeitgedächtnis abgelegt werden. Je anschaulicher die Informationen sind, desto höher ist die Wahrscheinlichkeit, dass sie vom Gehirn dauerhaft gespeichert werden.

Alexander, Lorena und Julia haben für eine Buchvorstellung Präsentationsfolien entworfen.

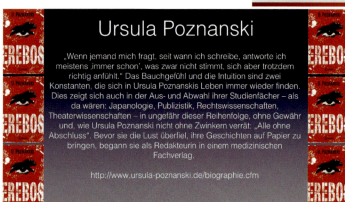

1. Beschreibe deinen ersten Eindruck von den drei Folien. Welche gefällt dir am besten?
2. Suche nach gelungenen und weniger gelungenen Elementen auf den einzelnen Seiten.
3. Entwirf eine eigene Folie für die Buchvorstellung oder zu einem anderen Thema. Du kannst dafür sowohl einen PC oder ein Tablet benutzen als auch Zeichnungen per Hand anfertigen.

Fehler vermeiden!

Digitale Präsentationen lassen sich mit Hilfe von „Assistenten" oft in wenigen Schritten und relativ kurzer Zeit erstellen – doch Vorsicht: Gerade dadurch wächst die Verlockung, sich nicht auf das Wesentliche zu beschränken und auf eine gründliche Planung und Ausarbeitung der Präsentation zu verzichten.
Hier siehst du typische Fehler, die bei digitalen Präsentationen gemacht werden:

1. Erstellt eine kurze Handreichung, was bei einer digitalen Präsentation zu beachten ist. Gebt dabei auch praktische Tipps zur Seitengestaltung, Schriftgröße, Schriftfarbe und Verwendung von Bildern und Texten.
2. Arbeitet eure Folien entsprechend um.

Präsentieren – aber richtig!

Hier findest du einige Ratschläge, die die Klasse 7d für das Präsentieren zusammengestellt hat:

Bereite dich gut vor
- Nutze Moderationskärtchen, um deinen Vortrag einzuüben.
- Übe den Umgang mit der Technik.
- Mache dich mit dem Referententool deines Präsentationsprogramms vertraut.

Sprich frei!
- Orientiere dich an Stichworten.
- Lies nicht ab.
- Halte dich an deine Gliederung.
- Übe deinen Vortrag ein.

Sei verständlich!
- Behalte den Überblick – und achte darauf, dass auch deine Zuhörer nie den roten Faden verlieren.
- Erkläre Fachbegriffe.
- Achte auf eine angemessene Lautstärke und Sprechgeschwindigkeit.
- Achte auf Verständlichkeit – bemühe dich um Einfachheit, Übersichtlichkeit und Kürze.

Sei interessant!
- Verliere dich nicht in Nebensächlichkeiten.
- Verzichte auf unnötige Wiederholungen.
- Setze Gestik und Mimik gezielt ein.
- Achte auf einen Spannungsbogen in deinem Vortrag.
- Wenn du digital präsentierst: Lies deine Folien nicht ab!

Denke an deine Zuhörer!
- Halte Blickkontakt.
- Überfordere sie nicht mit zu vielen Informationen.
- Binde sie mit Fragen oder Aufgaben ein.

Präsentiere anschaulich!
- Unterstütze deinen Vortrag durch den Einsatz passender Medien.
- Veranschauliche schwierige Sachverhalte, z. B. mit Schaubildern.
- Entlaste dein Publikum durch eine Gliederung, ein Handout, Pausen.

1. Welche Ratschläge erscheinen dir für eine gelungene Präsentation besonders wichtig? Begründe.
2. Arbeite die Ratschläge zu einer persönlichen Checkliste um, anhand der du einschätzen kannst, wie gut du für eine Präsentation vorbereitet bist.

Kriterium	++	+	0	–	– –
Stukturierung des Themas					
Vorbereitung Stichwortkarten					
…					

Nach dem Vortrag
In Diskussionen bestehen

Oft schließt sich der eigentlichen Präsentation noch ein Austausch mit den Zuhörern an. Dies bietet die Möglichkeit, Fragen zu stellen und Unklarheiten zu beseitigen. Es ist auch möglich, Einwände gegen das Vorgetragene vorzubringen. In der Schule steht am Ende häufig noch ein persönliches Feedback.

Darauf sollte der Referent bzw. die Referentin achten:

- Zeige deine Sachkompetenz, aber vermeide es, überheblich zu wirken.
- Versuche, offene Fragen angemessen zu beantworten – du bist der Spezialist in dem von dir vorgetragenen Thema. (Aber niemand erwartet, dass du ein wandelndes Lexikon bist!)
- Setze dich mit vorgetragener Kritik sachlich auseinander – widerlege sie oder erkenne sie an.
- Bleibe – auch bei kritischen Einwänden – stets freundlich.
- Nimm das Feedback, das man dir gegenüber äußert, auf. Du kannst daraus lernen. Es ist nicht nötig und sinnvoll, auf jedes Feedback zu antworten.

Darauf sollten die Zuhörer achten:

- Wenn du inhaltliche Kritik anbringen möchtest, sei möglichst konkret, damit der Referent auch weiß, was er gut gemacht hat oder was er besser machen könnte. Vergiss nicht: Kritik kann sowohl negativ als auch positiv sein! Fange am besten mit einer positiven Kritik an.
- Wähle Ich-Botschaften, um Kritik zu äußern. Sage also nicht: „Du kannst nicht erklären!", sondern besser: „Ich habe das nicht genau verstanden."
- Bei aller Kritik an der Präsentation: Werte den Referenten nicht ab!

Es ist sinnvoll, zunächst nur Fragen oder Anmerkungen zur Präsentation zu machen und erst danach, in einer zweiten Runde, ein ausführlicheres Feedback zum Vortrag zu geben.

1. Verständigt euch in der Klasse über Feedback-Regeln und haltet diese auf einem Wandplakat fest.
2. Übt das Feedback nach den gemeinsam formulierten Regeln ein oder verfasst in Partnerarbeit ein fiktives Feedbackgespräch, das die genannten Hinweise beherzigt.

Wie kann ich eine schriftliche Rückmeldung geben?

Während einer Präsentation achten die Beobachter genau darauf, was der Redner sagt und macht. Um ihm eine hilfreiche Rückmeldung zu geben, kann man dabei einen Beobachtungsbogen ausfüllen.

Was nehme ich wahr?	Wie wirkt das auf mich?	Wie reagiere ich?
sehr schnelles und hastiges Reden, unvollständige Sätze	nervös ...	komme nicht mit, werde unruhig
viele hektische Bewegungen mit den Händen	...	achte nur noch auf die Bewegungen
ab und zu Pausen gemacht	überlegt und sicher	kann mir gut Notizen machen
liest vom Blatt ab	einschläfernd, ermüdend	...
bringt mehrere Beispiele	...	interessant, neugierig
schaut die Zuhörer an, lächelt manchmal	offen, freundlich, sympathisch	...
kann nicht alle Fragen beantworten	...	...
...	sehr sicher	...
...	...	...

1. Vervollständigt gemeinsam den Beobachtungsbogen.

Gliederung	klar erkennbar, hilfreich für die Zuhörer	0 0 0 0	nicht nachvollziehbar, wirr, zufällig
Sachkenntnis	überzeugend, breites Wissen, Sicherheit bei Fragen	0 0 0 0	falsch, verwirrend, unsicher, nicht ausreichend vorbereitet
Vortragshaltung	offen, selbstbewusst, dem Publikum zugewandt	0 0 0 0	ängstlich, abgewandt, verloren, unmotiviert
Sprache	laut, deutlich, einfacher Satzbau, frei formuliert	0 0 0 0	leise, undeutlich, abgelesen, auswendig gelernt
Bezug zum Publikum	einladend, Interesse weckend, freundlich	0 0 0 0	distanziert, überheblich, abweisend
Medieneinsatz	routiniert, unterstützend, zielführend, gut erkennbar/lesbar	0 0 0 0	aufdringlich, Selbstzweck, überladen, ablenkend
...	...	0 0 0 0	...

2. Vergleiche die beiden Beobachtungsbögen miteinander. Welcher gefällt dir besser? Begründe.

3. Setzt einen der beiden Beobachtungsbögen bei einem Vortrag eurer Wahl – nicht nur im Deutschunterricht – ein. Diskutiert über eure Erfahrungen.

Wie gebe ich ein mündliches Feedback[1]?

Statt eines schriftlichen Beobachtungsbogens kann man einem Redner auch mündlich eine Rückmeldung zum Inhalt seiner Präsentation und seinem Vortragsstil geben. Dieses Feedback kann dabei helfen, zukünftig Fehler zu vermeiden. Stell dir vor, du hörst nach deiner Präsentation folgende Äußerungen:

Du hast deine Gedanken sehr klar gegliedert. * Deine Mindmap fand ich bescheuert. * Die Beispiele waren klasse – gut ausgewählt! * Ich fand's ätzend langweilig. * Ich hätte mir zwischendurch eine kleine Redepause gewünscht. * Das war ja vielleicht ein Drunter und Drüber! * Du standest da wie ein Ochs vorm Berg, der nicht wusste, wohin er gehen soll. * Mir ist aufgefallen, dass du ganz frei gesprochen hast. * Du hast immer so drum herumgeredet. * Wenn du immer nur alles abliest, kann ich das ja gleich selbst nachlesen. * Also zeichnen kannst du ja wirklich nicht gerade toll, diese Skizze da an der Tafel …

[1] **Feedback** = (engl.) Rückmeldung

Info

Eine einfache Form des **Feedbacks**:
Was war gut?
Was war noch nicht so gut?
Was habe ich durch den Vortrag gelernt?

4. Welche Äußerungen empfindest du als hilfreich, welche weniger? Welche sind verletzend und sollten besser unterbleiben?
5. Formuliere die problematischen Feedbacks so um, dass sie für den Vortragenden hilfreich sind.

Lässt sich ein gutes Feedback einüben?

Mit einer kleinen Übung kann man lernen, ein ehrliches, freundliches und nützliches Feedback zu geben.

Jemand trägt etwas vor, zum Beispiel ein kurzes Referat, eine Rede oder ein Gedicht. Danach gibt jeder ein Feedback, indem er mindestens zwei der folgenden Satzanfänge verwendet:

- Mir gefällt an dir …
- Du kannst gut …
- Ich finde es gut, dass du …
- Ich habe vermisst, dass du …
- Kannst du beim nächsten Mal versuchen, …

6. Probiert die Übung in Kleingruppen aus.
7. Erstellt eine Liste mit Regeln, an die sich jeder hält, wenn ihr die Präsentation eines anderen kommentiert.

Texte und Medien

„Spaghetti für Zwei"

Literaturverfilmung

Literatur gibt es nicht nur in Büchern; literarische Themen finden sich auch in Hörspielen, Spielfilmen und sogar in Computerspielen. Literaturverfilmungen sind Filme, die auf einer literarischen Vorlage beruhen. Sie setzen einen Roman, eine Novelle oder eine Kurzgeschichte mit den Gestaltungsmitteln des Filmes um. Auch wenn sie von einer literarischen Vorlage ausgehen, müssen sie sich nicht in jedem Detail an diese halten. Oft wählen Regisseure bewusst eigene Wege, um den Kern einer Geschichte mit den Mitteln des Films zu erzählen. Literaturverfilmungen sind eigene künstlerische Werke, die nicht nur nach ihrer Treue zur Vorlage bewertet werden sollten.

1. Tauscht euch untereinander aus: Welche Literaturverfilmungen kennt ihr? Welche haben euch besonders gut gefallen, welche weniger gut?
2. Gibt es Jugendbücher, die ihr gerne verfilmt sehen würdet? Begründet.
3. Fallen dir weitere Gründe ein, warum man literarische Werke verfilmt?
4. Diskutiert: Was macht eine gute Literaturverfilmung aus? Haltet die Ergebnisse eurer Diskussion schriftlich fest, z. B. auf einem Wandplakat.

Literaturverfilmung — Filmische Darstellungsmittel erkennen

> **Info**
>
> Eine **Kamera** kann die Handlung aus verschiedenen **Perspektiven** zeigen: aus der **Normalsicht** (auf Augenhöhe), der **Vogelperspektive** (deutlich über dem Geschehen) oder der **Froschperspektive** (unter dem Geschehen). Die verschiedenen **Kameraeinstellungen** geben die Größe des Bildausschnitts an und bestimmen damit, wie nah die Zuschauer an das Geschehen kommen. Bei der **Totalen** ist der ganze Handlungsraum erkennbar, einzelne Figuren spielen keine Rolle mehr. Bei der Kameraeinstellung **Nah** sind Brustbild, Kopf und Oberkörper zu sehen.
> Die Einstellung **Detail** zeigt ausschließlich einen kleinen Ausschnitt einer Person oder eines Gegenstandes.

1. Schau dir die einzelnen Filmbilder an – welche Verfilmungen kennst du?
2. Stellt Vermutungen an, wovon die Filme, die ihr nicht kennt, handeln könnten.
3. Untersuche die Filmbilder: Finde für die im Infokasten genannten Kameraeinstellungen und -perspektiven je ein Beispiel.
4. Welche weiteren filmischen Gestaltungsmittel kennst du?

Das kannst du jetzt lernen!

- ▸ Eine Kurzgeschichte zu untersuchen .... S. 190
- ▸ Literarische Vorlagen medial umzuformen und Gestaltungsentscheidungen einer Literaturverfilmung zu reflektieren .... S. 193
- ▸ Filme, Drehbücher und Storyboards als literarische Darstellungsformen zu verstehen .... S. 194
- ▸ Die Handlungsstruktur eines Films zu erläutern und filmische Gestaltungsmittel zu erkennen und zu analysieren .... S. 195
- ▸ Eine Filmfigur zu charakterisieren .... S. 198
- ▸ Eine Filmrezension zu untersuchen und zu verfassen .... S. 199

Von der Kurzgeschichte zum Film

Spaghetti für zwei

Federica de Cesco

Federica de Cesco (*23. März 1938 in Pordenone, Italien) ist eine Schweizer Schriftstellerin.

[1] **Töff** = schweizerisch für Motorrad

Heinz war bald vierzehn und fühlte sich sehr cool. In der Klasse und auf dem Fußballplatz hatte er das Sagen. Aber richtig schön würde das Leben erst werden, wenn er sein Töff[1] bekam und den Mädchen zeigen konnte, was für ein Kerl er war. Er mochte Monika, die Blonde mit den langen Haaren aus der Parallelklasse, und ärgerte sich über seine entzündeten Pickel, die er mit schmutzigen Nägeln ausdrückte. Im Unterricht machte er gern auf Verweigerung. Die Lehrer sollten bloß nicht auf den Gedanken kommen, dass er sich anstrengte.

Mittags konnte er nicht nach Hause, weil der eine Bus zu früh, der andere zu spät abfuhr. So aß er im Selbstbedienungsrestaurant, gleich gegenüber der Schule. Aber an manchen Tagen sparte er lieber das Geld und verschlang einen Hamburger an der Stehbar. Samstags leistete er sich dann eine neue Kassette, was die Mutter natürlich nicht wissen durfte. Doch manchmal – so wie heute – hing ihm der Big Mac zum Hals heraus. Er hatte Lust auf ein richtiges Essen. Einen Kaugummi im Mund, stapfte er mit seinen Cowboystiefeln die Treppe zum Restaurant hinauf. Die Reißverschlüsse seiner Lederjacke klimperten bei jedem Schritt. Im Restaurant trafen sich Arbeiter aus der nahen Möbelfabrik, Schüler und Hausfrauen mit Einkaufstaschen und kleinen Kindern, die Unmengen Cola tranken, Pommes frites verzehrten und fettige Fingerabdrücke auf den Tischen hinterließen.

Viel Geld wollte Heinz nicht ausgeben, er sparte lieber für die nächste Kassette. „Italienische Gemüsesuppe" stand im Menü. Warum nicht? Immer noch seinen Kaugummi mahlend, nahm Heinz ein Tablett und stellte sich an. Ein schwitzendes Fräulein schöpfte die Suppe aus einem dampfenden Topf. Heinz nickte zufrieden. Der Teller war ganz ordentlich voll. Eine Schnitte Brot dazu, und er würde bestimmt satt.

Er setzte sich an einen freien Tisch, nahm den Kaugummi aus dem Mund und klebte ihn unter den Stuhl. Da merkte er, dass er den Löffel vergessen hatte. Heinz stand auf und holte sich einen. Als er zu seinem Tisch zurückstampfte, traute er seinen Augen nicht: Ein Schwarzer saß an seinem Platz und aß seelenruhig seine Gemüsesuppe!

Heinz stand mit seinem Löffel fassungslos da, bis ihn die Wut packte. Zum Teufel mit diesen Asylbewerbern! Der kam irgendwo aus Uagadugu, wollte sich in der Schweiz breitmachen und jetzt fiel ihm nichts Besseres ein, als ausgerechnet seine Gemüsesuppe zu verzehren! Schon möglich, dass so etwas den afrikanischen Sitten entsprach, aber hierzulande war das eine bodenlose Unverschämtheit! Heinz öffnete den Mund, um dem Menschen lautstark seine Meinung zu sagen, als ihm auffiel, dass die Leute ihn komisch ansahen. Heinz wurde rot. Er wollte nicht als Rassist gelten. Aber was nun?

Plötzlich fasste er einen Entschluss. Er räusperte sich vernehmlich, zog einen Stuhl zurück und setzte sich dem Schwarzen gegenüber. Dieser hob den Kopf, blickte ihn kurz an und schlürfte dann ungestört die Suppe weiter. Heinz presste die Zähne zusammen, dass seine Kinnbacken schmerzten. Dann packte er energisch den Löffel, beugte sich über den Tisch und tauchte ihn in die Suppe. Der Schwarze hob abermals den Kopf.

Sekundenlang starrten sie sich an. Heinz bemühte sich, die Augen nicht zu senken. Er führte mit leicht zitternder Hand den Löffel zum Mund und tauchte ihn zum zweiten Mal in die Suppe. Seinen vollen Löffel in der Hand, fuhr der Schwarze fort, ihn stumm zu betrachten. Dann senkte er die Augen auf seinen Teller und aß weiter. Eine Weile verging. Beide teilten sich die Suppe, ohne dass ein Wort fiel. Heinz versuchte nachzudenken. „Vielleicht hat der Mensch kein Geld, muss schon tagelang hungern. Dann sah er die Suppe da stehen und bediente sich einfach. Schon möglich, wer weiß? Vielleicht würde ich mit leerem Magen ähnlich reagieren? Und Deutsch kann er anscheinend auch nicht, sonst würde er da nicht sitzen wie ein Klotz. Ist doch peinlich. Ich an seiner Stelle würde mich schämen. Ob Schwarze wohl rot werden können?"

Das leichte Klirren des Löffels, den der Afrikaner in den leeren Teller legte, ließ Heinz die Augen heben. Der Schwarze hatte sich zurückgelehnt und sah ihn an. Heinz konnte seinen Blick nicht deuten. In seiner Verwirrung lehnte er sich ebenfalls zurück. Schweißtropfen perlten auf seiner Oberlippe, sein Pulli juckte und die Lederjacke war verdammt heiß! Er versuchte, den Schwarzen abzuschätzen. „Junger Kerl. Etwas älter als ich. Vielleicht sechzehn oder sogar schon achtzehn. Normal angezogen: Jeans, Pulli, Windjacke. Sieht eigentlich nicht wie ein Obdachloser aus. Immerhin, der hat meine halbe Suppe aufgegessen und sagt nicht einmal Danke! Verdammt, ich hab noch Hunger!"

Der Schwarze stand auf. Heinz blieb der Mund offen. „Haut der tatsächlich ab? Jetzt ist aber das Maß voll! So eine Frechheit! Der soll mir wenigstens die halbe Gemüsesuppe bezahlen!" Er wollte aufspringen und Krach schlagen. Da sah er, wie sich der Schwarze mit einem Tablett in der Hand wieder anstellte. Heinz fiel unsanft auf seinen Stuhl zurück und saß da wie eine Ölgötze[2]. „Also doch: Der Mensch hat Geld! Oder bildet der sich vielleicht ein, dass ich ihm den zweiten Gang bezahle?"

Heinz griff hastig nach seiner Schulmappe. „Bloß weg von hier, bevor er mich zur Kasse bittet! Aber nein, sicherlich nicht. Oder doch?" Heinz ließ die Mappe los und kratzte nervös an einem Pickel. Irgendwie wollte er wissen, wie es weiterging.

Der Schwarze hatte einen Tagesteller bestellt. Jetzt stand er vor der Kasse und – wahrhaftig – er bezahlte! Heinz schniefte. „Verrückt!", dachte er. „Total gesponnen!"

Da kam der Schwarze zurück. Er trug das Tablett, auf dem ein großer Teller Spaghetti stand, mit Tomatensauce, vier Fleischbällchen und zwei Gabeln. Immer noch stumm, setzte er sich Heinz gegenüber, schob den Teller in die

[2] wie eine Ölgötze = steif und stumm

Mitte des Tisches, nahm eine Gabel und begann zu essen, wobei er Heinz ausdruckslos in die Augen schaute. Heinz' Wimpern flatterten. Heiliger Strohsack! Dieser Typ forderte ihn tatsächlich auf, die Spaghetti mit ihm zu teilen! Heinz brach der Schweiß aus. Was nun? Sollte er essen? Nicht essen? Seine Gedanken überstürzten sich. Wenn der Mensch doch wenigstens reden würde! „Na gut, er aß die Hälfte meiner Suppe, jetzt esse ich die Hälfte seiner Spaghetti, dann sind wir quitt!" Wütend und beschämt griff Heinz nach der Gabel, rollte die Spaghetti auf und steckte sie in den Mund. Schweigen. Beide verschlangen die Spaghetti. „Eigentlich nett von ihm, dass er mir eine Gabel brachte", dachte Heinz. „Da komm ich noch zu einem guten Spaghettiessen, das ich mir heute nicht geleistet hätte. Aber was soll ich jetzt sagen?

Danke? Saublöde! Einen Vorwurf machen kann ich ihm auch nicht mehr. Vielleicht hat er gar nicht gemerkt, dass er meine Suppe aß. Oder vielleicht ist es üblich in Afrika, sich das Essen zu teilen? Schmecken gut, die Spaghetti. Das Fleisch auch. Wenn ich nur nicht so schwitzen würde!" Die Portion war sehr reichlich. Bald hatte Heinz keinen Hunger mehr. Dem Schwarzen ging es ebenso. Er legte die Gabel aufs Tablett und putzte sich mit der Papierserviette den Mund ab. Heinz räusperte sich und scharrte mit den Füßen. Der Schwarze lehnte sich zurück, schob die Daumen in die Jeanstaschen und sah ihn an. Undurchdringlich. Heinz kratzte sich unter dem Rollkragen, bis ihm die Haut schmerzte. „Heiliger Bimbam! Wenn ich nur wüsste, was er denkt!" Verwirrt, schwitzend und erbost ließ er seine Blicke umherwandern. Plötzlich spürte er ein Kribbeln im Nacken. Ein Schauer jagte über die Wirbelsäule von den Ohren bis ans Gesäß. Auf dem Nebentisch, an den sich bisher niemand gesetzt hatte, stand – einsam auf einem Tablett – ein Teller kalter Gemüsesuppe.

Heinz erlebte den peinlichsten Augenblick seines Lebens. Am liebsten hätte er sich in ein Mauseloch verkrochen. Es vergingen zehn volle Sekunden, bis er es endlich wagte, dem Schwarzen ins Gesicht zu sehen. Der saß da, völlig entspannt und cooler, als Heinz es je sein würde, und wippte leicht mit dem Stuhl hin und her.

„Äh ...", stammelte Heinz, feuerrot im Gesicht. „Entschuldigen Sie bitte. Ich ..."
Er sah die Pupillen des Schwarzen aufblitzen, sah den Schalk in seinen Augen schimmern. Auf einmal warf er den Kopf zurück, brach in dröhnendes Gelächter aus. Zuerst brachte Heinz nur ein verschämtes Glucksen zustande, bis endlich der Bann gebrochen war und er aus vollem Halse in das Gelächter des Afrikaners einstimmte. Eine Weile saßen sie da, von Lachen geschüttelt. Dann stand der Schwarze auf, schlug Heinz auf die Schulter.

„Ich heiße Marcel", sagte er in bestem Deutsch. „Ich esse jeden Tag hier. Sehe ich dich morgen wieder? Um die gleiche Zeit?"

Heinz' Augen tränten, sein Zwerchfell glühte und er schnappte nach Luft.
„In Ordnung!", keuchte er. „Aber dann spendiere ich die Spaghetti!"

1. Lies die Kurzgeschichte mit Hilfe der Fünf-Schritt-Lesemethode.
2. Notiere dir, was du an dieser Kurzgeschichte interessant findest.

| | Literaturverfilmung | Eine Kurzgeschichte umformen |

1. Versuche, Heinz und Marcel zu charakterisieren.
   - Was erfahren wir über das Aussehen und das Auftreten der Figuren?
   - Welche Eigenschaften kann man ihnen aufgrund ihres Verhaltens und (bei Heinz) ihrer Gedanken zuschreiben?
2. Prüfe, inwiefern sich die Kurzgeschichte für eine Verfilmung eignet: Welche Textpassagen lassen sich gut umsetzen, welche sind eher schwierig mit den Mitteln des Films darzustellen?
3. Stellt euch vor, ihr solltet aus der Kurzgeschichte ein Drehbuch für einen Film entwickeln:
   a. Welche Szenen würdet ihr möglichst originalgetreu übernehmen?
   b. Welche Szenen würdet ihr weglassen oder so verändern, dass sie sich mit den Gestaltungsmitteln des Films besser darstellen lassen?
   c. Gibt es Szenen, die ihr ergänzen würdet? Begründet, warum sie euch notwendig oder wichtig erscheinen.
   d. Legt eine Tabelle nach folgendem Beispiel mit den Szenen an, die ihr in eurem Film verwenden würdet.

> **Info**
>
> Ein **Drehbuch** ist die schriftliche Vorlage für einen Film. Es beschreibt alle Orte, Handlungen und Dialoge, die im Film vorkommen. Bis zur Verfilmung wird ein Drehbuch meist mehrmals überarbeitet.

Handlungsorte / *Fragen des Regisseurs*	Handlungen	Personen
Auf der Straße *Was ist Heinz für ein Typ?*	Heinz lehnt lässig an einer Hauswand, blickt einem vorbeifahrenden „Töff" hinterher.	Heinz, Passanten
Fußballplatz *Wie verhält sich Heinz gegenüber seinen Freunden?*	Heinz dirigiert seine Mannschaft, fordert lautstark den Ball und schießt ihn ins gegnerische Tor. Danach jubelt er lässig in Richtung der Zuschauerinnen.	Heinz, Mitschüler, jugendliche Zuschauerinnen
Klassenzimmer *Wie verhält sich Heinz dem Lehrer gegenüber?*	Heinz sitzt auf seinem Platz, die Beine auf dem Tisch, Mitschüler stehen um ihn herum …	Heinz, Klassenkameraden …
…	…	

Die Figuren charakterisieren → S. 124 f.

Eine Kurzgeschichte umformen | Literaturverfilmung

Von der Idee zum Film

Am Anfang jedes Films steht eine Idee. Da eine Filmproduktion aufwändig und kostspielig ist, muss der Autor zunächst Filmproduzenten und Geldgeber von seinen Plänen überzeugen. Er fasst dazu zunächst die Filmhandlung auf wenigen Textseiten zusammen und stellt die wichtigsten Charaktere vor. Dieses sogenannte Treatment[1] ähnelt einer Kurzgeschichte. Es ist die Grundlage für die Ausarbeitung des kompletten Drehbuchs, das von der Form her an ein Theaterstück erinnert. Dieses enthält alle Informationen darüber, was später im Film zu sehen und zu hören sein soll. Ein Storyboard dient dazu, das Geschehen zu veranschaulichen, sodass alle am Film Beteiligten sich vorstellen können, wie das fertige Werk später aussehen wird.

[1] **Treatment** (engl.) = Behandlung

Info

Das **Storyboard** erzählt die Geschichte des Drehbuchs in Bildern. Es ähnelt stark einem Comic und zeigt die Bildinhalte der einzelnen Szenen. Man kann ihnen auch die geplanten Kameraperspektiven und -einstellungsgrößen, manchmal auch die Farbgebung und die geplante Lichtführung entnehmen.

> INNEN RESTAURANT – MITTAG
>
> HEINZ und MARCEL sitzen sich gegenüber, der leere Teller steht zwischen ihnen.
>
>   HEINZ
> (verlegen) Äh ... Entschuldigen Sie bitte. Ich ...
>
>   MARCEL
> (lacht) Ich heiße Marcel. Ich esse jeden Tag hier. Sehe ich dich morgen wieder? Um die gleiche Zeit?
>
>   HEINZ
> In Ordnung. Aber dann spendiere ich die Spaghetti.

4. Erläutere mit eigenen Worten, welche Funktion Treatment, Drehbuch und Storyboard für den Produktionsprozess eines Filmes haben.

5. In den Anfangstagen des Films haben viele Regisseure noch ohne schriftliche Ausarbeitung ihrer Ideen gearbeitet. Erläutere möglichst anschaulich, warum das heute nicht mehr möglich ist.

6. Verfasst auf der Basis der von euch angelegten Tabelle (vgl. Aufgabe 3, S. 193) einen Drehbuchausschnitt oder skizziert Teile des Storyboards für euren Verfilmungsvorschlag.

7. Stellt euch in der Klasse gegenseitig eure Entwürfe vor. Welcher Entwurf kann am meisten überzeugen?

8. Arbeitet diesen Entwurf komplett aus und verfilmt gemeinsam diese Version von „Spaghetti für zwei".

Literaturverfilmung | Ein Filmplakat untersuchen

Der Kurzspielfilm „Spaghetti für Zwei" (2011)

Im Jahr 2011 haben die Regisseure Matthias Rosenberger und Betina Dubler die Kurzgeschichte von Federica de Cesco aus dem Jahr 1975 verfilmt.

Das Filmplakat

1. Tauscht euch darüber aus, welche Funktion Filmplakate haben.
2. Betrachte das Filmplakat zum Kurzspielfilm „Spaghetti für Zwei": Welche Elemente aus der Kurzgeschichte kannst du entdecken? Welche sind neu?
3. Stelle Vermutungen an, inwiefern die Szenen mit dem Thema der Kurzgeschichte zusammenhängen könnten.
4. Welche Erwartungen hast du an den Film?
5. Macht dich das Plakat auf den Film neugierig? Begründe deine Antwort.

Tipp
Eure Überlegungen könnt ihr auf einem Wandplakat festhalten.

Der Trailer zum Film „Spaghetti für Zwei"

Ein Trailer ist ein kurzer Filmclip, der zur Bewerbung von Spielfilmen eingesetzt wird. Er besteht meist aus kurzen Originalszenen des Films und hat in der Regel eine Länge von zwei bis drei Minuten. Die Szenen des Films werden nicht unbedingt in der Reihenfolge verwendet, in der sie im Film auftauchen. Durch Voice Over[1], Inserts[2] und passende Musik soll der Zuschauer auf den ganzen Spielfilm neugierig gemacht werden.

[1] **Voice Over** = Erzählerstimme, die über eine Filmszene gelegt wird

[2] **Insert** = Texteinblendung innerhalb eines Films

1. Schau dir den Trailer zum Kurzspielfilm „Spaghetti für Zwei" an und beschreibe deinen ersten Eindruck.
2. Was für eine Geschichte erzählt der Trailer? Beschreibe sie in eigenen Worten.
3. Was erfahren wir über die zentralen Figuren des Films?
4. Untersuche, wie die wichtigsten filmischen Gestaltungsmittel im Trailer eingesetzt werden: Bildgestaltung, Kameraperspektiven, Einstellungsgrößen, Schnitte, Dialoge, Geräusche, Musik. Wie wirken sie auf dich?
5. Formuliere deine Erwartungen an den Film, nachdem du den Trailer gesehen hast. Passt er deiner Meinung nach zu der Kurzgeschichte von Federica de Cesco?
6. Ist es dem Trailer gelungen, dich auf den gesamten Film neugierig zu machen? Begründe deine Antwort.

Nachschlagen: Merkwissen → S. 293

„Spaghetti für Zwei" – der erste Eindruck

„Der sympathische, aber einsame Finn ist auf dem
Weg zum Mittagessen. Bedrohlich lauert bereits die
Außenwelt, denn in seiner Vorstellung wimmelt
es nur so vor Betrügern, Ludern[1] und Kriminellen!
Was eigentlich nur ein alltäglicher Spaziergang
werden sollte, entpuppt sich als Odyssee. Es beginnt ein wirrer Kampf gegen die Welt und gegen
sich selbst. Und am Ende siegt der Verlierer ..."
(Inhaltsbeschreibung auf der Filmhomepage)

[1] **Luder** = Person, meist weiblich, die für durchtrieben und liederlich gehalten wird

1. Schaut euch den Film in voller Länge an und tauscht euch im Anschluss über euren ersten Eindruck aus.
2. Vergleicht den Film mit dem Trailer – wurden eure Erwartungen erfüllt?
3. Vergleicht den Film mit der Kurzgeschichte – wo finden sich inhaltliche Gemeinsamkeiten, wo weicht der Film von der Textvorlage ab?
4. Sammelt Gründe, warum der Film inhaltlich und stilistisch eigene Wege geht und sich an manchen Stellen stark von der Vorlage entfernt.
5. „Und am Ende siegt der Verlierer ..." Erkläre, wie dieser Satz von der Filmhomepage verstanden werden kann.

Die Analyse der Eingangssequenz

6. Betrachte noch einmal die Eingangssequenz (1:00 – 2:25):
   Wie wird die Aufmerksamkeit des Zuschauers auf die Hauptfigur gelenkt?
   Achte dabei sowohl auf die Bild- als auch die Tonebene.
7. Beantworte folgende Fragen mit einem Lernpartner:
   ▶ Welche Rolle spielt das Überraschungsei für Finn?
   ▶ Was sagt dies über die Hauptfigur aus?
8. Suche mindestens fünf Adjektive, die die Hauptfigur treffend beschreiben. Vergleiche deine Ergebnisse mit deinem Partner und einigt euch auf die fünf treffendsten Adjektive.

Die Funktion von Adjektiven untersuchen → S. 232

Die zentralen Figuren des Films

Neben Finn spielen im Film noch ein Bettler, eine Bedienung und ein dunkelhäutiger Gast wichtige Rollen.

> **Info**
>
> **Filmmusik:**
> Die Musik, die in einem Film eingesetzt wird, soll die Stimmung einer Szene unterstützen. Sie ist oft mit der Inhaltsebene verknüpft und unterstreicht beispielsweise die Gefühle der handelnden Figuren.

9. Was erfahren wir über die drei Personen im Film? Versuche, sie und ihr Verhalten möglichst genau zu beschreiben.
10. Was verraten die Traumsequenzen über Finn? Schreibe kurze Figurensteckbriefe. Nutze dazu auch die Ergebnisse aus der Analyse der Eingangssequenz.
11. Untersuche, wie die Traumsequenzen in die Handlung des Films eingebaut sind. Wodurch sind sie für den Zuschauer als Tagträume zu erkennen? Achte auf Veränderungen sowohl auf der Ton- als auch auf der Bildebene.

Filmszenen vergleichen

Im Film gibt es keine hörbaren Dialoge; die Figuren kommunizieren durch Gestik und Mimik miteinander. Durch diese erkennt der Zuschauer auch, was die Figuren im Inneren bewegt.

12. Beschreibe möglichst genau die Kommunikation in der Szene, in der Jeremy und Finn sich die Suppe teilen (08:03 – 09:45), und vergleiche sie mit der Mimik und Gestik von Finn, nachdem er entdeckt hat, dass seine Suppe noch unberührt auf dem Nachbartisch steht (13:15 – 14:41).
13. Welche filmischen Gestaltungsmittel setzen die Regisseure ein, um die Gefühlswelt Finns zu verdeutlichen?

Den Ausgang des Films deuten

Die Filmhandlung zeigt ein Erlebnis im Leben der Hauptfigur, welches sein Leben komplett verändert.

14. Versuche, die Veränderung Finns in wenigen Sätzen möglichst genau zu beschreiben.
15. Als Finn am Ende ins Freie tritt, wird der Name des Restaurants sichtbar: „Phoenix". Informiere dich über die Herkunft des Namens und versuche, ihn im Zusammenhang mit der Filmhandlung zu deuten.
16. Vergleiche den Vorspann und das Wetter zu Beginn des Films mit dem Wetter am Ende und der Gestaltung des Abspanns – welche Botschaft richten die Regisseure damit an die Zuschauer des Films?

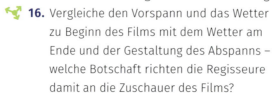

Figurensteckbriefe erstellen → S. 124 f.
Nachschlagen: Merkwissen → S. 293

„Spaghetti für Zwei" – Besonders wertvoll?!

Der Kurzfilm „Spaghetti für Zwei" wurde von der Deutschen Film- und Medienbewertung mit dem Prädikat „Besonders wertvoll" ausgezeichnet. Die Jury begründet ihre Entscheidung wie folgt:

Ein hervorragend guter Kurzfilm, der ganz auf Sprache verzichtet, dafür die Musik gekonnt als Ersatz einsetzt, ohne lautmalerisch[1] zu sein. Viele überraschende Ideen erzeugen im Zusammenhang mit den darstellerischen Leistungen eine atmosphärische Dichte[2]. Spöttisch und leicht mit liebevollen Details erleben wir diesen Finn und seinen Mitspieler beim Essen, der geduldig mit dem für ihn etwas sonderbaren Gebaren[3] des Mitessers umgeht. Aber wir werden auch Zeuge des Mutes, den Finn aufbringt, die für ihn sonderbare Situation annehmen zu können und mit Bravour[4] zu meistern. Es geht um Akzeptanz, Toleranz und Offenheit bei mehrdeutigen Situationen. Nicht sofort ablehnend zu reagieren, sondern mit Geduld gegenüber anderen. Der Film basiert auf einer Kurzgeschichte gleichen Namens von Frederica Kitamura de Cesco, die als Diskussionsauslöser in vielen Schulen verwendet wird. Dem Film gelingt eine kongeniale[5] Umsetzung mit seiner stilistischen Reduzierung der Bilder und der dagegengesetzten, fast humoristischen Übertreibung der inneren Vorstellungen und Vorurteile gegenüber anderen Menschen mit komödiantischem Augenzwinkern.

[1] **lautmalerisch** = natürliche Laute nachahmend
[2] **atmosphärische Dichte** = hier: eine intensive Stimmung
[3] **Gebaren** = Verhalten
[4] **Bravour** = Geschick, Tapferkeit
[5] **kongenial** = (künstlerisch) ebenbürtig

1. Fasse die wesentlichen Gründe für die positive Bewertung in eigenen Worten zusammen.
2. Die Jury der Bewertungsstelle bezeichnet den Film als „eine kongeniale Umsetzung" der Kurzgeschichte. Kannst du dich diesem Urteil anschließen? Begründe deine Meinung.
3. Die Deutsche Film- und Medienbewertung nennt unter anderem folgende Kriterien für die Bewertung eines Films:

Beurteilung nach dem Stoff	Beurteilung nach der Form	Beurteilung nach der Filmgestalt im Ganzen
▸ Geschichte, Originalität, Bedeutung ▸ zeitkritischer Gehalt ▸ gesellschaftliche Relevanz[6] ▸ altersgerechte Themen und Vermittlung bei Kinder- und Jugendfilmen	▸ Drehbuch (Aufbau, Stil) ▸ Regie (Stil, Dramaturgie[7], Umsetzung ins Bild, Sprache) ▸ Besetzung und Darstellung ▸ Kamera (Führung, Bildausschnitt) ▸ Tonebene (Musik)	▸ Umsetzung von Stoff und Form ▸ Angemessenheit der gestalterischen Mittel

[6] **Relevanz** = Bedeutung, Wichtigkeit
[7] **Dramaturgie** = Auswahl und Anordnung der erzählerischen Mittel

Verfasse eine eigene Bewertung des Films, indem du auf einige der genannten Kriterien eingehst.

Sprachgebrauch und Sprachreflexion

Alles im Wandel in der Satzwerkstatt

Sätze und Satzglieder

Frustriert sitzen die Topologis in der Satzwerkstatt: Ihr schöner Kommunikator lässt sich nicht verkaufen. Obwohl er perfekte Sätze produziert, will niemand den Sprachautomaten kaufen. Sie haben eine genaue Liste gemacht, über welche Module der Kommunikator verfügt.

1. Lies das Verkaufsplakat. Notiere zu allen aufgeführten Begriffen, was damit gemeint ist.
2. Vergleicht und ergänzt eure Notizen.
3. Untersuche folgende Sätze in der Feldertabelle. Nutze auch das Koordinationsfeld.

Koord.	Vorfeld VF	LSK	Mittelfeld MF	RSK	Nachfeld NF
	Die Topologis	haben	...		

Die Topologis haben zwei Jahre am Kommunikator gebastelt.
Nun wollen sie den Kommunikator verkaufen.
Leider gab es bisher keine Interessenten und heute kommt auch niemand.
Sie müssen sich etwas Neues überlegen, denn er produziert perfekte Sätze.
Ihre ganze Hoffnung setzen sie auf T-Sasters coole Ideen.
Aber T-Saster hat sich wohl versteckt.

Nachschlagen: Merkwissen → S. 294

Sätze und Satzglieder | Die zentrale Bedeutung des Prädikats erläutern

Wo ist T-Saster?

WO BIST DU?
KOMM HER, T-SASTER!
WO HAST DU DICH VERSTECKT?
WIR BRAUCHEN DICH DRINGEND!
WIR BRAUCHEN DEINE COOLEN IDEEN.
WIR WOLLEN KEIN VERSTECKEN SPIELEN.
LASS DEN QUATSCH!
HALLO?!

GESUCHT

Es ist ein pinkfarbener Topologi mit schimmernder Brille. Vermutlich ist er schwerhörig wegen der großen Kopfhörer auf den Ohren.

4. Trage die Sätze des Megafons in eine Feldertabelle ein.
5. Klärt, woran man einen Satz erkennt. Welche Äußerung ist grammatikalisch kein Satz?
6. Bestimme die Satzarten (V1-, V2-Satz) und kläre die Sprechabsichten (Frage, Aufforderung usw.).
7. Ermittle mit Hilfe des Vorfeldtests die Anzahl der Satzglieder in den Megafonsätzen.
8. Finde auf dem Suchplakat je ein Beispiel für Adjektivattribut und ein präpositionales Attribut.
9. Um welche Verbergänzung handelt es sich in folgenden Sätzen:
   Er ist schwerhörig.
   Er ist ein pinkfarbener Topologi.

Das kannst du jetzt lernen!

▸ Das Prädikat und seine Ergänzungen zu beschreiben und zu nutzen .... S. 202
▸ Adverbialen zu unterscheiden .... S. 204
▸ Nebensätze als Satzglieder zu bestimmen .... S. 206
▸ Attribute als Satzgliederweiterungen zu nutzen .... S. 212
▸ Attributsätze zu erkennen .... S. 213
▸ Eingebettete Sätze zu erkennen .... S. 214

Die zentrale Bedeutung des Prädikats erläutern | Sätze und Satzglieder

Von Sätzen und Satzgliedern

T-Saster bleibt verschwunden. Deshalb überlegen die Topologis, dass sie die Werbung für ihren Kommunikator verbessern müssen. Vor allem die Prädikatpower des Kommunikators muss betont werden.

Verben werben!
Timo Brunke

Im Werbewettkampf, dem herben, werben
Wir für unsere Favoriten!
Wir wollen mit Verve für Verben werben,
Dazu braucht ihr uns gar nicht erst bitten.

5 Wir werben für die Verben, die das menschliche Handeln
Erst so richtig plastisch beschreiben,
Die Langweilersätze in Action verwandeln –
Dieses Verbengeschäft woll'n wir treiben.

Wenn der Wetterblitz aus den Wolken fährt,
10 Dann stürzt er auch, schießt, zuckt hernieder,
Dann „tut" der nicht irgend „vom Himmel tun",
Beim Duden! Nein, das klänge bieder!

Wenn ein neuer Film mit Bruce Willis erscheint,
Dann macht Willis nicht einfach drin „Bumbum",
15 Dann schlägert sich Willis, kloppt, rüpelt, grunzt, greint
Und macht nicht nur einfach dumm rum.

Timo Brunke (geb. 1972 in Stuttgart) ist ein bekannter Wortkünstler der deutschsprachigen Poetry Slam-Szene

1. Tragt den Text vor.
2. Verben verwandeln „Langweilersätze in Action" (V. 7). Besprecht, was mit dieser Aussage gemeint ist.
3. Bilde Verbzweitsätze mit den Verben im Kasten. Ergänze nur so viele Satzglieder, dass ein grammatikalisch richtiger Satz entsteht.

Info
Verbergänzungen sind die Satzglieder Subjekt, Objekt und Adverbial.

grunzen ■ schicken ■ trompeten ■ gehören ■ lieben ■ helfen ■ brennen ■ begegnen ■ atmen ■ wünschen ■ werben ■ bitten

Sätze und Satzglieder | Die zentrale Bedeutung des Prädikats erläutern

4. Prüfe mit Hilfe des Vorfeldtests, wie viele Ergänzungen die Verben in deinen Sätzen brauchen. Trage das Verb in die entsprechende Spalte ein.

einwertige Verben	zweiwertige Verben	dreiwertige Verben
grunzen		

Info

Jedes Verb bindet eine bestimmte Anzahl von Satzgliedern an sich. Man spricht auch von der **„Wertigkeit"** oder der „Valenz" des Verbs. Beispiel: *grunzen* ist einwertig. *Er grunzt.*

5. Das Verb fordert auch eine bestimmte Form der Satzglieder. Schreibe folgende Sätze mit den richtigen Kasusendungen in dein Heft.

Die Topologis lieben [ihr Kommunikator].
Trotzdem wollen sie [der Apparat] verkaufen.
Sie überlegen sich [ein Werbeslogan] und engagieren [ein Wortkünstler].
Er hilft [die Topologis]. Gemeinsam suchen sie nach [eine Werbestrategie].

6. Kläre mit Hilfe der Ersatzprobentabelle, in welchem Kasus die Ergänzungen in Klammern in Aufgabe 5 stehen.

dir/dich-Probe	Topo-Probe	Fragewort-Probe	Fall (Kasus)
du	der Topo	wer? was?	Nominativ (Wörterbuch-Fall)
dir	de**m** Topo	we**m**?	Dativ
dich	de**n** Topo	we**n**? was?	Akkusativ
deiner	des Topos	wessen?	Genitiv

7. Unterstreiche auch alle Ergänzungen im Nominativ, also alle Subjekte.

T-Murs Kasusspiele

T-Mur erklärt den Topologis, wie er sich die Akkusativformen einprägt. Dazu spielt er am liebsten: „Ich packe meinen Koffer und nehme [wen? was?] mit." Auch für die Dativergänzung hat er ein Spiel: „Ich reise um die Welt und begegnete [wem?]."

8. Spielt das Kofferspiel, indem ihr nacheinander wiederholt, was die Vorgänger alles mitnehmen. Achtet genau auf die Kasusendungen.
„Ich packe mein**en** Koffern und nehme ein**en** Ball mit." –
„Ich packe meinen Koffer und nehme ein**en** Ball und ein**e** Hose mit." Usw.
9. Spielt nun auch das Reisespiel, indem ihr Dativobjekte ergänzt.
„Ich reise um die Welt und begegnete ein**em** Löwen." – „Ich reise um die Welt und begegnete ein**em** Löwen und ein**er** Gazelle." Usw.

Adverbiale bestimmen | Sätze und Satzglieder

Alles über den Kommunikator

Die Topologis wollen nun systematisch ihren Kommunikator vermarkten. Dazu schalten sie eine Werbeanzeige.

1. Stelle deinem Partner Fragen, die dieser mit Hilfe der Zeitung beantworten kann.
Beispiel: Wo kann der Kommunikator gekauft werden? In der Satzwerkstatt.
2. Vier adverbiale Bestimmungen kennst du schon. Übertrage folgende Tabelle in dein Heft und ergänze sie mit Beispielen des Plakats.

Info

Adverbiale sind Satzglieder, die über die näheren Umstände informieren. Wir unterscheiden **temporale** *(Zeit)*, **lokale** *(Ort)*, **kausale** *(Grund)*, **modale** *(Art und Weise)*, **finale** *(Zweck)*, **konditionale** *(Bedingung)*, **konsekutive** *(Folge)*, **konzessive** *(Einräumung)* und **instrumentale** *(Mittel)* Adverbiale.

Adverbial	nähere Umstände	Fragewörter	Beispiel
temporales Adverbial		Wann? Seit wann? Bis wann?	
lokales Adverbial	Ort		
kausales Adverbial		Warum? Weshalb?	
modales Adverbial	Art und Weise		

Nachschlagen: Merkwissen → S. 295 f.

3. Prüfe, welche Umstände die unterstrichenen Adverbiale genauer bestimmen. Ergänze die Tabelle.

Der Kommunikator wird <u>zur Produktion von Sprache</u> benutzt.
<u>Trotz seiner stattlichen Größe</u> ist er vielfältig einsetzbar.
<u>Bei sachgemäßer Bedienung</u> arbeitet der Kommunikator zuverlässig.
Der Apparat ist <u>mit einem Schloss</u> gesichert.
<u>Zur Freude der Topologis</u> hat der Kommunikator 2015 einen Design-Preis bekommen.

Adverbial	nähere Umstände	Fragewörter	Beispiel
finales Adverbial	Zweck	Wozu? Zu welchem Zweck? Wofür?	
konditionales Adverbial	Bedingung	Unter welcher Bedingung?	
konsekutives Adverbial	Folge	Mit welcher Folge? Mit welcher Wirkung?	
konzessives Adverbial	Einräumung	Trotz welcher Umstände?	
instrumentales Adverbial	Mittel	Womit?	

4. Wähle einen der folgenden Arbeitsaufträge:
- ▸ Ergänze folgende Sätze durch einzelne adverbiale Bestimmungen.
  oder
- ▸ Ergänze folgende Sätze durch möglichst viele adverbiale Bestimmungen.

   Ein Interessent kommt.
   Der Kommunikator funktioniert.

- ▸ Lasst euren Partner die Adverbialen bestimmen.

5. Bestimme in folgendem Satz alle Satzglieder.

Innerhalb von zwei Jahren haben die Topologis trotz zahlreicher Rückschläge sehr fleißig mit Recycling-Materialien den beeindruckenden Kommunikator in ihrer Satzwerkstatt entwickelt.

Tipp
Du findest fünf verschiedene Adverbialen.

6. Streiche alle Satzglieder im Satz von Aufgabe 5 weg, die du für einen grammatikalisch korrekten Satz nicht benötigst. Welche Satzglieder bleiben übrig?

7. Warum sind die weggestrichenen Satzglieder trotzdem wichtig?

Nachschlagen: Merkwissen → S. 295 f.

Nebensätze als Adverbialen erkennen | **Sätze und Satzglieder**

Das Verkaufsgespräch

T-Weise übt mit T-Rex ein Verkaufsgespräch, falls ein Interessent kommt.

T-Weise: Warum wollt ihr den Kommunikator verkaufen?

T-Rex: Wir haben diesen komplizierten Apparat gebaut, indem wir im Team zusammengearbeitet haben.

T-Weise: Wann wusstet ihr, dass er funktioniert?

T-Rex: Wir haben den Automaten entwickelt, damit ihn andere Menschen nutzen können.

T-Weise: Wie habt ihr diesen komplizierten Apparat gebaut?

T-Rex: Nachdem wir die Felderstruktur entdeckt hatten, klappte es mit der Satzproduktion.

T-Weise: Unter welcher Bedingung bildet er Sätze?

T-Rex: Der Kommunikator kann deutsche Sätze produzieren, weil er die Grammatik beherrscht.

T-Weise: Wozu habt ihr diesen Automaten entwickelt?

T-Rex: Wenn man einen Knopf drückt, werden Sätze gebildet.

T-Weise: Warum kann dieses Gerät deutsche Sätze produzieren?

T-Rex: Weil er jetzt zuverlässig arbeitet, wollen wir ihn verkaufen.

Info
Nebensätze (NS) sind Verbletztsätze (VL) und in einen Hauptsatz (HS) eingebettet.

1. Prüfe, welche Antworten zu T-Weises Fragen passen.
2. Untersuche die Antwortsätze von T-Rex: Bestimme Haupt- und Nebensätze. Unterstreiche den Nebensatz. Nutze die Folientechnik.
3. Untersuche die Fragesätze T-Weises. Unterstreiche die Fragewörter. Vergleiche sie mit den Fragen nach adverbialen Bestimmungen. Was fällt dir auf?
4. T-S erinnert an den Satzglied-Gliedsatz-Wandler, den sie dem Kommunikator eingebaut haben. Erkläre mit Hilfe der Abbildung, wie er funktioniert.

T-HS T-NS

206

1. Beweise mit Hilfe der Feldertabelle, dass es sich bei den Nebensätzen um Satzglieder des Hauptsatzes handelt (Gliedsätze). Stelle dazu den Nebensatz, wenn möglich, ins Vorfeld und ersetze ihn durch ein Adverbial. Die Papierstreifen unten können dir bei der Umwandlung helfen.

Vorfeld VF	LSK	Mittelfeld MF	RSK	Nachfeld NF
Weil er jetzt zuverlässig arbeitet, *oder:* **Wegen seiner Zuverlässigkeit**	wollen	wir ihn	verkaufen.	
Wir	haben	diesen komplizierten Apparat	gebaut	, indem wir im Team zusammengearbeitet haben.
Indem wir ... *oder:* **In Teamarbeit ...**	haben	...	...	
Wir	haben	den Automaten	entwickelt	, damit ihn andere Menschen nutzen können.
Damit ihn ... *oder:* ...	...	...	...	

2. Erkläre, was sich bei der Umformung der Sätze verändert.
3. Bestimme nun die Adverbialsätze. Übertrage dazu folgende Tabelle in dein Heft und ergänze sie.

Adverbialsatz	Frage	Art der Adverbialen	Subjunktion	Funktion
weil er jetzt zuverlässig arbeitet	Warum?	Kausalsatz	weil	gibt eine Begründung an
indem wir im Team zusammengearbeitet haben	Wie?	...	indem	
Damit ihn andere Menschen ...	...	Finalsatz	...	gibt einen Zweck an
...	...	...	...	...

Info

Gliedsätze können die Rolle von Adverbialen übernehmen und werden dann entsprechend benannt: **Temporalsatz, Lokalsatz, Kausalsatz, Modalsatz, Finalsatz, Konditionalsatz, Konsekutivsatz, Konzessivsatz**.

Zum Nutzen anderer Menschen

In Teamarbeit

Wegen seiner Grammatikbeherrschung

Nach der Entdeckung der Felderstruktur

Bei Knopfdruck

Nachschlagen: Merkwissen → S. 295 f.

Adverbialsätze bestimmen | Sätze und Satzglieder

AlphaGo gewinnt gegen Weltklassespieler!

Während T-Rex Verkaufsgespräche trainiert, berichtet T-Mur von einem Computer, der schon ganz andere Dinge kann, als nur zu sprechen und Satzglieder in Gliedsätze zu wandeln:

„Go" ist ein altes Strategiespiel aus Asien, das auf einem Brett mit Gittermuster gespielt wird. Es gilt als das schwierigste Spiel, <u>obwohl die Spielregeln einfach sind</u>. Die Spieler setzen abwechselnd ihre Steine in Weiß und Schwarz auf einen der Schnittpunkte des Spielfelds. Ziel ist es, Steine des Gegners einzukreisen und so mehr Fläche als diese auf dem Spielfeld zu erobern. <u>Wenn ein Spieler mehr als die Hälfte des Bretts eingenommen hat</u>, hat er gewonnen. Die Regeln sind also simpel. Doch die Entwicklungen des Spielverlaufs sind so vielfältig, <u>dass es sehr viel Übung erfordert</u>. Erfahrung ist das entscheidende Kriterium für komplexe Brettspiele wie „Go". Der Zufall spielt bei „Go" keine Rolle, <u>sodass sich alle möglichen künftigen Züge berechnen lassen</u>. Die Software von AlphaGo bekam anfangs 30 Millionen Spielzüge von Go-Experten eingebaut. Doch das wäre viel zu wenig, <u>weil eine Partie über 150 Züge mehr als 10^{170} mögliche Konstellationen auf dem Brett enthält</u>. So könnte AlphaGo nicht gegen einen menschlichen Profi gewinnen. Das gelingt dem Computer nur, <u>weil er dank künstlicher Intelligenz, einer Art digitalem Gehirn, lernen kann wie der Mensch</u>. Deshalb spielte AlphaGo unermüdlich gegen sich selbst, <u>damit er besser wurde</u>. Innerhalb von fünf Monaten hat sich AlphaGo so vom Amateurniveau an die absolute Weltspitze trainiert.
Am 14.03.2016 war es so weit: AlphaGo gewann das Duell gegen den 33-jährigen Lee Sedol mit 4:1, <u>als das Go-Genie Lee nach 280 Zügen im letzten Spiel aufgab</u>.

1. Benenne die unterstrichenen Adverbialsätze.
2. Klärt jeweils die Funktion. Wo habt ihr Schwierigkeiten?
3. Manche Topologis glauben, man käme mit weniger Adverbialsätzen aus. Versuche, die Sätze einfacher zu formulieren. Was wird anders?
4. Informiert euch darüber, was künstliche Intelligenz ist.

Digitaler Wandel

T-Murs Bericht aus Seoul über den Sieg von AlphaGo über den Südkoreaner Lee stimmt die Topologis nachdenklich. Sie informieren sich über Zukunftstechnologien:

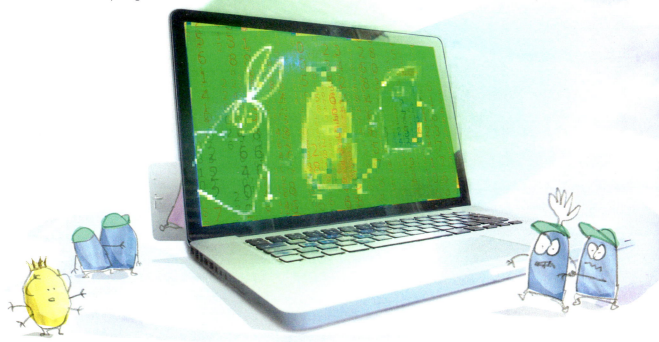

Wir befinden uns mitten in der digitalen Revolution. Sie basiert auf der Erfindung des Mikrochips und dessen stetiger Leistungssteigerung. Auf winzige Siliziumplättchen sind elektronische Schaltkreise aufgebracht, die große Mengen digitaler Daten verarbeiten können. „Digital" bedeutet, dass sich alle Daten (Texte, Bilder, Töne, Videos) mit den Zeichen 0 und 1 darstellen lassen. So kann heute die Heizung mit unserem Smartphone kommunizieren, ▇▇▇ es warm ist, ▇▇▇ wir nach Hause kommen. Autos werden von Robotern gebaut, ▇▇▇ diese genauer und schneller arbeiten und niemals müde werden. Seit 1992 muss der Bauer seine Kühe nicht mehr selbst melken, ▇▇▇ er einen Melkroboter hat. Humanoide[1] Roboter können heute laufen, tanzen, Fußball spielen, Treppen steigen, sprechen, singen und eine Spülmaschine ausräumen. Unfälle werden verhindert, ▇▇▇ Autos selbstständig fahren. Seit 2009 gibt es Chips, die ins Auge von Blinden implantiert werden, ▇▇▇ sie wieder sehen können. Wie beim Einsatz von künstlichen Gelenken oder Herzschrittmachern sorgt unsere moderne digitale Technik dafür, dass Mensch und Maschine immer mehr verschmelzen. Die Menschen werden zu Cyborgs[2], ▇▇▇ technische Hilfsmittel implantiert[3] werden.

> falls ■ indem ■ weil ■ wenn ■ wenn ■ damit ■ sodass

[1] **humanoid** = menschenähnliche Roboter

[2] **Cyborg** (engl.: cybernetic organism) = Menschen, die dauerhaft künstliche Bauteile tragen, um ihre Fähigkeiten zu optimieren

[3] **implantieren** = einsetzen

1. Manche Zusammenhänge werden in dem Text nicht klar, weil Subjunktionen fehlen. Setze passende ein. Der Wortspeicher kann dir helfen.
2. Kennt ihr weitere Beispiele für die Folgen der Digitalisierung?

Weitere Gliedsätze als Satzglieder erkennen | **Sätze und Satzglieder**

Alles digital?

Über die zunehmende Digitalisierung entsteht eine Diskussion, doch nur Satzfetzen sind zu hören:

Ich merke, …	dass ich keine Ahnung habe.
Dieser Text beweist, …	warum die Digitalisierung allgegenwärtig ist.
Der Autor behauptet, …	dass wir mitten in einer digitalen Revolution stecken.
Jetzt weiß ich, …	wie Mikrochips funktionieren.
Informatiker erklären, …	dass viele Informationen auf kleinem Raum verarbeitet werden können.
Experten fordern, …	digitale Technik zu medizinischen Zwecken einzusetzen.
Mir gefällt nicht, …	dass Menschen zu Cyborgs werden.
„Digital" bedeutet, …	dass sich alle Daten mit 0 und 1 darstellen lassen.

Info

Alle Satzglieder können die Form von Nebensätzen (Verbletztsätzen) haben. Sie werden nach ihrer Funktion im Satz benannt: Subjektsätze, Objektsätze, Adverbialsätze.

1. Füge die Teilsätze der Topologis zu sinnvollen Sätzen zusammen.
2. Besprecht, was den Hauptsätzen (z. B. *Ich merke, …*) fehlt.
3. Untersucht die Wertigkeit der Verben aus den Hauptsätzen: beweisen, behaupten, wissen, erklären, fordern, gefallen, vorhaben. Beispiele:

merken
- jemand — Ergänzung im Nominativ: Subjekt
- etwas — Ergänzung im Akkusativ: Akkusativobjekt

bedeuten
- etwas — Ergänzung im Nominativ: Subjekt
- etwas — Ergänzung im Akkusativ: Akkusativobjekt

4. Erklärt mit Hilfe der Wertigkeit, welche Ergänzungen in den Einleitungssätzen fehlen.
5. Klärt, welche Funktion die ergänzten Verbletztsätze haben. Führt dazu den Vorfeldtest in der Feldertabelle durch.

Nachschlagen: Merkwissen → S. 295 f.

Und wo ist T-Saster?

Mitten im Gespräch fällt den Topologis auf, dass T-Saster noch immer verschwunden ist. Sie diskutieren über die Möglichkeit, T-Saster mit digitaler Hilfe zu finden.

(1) T-Mur ist gekommen, um bei der Suche nach T-Saster zu helfen.
(2) Auch Pitbull ist dabei, weil er T-Saster vermisst.
(3) T-Weise empfiehlt, die digitalen Möglichkeiten zu nutzen.
(4) Daraufhin schlagen die T-Ms vor, dass man T-Saster wie in Krimis über Handyortung suchen könnte.
(5) Genervt fragt T-Rex, ob man T-Saster in Zukunft mit einem Chip ausstatten muss.
(6) Einige stimmen zu, falls T-Saster sich nicht bessert.
(7) Anderen Topologis gefällt nicht, dass er so intensiv überwacht werden soll.
(8) T-S gibt zu bedenken, dass T-Saster auch etwas passiert sein könnte.
(9) Die Topologis fragen sich, wie T-Saster so spurlos verschwinden konnte.
(10) Schließlich versucht T-Weise, die Gemüter zu beruhigen.
(11) „Vielleicht ist er irgendwo eingeschlafen, während wir diskutiert haben."
(12) Sie beschließen, dass sie die Werkstatt noch einmal gründlich absuchen.
(13) Die Topologis laufen los, um T-Saster zu suchen.

1. Übertrage folgende Tabelle in dein Heft. Ordne die Sätze 3–12 den in der Tabelle aufgeführten Formen zu.

Formen von Gliedsätzen		
Einleitung durch Subjunktionen (weil, obwohl, falls, bevor, wenn, während, dass ...)	**Einleitung durch Fragewörter** (wie, was, wer, ob ...)	**Infinitivgruppen mit zu** – mit Subjunktion (um ... zu, ohne ... zu, anstatt ... zu) – ohne Einleitungswort
(2) Auch Pitbull ist dabei, *weil* er T-Saster vermisst.		(1) T-Mur ist gekommen, *um* bei der Suche nach T-Saster *zu helfen*.

2. Kläre für die Sätze 1–8, ob es sich um Adverbial-, Subjekt- oder Objektsätze handelt. Der Tipp kann dir helfen.

3. Prüfe auch die Funktion der Sätze 9–13.

Tipp

Überprüfe, welches Satzglied durch einen Verbletztsatz ersetzt wird. Wenn der einleitende Satz unvollständig ist, handelt es sich um einen notwendigen **Subjekt- oder Objektsatz** (Wertigkeit des Verbs!).
Adverbialsätze sind meist zusätzliche Angaben. Der einleitende Satz ist auch ohne Adverbial grammatikalisch vollständig.

Attribute unterscheiden | Sätze und Satzglieder

#T-Saster

Die T-Ms setzen sich an den Computer und posten im Internet eine Suchanzeige:

Wir suchen einen *guten* Freund *von uns*.
Das Bild *rechts* zeigt den *kleinen* T-Saster.
Er ist der Topologi *mit pinkfarbenem Anzug*.
T-Saster ist der *frechste* Topologi *der Gruppe*.
Er trägt eine *schimmernde* Brille *von erstaunlichen Ausmaßen*.
T-Saster, *der coolste Topologi*, ist verschwunden.
Wer hat den Topologi *mit den orangefarbenen Kopfhörern* gesehen?

Info

Attribute stehen vor oder hinter einem Bezugswort. Sie erscheinen in Form von
- **Adjektivattributen**: der *kleine* T-Saster
- **Genitivattributen**: die Satzwerkstatt *der Topologis*
- **präpositionalen Attributen**: der Mann *mit dem Bart*
- **Appositionen**: T-Rex, *der Chef*, leitet die Suche.
- **Relativsatz**: T-Saster, *der gerne Party macht*, ist verschwunden.

Tipp

Das **Relativum** der/die/das kann durch welcher/welche/welches ersetzt werden.
Der **Relativsatz** wird durch Komma abgetrennt.

1. Die kursiv gedruckten Wörter und Wortgruppen sind Attribute, die du schon kennst. Schreibe die Sätze ab. Umkreise das Bezugsnomen und benenne die Attribute.
   Beispiel: Wir suchen einen *guten* (Freund) *von uns*.
                               ↑   ↑
           Adjektivattribut   präpositionales Attribut

Pitbull ist sehr traurig. Er sitzt in der Ecke und grübelt vor sich hin.

Ich vermisse einen Topologi, der gerne laute Musik hört.
Die Musik, die er hört, gefällt mir auch.
Das Gedicht, das er mal gemacht hat, ist großartig.
Ich suche den Topologi, der kluge Fragen stellt.
T-Saster, den ich schon lange kenne, ist einfach verschwunden.

2. Schreibe die Sätze ab und unterstreiche den Attributsatz (Relativsatz).
3. Um welche Satzart handelt es sich beim Relativsatz?
4. Untersuche das Relativum (Relativpronomen), das den Relativsatz einleitet. Worauf bezieht es sich?
5. Verknüpfe folgende Sätze zu einem Satzgefüge mit Attributsatz.

Pitbull ist nur ein kleiner Hund. Er macht sich große Sorgen um T-Saster.
Alle Topologis suchen T-Saster. Sie können ihn nicht finden.

6. Kläre, in welchem Kasus das Relativum jeweils steht. Folgende Tabelle kann dir helfen.

Numerus / Kasus / Genus	Singular		
	Maskulinum	Femininum	Neutrum
Nominativ	der	die	das
Akkusativ	den	die	das
Dativ	dem	der	dem

7. Untersuche folgende Relativsätze. Warum wird ein unterschiedliches Relativum verwendet?

T-Saster, der gerne laute Musik hört, ist verschwunden.
T-Saster, den ich bewundere, ist verschwunden.

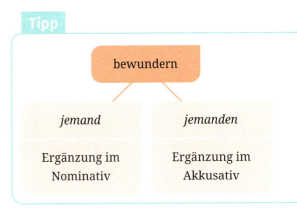

8. Schreibe folgendes Schema ab und ergänze es:
Von wem wird Genus und Numerus festgelegt?
Und von wem erhält das Relativum den Kasus?
Tipp: Die Wertigkeit des Verbs im Relativsatz kann dir helfen.

T-Saster, den ich bewundere, ist verschwunden.

Der Satz im Satz

1. Vergleiche folgende Sätze in der Feldertabelle. Welchen Unterschied erkennst du?

Vorfeld VF	LSK	Mittelfeld MF	RSK
Weil T-Saster Kopfhörer trägt,	kann	er die rufenden Topologis nicht so gut	hören.
T-Saster, der Kopfhörer trägt,	kann	die rufenden Topologis nicht so gut	hören.

2. Ergänze folgenden Merksatz, indem du die Wörter im Kasten richtig einsetzt.

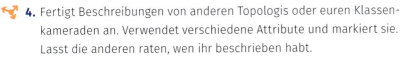

Satzglied ▪ Bezugsnomen ▪ Gliedsätze ▪ Attributsätze ▪ Adverbialsätze ▪ Satzgliedteile

3. Untersuche durch Umstellung, wie sich der Relativsatz (Aufgabe 3) innerhalb des Hauptsatzes verschieben lässt. Nutze die Feldertabelle.

4. Fertigt Beschreibungen von anderen Topologis oder euren Klassenkameraden an. Verwendet verschiedene Attribute und markiert sie. Lasst die anderen raten, wen ihr beschrieben habt.

Eingebettete Sätze erkennen | Sätze und Satzglieder

Wo bin ich?

Info

Satzarten werden nach der Position des 👑 finiten Verbs bezeichnet. Verb**zweit**sätze sind die häufigsten Sätze im Deutschen, also der Normalfall. Verb**erst**- und Verb**letzt**sätze sind **markierte** Satzarten mit besonderen Funktionen (Befehl, Frage usw.). Sätze werden durch Kommas voneinander getrennt.

Info

Jeder Satz kann einen anderen Satz **einbetten**. Dies funktioniert wie bei den russischen Puppen: Eine Puppe enthält eine Puppe, die wieder eine Puppe enthält usw.

Von der ganzen Hektik bekommt T-Saster, der verschwundene Topologi, nichts mit. In diesem Augenblick schlägt er die Augen auf und kommt langsam zu sich. Verstört blickt er herum.

„Wo bin ich? Was ist passiert?" Er sieht Knöpfe, Schlitze, Schubladen und Lichter, die blinken. <u>Obwohl er mittlerweile ganz wach 👑 geworden 👑 ist, kann sich T-Saster, der noch immer auf dem Rücken 👑 liegt, an nichts erinnern. Langsam richtet er sich auf, damit er sich besser orientieren kann.</u> „Hallo? Wo seid ihr? Hört ihr mich? Ich bin hier!"

<u>Dass man ihn nicht hören kann, obwohl er sehr laut ruft, merkt T-Saster, dem gerade eine Papierrolle auf den Kopf gefallen ist, nicht.</u> Wieder liegt er mit dröhnendem Kopf auf dem Boden …

1. Markiere die finiten Verben in T-Sasters wörtlicher Rede mit Kronen und bestimme die Satzarten.
2. Markiere in den unterstrichenen Sätzen die finiten Verben mit Kronen.
3. Untersuche nun diese Sätze in der Feldertabelle. Lass die <u>Attributsätze</u> im selben Feld direkt hinter dem Bezugsnomen stehen wie im Beispiel unten.
4. Welches ist jeweils der Hauptsatz (Verbzweitsatz)?

Vorfeld VF	LSK	Mittelfeld MF	RSK	Nachfeld NF
	Obwohl	er mittlerweile ganz wach	geworden ist,	
	kann	sich T-Saster, <u>der noch immer auf dem Rücken liegt</u>, **an nichts**	**erinnern.**	
Langsam …	…	…	…	

214

TESTE dich

Überprüfe dein Wissen und Können, indem du hier die Testaufgaben bearbeitest.

Ich kann ...

Satzarten unterscheiden und Sprechabsichten erkennen.

	Können	Hilfe	Training
	😃 😉 😳	S. 207, 214	S. 217 (6)

Testaufgabe 1
Bestimme folgende Satzarten und trage die Satznummern unten in die Tabelle ein. (Folie)

1. Wir wollen den Kommunikator verkaufen.
2. Helft alle mit!
3. Wir müssen mehr Werbung betreiben,
4. damit mehr Menschen davon erfahren.

Satzarten	Satznummern	Funktion (Aussage, Frage, Befehl, Wunsch ...)
Verberstsatz		
Verbzweitsatz		
Verbletztsatz		

Ich kann ...

Nebensätze als Satzglieder erkennen.

	Können	Hilfe	Training
	😃 😉 😳	S. 204, 206 f., 210	S. 217 (6, 7) AH S. 56

Testaufgabe 2
Bestimme, welche Satzglieder in den folgenden Sätzen durch Nebensätze ausgedrückt werden.

- Roboter werden immer klüger, weil sie mit künstlicher Intelligenz ausgestattet sind.
- Experten behaupten, dass alle Lebensbereiche in naher Zukunft digitalisiert werden.
- Damit der Verkehr flüssiger läuft, werden selbstfahrende PKWs entwickelt.
- Dass der Kommunikator verkauft werden soll, gefällt manchen Topologis nicht.

Ich kann ...

Attribute bestimmen.

	Können	Hilfe	Training
	😃 😉 😳	S. 212	S. 216 (2, 3) AH S. 59

Testaufgabe 3
Bestimme alle Attribute in folgendem Satz.

AlphaGo ist ein lernender Spielcomputer mit künstlicher Intelligenz, der gegen menschliche Go-Profis aus aller Welt gewinnt.

Ich kann ...

Satzgefüge mit Hilfe des Feldermodells beschreiben und Kommas richtig setzen..

	Können	Hilfe	Training
	😃 😉 😳	S. 214	S. 217 (7) AH S. 57

Testaufgabe 4
Untersuche folgenden Satz in der Feldertabelle.

Weil T-Saster verschwunden ist, organisieren die Topologis, die immer gute Ideen haben, eine große Suchaktion, um ihn schnell zu finden.

Markiere in folgendem Satz die finiten Verben und grenze die Sätze durch Kommas ab.

Als T-Saster erwacht ist er ganz alleine an einem seltsamen Ort den er nicht kennt.

TRAINING

So kannst du dein Wissen anwenden und deine Fähigkeiten trainieren:

Satzglieder bestimmen

1. Bestimme mit Hilfe des Schemas oben, das dir aus Klasse 5 und 6 bekannt ist, die Satzglieder der folgenden Sätze:

Die Digitalisierung bestimmt heutzutage alle Lebensbereiche.
Davon haben die Topologis schon gehört.
Roboter können den Menschen vielfältig unterstützen.
Durch künstliche Intelligenz lernen Computer Neues.

Bitte nicht wecken! – Attribute erkennen

T-Weise warnt die Topologis, T-Saster nicht zu wecken, falls sie ihn schlafwandelnd finden:

In der Nacht schlafwandelnde Menschen soll man nicht wecken, da der Schock über das Aufwachen tödlich sein könnte. Stimmt diese Legende, die man sich erzählt?
Ein Fünftel aller Kinder wandelt gelegentlich im Schlaf. Schlafwandler, somnambule Menschen also, bewegen sich zwar nicht mit „schlafwandlerischer" Sicherheit. Sie folgen oft einer Lichtquelle, z. B. dem Mond, und gehen dabei meist einen geraden Weg, ohne auf Hindernisse, die sich ihnen stellen, zu achten. Das Ziel sollte sein, ihn behutsam ins Bett zu Hause zurückzubringen. Am nächsten Morgen haben Schlafwandler in der Regel keine Ahnung mehr, was in der Nacht geschehen ist.

2. Unterstreiche alle Attribute in diesem Text.
3. Suche je ein Beispiel für die unterschiedlichen Attributarten heraus und benenne sie. Bestimme auch das Bezugswort.

Der elektronische Blindenführhund

Bensheim/Aalen, 12. Mai 2016. Zwei Schüler des Kopernikus-Gymnasiums Wasseralfingen in Aalen haben einen Roboterhund entwickelt, der sehbehinderten Menschen eine originelle Alternative zu Taststock und Blindenführhund sein kann. Dafür erhalten Alexander Bayer (17) und Niklas Gutsmiedl (16) den Sonderpreis „Innovationen für Menschen mit Behinderungen" der Christoffel-Blindenmission (CBM). Der Preis wird im Rahmen des Landeswettbewerbs Baden-Württemberg der Stiftung „Jugend forscht" vergeben.

Ein navigierender Basketball

„Das Sehen ist der wichtigste Sinn, den wir haben", finden Alexander und Niklas. Deshalb ist es sehr schlimm wenn dieser Sinn durch Alterserkrankungen oder Behinderungen eingeschränkt ist. Um möglichst vielen Menschen mit Sehbehinderungen Unterstützung zu bieten haben die beiden Jugendlichen einen mobilen Helfer entwickelt der weniger kostet als ein Blindenführhund oder ein von Wissenschaftlern entwickelter Roboter. Dafür haben sie eine neue Programmiersprache gelernt, Holzplatten gefräst, an Sensoren getüftelt und Winkel berechnet. Herausgekommen ist der sogenannte „Blindbot": Auf einen Basketball haben die Schüler ein hüfthohes Gestell montiert das der Sehbehinderte vor sich herrollt. An dieser Konstruktion sind verschiedene technische Kniffs installiert: Das Gefährt kann zum Beispiel wie ein Navigationsgerät auf zuvor eingegebenen Routen führen und die Richtung per Sprachsteuerung vorgeben. Bei neuen Wegen nimmt der „Blindbot" über Sensoren Hindernisse wahr und warnt per Vibrationsalarm am Haltegriff davor. Weil der „Blindbot" mit dem Basketballfuß dem Sehbehinderten vorausfährt spürt dieser schon kleinste Bodenunebenheiten direkt über den Haltegriff. Für diese Entwicklung bekommen Alexander Bayer und Niklas Gutsmiedl den CBM-Sonderpreis.

4. In den unterstrichenen Sätzen fehlen die Kommas. Setze sie.
5. Markiere in diesem Bericht alle Verbletztsätze.
6. Bestimme die Verbletztsätze: Handelt es sich um Adverbial- oder Attributsätze? Nimm die Feldertabelle zu Hilfe.
7. Schreibe den Satz ab. Markiere die finiten Verben und setze alle Kommas. Bestimme alle Verbletztsätze. Welches ist der Hauptsatz?

Einige Jugendliche die naturwissenschaftlich interessiert sind erfinden neue Apparate weil sie Lust am Experimentieren und Gestalten haben wenn auch nicht immer ein Preis gewonnen werden kann.

Sprachgebrauch und Sprachreflexion

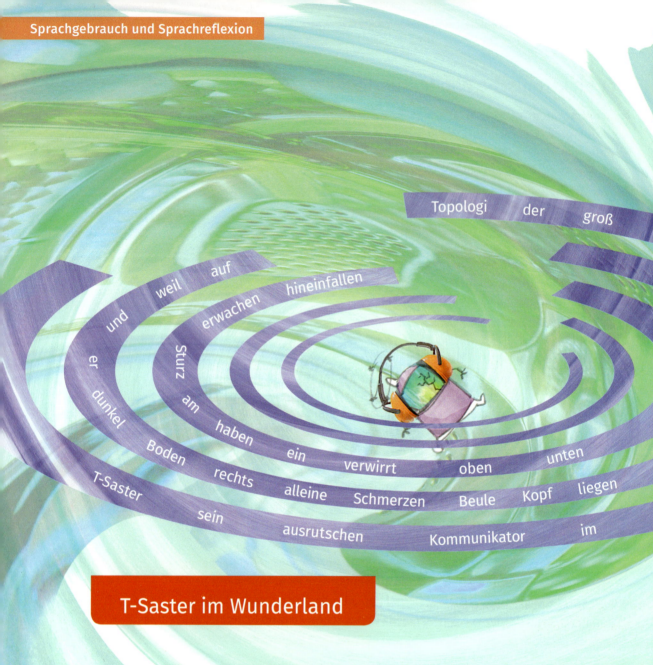

T-Saster im Wunderland

Wortarten

Die Topologis können T-Saster nicht finden – obwohl er mitten unter ihnen ist! Tatsächlich ist er irgendwie in den Kommunikator gefallen. Dort liegt er nun mit einer Beule am Kopf und kommt langsam wieder zu sich. Über ihm schwirren Wörter umher, die er langsam vor sich hin murmelt.

1. Erzähle eine kleine Geschichte mit allen Wörtern. Du darfst die Wörter auch mehrfach verwenden, jedoch jedes Wort mindestens einmal. Verändere die Wörter, wenn nötig.
2. Unterstreiche alle Wörter, die du verändern musstest, im Satz.

Nachschlagen: Merkwissen → S. 297

3. Übertrage folgende Tabelle in dein Heft und benenne die fehlenden Wortarten. Ergänze die Tabelle durch die Wörter oben.

	veränderliche Wortarten				unveränderliche Wortarten	
	Nomen	Adjektive	Pronomen	Artikel		Adverbien
erwachen					im	

 4. Ergänze deine Tabelle durch weitere Beispiele.

T-Saster erinnert sich, dass er – wann eigentlich? – eine geheimnisvolle DVD in ein Laufwerk schob. Auf dem kleinen Bildschirm sah er Folgendes:

Das Installationsfenster zeigte ein düsteres Bild. Im Hintergrund sah man einen zerfallenden Turm inmitten einer verbrannten Landschaft. Vor dem Turm steckte ein Schwert in der nackten Erde, an dessen Griff ein rotes Tuch gebunden war. Es flatterte im Wind, wie eine letzte Erinnerung an das Leben in einer toten Welt. Darüber, auch ganz in Rot, bog sich der Schriftzug „Erebos".

5. Besprecht, welche Stimmung das Bild auf dem Monitor erzeugt.
6. Prüft, welche Wörter diese Stimmung erzeugen. Zu welcher Wortart gehören sie?
7. Um welche Verbform handelt es sich bei folgenden Wörtern: *zerfallend, verbrannt*?
8. Welche Tempusform wird in diesem Text verwendet?

Plötzlich wird es dunkel um T-Saster und ein Auge erscheint.
Er erschrickt und denkt:
Ich werde beobachtet! Ich werde überwacht!
Man hält mich gefangen!

9. Wie drückt T-Saster sprachlich aus, dass er sich beobachtet fühlt?

Das kannst du jetzt lernen!
- Modalität zu erkennen und zu verwenden .... S. 220
- Den Konjunktiv zu bilden .... S. 222
- Die indirekte Rede zu verwenden .... S. 226
- Aktiv und Passiv zu unterscheiden .... S. 228
- Die Tempusformen zu erkennen und zu gebrauchen .... S. 229
- Wortarten nach ihrer Funktion zu unterscheiden .... S. 231

Verben: Modalität
Ich wüsste zu gern …
Ursula Poznanski

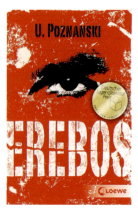

Im Folgenden findest du verschiedene Auszüge aus Ursula Poznanskis Roman „Erebos".

Nick Dunmore, die Hauptfigur des Romans „Erebos", ist 16 Jahre alt und lebt in London. Auf dem Schulhof beobachtet er, wie eine geheimnisvolle CD weitergegeben wird. Er spricht mit seinem besten Freund Jamie darüber.

„Mist", fluchte Nick.
„Was ist denn los?"
„Ach, irgendwas ist im Busch. Letztens hat Colin Jerome etwas zugesteckt und sie haben unheimlich geheimnisvoll getan. Eben hat Rashid es bei Emily versucht, die hat ihn abblitzen lassen, also hat er Brynne angequatscht." Er fuhr sich mit der Hand über das zurückgebundene Haar. „Den Rest habe ich verpasst. Ich wüsste zu gern, worum es da geht."
„CDs", sagte Jamie nüchtern. „Irgendwelche Raubkopien, schätze ich. Ich hab heute schon zweimal gesehen, wie jemand einen anderen in die Ecke gezerrt und ihm eine CD aufgeschwatzt hat. Ist doch egal, oder?"
CDs. Das würde auch zu dem Format von Rashids Päckchen passen. Eine Raubkopie, die von Hand zu Hand ging, vielleicht Musik, die auf dem Index stand. Dann wäre es kein Wunder, dass Emily nichts davon hatte wissen wollen. Ja, das war möglich. Der Gedanke besänftigte Nicks Neugier ein wenig, allerdings … wenn es nur eine CD war, warum hörte man nichts darüber? Das letzte Mal, als ein verbotener Film die Runde gemacht hatte, war er das Tagesgespräch gewesen. Wer ihn schon gesehen hatte, erging sich in ausschweifenden Schilderungen, während die anderen lauschten.
Aber jetzt? Als würde stille Post gespielt, als würde eine geheime Parole die Runde machen. Die Eingeweihten schweigen, flüsterten, sonderten sich ab. Nachdenklich schlug Nick den Weg zur Englischklasse ein. Die folgende Stunde war ziemlich langweilig, er hing seinen Gedanken nach und so merkte er erst nach zwanzig Minuten Unterricht, dass nicht nur Colin, sondern auch Jerome heute fehlte.

Info
Modalität bezeichnet die Perspektive des Sprechers, wie eine Aussage gemeint ist (als wirklich, möglich, unmöglich oder als Aufforderung).
Modalität kann sprachlich ausgedrückt werden durch den **Modus** (Pl. Modi) der Verben: **Indikativ** (Wirklichkeitsform), **Konjunktiv I und II** (Möglichkeitsformen), **Imperativ** (Befehlsform).

1. Fasse knapp zusammen, was Nick beobachtet hat.
2. Warum ist er neugierig?
3. Schreibe folgende Äußerungen ab. Erkläre den Unterschied zwischen den beiden Aussagen:
   Ich habe die CD. ↔ Ich hätte gerne die CD.
4. Unterstreiche das Wort, das die Veränderung der Aussage bewirkt (Konjunktiv II).
5. Wähle jeweils drei Sätze aus dem Text oben aus:
   ▸ wie Nick Reales, also tatsächlich Beobachtetes ausdrückt.
   ▸ wie Nick Mögliches oder Vermutungen sprachlich formuliert.

Tritt ein!
Ursula Poznanski

Am nächsten Tag möchte seine Mitschülerin Brynne Nick etwas geben.

Sie kam einen weiteren Schritt näher, hob ihm ihr Gesicht entgegen. Ihr Kaugummiatem und das Harems[1]-Parfüm bildeten eine bizarre[2] Mischung. „Du darfst es niemandem zeigen. Sonst funktioniert es nicht. Du musst es gleich einstecken und sag keinem, dass ich es dir gegeben habe. Versprochen?"
5 Das war ja albern. Er verzog das Gesicht. „Wieso?"
„Das sind die Regeln", sagte Brynne eindringlich. „Wenn du es nicht versprichst, kann ich es dir nicht geben."
Nick seufzte laut und demonstrativ gereizt. „Meinetwegen. Versprochen."
„Gut", wisperte Brynne. „Ich verlasse mich auf dich." Sie warf ihm einen Blick zu,
10 der, wie Nick befürchtete, verführerisch sein sollte, dann zog sie eine schmale, quadratische Kunststoffhülle aus der Tasche und drückte sie ihm in die Hand. „Viel Spaß", hauchte sie und ging.
Er sah ihr nicht nach. Seine ganze Aufmerksamkeit galt dem Gegenstand in seiner Hand, einem DVD-Rohling mit unbeschrifteter Hülle. Nick klappte sie auf,
15 voller Neugier. Von wegen Linkin Park[3]. Es war dämmrig hier unten und er drehte die DVD ins Licht, um besser erkennen zu können, was in Brynnes verspielter Handschrift drauf geschrieben stand. Es war nur ein einziges Wort, das Nick gänzlich unbekannt war: Erebos.

Nach Schulschluss kann es Nick kaum erwarten, die DVD in das Laufwerk seines Computers einzulegen. Ein Installationsfenster mit düsterem Bild erscheint.

Quälend langsam ruckte die blaue Installationsleiste vorwärts. In winzigen, win-
20 zigen Sprüngen. Mehrmals schien es, als wäre der Computer abgestürzt, nichts rührte sich. [...] Kurz bevor Nick aufgeben und die Reset-Taste drücken wollte, passierte doch noch etwas. Rote Buchstaben schälten sich aus dem Dunkeln, Worte, die pulsierten, als würde ein verborgenes Herz sie mit Blut und Leben versorgen.
25 „<u>Tritt</u> ein.
Oder <u>kehr</u> um.
Dies ist Erebos."
Na endlich! Voll prickelnder Vorfreude wählte Nick „Tritt ein".

---

[1] **Harem** = Teil eines Hauses, in dem die Ehefrauen und Nebenfrauen eines muslimischen Sultans lebten

[2] **bizarr** = sonderbar, merkwürdig

[3] **Linkin Park** = amerikanische Rockband

---

1. Welche Regeln akzeptiert Nick, um die DVD zu bekommen?
2. Untersuche, wie in Brynnes Äußerung (Z. 2–4) die Modalität sprachlich ausgedrückt wird.
3. Äußert Vermutungen, warum solch ein Geheimnis um die DVD gemacht wird. Verwendet Modalwörter (s. Infokasten).
4. Bestimme die unterstrichenen Verbformen im Begrüßungstext des Spiels.

> **Info**
>
> **Modalität** kann sprachlich auch ausgedrückt werden durch
> - **Modalverben** *(müssen, sollen, dürfen, können, wollen, mögen)*
> - **Modalwörter** *(vielleicht, wahrscheinlich, vermutlich, möglicherweise).*

Den Konjunktiv verwenden | Wortarten

Direkte und indirekte Rede: Was hat Brynne gesagt?

T-Saster ist beunruhigt, ob Nick hier die richtige Entscheidung getroffen hat.
Er murmelt Brynnes Worte nochmal vor sich hin:

„Du darfst es niemandem zeigen."

Brynne sagt, Nick dürfe es niemandem zeigen. Er müsse es gleich einstecken. Er solle keinem sagen, dass er die DVD von ihr bekommen habe. Das seien die Regeln. Sie hat gedroht: „Du bekommst die DVD nur, wenn du versprichst, die Regeln einzuhalten. Ich kriege sonst Probleme."

1. Warum ist T-Saster beunruhigt?
2. Untersuche, wie T-Saster deutlich macht, dass er Brynnes Sätze wiedergibt und dies nicht seine eigenen Worte sind.
3. Notiere, welche Unterschiede die direkte Rede Brynnes und die indirekte Rede T-Sasters aufweisen. Achte auf: die Redeeinleitung, die Personalform des Verbs, die Pronomen, die Zeichensetzung.
4. Übertrage folgende Tabelle zur Bildung des Konjunktivs I in dein Heft und ergänze sie.

Infinitiv	Indikativ Präsens	Konjunktiv I	Konjunktivendung
dürfen	ich darf	ich dürfe	-e
	du darfst	du dürfest	-est
	er, sie, es darf	er, sie, es …	-e
	wir …	…	-en
	ihr …	…	-et
	sie …	…	-en

5. Schreibe alle finiten Verbformen, die im Konjunktiv I stehen, mit Personalpronomen aus T-Sasters Redewiedergabe heraus. Ergänze jeweils den Infinitiv. Beispiele: er dürfe (dürfen), er müsse (müssen)
6. Forme auch die Sätze Brynnes, die T-Saster wörtlich in direkter Rede wiedergibt, in indirekte Rede um.
7. T-Saster erinnert sich, was Nick an der Schule beobachtet hat, und verfasst einen Bericht. Setze in seinem Bericht die Konjunktiv-I-Formen ein.

> **Info**
> Der **Konjunktiv I** wird zur Kennzeichnung der fremden Meinung in der **indirekten Rede** gebraucht. Er leitet sich vom Wortstamm des Infinitivs ab:
> *hab-en → er hab-e.*

Ewas Merkwürdiges (gehen) an der Schule vor. Colin (verhalten) sich ganz anders als früher. Er (fehlen) in der Schule und im Basketballtraining ohne Entschuldigung. Auch auf Nicks Mail, ob alles bei ihm okay (sein), (antworten) er nicht. Vor Kurzem (haben) Colin Jerome ein Päckchen zugesteckt. Nun (fehlen) auch Jerome. Nick (wissen) nicht, was los (sein). Die Schüler <u>sprächen</u> nur heimlich miteinander.

8. Warum wird im letzten Satz der Konjunktiv I ersetzt?

Nachschlagen: Merkwissen → S. 299

Wortarten | **Den Konjunktiv verwenden**

9. Bei welchen Personalformen in der Tabelle (Aufgabe 4) ist die Unterscheidung zwischen Indikativ und Konjunktiv I nicht eindeutig? Markiere diese.

Um dennoch deutlich zu machen, dass es sich bei einer Aussage um indirekte Rede handelt, benutzt man in diesen Fällen den Konjunktiv II oder die *würde*-Form. Beachte folgende Bildungsregeln:

Bildung des Konjunktivs I → Infinitivstamm + Konjunktivendung
Bildung des Konjunktivs II → Präteritumstamm + Konjunktivendung
Bildung der Ersatzform mit *würde* → *würde* + Infinitiv

10. Übertrage folgende Tabelle in dein Heft. Ergänze alle Konjunktivformen des Verbs *rufen*. Die Ersatzform mit „würde" notierst du nur, wenn Indikativ Präteritum und Konjunktiv II identisch sind.

Modus-Formen des Verbs rufen						
Person	Indikativ Präsens	Konjunktiv I	Indikativ Präteritum	Konjunktiv II	Konjunktiv-endung	Ersatzform mit *würde*
ich	rufe	rufe	rief	riefe	-e	nicht nötig
du	rufst	...	riefst	...	-est	...
er, sie, es	...	...	...	...	-e	...
wir	rufen	rufen	riefen	riefen	-en	*würden* rufen
ihr	...	...	...	...	-et	...
sie	...	...	...	...	-en	...

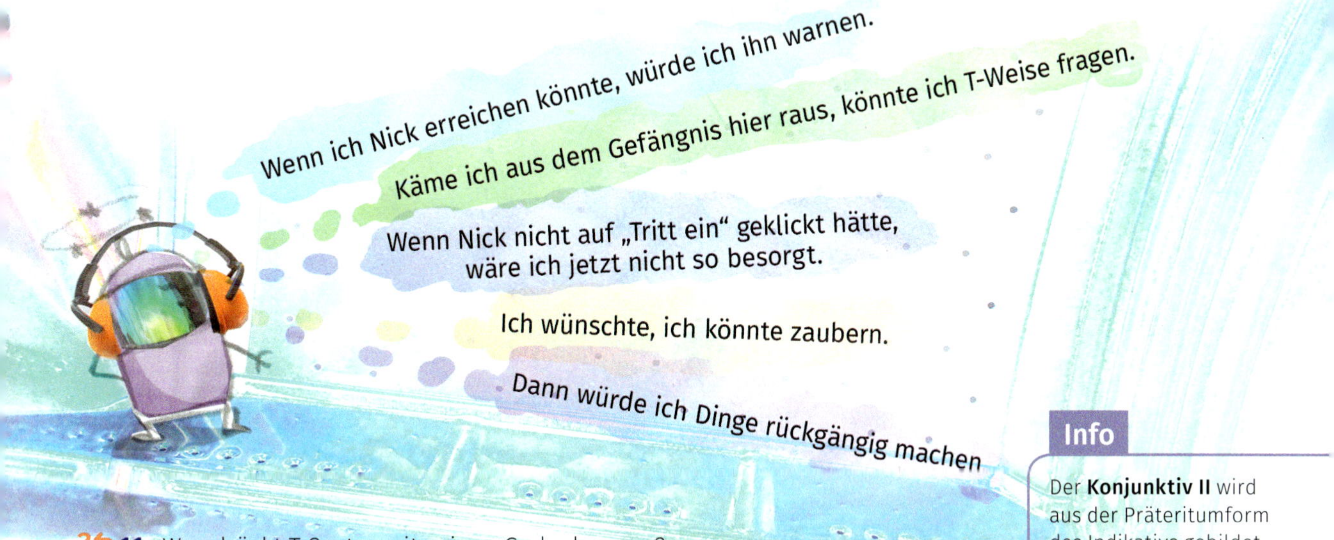

Wenn ich Nick erreichen könnte, würde ich ihn warnen.

Käme ich aus dem Gefängnis hier raus, könnte ich T-Weise fragen.

Wenn Nick nicht auf „Tritt ein" geklickt hätte, wäre ich jetzt nicht so besorgt.

Ich wünschte, ich könnte zaubern.

Dann würde ich Dinge rückgängig machen

11. Was drückt T-Saster mit seinen Gedanken aus?

12. Schreibe die Sätze ab und notiere jeweils dazu, was wirklich der Fall ist.
Beispiel: *Wenn ich Nick erreichen könnte, würde ich ihn warnen.*
Aber: *Er kann Nick nicht erreichen. Er kann ihn nicht warnen.*

13. Unterstreiche die finiten Verben wie im Beispiel in Aufgabe 12. Welche Modus-Formen verwendet T-Saster in seinen Gedanken?

Info

Der **Konjunktiv II** wird aus der Präteritumform des Indikativs gebildet.
ich fuhr → ich führe
Im **mündlichen Sprachgebrauch** wird oft anstelle des Konjunktivs II die **würde-Umschreibung** gewählt.

Dies ist Erebos. Wer bist du?
Ursula Poznanski

Allmählich hellte der Bildschirm sich auf und gab den Blick frei auf eine sehr realistisch wirkende Waldlichtung, über der der Mond stand. In ihrer Mitte hockte eine Figur mit zerrissenem Hemd und fadenscheiniger Hose. Ohne Waffe, nur mit einem Stock in der Hand. Das <u>sollte</u> vermutlich seine Spielfigur sein. Probehalber klickte Nick rechts neben sie, woraufhin sie aufsprang und sich exakt an die gewählte Stelle bewegte. Okay, die Steuerung war idiotensicher und den Rest <u>würde</u> er ebenfalls in Kürze kapiert haben. Schließlich war das nicht sein erstes Spiel.

Konjunktiv II

Konjunktiv II (würde)

Also los. Nur – in welche Richtung? Es gab keinen Weg oder Hinweis. <u>Vielleicht</u> eine Karte? <u>Vergeblich</u> versuchte Nick, ein Inventar oder ein Spielmenü aufzurufen, aber da war nichts. Keine Hinweise auf Quests oder Ziele, keine anderen Figuren in Sichtweite. Nur ein roter Balken für die Lebensanzeige und darunter ein blauer – vermutlich zeigte er die Ausdauer an. Nick versuchte verschiedene Tastenkombinationen, die in anderen Spielen zum Erfolg geführt hatten, doch hier bewirkten sie nichts. Wahrscheinlich strotzt das Ding nur so von Programmierfehlern, dachte er missmutig. Probeweise klickte er direkt auf seine schäbig ausgerüstete Figur. Der Schriftzug „Namenloser" erschien über ihrem Kopf. „Auch gut", murmelte Nick. „Der geheimnisvolle Namenlose." [...]

Modalwort
Modalwort

Mehr aus Ungeduld als in der Hoffnung, dass es die Dinge beschleunigen würde, hämmerte Nick auf die Enter-Taste. Das Klopfen verstummte und nun schälten sich wieder die roten Buchstaben aus dem schwarzen Hintergrund.
„Dies ist Erebos. Wer bist du?"
Nick überlegte nicht lange, er würde den gleichen Namen wählen, den er schon bei einigen anderen Computerspielen verwendet hatte.
„Ich bin Gargoyle." „Nenne mir deinen Namen." „Gargoyle!"
„Deinen richtigen Namen."
Nick stutzte. Wozu denn das? Okay, dann würde er einen Vor- und einen Nachnamen liefern, damit es endlich weiterging. „Simon White."
Der Name stand da, Rot auf Schwarz, und ein paar Sekunden passierte nichts. Nur der Cursor blinkte. „Ich sagte: deinen richtigen Namen." Ungläubig starrte Nick auf den Bildschirm und hatte einmal mehr das Gefühl, als würde jemand zurückstarren. Er holte tief Luft und startete einen neuen Versuch.
„Thomas Martinson." Wieder blieb der Name einige Augenblicke lang unkommentiert stehen, bevor das Spiel antwortete.
„Thomas Martinson ist falsch. Wenn du spielen möchtest, nenne mir deinen Namen."
Es gab keine vernünftige Erklärung dafür. Möglicherweise war es ein Softwarefehler und das Spiel würde überhaupt keinen Namen akzeptieren. Die Schrift verschwand, zurück blieb der rot blinkende Cursor. Plötzlich fürchtete Nick, das Programm könnte abgestürzt sein oder sich bei der dritten falschen Antwort selbst sperren, wie ein Handy nach drei falschen PIN-Eingaben.

„Nick Dunmore." Er tippte, halb in der Erwartung, dass auch die Wahrheit zurückgewiesen werden würde.

Stattdessen flüsterte ihm das Programm seinen eigenen Namen ins Ohr. „Nick Dunmore. Nick Dunmore. Nick. Dunmore." Wieder und wieder wurden die Worte wie eine Parole von einem wispernden Wesen zum nächsten weitergegeben. Der Willkommensgruß einer unsichtbaren Gemeinschaft. Das Gefühl, beobachtet zu werden, war beängstigend, und Nick tastete nach den Kopfhörern, um sie sich von den Ohren zu ziehen. Doch die Schrift verschwand bereits, ebenso die Stimmen, und eine lockende Melodie setzte ein, ein Versprechen von Geheimnis und Abenteuer.

„Willkommen, Nick. Willkommen in der Welt von Erebos. Bevor du zu spielen beginnst, mache dich mit den Regeln vertraut. Wenn sie dir nicht gefallen, kannst du das Spiel jederzeit beenden. Gut?"

Nick starrte auf den Bildschirm. Das Spiel hatte ihn beim Lügen ertappt. Wusste, wie sein richtiger Name lautete. Jetzt schien es, als warte es ungeduldig auf eine Antwort – das Blinken des Cursors wurde schneller und schneller.

„Ja", tippte Nick, mit dem unbestimmten Gefühl, dass alles gleich wieder dunkel werden würde, wenn er sich zu viel Zeit ließ. Später, später würde er nachdenken.

„Schön. Hier ist die erste Regel: Du hast nur eine Chance, Erebos zu spielen. Wenn du sie vertust, ist es vorbei. Wenn deine Figur stirbt, ist es vorbei. Wenn du gegen die Regeln verstößt, ist es vorbei. Okay?" „Okay."

„Die zweite Regel: Wenn du spielst, achte darauf, allein zu sein. Erwähne niemals außerhalb des Spiels den Namen deines Spielcharakters."

Wieso denn das?, dachte Nick. Dann erinnerte er sich, dass selbst Brynne, die noch nie von Zurückhaltung geplagt gewesen war, ihm nichts über Erebos verraten hatte. „Es ist wahnsinnig cool, ehrlich" – das war alles gewesen. „Okay."

„Gut. Dritte Regel: Der Inhalt des Spiels ist geheim. Sprich mit keinem darüber. Besonders nicht im Unregistrierten. Mit Spielern kannst du dich, während du spielst, an den Feuern austauschen. Verbreite keine Informationen in deinem Freundeskreis oder deiner Familie. Verbreite keine Informationen im Internet."

Als ob du das mitbekommen würdest, dachte Nick und tippte „Okay".

„Die vierte Regel: Bewahre die Erebos-DVD sicher auf. Du brauchst sie, um das Spiel zu starten. Kopiere sie auf keinen Fall, außer der Bote fordert dich dazu auf."

„Okay."

Kaum hatte Nick die Enter-Taste gedrückt, ging die Sonne auf. Jedenfalls fühlte es sich so an.

1. Besprecht, warum Nick wiederholt ungläubig zögert.
2. Kennzeichne alle Formen der Modalität in diesem Text: Konjunktive (Konj. I und Konj. II), Modalverben, Modalwörter, Imperative.
3. Kennt ihr solche Computerspiele, die so echt wirken?

Info

Modalität kann sprachlich ausgedrückt werden durch
- den **Modus** (Pl.: Modi) der Verben: **Indikativ** (Wirklichkeitsform), **Konjunktiv I und II** (Möglichkeitsformen), **Imperativ** (Befehlsform)
- die **würde**-Ersatzform,
- **Modalverben** (müssen, sollen, dürfen, können, wollen, mögen)
- **Modalwörter** (vielleicht, wahrscheinlich, vermutlich).

Verschiedene Formen der Redewiedergabe nutzen | Wortarten

ellenthaften
der helt waz tôt
Búrgónden
magedin
Es wuohs
sin sarc der was bereitet
snellen
scoene wip
vil édel
si was im getriuwe
dô rang er mit dem tôde
din sô hât betrüebet den Prünhilde muot
Dô viel in die bluomen der Kriemhilde man.
Nâch Sîfrides tôde
Die bluomen allenthalben von bluote wurden naz.

Völlig mitgenommen von dieser Erebos-Welt, die so realistisch wirkt, taumelt T-Saster rückwärts und stolpert über einen Gegenstand: ein Kristall! Neugierig blickt er hinein – und befindet sich plötzlich in einer ganz anderen Zeit …

1. Sprecht darüber, wo T-Saster gelandet ist.

Wie Brünhild Siegfried in den Tod folgte
Elsbeth Schulte-Goecke

Als Gunther und Hagen mit ihrem Gefolge und der Leiche Siegfrieds spät in der Nacht der Sommersonnenwende beim Scheine blutroter Fackeln in den Burghof zu Worms einritten, da stand Kriemhild draußen vor dem Tore der Halle und ihr erstes Wort war: „Wo habt ihr Siegfried?" Alle schwiegen. Da ließ Hagen ihr statt einer Antwort die Bahre mit dem Leichnam vor die Füße stellen. „Ich hieb ihn nieder im Odenwald!", sagte er. Mit einem gellenden Schrei warf Kriemhild sich über den Toten. Brünhild hörte im Bett diesen Schrei und wusste, was er zu bedeuten hatte. Da lachte sie so entsetzlich, dass es schauerlich durch die Hallen dröhnte. Sie erhob sich, legte ihre goldene Brünne[1] an, die sie nie mehr getragen hatte seit dem Tage, da Siegfried sie für Gunther überwand, gürtete sich ihr breites scharfes Schwert um und steckte den Nibelungenring, den Siegfried ihr nach dem Zank der Königinnen zurückgegeben hatte, an den Finger. Dann ließ sie Gunther und Hagen und alle ihre Dienstleute rufen. Die erschraken ob der To-

> **Tipp**
>
> Die Vorgeschichte bis zu Siegfrieds Tod, wie sie das **Nibelungenlied** erzählt, findest du auf den Seiten 36–53. Hier schaut T-Saster noch weiter zurück in die vorchristliche germanische Sagenwelt der **Liederedda**. Im Nibelungenlied wird nichts über Brünhilds Tod erzählt.

[1] **Brünne** = Kettenhemd, Körperpanzer

| Wortarten | Verschiedene Formen der Redewiedergabe nutzen |

desblässe der Königin und verwunderten sich, als sie begann, Geschenke auszuteilen. Als sie alle ihre Kleider, ihre Waffen und ihr Geschmeide[2] vergeben hatte, sagte sie: „Nun schmückt euch, wir begehen nämlich heute eine großes Fest. Ich will Hochzeit halten mit dem Manne, der mir vom Schicksal bestimmt war. Als ich in der Waberlohe[3] lag, da kam er auf Granis[4] Rücken, der Strahlende, und fürchtete sich nicht. Keiner von euch kam je ihm gleich. Ich ward seine Braut und wir schworen uns Treue. Er vergaß es und wir gingen beide lange in die Irre. Nun aber habt ihr es gut gemacht. Ihr solltet euch zwar schämen, ihr Meineidigen, dass er euch Schwächlinge errettete aus Angst und Not. Aber er kann mir nun nicht mehr entfliehen. Ich bin am Lebensziel; ich halte dem die Treue, dem ich sie zuerst geschworen habe. Ich will zusammen mit Siegfried sterben. Eine Bitte noch habe ich, Gunther, an dich, es soll in meinem Leben die letzte sein: Rüste Siegfried und mir, uns lange Getrennten, als Brautbett den Scheiterhaufen, und war es mir im Leben versagt, dem einzig Geliebten anzugehören, so will ich im Tode mit ihm vereinigt sein!" Als sie das gesagt hatte, richtete sie das Schwert gegen die eigene Brust. Gunther suchte es ihr zu verwehren, aber sie stieß ihn von sich, und Hagen sprach: „Nun verstehe ich alles! Verwehre ihr nicht die weite Fahrt, auf die sie gehen will. Sie wäre besser nie geboren!" Brünhild sank, von eigener Hand durchbohrt, tot auf die Kissen zurück. Gunther erfüllte ihren letzten Willen, obwohl Kriemhild es wehren wollte. Aus dem Rauch des Scheiterhaufens sah man zwei riesenhafte Göttergestalten aufsteigen, die jagten gen Norden auf kohlschwarzen Rossen und von ihren Hufen sprühten Feuerfunken.

[2] **Geschmeide** = Schmuck

[3] **Waberlohe** = undurchdringlicher Feuerwall, der die schlafende Walküre Brünhild umgibt

[4] **Grani** – Siegfrieds Pferd

2. Informiert euch über die Vorgeschichte von Siegfrieds Tod (vgl. S. 36–53).
3. Bestimme das Thema dieses Sagentextes und formuliere einen Basissatz (vgl. S. 47).
4. Übertrage folgende Sätze in drei mögliche Formen der Redewiedergabe. Achte auf die Veränderung der Personalpronomen.
Beispiel: Hagen: „Nun verstehe ich alles!"
Hagen sagt, er verstehe nun alles. – Hagen sagt, dass er alles verstehe/verstehen. – Hagen beteuert, alles zu verstehen.

Brünhild: „Wir gingen lange in die Irre."
Brünhild: „Ich will zusammen mit Siegfried sterben."
Hagen: „Verwehre ihr nicht die weite Fahrt."

5. Besprecht, ob die unterschiedlichen Formen der Redewiedergabe auch Bedeutungsunterschiede aufweisen.
6. Fasse Brünhilds lange Rede (Zeile 16–28) zusammen. Verwende vor allem die geraffte Redewiedergabe.
7. Schreibe eine Inhaltsangabe. Verwende dazu deine Umformungen in die indirekte Rede bzw. deine geraffte Redewiedergabe (Aufgabe 5).

> **Info**
>
> **Formen der Redewiedergabe:**
> - **Indirekte Rede im Konjunktiv I bzw. Konjunktiv II** (oder **würde**-Form): *Hagen antwortet, er habe ihn getötet.*
> - **Indirekte Rede** mit Hilfe von **dass-Sätzen**: *Hagen antwortet, dass er ihn getötet hat/habe.*
> - **Indirekte Rede** mit Hilfe von **Infinitivsätzen**: *Hagen gibt zu, Siegfried getötet zu haben.*
> - **Umschreibung durch Modalverben** (z. B. „sollen"): *Brünhild bittet Gunther, er solle einen Scheiterhaufen vorbereiten.*
> - **Geraffte Redewiedergabe** in eigenen Worten: *Hagen rühmt sich als Mörder Siegfrieds.*

Die Inhaltsangabe schreiben und überarbeiten → S. 53

Aktiv und Passiv verwenden | Wortarten

Verben: Aktiv und Passiv
Albträume

Info

Passiv (lat.: *pati* = leiden, erdulden): Man unterscheidet:
Vorgangspassiv (*werden*-Passiv) und
Zustandspassiv (*sein*-Passiv).

Ich wurde gefangen genommen.
Ich werde von Fledermäusen verfolgt.
Ich werde beobachtet.
Der Ausgang ist verschlossen.
Die Geräusche sind verstummt.

Tipp

Passivalternativen können sein:
- Sätze mit *lassen*
- Sätze mit *man*
- Sätze mit *bekommen*
- Nominalformen

1. Betrachte das Bild. Formuliere weitere Albtraum-Sätze im Passiv.
2. Welche Wirkung erzielen die Passiv-Sätze?
3. Bestimme in den Sätzen, ob es sich um Vorgangs- oder Zustandspassiv handelt (vgl. Info).
4. Schreibe die Sätze ins Aktiv um. Entscheide, welche Formulierung angemessener ist. Begründe deine Wahl.
5. Schreibe selbst einen Albtraum auf. Verwende auch Passivkonstruktionen oder alternative Formulierungen, mit denen der Verursacher oder „Täter" verschwiegen werden kann (vgl. Tipp).

| Wortarten | Die Funktion von Tempusformen untersuchen

Verben: Tempusformen
Der Auftrag
Ursula Poznanski

Nachdem Nick die Regeln von Erebos akzeptiert hat, erstellt er seinen Charakter, einen Dunkelelfen mit der Berufung des Ritters, und gibt sich den Namen Sarius. Sarius gerät in einen Hinterhalt und wird gewarnt, Erebos zu verlassen. Doch er setzt seinen Weg fort und gerät in eine Schlacht gegen Trolle, die gewonnen wird.

23 Uhr. Das Summen der Glühbirne über dem Schreibtisch. Ein einparkendes Auto in einer nahen Straße. Und die erschöpfte Ruhe in einer Wohnung, in der es nach Tomatensoße mit Knoblauchpulver roch. Nick hatte nach dem Essen schnell den Essay für Englisch hingeschmiert. Jetzt schaltete er den Computer an
5 und startete Erebos. Er wartete minutenlang voller Nervosität darauf, dass das Schwarz des Bildschirms verschwinden und die rote Schrift erscheinen würde. Merkte erst, dass er die Luft angehalten hatte, als er sie beim Starten des Spiels erleichtert ausstieß.
Die nächtliche Landschaft ist ihm fremd – das ist nicht der Wald, in dem er den
10 Grabräuber erschlagen, und nicht die Stelle, an der er gegen den Troll gekämpft hat. Es ist Heideland, ein wenig hügelig. Da und dort steht ein Baum.
Der Grabräuber! Sarius fällt ein, dass er noch nicht überprüft hat, ob ihm all die erbeuteten Schätze erhalten geblieben sind. Er wirft einen Blick in sein Gepäck und seufzt zufrieden. Die Schüssel ist da, der Helm, der Dolch, das Amulett. Den
15 Helm will er gleich aufsetzen, doch ärgerlicherweise klappt das nicht.
Er geht ein Stück weiter durchs knisternde Heidegras, wieder einmal ohne Hinweis auf ein Ziel. Er wünscht sich die Musik herbei oder Stimmen, aber da ist nur die leichte Brise des Nachtwinds und ... ein entferntes Rauschen.

An einem Fluss gerät Sarius in einen Kampf mit Wasserfrauen und ertrinkt beinahe. Schließlich kommt der Bote mit den gelben Augen und zieht ihn auf sein Pferd.

„Du hast dich beachtlich geschlagen", sagt der Bote.
20 „Danke. Ich habe es auf jeden Fall versucht."
„Es ist sehr bedauerlich, dass du so schwer verletzt wurdest. Einen weiteren Kampf wirst du nicht überleben." Nicht dass Sarius das nicht wüsste. Doch so, wie der Bote es sagt, klingt es, als wäre es nicht mehr zu ändern. Als wäre Sarius todgeweiht. Er zögert mit der Antwort und entschließt sich letztlich, sie in eine
25 Frage zu verpacken. „Ich dachte, wir wollen einander helfen?"
„Ja. Das war mein Vorschlag. Ich denke, du bist kein blutiger Anfänger mehr. Du solltest bereit sein für das zweite Ritual." Das ist mehr, als Sarius erwartet hat. Nach dem zweiten Ritual wird er eine Zwei[1] sein, vermutet er.
„Ich werde dich also heilen und dir mehr Stärke, mehr Ausdauer und eine bes-
30 sere Ausrüstung geben", fährt der Bote fort. „Ist das in deinem Sinn?"
„Natürlich", antwortet Sarius.

[1] eine Zwei = gemeint ist das Level, auf dem Sarius sich befindet; noch ist er eine Eins

Die Funktion von Tempusformen untersuchen | **Wortarten**

Nun muss die Antwort des Boten kommen, der Preis, den er für all das zahlen soll. Doch der Bote schweigt, verschränkt die überlangen Fingerglieder ineinander. Wartet. „Und was kann ich für dich tun?", fragt Sarius, als ihm die Pause zu lange dauert. Die gelben Augen seines Gegenübers leuchten auf.
„Nur eine Kleinigkeit, aber sie ist wichtig. Es ist ein Botengang."
Sarius, der damit gerechnet hat, ein Monster besiegen oder gegen einen Drachen kämpfen zu müssen, weiß nicht, ob er erleichtert oder enttäuscht sein soll.
„Mache ich gerne." „Das freut mich. Folgendes trage ich dir auf: Fahre morgen nach Totteridge zur St Andrew's Church. Dort steht eine uralte Eibe. In ihrer unmittelbaren Umgebung wirst du eine Kiste finden, auf der das Wort „Galaris" steht. Sie ist verschlossen. Du wirst sie nicht öffnen, sondern in der Tasche verstauen, die du mitgebracht hast. Damit begibst du dich zum Dollis Road Viaduct, dort, wo es über die Dollis Road führt. Du legst die Kiste ins Gebüsch, unter einen der Bögen nahe der Straße. Verstecke sie so, dass nicht jeder Uneingeweihte sie sehen kann. Dann geh, ohne dich umzuwenden. Hast du alles verstanden?"
Sarius starrt den Boten wortlos an. Nein, er begreift gar nichts. Totteridge und Dollis Road? Die liegen in London, nicht in der Welt von Erebos. Oder doch? Er zögert, überlegt, fragt zur Sicherheit schließlich nach.
„Das heißt, ich muss deinen Auftrag in London erfüllen? In der Realität?"
„Genau das heißt es. Was immer ‚Realität' bedeuten mag."
Der Bote blickt abwartend, doch Sarius hat keine schnelle Antwort parat. Das ist doch alles Unsinn. Er wird keine Kiste bei St Andrew's finden, wie soll das gehen? Andererseits – behaupten konnte er viel. Zum Beispiel, dass er den Auftrag genau wie beschrieben ausgeführt hätte.
„Gut, ich tu es."
„Das freut mich. Warte nicht zu lange. Wir sehen uns morgen, noch vor dem Mittag. Bis dahin muss deine Aufgabe erfüllt sein. Falls du mich enttäuschst …"
Mit einer grüßenden Geste wendet der Bote sich um und geht; hinter ihm verschließt sich der Höhleneingang. Mit dem Spalt verschwindet auch das Licht. Schwärze. So undurchdringlich, dass Sarius nicht mehr weiß, ob er Teil der Dunkelheit ist oder ob er aufgehört hat zu sein. […]
Alle Tastenkombinationen auf dem Keyboard waren sinnlos. Mit einem Seufzen betätigte Nick den Reset-Button und zu seiner Erleichterung setzte der Computer zu einem Neustart an und fuhr hoch. Die Zeit, bis endlich sein Desktopbild erschien und alles wieder einsatzbereit war, kam Nick unsagbar lange vor. Er wippte mit dem Fuß und warf einen Blick auf seine Armbanduhr: 1.48 Uhr.

> **Info**
>
> **Tempusformen** unterscheiden:
> **Präsens:** *du spielst*
> **Perfekt (Präsensperfekt):** *du hast gespielt*
> **Präteritum:** *du spieltest*
> **Plusquamperfekt (Präteritumperfekt):** *du hattest gespielt*
> **Futur I:** *du wirst spielen*
> **Futur II:** *du wirst gespielt haben*

1. Wie wirkt das Spiel „Erebos" auf dich? Was erscheint dir merkwürdig?
2. Untersuche die Tempusformen. Zweimal findet ein auffälliger Tempuswechsel statt. Wo?
3. Erkläre, weshalb in zwei verschiedenen Zeitformen erzählt wird. Beachte die Wirkung der unterschiedlichen Tempusformen.
4. Bestimme die markierten Tempusformen. Erkläre jeweils ihre Funktion.

Nachschlagen: Merkwissen → S. 297 f.

Adjektive
Die Kiste
Ursula Poznanski

Weil Erebos sich nicht mehr starten lässt, erledigt Nick den Auftrag.

Mit einem Mal wurde ihm bewusst, wie absurd diese Situation war. Wieso war er hier? Weil eine Computerspielfigur ihm aufgetragen hatte, etwas unter einem Baum zu suchen? Mein Gott, war das lächerlich. Immerhin wusste es niemand. Er konnte einfach wieder nach Hause fahren und die Sache vergessen, mit Mum frühstücken
5 und danach mit Jamie um die Häuser ziehen. Oder ganz gemütlich Computer spielen. Nur dass dieses Spiel nicht mehr startete. Das verdammte Scheißspiel.
Um sich zu beschäftigen und seinem morgendlichen Ausflug einen Grund zu geben, schlenderte Nick einmal um die St Andrew's Church herum. Betrachtete den roten Backsteinbau mit seinem hellen, eckigen Turm und fasste einen Ent-
10 schluss: Es war idiotisch, jetzt heimzufahren, ohne die Eibe wenigstens kurz begutachtet zu haben.
Uralte, schiefe Grabsteine standen im Schatten des Baums. Sehr stimmungsvoll, fand Nick. Er berührte fast ehrfürchtig den gewaltigen Stamm. Würde man vier Leute brauchen, um ihn umspannen zu können? Aber da war schon mal nichts,
15 wenigstens nicht auf den ersten Blick. Nick steckte eine Hand in einen breiten Spalt im Holz und ertastete Erde, die sich im Innern angesammelt hatte. Er richtete seinen Blick auf den Boden. Auch da war nichts – wie sollte es auch?
Er ging weiter, duckte sich unter den tief hängenden Zweigen, erreichte die Rückseite des Baumriesen. Bückte sich. Etwas Hellbraunes, Eckiges lugte zwischen den Pflanzen hervor, die sich dicht an der rissigen Borke des Baumes gruppiert hatten. Nick bog die Stängel auseinander. Die Kiste hatte etwa die Größe eines dicken Buchs und war bei den Seitenkanten mit breitem schwarzem
20 Klebeband umwickelt. Ungläubig hob Nick sie hoch, registrierte flüchtig, dass sie schwer war, und wischte gedankenverloren die haften gebliebene Erde ab.
„Galaris", stand in schwungvoller Schrift auf dem Holz und darunter ein Datum: 18.03. Nick kämpfte gegen ein Gefühl der Unwirklichkeit an. Der 18. März war sein Geburtstag. Die Tasche mit der Kiste darin auf den Knien, starrte Nick aus dem Fens-
25 ter des Zuges. Ein Teil von ihm konzentrierte sich darauf, die richtige Haltestelle nicht zu verpassen. Ein anderer, wesentlich größerer Teil versuchte, sich einen Reim auf all das zu machen. Es war fast zwei Uhr morgens gewesen, als der Bote ihm den Auftrag erteilt hatte, die Kiste zu suchen. Hatte sie zu diesem Zeitpunkt schon unter dem Baum gelegen? Und noch wichtiger: Wie war sie dort hingekommen? Wieso
30 stand sein Geburtsdatum darauf? Was bedeutete das Wort „Galaris"?

1. Besprecht, warum Nick wiederholt an seinem Auftrag zweifelt.
2. Unterstreiche alle Adjektive in diesem Text wie in Zeile 1.
3. Suche je drei attributive, prädikative und adverbial verwendete Adjektive heraus und kläre die Funktion dieser Adjektive.
4. Zwei Adjektive werden als Nomen gebraucht in diesem Text. Welche?

Tipp

Adjektive können **attributiv** vor Nomen *(das seltsame Spiel)*, **prädikativ** mit dem Hilfsverb sein *(Das Spiel ist seltsam)* und **adverbial** in Verbindung mit einem Verb *(Das Spiel wirkt seltsam)* gebraucht werden.

Die Funktion von Pronomen klären | Wortarten

Pronomen

Die Belohnung
Ursula Poznanski

Nick hat die Kiste an dem vom Boten bestimmten Ort versteckt und startet das Spiel.

Computer an. DVD rein. Kopfhörer auf. Gespannte Sekunden des Wartens, bis das Programm startet. „Sarius", flüstert eine geisterhafte Stimme.
Er ist in der Höhle, in der er die letzte Nacht seine Zusammenkunft mit dem Boten hatte. Doch anders als gestern dringt Licht aus den Wänden, die hell und geschliffen sind wie Kristall. Wunschkristall?
Sarius bückt sich nach etwas, das wie eine Goldmünze aussieht, als der Höhleneingang sich öffnet und der Bote eintritt. Er mustert Sarius aus seinen gelben Augen.
„Du hast meinen Auftrag erfüllt", sagt er.
„Ja."
„Nur aus Interesse: Was stand auf der Kiste, abgesehen von ‚Galaris'?"
„Zahlen. 18.03."
„Sehr gut. Hier liegt neue Ausrüstung für dich. Ein Brustharnisch, ein Helm und ein vernünftiges Schwert. Ich bin zufrieden mit dir, Sarius." Er deutet auf einen tischartigen Felsen direkt an der kristallenen Wand.
Die Neugier treibt Sarius sofort darauf zu. Der Helm glänzt kupferfarben und ist mit einem eingeprägten Wolfskopf verziert, der die Zähne fletscht. Sarius ist beglückt, Wölfe gehören zu seinen Lieblingstieren. Er legt den Harnisch an – 9 Stärkepunkte! – und greift nach dem Schwert, das länger und aus dunklerem Metall ist als sein bisheriges. Das sieht gleich ganz anders aus. Zur Krönung setzt er den Wolfshelm auf. „Bist <u>du</u> zufrieden?", fragt der Bote.
Sarius bejaht aus ganzem Herzen. <u>Er</u> ist eine Zwei und <u>er</u> sieht cool aus.
„Das war noch nicht alles." Der Bote zieht den Mantel enger um seinen mageren Leib. „Dies ist Erebos. <u>Du</u> wirst sehen, dass treue Dienste sich lohnen. Sag Nick Dunmore, <u>er</u> soll dafür sorgen, dass kein Uneingeweihter hier eindringt, dann soll <u>er</u> sich in den Innenhof des Nachbarhauses begeben. Das Gitter an einem der Lüftungsschächte ist locker. Wenn <u>er</u> es abnimmt und in den Schacht greift, wird <u>er</u> etwas finden."
Etwas finden? Eigentlich will Sarius gerade keine Unterbrechung, <u>er</u> will loslegen und sein neues Schwert ausprobieren. „Jetzt gleich?", fragt <u>er</u>.
„Natürlich. Ich warte so lange." Der Bote lehnt sich gegen die kristallene Wand und verschränkt die Arme vor der Brust. Verzögerungen, nichts als Verzögerungen.

Info

Pronomen haben meist **rückverweisende Funktion**. Sie treten in der Regel in einem Text erst auf, wenn das Bezugsnomen bereits genannt wurde.

1. Klärt, welche Belohnungen Nick erhält.
2. Untersuche die unterstrichenen Personalpronomen ab Zeile 21. Auf welches Nomen beziehen sie sich jeweils?
3. Besprecht, warum das Verweissystem der Personalpronomen in diesem Text gar nicht so einfach ist. Was sagt das über Nick Dunmore aus?
4. Finde das Indefinitpronomen *etwas* im Text. Welche Funktion hat es?

Nachschlagen: Merkwissen → S. 299 f.

Wortarten | Präpositionen verwenden

Unveränderliche Wörter: Präpositionen
Aber wo ist T-Saster?

Während T-Saster *mit* [das Spiel] beschäftigt ist, halten es die Topologis *ohne* [der Freund] nicht mehr aus. *Anstelle* [ein Suchaufruf] durchforsten sie die Werkstatt.

Tipp

Verwende die Ersatzprobentabelle (S. 203).

1. Ergänze die Nomen in Klammern im richtigen Kasus.
2. Kläre, welchen Kasus (Dativ, Akkusativ, Genitiv) die drei Präpositionen (*mit, ohne, anstelle*) jeweils fordern.
3. Schreibe diese Sätze richtig in dein Heft. Bestimme jeweils den Kasus.

Mit [großer Eifer] gehen sie *auf* [die Suche].
Ohne [eine einzige Pause] durchforsten sie die Werkstatt.
Seit [einige Stunden] sind sie schon beschäftigt.
Während [die Suche] sind sie ganz konzentriert.

4. Welche Verhältnisse drücken die Sätze in Aufgabe 3 aus? (vgl. Info)
5. Beschreibe das Bild und verwende dabei lokale Präpositionen. Wo suchen die Topologis? Wohin schauen sie?
6. Bilde für folgende Präpositionen jeweils zwei Sätze: einen mit Dativ und einen mit Akkusativ. Wie verändert sich die Bedeutung?

auf ▪ an ▪ hinter ▪ in ▪ vor

Info

Präpositionen (Verhältniswörter) setzen zwei Dinge oder Sachverhalte zueinander in Beziehung oder in ein **Verhältnis**. Man unterscheidet **lokale** (*auf, unter*), **temporale** (*um, nach*), **modale** (*aus, ohne*), **kausale** (*durch, wegen*), **neutrale** (vom Verb geforderte Präpositionen: beschäftigt sein *mit*) Präpositionen.

Konjunktionen und Subjunktionen verwenden | Wortarten

Bindewörter
Das Lüftungsgitter

Info

Bindewörter sind **Konjunktionen** und **Subjunktionen**.

T-Saster ist so gefangen von Erebos, dass er ganz in Trance aufsteht und wie Nick nach einem Lüftungsgitter sucht. Er tastet sich im Dunkeln vorwärts, spürt plötzlich tatsächlich ein Gitter und zieht daran … und fällt den staunenden Topologis vor die Füße!

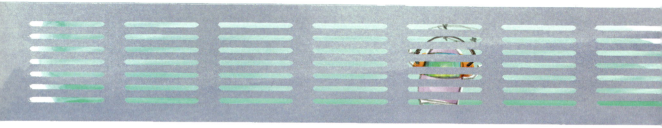

Verstört schaut er sich um: „Wo bin ich? Wo ist Sarius? Ah, der Bote mit den gelben Augen!" Die Topologis versuchen ihn zu beruhigen – und haben schließlich selbst viele Fragen, die T-Saster ihnen aber ziemlich verwirrt beantwortet.

1. Ich bin in den Kommunikator gefallen.		a) Ich habe die DVD eingelegt.
2. Ich habe einen Boten mit gelben Augen gesehen.		b) Ich habe in einen Kristall geschaut.
3. Ich habe Brünhilds Tod miterlebt.	**nachdem**	c) Ich habe euch vermisst.
	weil	d) Ich beachte die Regeln nicht.
4. Nick holte eine Kiste bei St Andrew's Church.	**während**	
	falls	e) Ich kann nicht aufhören damit.
5. Sarius bekam eine Belohnung.	**und**	
6. Ich werde aus Erebos ausgeschlossen.	**obwohl**	f) Er hatte einen Auftrag erfüllt.
	wenn	
7. Das Spiel nimmt mich völlig gefangen.	**aber**	g) Er versteckte sie im Gebüsch am Dollis Road Viaduct.
	denn	
8. Ich habe keine Belohnung gefunden.		h) Ich bin ausgerutscht.
9. Zum Glück bin ich wieder bei euch.		i) Ich habe das Lüftungsgitter geöffnet.

Info

Satzgefüge: Subjunktionen leiten Nebensätze (Verbletztsätze) ein. Sie besetzen die linke Satzklammer.
Satzreihe: Konjunktionen verbinden gleichartige Sätze (z. B. Verbzweitsätze) miteinander. Sie stehen im Koordinationsfeld.

1. Verknüpfe T-Sasters Sätze in der linken und rechten Spalte mit Hilfe der Subjunktionen und Konjunktionen in der Mitte. Achte darauf, dass Subjunktionen Verbletztsätze einleiten. Beachte die Zeichensetzung.
2. Besprecht, warum die Topologis kaum etwas von dem verstehen, was er erzählt.
3. Untersuche jeweils zwei Satzreihen und zwei Satzgefüge in der Feldertabelle. Tipp: Du brauchst das Koordinationsfeld.

Nachschlagen: Merkwissen → S. 294

Adverbien
Wiedersehensfreude

Glücklich, dass sie wieder vereint sind, wollen die Topologis eine Party feiern.
(1) Jeder bringt wahrscheinlich sein Smartphone dorthin mit.
(2) Das wird so sicherlich eine coole Party.

1. Ermittle in den beiden nummerierten Sätzen die Adverbien. Nutze den Vorfeldtest!
2. Klärt, warum sich Adverbien mit dem Vorfeldtest ermitteln lassen.
3. Beschreibe das Bild genau. Verwende dazu möglichst viele Adverbien.
4. Lass deinen Partner die Adverbien in deiner Beschreibung unterstreichen.
5. Stelle Vermutungen an, was sich die Topologis auf ihren Smartphones zeigen.

TESTE dich ✓

Überprüfe dein Wissen und Können, indem du hier die Testaufgaben bearbeitest.

Ich kann ...	Können	Hilfe	Training
Modalität erkennen.	😄😉😳	S. 224f.	S. 237 (1) AH S. 64

Testaufgabe 1

Unterstreiche alle Formen der Modalität in diesem Textausschnitt.
Benenne die sprachlichen Formen.

Was nun? Ursula Poznanski

Auf dem Weg zu den Arenakämpfen in der Weißen Stadt besiegt Sarius Skorpione, in denen Lelant dann einen Wunschkristall findet. Wütend und enttäuscht läuft Sarius alleine weiter zur Stadt:

Was nun? Er könnte sich für seine Unüberlegtheit ohrfeigen. Warum hat er nicht wenigstens Arwen's Child aufgefordert mitzukommen? Sie ist auf seiner Seite gewesen, er hätte sie nicht mit den anderen stehen lassen müssen. Dann könnte er jetzt Feuer machen. Dann wäre er jetzt nicht auf sich allein gestellt. Einmal mehr versucht er, sich zu orientieren. Es muss einen Hinweis geben. Vielleicht weiße Steinchen an den richtigen Abzweigungen oder Glockengeläut jede volle Stunde.

Ich kann ...	Können	Hilfe	Training
den Konjunktiv I und II bilden.	😄😉😳	S. 222f.	AH S. 65–68

Testaufgabe 2
Schreibe den Text ab und setze die angegebenen Modi ein.

T-Saster überlegt: Wenn ich Nick (sein, Konjunktiv II), (werden, Konjunktiv II) ich das Spiel beenden. Er meint zwar, das (sein, Konjunktiv I) was Tolles, aber er vernachlässigt sein echtes Leben. Wenn er nicht so vertieft (sein, Konjunktiv II), (können, Konjunktiv II) er sich öfter mit Emily verabreden. Mit ihr (werden, Konjunktiv II) er sicher spannendere Dinge erleben als mit Sarius. Ich (wünschen, Konjunktiv II), er (kommen, Konjunktiv II) zurück ins echte Leben.

Ich kann ...	Können	Hilfe	Training
die indirekte Rede verwenden.	😄😉😳	S. 222, 227	S. 237 (2, 3) AH S. 69f.

Testaufgabe 3
Gib die wörtliche Rede der folgenden Sätze in der indirekten Rede wieder. Verwende den Konjunktiv I.

(1) Emily zu Nick: „Mich interessiert das Spiel nicht."
(2) Der Bote zu Nick: „Du hast meinen Auftrag erfüllt."
(3) Colin zu Nick: „Manchmal glaube ich, es lebt."
(4) Jamie zu Nick: „Du benimmst dich völlig anders als sonst, weißt du das?"

TRAINING

So kannst du dein Wissen anwenden und deine Fähigkeiten trainieren:

Erebos hat Feinde
Ursula Poznanski

Nick spielt „Erebos" und wird als Sarius vom Boten über aktuelle Ereignisse an der Schule ausgefragt:

„Ich habe dich bereits erwartet." Der Bote sitzt auf einem Stuhl im Zimmer der Gaststube, als Sarius später am Nachmittag ankommt. Die Sonne steht tief und wirft honigfarbene Strahlen durch die Fensterscheiben. „Man sagt, es war ein interessanter Tag bisher. Erzähle mir davon, Sarius. Gab es etwas Außergewöhnliches?"
Ein Nein <u>würde</u> der Bote als Antwort nicht gelten lassen, so viel war klar.
„Ein Mädchen namens Aisha hatte so etwas wie einen Nervenzusammenbruch."
„Weißt du weswegen?"
„Nicht genau. Sie hat etwas in ihrem Englischbuch gefunden und ist erschrocken. Was es war, konnte ich nicht sehen."
Die Antwort scheint den Boten zufriedenzustellen. „Was gab es noch?"
Tja, was? „Ich habe Dan Smythe dabei beobachtet, wie er heimlich Fotos geschossen hat. Von etwas auf dem Parkplatz."
„Gut. Was noch?"
Sarius denkt nach. Was <u>soll</u> er weiter erzählen?
„Berichte mir von Eric Wu. Oder von Jamie Cox", hilft ihm der Bote auf die Sprünge.
Er weiß schon alles, begreift Sarius. Und er prüft mich.
„Sie haben miteinander gesprochen."
„Worüber?"
„Keine Ahnung."
„Wie schade."
Mit einer geschmeidigen Bewegung erhebt der Bote sich von seinem Stuhl. In der winzigen Stube wirkt er übermenschlich groß. An der Tür dreht er sich noch einmal um, als <u>wäre</u> ihm gerade etwas eingefallen.
==„Ich mache mir Sorgen", sagt er. „Erebos hat Feinde und sie werden stärker. Einige davon kennst du, nicht wahr?"==
In Sarius' Kopf stürzen die Gedanken durcheinander. Er wird nicht über Emily und Jamie reden, auf gar keinen Fall. Vielleicht über Eric? Nein, besser doch nicht. Aber sagen <u>sollte</u> er etwas, schleunigst, der Bote <u>wirkte</u> ungeduldig.
==„Ich glaube, Mr Watson hält nichts von Erebos. Obwohl er bestimmt nicht viel darüber weiß, aber er versucht, die Leute auszufragen."==
„Ein wertvoller Hinweis. Danke." Das Lächeln des Boten ist beinahe warm.

1. Bestimme die Form der unterstrichenen Verben. Kläre auch jeweils ihre Funktion.
2. Gib die markierte direkte Rede in indirekter Rede wieder. Achte auf die Pronomen und verwende den Konjunktiv. Beginne so: *Der Bote sagt, er … Sarius antwortet, er …*
3. Schreibe eine kurze Inhaltsangabe des ganzen Textes. Du kannst den Redeinhalt auch in *dass*-Sätzen oder in geraffter Form wiedergeben.

237

Sprachgebrauch und Sprachreflexion

Wörter auf Tour

Wort- und Sprachkunde

Fremdwortgeschichten
Kaspar H. Spinner

Ich komme aus dem Englischen und man verwendet mich im Deutschen, obschon es hier ein Wort gibt, das mit mir verwandt ist, das fast gleich klingt und mehr oder weniger die gleiche Bedeutung hat. Aber ich bin gerade in letzter Zeit sehr beliebt geworden, vor allem bei Leuten, die auf Kalorien achten. Das Besondere ist, dass man mich oft hinter das Substantiv[1] setzt, so als wenn man sagen würde „Blume blau" oder „Stein schwer". Besonders häufig verwenden mich Hersteller süßer Getränke.

Ich komme aus dem Englischen und bin vor allem bei sportlichen Leuten beliebt. Ich bin ein ganz kurzes Wort: Ich bestehe nur aus drei Buchstaben. Heutzutage kann man mit mir richtig Geld verdienen, jedenfalls gibt es immer häufiger Studios, in denen man gegen Geld auf Sportgeräten das werden kann, was ich bezeichne.

[1] Substantiv = Nomen

1. Seht euch die Grafik oben an und klärt, was sich hinter den einzelnen Fachbegriffen verbirgt.
2. Wisst ihr, welche englischen Adjektive hier gesucht werden? Diskutiert darüber, warum sich diese Wörter durchsetzen konnten.
3. Recherchiert in Werbeanzeigen nach weiteren Produktnamen, die englische Wörter enthalten.

Wort- und Sprachkunde | **Den Einfluss des Englischen untersuchen**

Den Einfluss anderer Sprachen in der deutschen Sprache untersuchen

Die Gegenwartssprache wird häufig durch Begriffe aus dem Englischen beeinflusst. Man nennt diese Begriffe Anglizismen. Einige Anglizismen können gut übersetzt werden, andere Begriffe sind international gültig.

Talkshow im Channel five

Moderator: Was läuft denn in der nächsten Zeit so in den deutschen Cinemas?
Mr. X: Also, unser Movie of the Week ist wohl ganz klar Four Angels. [...]
Moderator: Worum geht es denn in dem Movie?
Mr. X: Es geht um eine Lovestory, die in einer anonymen City spielt. Nach vielen Verwicklungen kommt es dann doch noch zu einem Happy End und einem romantischen Candle-Light-Dinner. Der Film ist grandios besetzt, das Team kommt bei der actionreichen Story voll zur Geltung. Der Film kann sich vieler Awards sicher sein!
Moderator: Was hältst du denn von der Hauptbesetzung, Angelina Devil?
Mr. X: Angelina Devil ist ja gerade der Shootingstar am Hollywoodhimmel. Seitdem sie bereits letztes Jahr als große Newcomerin der Lovestories gefeiert worden ist, hat sie einfach alles richtig gemacht. Sie war zunächst nur ein einfaches Model, aber über ihre Homepage im Internet gewann sie unzählige Fans und durch die Besuche zahlreicher Charity-Events und Partys, wo sie sich in den coolsten Outfits als Trendsetterin gezeigt hat, legte sie sich das nötige Image zu. Ihr Look passt sich den neuesten Trends an. Egal wo sie hingeht, sie wird von Bodyguards umringt und ihr werden Standing Ovations zuteil. [...]
Moderator: Aha, interessant. Und was gefällt dir an dem neuen Film besonders gut?

1. Schreibe alle Anglizismen heraus. Für welche Begriffe gibt es keine oder nur eine unpassende deutsche Übersetzung und welche Begriffe lassen sich gut in die deutsche Sprache übertragen?
2. Wie könnte das Gespräch weitergehen? Erfindet ein Gesprächsende mit möglichst vielen Anglizismen und eines mit möglichst wenig Anglizismen.

Das kannst du jetzt lernen!

- Den Einfluss anderer Sprachen auf die deutsche Sprache zu untersuchen ..... S. 240
- Deutsche Wörter in anderen Sprachen zu erkennen ..... S. 241
- Den Bedeutungswandel zu untersuchen ..... S. 242
- Die Entstehung neuer Wörter erfassen ..... S. 244
- Besondere Wortbildungen zu erkennen ..... S. 246
- Die Aufnahme eines Wortes in die deutsche Sprache zu verstehen ..... S. 247
- Fachsprache in Redensarten zu erkennen ..... S. 248

Den Einfluss anderer Sprachen auf die deutsche Sprache untersuchen | Wort- und Sprachkunde

Lehn- und Fremdwörter in der deutschen Sprache
Das Mittelmeer zu Gast in Deutschland – Ciao, Adios und Au revoir

Nicht nur englische Wörter haben Einzug in die deutsche Sprache gehalten, sondern auch Wörter aus vielen anderen Ländern. Aus dem europäischen Raum sind viele Wörter mittlerweile in der deutschen Sprache fast nicht mehr wegzudenken.

Cappuccino, Kredit, Krokodil, Mathematik, Jurte, Apotheke, Bandit, Kiosk, Döner, Kastagnette, Risiko, Annonce, Grammatik, Graffiti, Dämon, Charakter, Camembert, Paella, Konto, Croissant, Lasso, Bibliothek, Mozzarella, Makkaroni, Bolero, Bankrott, Tenor, Pascha, Kebab, Jalousie, Torte, Abonnement, Charmeur, Gitarre, Bouillon, Zigarre, Dolmetscher, Joghurt

Info

Ein **Lehnwort** ist ein Wort, welches aus einer anderen Sprache entlehnt ist. Im Unterschied zum **Fremdwort**, dem der fremdsprachige Ursprung noch anzumerken ist, ist das Lehnwort in Schreibweise und Betonung an den Sprachgebrauch der Zielsprache angepasst.

1. Ordnet die Wörter den jeweiligen Landesflaggen zu. Begründet, warum euch bei einigen Wörtern die Zuordnung leichtfällt und ihr bei anderen im Lexikon oder im Internet nachschlagen musstet.
2. Ergänzt die Liste durch weitere bekannte Wörter aus fremden Sprachen. Denkt hier z. B. auch an Gerichte in Restaurants.

Fremdwörter → S. 256 f.

Deutsche Wörter erobern die Welt
Mit der *vaservaga* ist alles im Lot

Jedes Auto kann selbstverständlich nicht nur vorwärts, sondern auch *rikverc* fahren. Aber woher kommt die seltsame Schreibweise? Im Kroatischen oder Serbischen gibt es etwa 300 deutsche Wörter, die bis heute im allgemeinen Sprachgebrauch sind.

So hat jedes Auto einen *anlaser* und auch der *auspuh* muss manchmal repariert werden. Ebenso gibt es eine *dihtung*, eine *felga* und eine *kuplung*. Um kleinere Schäden zu reparieren, braucht man *mirgl papir*, damit die beschädigte Stelle möglichst lange *rostfraj* bleibt.

So sind seit dem 19. Jahrhundert viele Begriffe vor allem aus dem Handwerk aus dem Deutschen oder Österreichischen in das Kroatische oder Serbische übernommen worden. Da das heimische Handwerk zu dieser Zeit noch hinter dem Niveau in Deutschland und Österreich war, wanderten Deutsche und Österreicher in slawische Länder aus und brachten nicht nur ihr Können, sondern auch die deutschen Wörter mit.

So gibt es z. B. noch einen *pekar*, der morgens frisches Brot backt, und einen *moler*, der täglich zur *farba* greift und auch ab und zu mal einen *borer* benutzt. Nach getaner Arbeit gibt es dann eine *pauza*, die er zum *frutuk* nutzt. Dabei kommt natürlich auch das *betek* zum Einsatz.

Aber auch im Kleidungsbereich gibt es einige uns bekannte Wörter. Man packt z. B. den *kofer* oder den *korpa*, zieht sich einen *mantil* oder eine *jakna* an und muss natürlich die *pantofne* ausziehen, um am *gelender* nicht auszurutschen. Wichtig für alle Menschen aber ist, dass alles *glatko* geht.

1. Übersetzt die Begriffe aus den slawischen Sprachen wieder zurück in die deutsche Sprache.
2. Kennt ihr aus dem Urlaub oder aus den Fremdsprachen, die ihr lernt, weitere Wörter, die der deutschen Sprache ähnlich sind?

Aus Sauerkraut wird choucroute, chucrut oder crauti

In Frankreich benutzt man z. B. die deutschen Wörter *gemütlichkeit* und *rollmops*, in Italien die Wörter *tagesmutter* und *kindergarten* und in Spanien die Wörter *kitsch* und *muesli*.

3. Kannst du eine Erklärung dafür finden, warum einige deutsche Wörter auch in anderen Sprachen Einzug gehalten haben?
4. Recherchiert unter dem Begriff „Germanismus" nach weiteren deutschen Wörtern, die in anderen Sprachen verwendet werden.

Nachschlagen: Merkwissen → S. 301

Sprachwandel

Wörter – gestern und heute

Viele Wörter hatten in früheren Zeiten eine andere Bedeutung als heute. Man spricht davon, dass die Wörter einen Bedeutungswandel vollzogen haben.
So nutzte man das Wort **Hôch(ge)zît** im Mittelalter einfach für Freude oder ein kirchliches oder weltliches Fest. Heute bezeichnet man mit dem Wort **Hochzeit** das Fest der Eheschließung. Das Wort Hochzeit unterliegt also einer **Bedeutungsverengung**.
Das Wort **Horn** verwendete man im Mittelalter ausschließlich für einen tierischen Stirnauswuchs. Heute kann ein Horn auch ein Blasinstrument oder ein besonders geformtes Trinkgefäß sein. Man spricht von einer **Bedeutungserweiterung**.

1. Untersuche die Wörter *Maus*, *Fräulein* und *Feier*.
   Recherchiere im Lexikon oder im Internet.
   In welchen Zusammenhängen hat man die Wörter früher benutzt, in welchen nutzt man sie heute? Handelt es sich jeweils um eine Bedeutungsverengung oder eine Bedeutungserweiterung?

Mit Witz und Verstand – Bedeutungswandel

Früher bezeichnete man einen fleißigen Arbeiter auch als frommen Gesellen. Heute ist ein frommer Mensch eine gläubige Person und ein Geselle ist ein Handwerker, der seine Ausbildung erfolgreich abgeschlossen hat. Die Begriffe haben also einen **Bedeutungswandel** erlebt.

> toll ■ frech ■ brav ■ Schirm ■ gemein ■ lesen ■ Gesindel ■ Witz

> tapfer ■ Reisegesellschaft ■ sammeln ■ Verstand ■ allgemein ■ verwirrt ■ Schutz ■ mutig

2. Bildet Gruppen und findet Wortpaare aus den Wortspeichern. Nutzt hierzu im Zweifelsfall ein Wörterbuch.
3. Erfindet Sätze mit den Wortpaaren. Welche Wörter haben ihre Bedeutung verändert, welche haben ihre Bedeutung verloren?
4. Welche ursprüngliche Bedeutung steckt noch in den Begriffen *Rettungsschirm*, *Tollwut* und *Weinlese*? Kennst du weitere Begriffe?

Nachschlagen: Merkwissen → S. 301

Wort- und Sprachkunde — Bedrohte Wörter kennenlernen

Wörter kommen – Wörter gehen

Täglich entstehen neue Wörter, sogenannte Neologismen. Doch wie viele alte Wörter verschwinden gleichzeitig aus unserer Sprache? Wort und Unwort des Jahres werden bereits gewählt, auch das „schönste deutsche Wort" wurde schon prämiert. Warum nicht einmal das schönste bedrohte Wort küren? Gerade aussterbende Wörter verdienen Aufmerksamkeit, denn sie können Geschichte(n) erzählen. Gesucht wurde nach dem schönsten bedrohten Wort. Bei Mehrfachnennungen entschied sich die Jury für die jeweils schönste Begründung und prämierte nur diese Einsendung mit einem Preis. […]
Es gingen insgesamt 2982 Einsendungen ein, darunter 2000 verschiedene Wörter. Die meist genannten Wörter sind:

- Backfisch *(35 Nennungen)*
- hanebüchen *(28)*
- Sommerfrische *(20)*
- blümerant *(16)*
- Pfennigfuchser *(15)*
- Heiermann, Schutzmann *(14)*
- Bratkartoffelverhältnis, Lichtspielhaus, Steckenpferd *(13)*
- Fräulein, Groschen, knorke *(12)*
- Bandsalat, Hagestolz, Schabernack, Gemach *(10)*
- Mumpitz, Obacht, Ratzefummel, Wählscheibe, wohlfeil *(9)*
- einander, Firlefanz, Stelldichein *(8)*
- Abort, Antlitz, Base, famos, Glückspfennig, hold, Sonnabend *(7)*
- Augenweide, Badeanstalt, flugs, fürderhin, Gabelfrühstück, Hupfdohle, Pampelmuse, Pfennig, Schallplatte, Schlüpfer, Spülstein, Trottoir *(6)*
- Anmut, Behuf, Christkind, danke, Demut, denn, Dutt, garstig, Kaltmamsell, Kinkerlitzchen, Kokolores, Labsal, Muckefuck, Münzfernsprecher, nichtsdestoweniger, Rechenschieber, Sendeschluss, sintemalen, Techtelmechtel, Vetter *(5)*

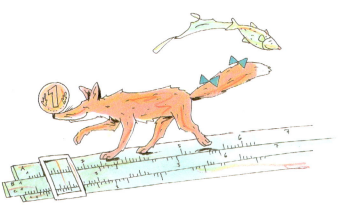

1. Begründe, welches Wort dir am besten gefällt.
2. Beschreibe dein persönliches „schönstes bedrohtes Wort".
3. Kannst du erklären, warum Wörter wie *Bandsalat*, *Plattenspieler* oder *Wählscheibe* nicht mehr verwendet werden? Siehe auch die Notiz in der Randspalte.

Tipp
Wort des Jahres 2010: „Wutbürger" – Recherchiert!

Geräte von heute sind morgen die Geräte von gestern
Mit der Technik verschwinden die Wörter. Immer weiter entwickelt sich die moderne Technik. Dabei verschwinden mit alten Geräten auch alte Wörter.

Wortbildung – googeln, twittern, chatten

Fast täglich entstehen in der deutschen Sprache neue Wörter. Allein in die jeweils neueste Ausgabe des Duden werden etwa 5000 neue Wörter aufgenommen. Dabei folgen viele Wörter einem regelmäßigen Wortbildungsmuster.

Ableitung durch Hinzufügen von Präfix oder Suffix	Wortzusammensetzung aus bereits existierenden Wörtern (Kompositum)	Entlehnung aus anderen Sprachen	Ableitung aus einer anderen Wortart
an-simsen download-en	Feinstaubplakette	Download	anmachen

simsen Nacktscanner Download Laptop Chat
anskypbar Absteige verzocken vorglühen chatten Feedback
Einbürgerungstest googeln uncool twittern Turboabitur skypen

1. Ordnet die Wörter den Wortbildungsmustern zu.
2. Lest einige Nachrichten im Politik-, Wirtschafts- oder Sportteil der Tageszeitung. Welche Wörter erscheinen konstruiert? Ordnet sie in die Tabelle ein.

Wortbildung – Neues aus den Medien

Wachsende Unkenntnis über heimische Tier- und Pflanzenarten – *Kultusministerien* starten eine Initiative gegen *Wissenserosion* in Sachen Natur

Halbmarathon – Sportler sind endgültig dem *Laufvirus* verfallen

Wellenbrecher auf dem Meer – gigantische *Offshore-Anlagen* in der Nordsee

Dem *Handyfriedhof* wird der Kampf angesagt – ein *ReUse-Netzwerk* recycelt gebrauchte Handys

Sonnenpower direkt vom Dach – mit Kollektoren Energie gewinnen

3. Untersucht die kursiv gedruckten Wörter der Schlagzeilen. Wie sind die Wörter entstanden?
4. Gestaltet eigene Schlagzeilen. Nutzt folgende Wörter, über deren Bedeutung ihr euch im Internet im Vorfeld informieren solltet: *Flüstergleis, Billigsoap, Speedrutsche, Webwissen, Infostress, Hirnpower, Dentalhygieniker.*

Nachschlagen: Merkwissen → S. 301

Wort- und Sprachkunde | Die Entstehung neuer Wörter erfassen

Die Top Ten der besten Erfindungen
Sascha Lobo

In den Top Ten der besten Erfindungen der Menschheit streiten sich die Zentralheizung, das Internet und der Buchdruck um die vorderen Plätze. Unangefochten auf dem ersten Platz steht aber die allererste Erfindung, die der Mensch überhaupt gemacht hat: die Sprache.

Uns fehlen die Worte …
Manchmal fehlen Worte, um einen Sachverhalt kurz auszudrücken. Wie sagt man, wenn man etwas ausleihen will mit dem festen Vorsatz, es niemals zurückzugeben? Folgende Vorschläge könnten bei einer Jury eingegangen sein:

> finalpumpen ■ klausleihen ■ wegleihen ■ Leiherwerbung ■ tarnstehlen ■ Leihklau ■ Leihdieb ■ entborgen ■ fürimmerleihen ■ elstern

5. Bereite ein Statement vor, welchen Vorschlag du am besten findest.
6. Wie werden die Wörter durch ein Wortbildungsmuster gebildet?
7. Erfindet selbst neue Wörter für jemanden, der frühmorgens schon gut gelaunt ist. Ist er z. B. ein Morgenoptimist oder ein Frühnerver?

Moderne Wortfindung
Sascha Lobo

Ältern Wenn die eigenen Eltern anfangen alt zu werden, nennt man sie Ältern.

Excem Allergische Reaktion auf Excel. Excel ist unterdessen gesundheitsamtlich als einziges Virus anerkannt, das vom Computer auf den Menschen übertragen wird.

Kopfhörig Ohne Kopfhörer völlig aufgeschmissen.

Schlafschlaff Kurz nach dem Aufstehen sind die meisten Leute schlafschlaff. Dabei lassen sich auch bei größter Anstrengung maximal 2 % der Muskeln und der Muskelmasse bewegen.

8. Erklärt, wie die jeweiligen Begriffe gebildet werden.
9. Findet witzige Erklärungen zu folgenden Wörtern:

> feiertragisch ■ Weinachten ■ Phantomscherz ■ Nachfreude ■ Aufstehstörungen ■ Hochunbegabung ■ tieferbegabt

10. Erfindet eigene Wörter.

Nachschlagen: Merkwissen → S. 301

Besondere Wortbildungen erkennen | Wort- und Sprachkunde

Wörter – ihre Bildung, ihr Verschwinden
Nur ein paar Gramm zu viel!

In der folgenden kurzen Geschichte sind Wörter enthalten, für die es auch eine Kurzform gibt. Die Zahl hinter den Wörtern gibt an, wie viele Buchstaben die Kurzform hat:

Ein Mann fuhr mit einem Automobil (4) die Straße entlang. Es war ein Student, der nach seinem Abitur (3) an der Universität (3) der Stadt Mathematik (5) und Biologie (3) studierte. In den Ferien jobbte er, mal als Oberkellner (4) in einem Café, mal als Discjockey (2) in einer Diskothek (5), mal als Fahrer eines Lastkraftwagens (3).
Mit solch einem Fahrzeug war er augenblicklich unterwegs, also nicht mit einem Kombinationsauto (5) oder einem Personenkraftwagen (3). Privat fuhr der Fahrer gerne mit der Eisenbahn (4), dem Omnibus (3), der Untergrund-Straßenbahn (5), mit dem Motorfahrrad (4) oder mit dem Fahrrad (3). Während der Fahrt hörte er gerne im Radio Ultrakurzwelle (3). Auch schaute er ständig auf seinen Tachometer (5), um nicht zu schnell zu fahren. Leider konnte er heute nicht seine Freundin anrufen, denn der Akkumulator (4) seines Handys war leer. Sie hieß Susanne und er trug immer eine Fotografie (4) von ihr bei sich.
Als er gegen Abend sein Fahrzeug in seiner Firma abstellen wollte, fuhr ein Cabriolet (6) vor. Ein junger Mann stieg aus und sagte: „Ich bin von der Kriminalpolizei (5). Deswegen trage ich keine Uniform. Ihr Fahrzeug ist überladen. Ich muss Ihnen den Führerschein einziehen." Der Lastkraftwagenfahrer (9) ahnte, dass es sich bei dem jungen Mann um einen Auszubildenden (5) der Firma handelte, der zu viele Kriminalromane (5) las und ihm einen Streich spielen wollte. Er antwortete schlagfertig: „Meinen Sie, der Lastkraftwagen (3) wird dadurch leichter? Mein Führerschein wiegt doch nicht einmal ein Kilogramm (4)."

1. Schreibe die Kurzformen der Wörter heraus.
   Übernimm die folgende Tabelle in dein Heft und trage die Wörter darin ein.

Kopfwörter (das Ende wird weggelassen)	Endwörter (der Anfang wird weggelassen)	Kurzwörter (bestehend aus den Anfangsbuchstaben sinntragender Teile)
…	…	…

2. Kennt ihr weitere solche Kurzformen? Sammelt sie in der Tabelle.
3. Recherchiert nach der Langform von *Kat*, *Kita*, *Buga*, *Promi* und *SMS*.

Tipp
Schreibt mit euren Kurzformen einen lustigen Text.

Nachschlagen: Merkwissen → S. 301

Wort- und Sprachkunde | **Die Aufnahme des Wortes in die deutsche Sprache verstehen**

Jeden Tag entsteht ein neues Wort – Wie kommt ein Wort in den Duden?

Wie kommen eigentlich Wörter wie simsen, mailen oder googeln in ein Wörterbuch?

Die Dudenredaktion ist ständig auf der Suche nach neuen Wörtern, die sie dann bei einer Aktualisierung in ein Wörterbuch aufnimmt. Doch wie „findet" sie neue Wörter und wie stellt sie sicher, dass sie keinen der Neulinge übersieht? Wie entscheidet sie, ob Kreationen wie *Webinar*, *Eso-Tante* oder *Wahlopa* „wichtig" genug sind, um in ein Wörterbuch aufgenommen zu werden?
Das wichtigste Verfahren der Dudenredaktion besteht darin, dass sie mit Hilfe von Computerprogrammen sehr große Mengen an elektronischen Texten daraufhin „durchkämmt", ob in ihnen bislang unbekannte Wörter enthalten sind. Treten sie in einer gewissen Häufung und einer bestimmten Streuung über die Texte hinweg auf, handelt es sich um Neuaufnahmekandidaten für die Wörterbücher. Die Textbasis bildet dabei das Dudenkorpus, das mittlerweile mehr als zwei Milliarden Wortformen zählt und sich aus einer Vielzahl aktueller Zeitungs- und Zeitschriftenartikel, Romane, Reden, Reparatur- und Bastelanleitungen usw. zusammensetzt. [...]
Aber welche der vielen neuen Wörter kommen nun in die nächste Auflage des Dudens? Zunächst gilt: Das Wort muss in dem entsprechenden Wörterbuchtyp richtig aufgehoben sein, d. h. rechtschreiblich schwierige Wörter (z. B. *E-Book-Reader*, *Low-Carb-Diät* oder *Energiesparverordnung*) sind potenzielle Aufnahmekandidaten für den Rechtschreibduden, erklärungsbedürftige Fremdwörter (wie *Grid-Computing*, *SEO-Tools* oder *hosten*) für den Fremdwörterduden usw. Natürlich gibt es zahlreiche Überschneidungen und Grenzfälle.
Dann muss das Wort, über dessen Aufnahme die Redakteurin oder der Redakteur zu entscheiden hat, in einer gewissen Häufigkeit auftreten, und zwar über einen längeren Zeitraum hinweg, am besten über mehrere Jahre. [...]
Natürlich finden mit jeder Auflage nicht nur zahlreiche Wörter ihren Weg in den Duden, einige (wenige) fallen nach vielen Jahren oder Jahrzehnten auch wieder heraus. Dabei handelt es sich in der Regel um veraltete Wörter wie *beleibzüchtigen* oder *Selbstwählferndienst*. Bevor solche Wörter allerdings aus dem Wörterbuch gestrichen werden, bekommen sie im Laufe der Zeit zunächst einmal die Markierung „veraltend" bzw. „veraltet" oder „früher", um zu zeigen, dass es die Sache, auf die verwiesen wird, so nicht mehr gibt.

1. Erkläre, wie ein deutsches Wörterbuch entsteht.
2. Kennst du Kleidungsstücke, Nahrungsmittel, Verkehrsmittel oder technische Dinge, die mit möglichst neuen Wörtern umschrieben werden, wie z. B. *twittern*, *googeln*, *fast food* oder *Quad*?

Nachschlagen: Merkwissen → S. 301

Fachwörter
Jäger beim Wort genommen

Viele Berufsgruppen haben eine besondere Fachsprache. Die Fachsprache der Jäger hat die deutsche Sprache mit vielen Redensarten bereichert, da sie sehr bildhaft ist.

→ **auf die Pirsch gehen:**
vorsichtiges, möglichst geräuscharmes Begehen des Reviers, um das Wild zu beobachten, bevor es fliehen kann

→ **durch die Lappen gehen:**
Bei Lappjagden im 17. Jahrhundert wurden rings um eine Wiese oder ein Waldstück lange Leinen gezogen, an denen bunte Tücher baumelten. Vor diesen scheute das Wild oft zurück und lief den Schützen vor die Flinte. Wenn das Wild aber unter den Schnüren hindurch entwischte, ging es durch die Lappen.

→ **Lunte riechen:**
Bei den ersten Gewehren musste das Pulver mit einer Lunte gezündet werden. Dazu benutzten Schützen eine in Salpeter getränkte Schnur, was Tiere manchmal beizeiten rochen.

→ **Knall auf Fall:**
Vom knallenden Schuss getroffen, fällt das Wild zu Boden. Oft sind Gewehrkugeln deutlich schneller als der Schall. Wer das aus weiter Ferne beobachtet, sieht das Tier zu Boden stürzen, bevor er den Knall auf den Fall hin hört.

→ **wachsam wie ein Schießhund sein:**
Jagdhunde müssen aufmerksam sein und dürfen erst nach dem Schuss nach der Beute suchen.

→ **von etwas Wind bekommen:**
Wild kann den Körpergeruch eines Feindes durch Luftzug früh wittern. Deshalb schleichen sich Jäger gegen den Wind an.

→ **Federn lassen:**
Leicht getroffene Vögel büßen nicht das Leben, sondern nur etwas von ihrem Gefieder ein.

1. Übertrage die Fachsprache der Jäger auf die Bedeutungsebene der Redensart. Wie nah ist die jeweilige Redensart noch an der Fachsprache?

Wort- und Sprachkunde | **Fachsprache in Redensarten erkennen**

Seemannsgarn – Seeleute erzählen

Seeleute erzählen gerne von ihren Erlebnissen. Sie spinnen ihr Seemannsgarn. Viele Ausdrücke aus der Seemannssprache sind mit der Zeit auch feste Redensarten in der deutschen Sprache geworden.

Aus dem tiefen Süden Deutschlands in den hohen Norden angereist, wollten Mareike und Tobias sofort wissen, wo man am besten in der Nordsee baden könnte. Aber was war das? Das Wasser war weg. Also fragten sie einen älteren Herrn, einen mit Seemannsmütze und Krückstock. Der sah aus wie ein alter Kapitän. Vielleicht konnte der erklären, wo das Wasser geblieben war.

„Also, das ist so", begann der Mann, „ihr seht doch dort das kleine Boot, da hinten, weit draußen. Ja? Seht ihr das? Auf dem Boot sind zwei Leute, ein Steuermann und ein Froschmann, also ein Taucher. Also, der Steuermann und der Taucher müssen jeden Morgen das Boot flottmachen, sich ordentlich in die Riemen legen und hinausfahren. Dann schnallt sich der Taucher seine Atemluftflaschen auf den Rücken und muss sich über Bord werfen. Dabei muss der Steuermann das Ruder fest in der Hand halten, damit sie nicht vom Kurs abkommen. Dann taucht der Froschmann ab, bis auf den Grund. Wenn der Taucher nun auf dem Meeresgrund angekommen ist, dann zieht er dort unten im Boden des Meeres den Stöpsel raus, so wie ihr in der Badewanne, wenn ihr fertig gebadet habt. Und so wie in der Badewanne läuft auch hier das Wasser durch den Abfluss weg. Und was dann passiert, seht ihr ja jetzt. Das Wasser ist nicht mehr da und das nennt man dann Ebbe und wenn das Wasser wiederkommen soll, braucht man es nur zu rufen und das nennt man dann Flut. Dann fahren sie wieder zur Küste und müssen wieder klar Schiff machen, damit sie bei der nächsten Ausfahrt nicht Schiffbruch erleiden."

Mareike und Tobias dachten nach dieser Erzählung, dass sie auf dem falschen Dampfer sitzen, denn sie ahnten, dass die Geschichte nur erfunden war, aber einen alten Seebären wollten sie mit ihrer Feststellung auch nicht enttäuschen.

👥 **2.** Erklärt die unterstrichenen Redensarten aus der Seemannssprache.
   3. Formuliert Sätze in Alltagssituationen, in denen ihr die Redensarten einbauen könnt. Was wollt ihr durch die Redensarten ausdrücken?
   4. Erklärt, welche Bedeutung die folgenden Redensarten in der Seefahrt haben. Findet Beispiele für Übertragungen der Redensarten in die Alltagswelt

> Anker werfen ■ auf dem Trockenen sitzen ■ das Steuer herumreißen ■ die Lage peilen ■ die Segel streichen ■ etwas über den Daumen peilen ■ Flagge zeigen ■ jemandem den Wind aus den Segeln nehmen ■ jemanden auf dem Kieker haben ■ Leine ziehen ■ mit allen Wassern gewaschen sein ■ Schlagseite haben

249

Sprachgebrauch und Sprachreflexion

Rund um den Sport

Rechtschreibung und Zeichensetzung

Ruf zum Sport
Joachim Ringelnatz

Auf, **ihr** steifen und **verdorrten**
Leute **aus Büros**,
Reißt euch mal zum **Wintersporten**
Von den Öfen **los**.

5 Bleiches **Volk** an Wirtshaustischen,
Stellt die Gläser fort.
Widme dich dem freien, frischen,
Frohen Wintersport.

Denn er **führt** ins lodenfreie
10 Gletscherfexlertum
Und **bedeckt** uns nach der Reihe
All mit **Schnee** und **Ruhm**.

Doch nicht nur der Sport im **Winter**,
Jeder Sport ist plus,
15 Und mit etwas **Geist** dahinter
Wird er zum *Genuß*.

Sport macht **Schwache** *selbstbewußter*,
Dicke dünn, und macht
Dünne hinterher robuster,
20 Gleichsam über Nacht.

Sport **stärkt** Arme, **Rumpf** und Beine,
Kürzt **die** öde Zeit,
Und er schützt uns durch Vereine
Vor der Einsamkeit,

25 **Nimmt** den Lungen **die** verbrauchte
Luft, gibt Appetit;
Was uns **wieder** ins verrauchte
Treue Wirtshaus **zieht**.

Wo man **dann die sporttrainierten**
30 Muskeln **trotzig** hebt
Und fortan in **Illustrierten**
Blättern **weiterlebt**.

Nachschlagen: Merkwissen → S. 301 f.

Rechtschreibung und Zeichensetzung | Die Rechtschreibstrategien wiederholen

1. Welche Rechtschreibregeln und Rechtschreibstrategien, die du bereits gelernt hast, kannst du bei den markierten Wörtern aus dem Gedicht von Ringelnatz anwenden? Solltest du dir bei einem dieser Wörter unsicher sein, dann kannst du es im Wörterbuch nachschlagen.

2. Die kursiv gesetzten Wörter sind nicht korrekt geschrieben. Kannst du sie mit Hilfe der bereits gelernten Rechtschreibregeln korrigieren? Begründe deine Entscheidung.

Ich spreche das Wort langsam und schwinge die Sprechsilben mit. Beim Schreiben kann ich unter dem Wort Schwungbögen anbringen.

Ich verlängere das Wort. Bei Verben suche ich den Infinitiv, bei Adjektiven die Steigerungsform und bei Nomen bilde ich den Plural.

Ich leite das Wort vom Stamm eines anderen Wortes ab.

M Dieses Wort muss ich mir merken. Dazu benutze ich meine Merkwörterkartei.

Ich erweitere das Wort und baue so einen Treppentext.

3. Kannst du dich noch an die Strategien und Regeln aus den Klassen 5 und 6 erinnern? Dann findest du sicher für die nachfolgenden Wörter ein passendes Symbol, mit dem du die Schreibung erklären kannst:

Leichtathletin ▪ Fußballer ▪ Langstreckenläufer ▪ Leistungsschwimmen ▪ Weltmeisterschaft ▪ Synchronwassergymnastik

Das kannst du jetzt lernen!

▸ Die bereits gelernten Rechtschreibstrategien verlässlich anzuwenden ..... S. 251
▸ Wörter richtig zu schreiben, in denen Dehnung, Schärfung und s-Laute vorkommen ..... S. 252
▸ Fremdwörter richtig zu schreiben ..... S. 256
▸ Die Regeln der Groß- und Kleinschreibung richtig anzuwenden ..... S. 258
▸ Zusammensetzungen mit dem Verb richtig zu schreiben ..... S. 261
▸ Deine Fehler in der Rechtschreibung zu analysieren ..... S. 264
▸ Die Rechtschreibüberprüfung zu nutzen ..... S. 265
▸ Die Satzzeichen bei Appositionen und Parenthesen sowie Anreden zu setzen ..... S. 266

Rechtschreibstrategien
Schärfung, Dehnung und s-Laut

1. Übertrage die Tabelle in dein Heft und ordne die folgenden Wörter richtig ein.

kurze Vokale SCHÄRFUNG	lange Vokale DEHNUNG
...	...

Blech ▪ Bogen ▪ Dose ▪ fliegen ▪ flitzen ▪ lehren ▪ Motto ▪ neben ▪ prahlen ▪ Satz ▪ Topf ▪ Tor ▪ Winter ▪ Zahl ▪ Ball ▪ Dame ▪ Damm ▪ fehlen ▪ Lasso ▪ Lehne ▪ Nord ▪ Paddel ▪ Pfad ▪ Rassel ▪ Rede ▪ Wolle

2. Formuliere zusammen mit deinem Nachbarn die Regeln für die Schreibung der Schärfung und der Dehnung. Die Satzbausteine helfen dir dabei.

Schärfung
Nach betonten ▭ Vokalen folgen fast immer zwei Konsonanten, z. B. ▭.
Hört man beim Sprechen nach einem kurzen Vokal nur einen Konsonanten, wird er beim Schreiben ▭, z. B. *Ball*.
Sonderfälle:
Statt einem Doppel-k schreibt man im Deutschen ein ▭, z. B. ▭.
Statt einem Doppel-z schreibt man im Deutschen ▭, z. B. ▭.

Dehnung
In den meisten Fällen werden die lang gesprochenen Vokale gar ▭ gekennzeichnet, z. B. *lesen, die Rede*.
Ein lang gesprochener Vokal kann durch ein ▭ gekennzeichnet werden, z. B. *Wahl, Fahne, sehr*.
Ein Vokal kann durch ▭ gedehnt werden, z. B. *Haar, leeren*.
ACHTUNG: Wenn sich von diesen Wörtern Ableitungen mit Umlaut bilden lassen, entstehen einfache Umlaute, z. B. *Saal → Säle*.

Nachschlagen: Merkwissen → S. 301 f.

Manche Wörter klingen gleich, bedeuten aber etwas anderes.

3. Sprich die folgenden Wörter laut.

der <u>Wal</u>	die <u>Wahl</u>
das <u>Meer</u>	mehr
der <u>Pol</u>	der <u>Pool</u>
ich lehre	ich leere
war	wahr

Info

Wörter ableiten (nach verwandten Wörtern suchen):
Bei dieser Strategie musst du immer den Wortstamm bilden, z. B. *Lesebuch, gelesen* und *er liest* wird vom Wortstamm *lesen* abgeleitet. Am Wortstamm kann man erkennen, wie ein Wort geschrieben wird.

4. Erkläre anschließend die gleichlautenden Begriffe mit deinem Partner.
5. Wende bei den unterstrichenen Wörtern die Strategie „verwandte Wörter suchen" an. Markiere anschließend den Wortstamm.
6. Erkläre, wie dir die Strategie helfen kann.
7. Forme bei den nachfolgenden Wörtern die lang gesprochenen Vokale in kurz gesprochene um. Schreibe die neuen Wörter auf.
z. B. *fahl → der Fall*

Stahl ▪ Kahn ▪ kam ▪ Hüte ▪ Heer

8. Wende zur Überprüfung eine Rechtschreibstrategie an. Welche hat dir geholfen?
9. Finde weitere Beispiele und notiere sie ebenfalls in deinem Heft.

Auf dem Sportplatz – drei passen zusammen!

Folgende Äußerungen sind auf dem Sportplatz gefallen. Sie enthalten insgesamt jeweils drei Wörter, die besondere Wortstämme oder Vorsilben haben.

> Ich kann euch das verlorene Trikot zurückgeben und muss es nicht erstatten. Meine Mutter hat es zusammen mit meiner Armbanduhr hinter der Waschmaschine entdeckt ...

> Gegen diese Entscheidung des Schiedsrichters werden wir Widerspruch einlegen und das standhaft auskämpfen.

> England ist ja das Ursprungsland des Fußballs. Trotzdem haben wir mit einem stattlichen Ergebnis gegen die Engländer gewonnen. Unsere Spieler haben vor lauter Freude fast einen Handstand gemacht.

> Beim letzten Turnier habe ich einen alten Freund wiedergetroffen. Obwohl wir uns seit Urzeiten nicht mehr gesehen haben, war er sehr unfreundlich und widersprach mir dauernd ...

> Anstatt aufzugeben, sollte die Mannschaft wirklich lieber noch ein paar Trainingseinheiten wiederholen. Aber um diese Uhrzeit kann man das doch nicht mehr verlangen.

> Es ist doch völlig widersinnig, dieses Ergebnis zu beanstanden. Für unsere Mannschaft ist nach diesem Spiel eben Endstation.

> Unser Trainer hat uns zum Konditionstraining in den reinsten Urwald hinter dem Stadion geschickt. Aber letztendlich hat keiner gewagt, sich dem zu widersetzen.

> Der letzte Sieg unserer Mannschaft ist mir fast entgangen. Es war kaum eine Berichterstattung in der Zeitung zu lesen. Da war nur wiedergegeben, dass wir die Endrunde erreicht haben.

Tipp

Das **Präfix** (Vorsilbe) *ent-* hat meist die Bedeutung von „vermindern" oder „ein Geschehen beginnen" (z.B. *mutig – entmutigen, schließen – Entschluss*).

Tipp

Der **Wortstamm** liegt allen Wörtern der gleichen Wortfamilie zugrunde.

10. Suche die zusammengehörenden Wörter und trage sie in die Tabelle ein:

-ent-	-end-	-wider-	-wieder-	-ur-	-uhr-	-stand-	-statt-

11. Kläre die Bedeutung der Wortstämme. Inwiefern hilft dir dies bei der Schreibung der Wörter?

12. Ergänze weitere Beispielwörter in der Tabelle.

13. Schreibe einige Aussagen, die auf dem Sportplatz fallen könnten, auf und benutze darin deine Beispielwörter. Achte darauf, dass in den Aussagen die Bedeutung der Beispielwörter und damit die Schreibung klar wird.

14. Diktiere deinem Nachbarn deine Sätze als Minidiktate.

Queen Elizabeth II. London 2012 – das Feuer brennt

Queen Elisabeth II. eröffnete die Olympischen Sommerspiele in London. Mit einer beeindruckenden Zeremonie wurde auf den Rängen für Gänsehaut gesorgt.

15. Du bist Reporter bei den Olympischen Spielen. Schreibe einen Bericht von einem Wettkampf deiner Wahl mit Hilfe der Wörter aus dem Kasten auf S. 251. Gerne darfst du deiner Fantasie freien Lauf lassen.

16. In jeder der nachfolgenden Zeilen wurde ein Wort falsch geschrieben. Schreibe das falsche Wort richtig in dein Heft.

> messen, Klasse, Wasser, Grösse

> Wissen, lassen, Strauss, Masse

> Risse, Bissen, Mass, Kuss

> Fluss, Spass, Schluss, Hass

17. Ordne die passende Regel aus dem Infokasten den Beispielen aus der Aufgabe 16 zu.

18. Wie verändert sich in den Sätzen ss? Setze die richtigen Formen ein.

Nach dem Sieg der Fußballmannschaft wurde der Trainer mit Sekt übergossen. Heute will sich der Trainer rächen und auch die Spieler ▯.
Das Wasser floss auf dem Kurs so langsam, dass sich die Spieler mächtig beim Paddeln anstrengen mussten.
Nach dem Regenschauer am Nachmittag ▯ es wieder richtig schnell.
Die Zeit in London haben die Athleten sehr genossen.
Auch die Spiele 2016 in Rio de Janeiro werden alle Athleten sehr ▯.

19. Informiere dich über die *das/dass*-Schreibung und erstelle ein Merkplakat.

20. Schreibe die Sätze in dein Heft und setze die korrekte Form von *das* oder *dass* ein. Wende nach Möglichkeit die Ersatzprobe an.

1. Die Athleten freuen sich, ... die olympischen Spiele endlich beginnen.
2. ... hätte wohl kaum einer als Kind geglaubt, ... er einmal in seinem Leben an der Spitze stehen würde.
3. Viele von ihnen konnten beim Einlaufen ins Stadion gar nicht glauben, ... Geschehen, ... sich vor ihren Augen abspielte, wahr war.
4. ... Geschenk, ... sie uns mit der Erlaubnis, ins Station einlaufen zu dürfen, machten, ist wirklich ... beste.
5. Heute haben viele ... Glück, ... sie sich wünschten.
6. Man sieht, ... es mit dem ... und ... gar nicht so schwierig ist, so ... man ... und ... eigentlich nicht verwechseln kann! ... war's!!!

Info

Silben mitschwingen:
Die Wörter werden durch langsames und deutliches Sprechen in Silben zerlegt. Dazu kann man die Sprechsilben als Schwungbögen unter das geschriebene Wort zeichnen.

Tipp

Wende bei jedem Wort die Strategien „Silben mitschwingen" und „nach verwandten Wörtern suchen" an.

Info

a) Nach **Diphthong** (Zwielaut) und Umlaut wird der stimmlose s-Laut mit ß geschrieben, z. B. *schmeißen, gießen*.
b) Nach **kurzem Vokal** wird ss geschrieben, z. B. *Schluss*.
c) Nach **langem Vokal** wird ß geschrieben, z. B. *sie saßen*.

Nachschlagen: Merkwissen → S. 303

Fremdwörter

Kleinanzeigen

Wer ein Sportgerät kaufen will, kann in der Zeitung oder im Internet viele Anzeigen finden. Man entdeckt dabei auch manche Wörter, die nicht aus dem Deutschen stammen.

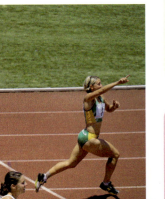

Ladegerät für Elektro-E-Scooter mit 24 V
Neues 24-V-Ladegerät mit 3-poligem Anschluss für diverse Elektrofahrzeuge. Geeignet für 24-V-Bleiakkus. Es handelt sich um ein intelligentes Ladegerät, das bei aufgeladenen Akkus automatisch in die Erhaltungsladung umschaltet.
Müller & Team, Hauptstr. 27

TITAN Leichtathletikschuh NEU Gr. 42
Der TITAN Lang- und Querfeldeinstreckenspike ist ein professioneller Leichtathletikschuh aus der TRACK & FIELD-Kollektion. Absoluter Top-Laufschuh auch für die Wege außerhalb der Bahn. Diese Schuhe werden gerne als Allrounder getragen. Ideal für ambitionierte Sportler, die nicht pro Disziplin einen extra Schuh brauchen.
Profi-Sport, im Gewerbegebiet am Baumarkt

JONGLIERTÜCHER im 6er-Set
Es handelt sich um Chiffontücher bzw. Rhythmiktücher. Ideal für Jonglieranfänger, da diese Tücher ganz langsam durch die Luft fliegen. Gleichzeitig sind sie ein wichtiges Utensil für Hobby- und Profizauberer. Sie lassen sich bis auf Daumengröße zusammenknüllen. Geeignet auch als Dekoration, Haarschmuck oder Tischdesign!
www.abrakadabra.com

21. Teilt eure Klasse in zwei Gruppen. Jede Gruppe schreibt aus zwei Anzeigen die Fremdwörter heraus. Vergleicht eure Ergebnisse miteinander.
22. Woran kann man erkennen, dass es sich um Fremdwörter handelt?
23. Übernimm die Fremdwörter, deren Schreibung du nicht sicher beherrschst, in deine Merkwörterkartei.

M Info

Merkwörterkartei
Bei dieser Strategie solltest du alle Wörter, die du falsch geschrieben hast, in die Kartei aufnehmen. Bei den Merkwörtern muss man sich die Wortbilder einprägen.

Lehn- und Fremdwörter in der deutschen Sprache → S. 240

Jonglieren mit Ringen

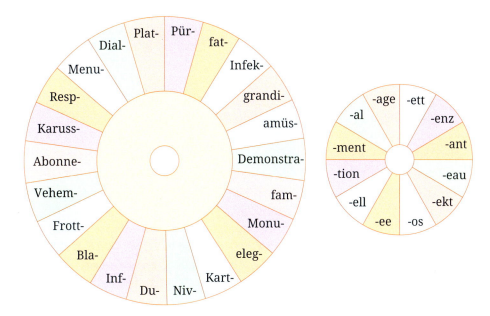

24. Jongliere mit den beiden Ringen so, dass du aus den Wortteilen im linken und rechten Ring möglichst viele Fremdwörter erhältst.
25. Finde zu den Endungen im rechten Ring weitere passende Fremdwörter.
26. Überprüfe deine Fremdwörter mit einem Fremdwörterbuch. Schreibe auch die Bedeutung und die Herkunft auf.

Versteckter Sport

In dem Buchstabengitter unten sind zehn Verben versteckt, die mit Sport zu tun haben. Dazwischen finden sich weitere Fremdwörter.

MEDIZINJKASVOLTIGIERENSJFGARDINELSFJGALOPPIERENLKSJFFABRIKKLS
KUSINELSKTRAINIERENKJBENZINLSKDKOMMENTIERENJKSFRIVALEKMF
KOMMANDIERENJSMHAPFELSINEKHQUALFIZIERENKJMASCHINEIFSECOURA
GERENLASKABINEBIFTAKTIERENSESFKINOKSJBRILLIERENLSKNALOVFDMY
QGLOKOMOTIVESJKPARIERENHJMOTIVIERENKHFREGULATIV

27. Schreibe die Verben und die anderen Fremdwörter heraus und ordne sie nach der Endung.
28. Schreibe mit diesen Verben Sätze über das, was im Sport alles passieren kann.
29. Sucht weitere Verben mit der Endung *-ieren* und spielt damit ein Quiz mit eurem Nachbarn: Einer nennt das Verb, der andere muss dessen Bedeutung erklären und einen Satz damit bilden.

| Verben und Adjektive nominalisieren | Rechtschreibung und Zeichensetzung |

Groß- und Kleinschreibung
Bergsteigen der Extreme

Thomas und **Alexander Huber** sind ein außergewöhnliches Gespann. Für sich genommen zählt der eine wie der andere zu den besten Bergsteigern der Welt, zusammen bilden sie eine der stärksten Seilschaften unserer Zeit. Das Geschwisterpaar, welches zum **Klettern** die ganze Welt bereist, ist bekannt unter dem Namen „die Huberbuam". Thomas Huber **klettert** seit seinem zehnten Lebensjahr. Sie haben zusammen eine Freikletterroute am El Capitan **begangen** und auch in den folgenden Jahren folgten weitere **Erstbegehungen**. Auch geht die schnellste **Durchsteigung** einer El-Capitan-Route auf ihre Rechnung: In nur knapp zwei Stunden haben sie die Zodiac **durchstiegen** (zum Vergleich: normale Seilschaften benötigen für diese Route 2 bis 5 Tage).

Gerlinde Kaltenbrunner (geb. am 13. Dezember 1970) ist eine erfolgreiche österreichische Höhenbergsteigerin. Obwohl sie noch recht jung ist, kann sie bereits auf ein **interessantes** Leben zurückblicken. Zum **Interessantesten** an ihren Erfolgen zählt, dass sie ohne zusätzlichen Sauerstoff auskommt. Kaltenbrunner hat es sich zum Ziel gesetzt, alle Achttausender ohne Sauerstoffflasche zu besteigen. Sie zählt zu den **besten** Bergsteigerinnen der Welt. Deshalb wählt sie meist nicht die leichteste Route auf den Gipfel, sondern gibt ihr **Bestes** und geht oft auch dann noch weiter, wenn die männlichen Kameraden in ihrem Team bereits umkehren und wieder absteigen.

Beim ihrem **ersten** Versuch, den Dhaulagiri im Himalaya zu besteigen, wurde Kaltenbrunner von einem Schneebrett erfasst und unter der Lawine begraben. Sie überlebte knapp dank einer Luftblase. Das **Erste**, was sie tat, war, sich selbst aus den Schneemassen wieder auszugraben.

Im August 2010 startete Kaltenbrunner zum Gipfel des K2 in Nepal. Drei Expeditionen zu dessen Besteigung musste sie bereits abbrechen. Diesmal wünschte ihr die ganze Welt alles **Gute**, doch wieder endet die Besteigung nicht **gut**. Als ein Kamerad vor ihren Augen abstürzte, brach sie die Expedition ab.

 Info

Die **Erweiterungsprobe** hilft dir dabei herauszufinden, wann man Wörter großschreibt. Diese Wörter werden großgeschrieben, weil sie erweitert werden können und an letzter Stelle der nominalen Wortgruppe stehen.
Bei **Treppentexten** rückt der nominale Kern immer weiter nach rechts im Satz.

1. Begründe die Schreibung der fettgedruckten Verben und Adjektive, indem du die Erweiterungsprobe anwendest.
2. Erstelle in deinem Heft eine Tabelle mit den Wörtern, die vor den großgeschriebenen Verben und Adjektiven stehen, nach Wortarten geordnet.
3. Formuliere eine Schreibregel: Wann werden Adjektive und Verben großgeschrieben, d. h. nominalisiert?
4. Begründe die Schreibung von *interessant* im folgenden Satz:

Am interessantesten ist die Tatsache, dass es über die Brüder Huber sogar einen Dokumentarfilm mit dem Titel „Am Limit" gibt.

Rechtschreibung und Zeichensetzung | Zahlwörter richtig schreiben

Das große Olympia-Quiz

Bist du ein Olympiakenner? Dann kannst du dein Wissen bei dem folgenden Quiz testen.

1 Wann wurden die ersten Olympischen Spiele des 21. Jahrhunderts eröffnet?
- ☐ am fünfzehnten September 2000 in Sydney
- ☐ in Athen
- ☐ am Achten des Monats Februar im Jahr 2002 in Salt Lake City

2 Wann finden die olympischen Schwimmwettkämpfe statt?
- ☐ nie vor acht Uhr
- ☐ am liebsten nachts
- ☐ Die Schwimmer sind traditionell die Ersten.

3 Wie viel kostet eine Eintrittskarte zu olympischen Wettkämpfen?
- ☐ mindestens einen Fünfziger
- ☐ etwa hundertzwanzig Euro
- ☐ Man kommt nur als Gast eines Sponsors zu den Wettkämpfen.

4 Wie viele Medaillen gewann Maria Riesch bei den Olympischen Winterspielen 2010?
- ☐ Sie kam zweimal als Erste ins Ziel.
- ☐ gar keine
- ☐ zwei Goldmedaillen: eine in der Abfahrt und eine im Super-G

5 Wie oft darf ein Sportler bei Olympia einen Fehlstart begehen?
- ☐ sooft er will
- ☐ Den vierten Fehlstart wird es nicht geben.
- ☐ Der Erste ist schon zu viel.

6 Aus wie vielen Reitern besteht eine olympische Dressurmannschaft?
- ☐ aus einem Reiter und drei Pferden
- ☐ Nur Frauen dürfen Dressur reiten.
- ☐ Die richtige Zahl ist die Drei.

7 Wie viel wiegt die Diskusscheibe der Frauen?
- ☐ Diskuswerfen der Frauen ist keine olympische Disziplin.
- ☐ Sie wiegt genau achtzig Gramm.
- ☐ Sie wiegt etwa zwei Drittel mehr als ein Jugendfußball, nämlich zwei Kilo.

1. Beantworte die Quizfragen. Tipp: Die richtige Antwort enthält immer ein nominalisiertes Zahlwort.
2. Schreibe alle Zahlwörter aus den Antworten heraus und ordne sie nach Groß- und Kleinschreibung.
3. Formuliere eine Schreibregel: Wann werden Zahlwörter groß- und wann kleingeschrieben?
4. Formuliere eigene Quizfragen zu den Olympischen Spielen. Benutze dazu Zahlwörter in Groß- und Kleinschreibung.

Info

Zahlwörter heißen mit dem Fachbegriff **Numerale**. Man kann sie zu der Wortart der Adjektive zählen. Sie werden meist attributiv gebraucht *(die erste Gruppe, acht Läufer, hundert Teilnehmer)*.

259

Alltag im Leistungssport – fast jeden Tag in der Halle …

Der Handballer Clemens Borchardt spielt mit seinem Verein in der Landesliga. Im Interview erzählt er, wie sich sein Alltag mit Leistungssport gestaltet.

Wie oft trainieren Sie?
Wir trainieren dreimal die Woche, und zwar immer dienstags, donnerstags und freitags. Das Training findet in der Regel am Abend statt, außer wenn wir im Trainingslager sind. Dann üben wir auch morgens oder am Nachmittag.

Unterscheiden sich die einzelnen Trainingseinheiten?
Ja, dienstagabends, also zum Beispiel gestern, machen wir immer Ausdauer- und Krafttraining, morgen Abend, also jeden Donnerstag, steht Taktik auf dem Programm. Wir stellen uns auf die Spielzüge des Gegners ein und üben unseren Angriff.

Wann und wie oft finden Spiele und Turniere statt?
Die Spiele finden meist samstagabends statt. Manchmal haben wir aber auch am Sonntagnachmittag Spiele. Wenn wir zu Hause spielen, treffen wir uns spätnachmittags in der Halle und beginnen mit dem Aufwärmtraining. Bei Auswärtsspielen fahren wir bereits samstags mittags zum gegnerischen Spielort.

Wie läuft ein Trainingslager ab?
Die Trainingslager dauern meist von Donnerstagabend bis Sonntagnachmittag und werden in der spielfreien Zeit durchgeführt. Wir beginnen frühmorgens mit Aufwärmübungen und Konditionstraining, der Nachmittag gehört meist einzelnen Übungsformen, z. B. Wurftraining. Trainings- oder Freundschaftsspiele gegen eine andere Mannschaft finden samstags am Abend statt.

1. Suche aus dem Text alle Zeitangaben heraus und ordne sie nach ihrer Schreibung in folgende Tabelle ein:

	Kleinschreibung	**Großschreibung**	**Groß-/Kleinschreibung**
einfache Zeitangaben	morgens	am Morgen	–
zusammengesetzte Zeitangaben	dienstags morgens	am Dienstagmorgen	heute Morgen

2. Formuliere eine Regel, wann Zeitangaben groß- oder kleingeschrieben werden.
3. Berichte über deine Freizeitgestaltung. Verwende dazu Zeitangaben mit Groß- und Kleinschreibung.

Getrennt- und Zusammenschreibung
Reporter im Stadion

1 Liebe Zuschauer, beim heutigen Pokalfinale werden Sie sich sicher nicht langweilen. Paul Plattfuß, der Publikumsliebling, wird mitspielen. Er plant, die Titelhoffnungen für seine Mannschaft zu vollenden. Doch die Heimmannschaft sollte nicht zu früh frohlocken, denn auch die Gegner können gut mithalten und werden sicher den Sturmlauf Pauls zu unterbinden wissen. Ob Paul seine Aussage, drei Tore hineinzudonnern, einhalten kann, wird sich zeigen. Da beginnt das Spiel. Die Mitspieler bringen Paul sofort ins Spiel, damit er die gegnerische Abwehr durchbrechen kann. Tatsächlich, er dribbelt gleich los, weil er einen Gegenspieler umlaufen und mit gleich drei Abwehrspielern wetteifern will …

2 Meine Damen und Herren, seien Sie willkommen hier im Schwimmstadion. Ich bin mir sicher, das Publikum wird gleich kopfstehen, wenn das letzte Rennen der Saison ausgetragen wird. Keiner will heimgehen, denn Lena Liebig, unsere Spitzenschwimmerin, wird teilnehmen und gegen die beste internationale Konkurrenz antreten. Wir hoffen alle, dass sie den schnellen Schwimmerinnen aus Asien standhalten kann. Da kommen die Schwimmerinnen. Liebig ist hoch konzentriert. Man glaubt wie immer, dass sie schlafwandelt, wenn sie ihr Maskottchen liebkost und an der Schwimmbrille herumfummelt. Jetzt geht es zum Start. Wir alle wissen, dass Liebig sich hervorragend selbst überwinden kann, doch kann sie sich gegen die anderen durchsetzen? Sie muss eine noch bessere Zeit schwimmen als sonst. Da kommt der Startschuss …

1. Einer von euch beiden trägt den Text laut vor und der andere notiert sich alle zusammengesetzten Verben auf einem Blatt Papier.
2. Prüfe mit Hilfe der Betonungsproben, ob es sich bei den gesammelten Verben um trennbare oder untrennbare Zusammensetzungen handelt.
3. Ordne die Verben nach ihrer Schreibung in trennbare und untrennbare Zusammensetzungen.
4. Setze die Reportagen fort und benutze dabei folgende zusammengesetzte Verben: *handhaben, überqueren, hintergehen, durchziehen, stattfinden, kopfrechnen, untergraben*. Mache durch die Verwendung in deinem Text klar, ob es sich um trennbare oder untrennbare Verbindungen handelt.

Info
Eine **Reportage** informiert in besonders lebendiger und anschaulicher Weise über ein Ereignis oder eine Person. Das Tempus der Reportage ist das Präsens.

Info
Betonungsprobe 1:
Nomen, Adjektive und Partikeln (= unveränderliche Wörter oder Wortteile) können mit Verben **untrennbare Zusammensetzungen** bilden. Die **Betonung** liegt auf dem **Verbstamm** (z. B. *vernéhmen, überwínden*). Der erste Wortteil bleibt unbetont. Man schreibt sie immer zusammen.
Betonungsprobe 2:
Nomen, Adjektive oder Partikeln können mit Verben **trennbare Zusammensetzungen** bilden. Nur in Kontaktstellung (Infinitiv, Partizip I und II, Verbletztstellung) schreibt man sie zusammen. Andernfalls trennen sie sich und bilden die Satzklammer. Der **erste Wortteil** trägt die **Betonung** (z. B. *áufbauen – ich baue auf – wenn ich áufbaue; mítspielen – ich spiele mit – wenn ich mítspiele*).

Tipp
Achte auf die Betonung und arbeite mit der Feldertabelle.

Von Sätzen und Satzgliedern → S. 202 ff.

Zusammensetzungen von Partikeln und Verb richtig schreiben | Rechtschreibung und Zeichensetzung

Auf die Plätze, fertig, los …

Präfixe

ab- ▪ an- ▪ auf- ▪ aus- ▪ bei- ▪ beisammen- ▪ da- ▪ dabei- ▪ daher- ▪ dahin- ▪ dar- ▪ davon- ▪ dazu- ▪ dazwischen- ▪ drauf- ▪ drauflos- ▪ drin- ▪ durch- ▪ ein- ▪ einher- ▪ empor- ▪ entgegen- ▪ entlang- ▪ herüber- ▪ herum- ▪ herunter- ▪ hervor- ▪ hin- ▪ hinauf- ▪ hinaus- ▪ hindurch- ▪ hinein- ▪ hinterher- ▪ hinüber- ▪ hinunter- ▪ hinzu- ▪ los- ▪ mit- ▪ nach- ▪ nieder- ▪ über- ▪ um- ▪ umher- ▪ unter- ▪ vor- ▪ voran- ▪ voraus- ▪ vorbei- ▪ vorher- ▪ vorüber- ▪ vorweg- ▪ weg- ▪ weiter- ▪ wieder- ▪ zu- ▪ zurecht- ▪ zusammen- ▪ zuvor-

Verben

-ändern ▪ -biegen ▪ -laufen ▪ -schalten ▪ -lehnen ▪ -sitzen ▪ -bleiben ▪ -kommen ▪ -stellen ▪ -gehen ▪ -tragen ▪ -bauen ▪ -bieten ▪ -dauern ▪ -nehmen ▪ -holen ▪ -käuen ▪ -sehen ▪ -finden

1. Klassenwettbewerb: Bildet Mannschaften: Jede Mannschaft muss versuchen, aus den Präfixen und Verben möglichst viele Zusammensetzungen zu bilden, z. B. *auslaufen, durchmachen*. Achtet darauf, dass ihr die Zusammensetzungen auch korrekt aufschreibt. Stoppt die Zeit: Wer hat nach drei Minuten die meisten Zusammensetzungen?

Hindernisse beim Endspurt?

- Während des Turnwettkampfs darf der Trainer zur Hilfestellung an den Geräten dabeistehen. Wenn ein Trainer an den Geräten Hilfestellung gibt, darf er nicht sitzen, sondern muss meist dabei stehen.
- Mit einem Unentschieden ist die Mannschaft gerade noch einmal davongekommen. Die schlechte Leistung der Mannschaft ist davon gekommen, dass die Spieler nach der langen Anreise noch müde waren.
- Bei der Pressekonferenz musste sich die Sportlerin ständig wiederholen. Bei der Pressekonferenz musste die Sportlerin das Mikrofon wieder holen.
- Für einen Erfolg müssen Sportler und Betreuer gut zusammenarbeiten. Der Sportler möchte gern mit den anderen Sportlern zusammen arbeiten.

2. Lies die Sätze laut vor und achte auf die Betonung der zusammengesetzten Verben.

3. Kläre die Bedeutung der zusammengesetzten Verben.

4. Erkläre mit Hilfe der Betonung und der Bedeutung die Getrennt- oder Zusammenschreibung.

5. Formuliere mit folgenden Verben Sätze mit Getrennt- und Zusammenschreibung: *wieder?geben – zusammen?sitzen – um?laufen*.
Schlage die Verben in einem Wörterbuch nach und vergewissere dich über deine Rechtschreibung.

> **Info**
>
> Viele Wörter lassen sich aus verschiedenen **Wortbausteinen** zusammensetzen. Der Stamm ist das bedeutungstragende Element. Die angefügten Elemente nennt man **Präfix**, wenn sie **vor** dem Stamm, und **Suffix**, wenn sie **nach** dem Stamm angefügt werden.

| Rechtschreibung und Zeichensetzung | Zusammensetzungen von Nomen und Verb richtig schreiben |

Was Karlchen mag …

Karlchen hat einen ganz besonderen Geschmack, wie sich in folgenden Äußerungen zeigt:

A Karlchen mag Ski laufen und Schlittschuh laufen, aber er mag nicht eislaufen.
B Karlchen mag Rumba tanzen und Walzer tanzen, aber er mag nicht seiltanzen.
C Karlchen mag Fußball spielen und Rad fahren, aber er mag nicht bergsteigen.
D Karlchen mag Schlange stehen und Schlangenköpfe basteln, aber er mag nicht kopfstehen.

1. Welches Rechtschreibproblem wird in den Äußerungen über Karlchen sichtbar?

Die letzte Rettung: Hilfe aus dem Wörterbuch

Regel: Verbindungen von Nomen und Verb schreibt man in der Regel getrennt. Das Nomen wird großgeschrieben, das Verb klein.

Ausnahmen: Wenn das Nomen verblasst ist und nicht mehr als solches zu erkennen ist, schreibt man die Verbindung von Nomen und Verb zusammen und klein.

Wörterliste:
NOT?LEIDEN – ANGST?HABEN – SONNEN?BADEN – INLINER?FAHREN – HEIM?GEHEN – IRRE?FÜHREN – RAT?SUCHEN – MAß?HALTEN – BAUCH?REDEN – WUNDER?NEHMEN – SCHULD?TRAGEN – SCHLAF?WANDELN – KOPF?RECHNEN – RÜCKEN?SCHWIMMEN – BRUST?SCHWIMMEN – LOB?PREISEN – SORGE?TRAGEN – PLEITE?GEHEN – AUTO?FAHREN – KUCHEN?BACKEN – STAND?HALTEN – SPORT?TREIBEN – KLAVIER?SPIELEN – SCHLUSS?FOLGERN

2. Versuche, mit Hilfe der Regeln die Schreibung der Wörter zu klären. Notiere deine Vermutungen mit Bleistift.
3. Überprüfe die Schreibung der Wörter im Wörterbuch.
4. Schlage die Zusammensetzungen HALT?MACHEN und MARATHON?LAUFEN im Wörterbuch nach. Was stellst du fest?

Rechtschreibkenntnisse überprüfen

Sportlerrätsel

A An einem wunderschönen Ta**1** jo**2**te Sandro in Richtung Bahnhof zur Apo-**3**eke. Auf dem Weg dorthin ka**4**men ihm drei Dackel entgegen**5** die eine **6**ltere Dame an der Leine führte und die ihn beim **7**oggen ankläfften. Wie viele Beine gingen zum Bahnhof?

> **1** g oder k? ▪ **2** g oder gg? ▪ **3** th oder t? ▪ **4** Dehnungs-h? ▪
> **5** Komma oder nicht? ▪ **6** e oder ä? ▪ **7** j oder J?

B Eine Viererkarte für einen Bus kostet 1 Euro. Eine Einzelkarte kostet nu**1**r 30 Cent. Fahrräder werden kostenlos transport**2**rt. Ein Radfahrer bestieg eili**3** mit seinem Mount**4**nbike den Bus, ga**5** dem Fahrer wortl**6**s 1 Euro und bekam dafür eine Viererkarte. Woher wusste der Fahrer, da**7** der Mann sich eine Viererkarte finan**8**ieren wollte?

> **1** Dehnungs-h? ▪ **2** i, ie oder ieh? ▪ **3** g oder ch? ▪ **4** ei oder ai? ▪
> **5** p oder b? ▪ **6** o oder oh? ▪ **7** s oder ss? ▪ **8** z oder tz?

C Zwei Mannschaften spielten verbi**1**en gegeneinander Fußball. Die Tr**2**ner regten sich schreckli**3** über ein absch**4**liches F**5**l auf. Der Schiedsrichter pfi**6** einen Elfmeter. Durch diesen Elfmeter fi**7**l in der 28. Minute das Tor. Dennoch endete das Spiel 0:0. Wie ist das möglich?

> **1** s, ss oder ß? ▪ **2** ei oder ai? ▪ **3** g oder ch? ▪ **4** eu oder äu? ▪
> **5** ou oder au? ▪ **6** f oder ff? ▪ **7** e oder eh?

D Der Rennfahrer k**1**mpfte um den Sieg in einem Formel-1-Re**2**en. Er übe**3**undete alle Gegner und näherte sich der Ziellinie. Doch kurz bev**4**r er das Ziel erreichte**5** stan**6** er auf, wünschte den Gegnern alles **7**ute und legte sich schlafen. Wie konnte das passieren?

> **1** e oder ä? ▪ **2** n oder nn? ▪ **3** r oder rr? ▪ **4** o, oh oder oo? ▪
> **5** Komma oder nicht? ▪ **6** d oder t? ▪ **7** g oder G?

1. Diktiert euch die Sportlerrätsel gegenseitig als Partnerdiktate.
2. Erkläre an den markierten Stellen, wie du das Rechtschreibproblem löst, und trage das passende Symbol aus der Randspalte unter dem Wort ein.
3. Findet in den Rätseln weitere Wörter, bei denen ihr die Symbole anwenden könnt.

Nachschlagen: Merkwissen → S. 301f.

Fehlerhafter Spielbericht

Nach einem aufregenden Fußballspiel verfasst ein Reporter einen Spielbericht am Computer:

> **Am Ende zeigt sich, wer meer Kondition hatte!**
> FÜr die Gegnerischemanschaft war es leider kein erfolgreicher Spieltag – sie kamen einfach nicht mit unserer Art und Wiese, wie wir konterten, zurecht. Wider und wieder nutzten wir geschickt, den Freiraum im Konterspiel aus. Immer wieder spielten wir ein lange Flancke und schon war der Ball wieder in der gegnerischen Helfte.

1. Überprüfe in dem Brief die Rechtschreibung mit den Rechtschreibstrategien und schreibe ihn dann richtig in deinem Heft auf.
2. Besprich mit deinem Partner, welche Fehler ein Rechtschreibprogramm wahrscheinlich erkennt, welche dagegen nicht.
3. Verfasse am Computer einen kurzen Bericht über ein Sportereignis, welches du selbst erlebt hast oder bei dem du als Gast warst. Nutze anschließend die Rechtschreib und Grammatikprüfung deines Textverarbeitungsprogramms.
4. Wenn du deinen Text für fehlerfrei hältst, gib ihn deinem Partner zur Überprüfung.
5. Kontrolliere, ob alle Fehler vom Computerprogramm erkannt wurden. Diskutiere mit deinem Partner, welche allgemeinen Schlussfolgerungen sich über die Fähigkeit des Programms ableiten lassen und was du beachten musst.

Zeichensetzung
Neue Trendsportarten – kennst du dich aus?

1. Untersuche die beiden Sätze. Was fällt dir auf?

Bei Kubb, dem Wikingerschach, spielt man runde und eckige Hölzer.
Bei Kubb – es wird auch Wikingerschacht genannt – wirft man runde und eckige Hölzer.

2. Im letzten Schuljahr hast du bereits die Appositionen als eine Möglichkeit des Einschubs kennengelernt. Bestimme, welcher Satz eine Apposition erhält.

3. Beschreibe die Unterschiede bei den Einschüben.

4. Erstellt ein Lernplakat, auf dem die Unterschiede zwischen Parenthese und Apposition zu entnehmen sind.

> **Info**
>
> **Appositionen** sind nachgestellte Beifügungen, die im gleichen Kasus wie das Beziehungswort stehen, z. B. Lena, *meine Lieblingsfreundin*, ...; Herr Müller, *unser Mathelehrer*, ... Appositionen sind immer von **Kommas** getrennt.

> **Info**
>
> Bei **Parenthesen** handelt es sich um satzförmige Einschübe in einen anderen Satz. Ein solcher Einschub steht entweder in Klammern oder wird zwischen Gedankenstriche oder Kommata gesetzt.

Apposition
- gleicher Kasus
- Beispiel:

Parenthese
- Klammern
- Beispiel:

Und noch mehr Trendsportarten!

1. Laut der Sportzeitschrift „Trendsportarten live" – sie ist gerade vor wenigen Tagen erschienen – fährt man beim Skiken mit Kurzbrettern auf Rollen und schiebt sich mit Stöcken an.
2. Den Trendsport Skiken – das ist eine Mischung aus Inlineskates und Skilanglauf – kann man fast das ganze Jahr ausführen.
3. Slacklining (ich habe es leider noch nicht versucht) hat schon viele Anhänger.
4. Beim Slacklining, man spannt einen Gurt von Baum zu Baum, kann man seine Balance trainieren.
5. Beim Jugger – meiner Meinung nach ist sie eine besondere Sportart – schlägt man sich mit Schwertern und Stäben.
6. Jugger, so ein Fachmann, sei eine Sportart, die gefährlich aussieht, es aber nicht ist.

5. Nutze die Folientechnik und unterstreiche die Parenthesen.
6. Überlege, welche Wirkungen und Funktionen die Parenthesen jeweils in den Sätzen haben.
7. Formuliere für das Lernplakat einen Tipp, wann und in welcher Situation man Parenthesen verwenden sollte.
8. Kennst du weitere ungewöhnliche Sportarten? Entwirf dazu eine Werbeanzeige, die eine Apposition oder eine Parenthese enthält.

Anreden richtig verwenden | Rechtschreibung und Zeichensetzung

Verschiedene Anreden!

- Lieber Vater, …
- Beste Mama der Welt, …
- Liebe Eltern, …
- Teure Tante, …
- Mein lieber guter Papa, …
- Sehr geehrter Herr Vater, …
- Sehr geehrte Damen und Herren, …
- Liebste, allerliebste Mutter, …
- Liebe Mami, lieber Papa, …
- Ihr Lieben, …
- Hochverehrter Herr Vater, …
- Mein herrlicher Freund, …
- Sehr verehrte Mutter, …
- Sehr geehrter Herr Direktor, …

1. Überlege dir, wann man welche Anrede wählt.
2. Was erfährst du jeweils über das Verhältnis zwischen dem Absender und dem Adressaten?
3. Gibt es Anreden, die heute nicht mehr gebraucht werden? Kannst du dir Gründe dafür vorstellen?
4. Finde für jede Anrede eine passende Grußformel. Achte auf das Verhältnis zwischen Absender und Adressaten.

Rechtschreibung und Zeichensetzung — Anreden richtig verwenden

Bei der Anrede musst du darauf achten, ob du einen privaten, auch persönlichen Brief oder ob du einen sachlichen Brief schreibst.

5. Überlege dir Anlässe für einen privaten und einen sachlichen Brief. Übertrage die Tabelle in dein Heft und ergänze sie.

privater, persönlicher Brief	sachlicher Brief
Bericht über ein Ferienereignis an den Freund	Bitte an den Direktor

6. Um welche Art von Brief handelt es sich bei den nachfolgenden Texten? Begründe deine Meinung.

7. Überarbeite die beiden Briefe und schreibe sie richtig in dein Heft.

> **Info**
>
> Nach der **Anrede** erfolgt ein Komma und man schreibt in der nächsten Zeile weiter. Beim sachlichen Brief musst du die **Anredepronomen** großschreiben.

Hallo Frau Direktor Müller
die Klassensprecherversammlung hat vor Kurzem über eine Änderung der Handyordnung diskutiert. Wie sie vielleicht wissen, verbringen wir Schüler sehr viel Zeit am Handy. Deshalb möchte ich ihnen meinen Standpunkt dazu darlegen. Um die Kommunikation unter uns Schülern wieder mehr zu wecken, möchte ich ihnen den Vorschlag machen, dass die Pausen Handyfreie Zeiten sind.
Einen Gruß an sie! Max Mustermann

Hallo Tobi,
ich will Dir schnell berichten, dass unsere Handyregelung an der Schule überdacht wird. Ich bin aber dafür – und ich hoffe, du verstehst mich – dass wir in der Pause kein Handy benützen dürfen. Was meinst du dazu?
Achtungsvoll dein Freund Max

---

8. Schreibe deinem Freund oder deinem Direktor einen kurzen Brief. Deinem Freund berichtest du über eine Schulveranstaltung, welche bald stattfinden soll, und deinen Direktor möchtest du bitten, eine Schulveranstaltung (wie z. B. eine Schulfaschingsparty) zu veranstalten.

TESTE dich ✓

Überprüfe dein Wissen und Können, indem du hier die Testaufgaben bearbeitest.

Ich kann ...	Können	Hilfe	Training
die Rechtschreibstrategien erläutern und jeweils ein Beispiel anfügen.	😊 😉 😳	S. 251	S. 270 (1–3), AH S. 83–86
Testaufgabe 1 Erläutere, welche Rechtschreibstrategie sich hinter den einzelnen Strategiezeichen verbirgt, und führe ein Beispielwort an. M			

Ich kann ...	Können	Hilfe	Training
mit Hilfe der Rechtschreibstrategien Fehler vermeiden und die Schreibung einzelner Wörter erklären.	😊 😉 😳	S. 251	S. 270 (1–3), AH S. 83–86
Testaufgabe 2 Erkläre die Schreibung der folgenden Wörter im Hinblick auf die Markierungen mit Hilfe einer Rechtschreibstrategie: Lücke, Blätter, kahl, Berg, wiederholen, Trinken, spannend			

Ich kann ...	Können	Hilfe	Training
entscheiden, ob eine Nominalisierung vorliegt.	😊 😉 😳	S. 258	S. 273 (5, 6) AH S. 87, 88
Testaufgabe 3 Begründe, ob eine Nominalisierung vorliegt, indem du die Erweiterungsprobe anwendest. Das k/Klettern am Fels macht mehr Spaß, als in der Halle zu k/Klettern. Manche Athleten s/Schwimmen nicht gerne im Freigewässer, sondern ziehen das s/Schwimmen im Schwimmbad vor.			

Ich kann ...	Können	Hilfe	Training
als Nomen gebrauchte Zahlwörter erkennen.	😊 😉 😳	S. 259	AH S. 89
Testaufgabe 4 Schreibe die Sätze richtig in dein Heft und begründe ihre Schreibung. Am e/Ersten Mai findet der e/Erste Marathon des Jahres für die Sportlerin statt. Die Startgebühr beträgt dafür einen z/Zwanziger.			

TESTE dich

Ich kann ...	Können	Hilfe	Training
Zeitangaben korrekt schreiben.	😄 😉 😳	S. 260	AH S. 90

Testaufgabe 5
Übertrage die Tabelle in dein Heft und finde für die Zeitangaben jeweils ein Beispiel.

	Kleinschreibung	Großschreibung	Groß-/Kleinschreibung
einfache Zeitangabe			
zusammengesetzte Zeitangabe			

Ich kann ...	Können	Hilfe	Training
trennbare und untrennbare Verbindungen mit Verb unterscheiden.	😄 😉 😳	S. 261	AH S. 91

Testaufgabe 6
Ordne die Verben nach ihrer Schreibung in trennbare und untrennbare Zusammensetzungen.

maßregeln, auslaufen, darstellen, überleben, vollbringen, kürzertreten, handhaben

Ich kann ...	Können	Hilfe	Training
Zusammensetzungen von Nomen und Verb richtig schreiben.	😄 😉 😳	S. 263	S. 273 (7, 8) AH S. 93

Testaufgabe 7
Entscheide, ob die folgenden Zusammensetzungen getrennt oder zusammengeschrieben werden müssen.

Eis/laufen, Heim/fahren, Fußball/spielen, Kopf/stehen, Angst/haben, Sport/treiben, Not/tun

Ich kann ...	Können	Hilfe	Training
Appositionen und Parenthesen unterscheiden.	😄 😉 😳	S. 266	AH S. 94

Testaufgabe 8
Entscheide, ob es sich jeweils um eine Apposition oder eine Parenthese handelt.
Welche Satzzeichen kann man bei Parenthesen finden?

Nicht nur im Urlaub wird Stand Up Paddling, kurz SUP, immer beliebter.
Jump Fitness – das ist der neuste Hype in vielen Fitnessstudios – werden zu Musik auf einem Zimmertrampolin stehend abwechselnd langsame und schnelle Sprünge sowie Schritte ausgeführt.

TRAINING

So kannst du dein Wissen anwenden und deine Fähigkeiten trainieren:

Quidditch – ein Sport der Extreme

Die Zuschauer nehmen ihre Plätze auf Sitzen ein, die sich rings um ein ovales Spielfeld emporranken. Die ganze Szenerie ist in mysteriöses, goldenes Licht getaucht, das aus dem Stadion selbst zu leuchten scheint. Von oben erscheint das Spielfeld weich und glatt wie Samt. Das Ende des Feldes besteht aus säulenartigen Pfosten, an deren Längsseite oben Torringe angebracht sind. Ein Quidditch-Spieler bewegt sich auf einem Besen über das Spielfeld, dazu sind oft akrobatische Anstrengungen nötig. Als Schikane dienen Bälle, Klatscher genannt, die die Flieger aus der Flugbahn treiben und vom Besen stürzen lassen. Ein Spieler – Jäger oder Fänger – muss also ein athletischer Typ sein, der auch in einer Krisensituation nicht die Nerven verliert und nach einem Angriff flugs weiterkämpft. Sieger ist die Mannschaft, die den „goldenen Schnatz", einen Ball, der winzig und wendig ist, schnappt.

1. Lass dir diesen Text diktieren.
2. Trage unter die markierten Buchstaben das jeweils passende Strategiezeichen ein, das dir hilft, das Rechtschreibproblem zu lösen.
3. Finde für jede Strategie ein weiteres Wort, auf das sie sich anwenden lässt.

Schlagzeilen

Neue Sportte▯▯nologie im Ak▯ienpaket!
▯▯emiekon▯ern gibt Herstellung von Dopingmitteln zu: Bankro▯▯!
Eu▯▯orie in der Leichtat▯letikszene!
Fus▯▯▯ von TG und TSV in TGSV perf▯▯▯!
Profisportler auf der Suche nach profession▯▯▯em Finan▯manage▯▯▯▯.
Intellektu▯▯▯e Aufgaben wurden gelöst: Hohes Niv▯▯▯ bei ▯acht-
rega▯▯a.
Sperre als Op▯▯▯▯ gegen Regelverstöße?
Fußball-H▯▯ligans randal▯▯ren im Stad▯▯▯.
Letzte ▯▯ase des Olympia-Tr▯▯nings erfolgreich.
Mehr Diskret▯▯▯ bei Dopingkontrollen bitte!
Trainer-Karu▯▯e▯▯ dreht sich ganz fam▯▯.

4. Schreibe den Text ab und setze in die Lücken der Fremdwörter die fehlenden Buchstaben ein.

TRAINING

Ikarus – ein antiker Extremsportler?

Das ■ wird immer einfacher und bequemer. Mit dem Flugzeug dauert die ▲ nach Athen knappe drei Stunden. Beim ■ vergeht die Zeit wie im ▲, denn nette Stewardessen servieren unentwegt Getränke und Essen.
Wenn das der alte Ikarus sehen könnte, der mit seinen ▲ aus Wachs vor langer
⁵ Zeit der Sonne zu nahe kam, was aber kein angenehmes ■ bedeutete, sondern den Absturz ins Meer. Heute würde sich Ikarus ein Flugticket kaufen, sich in den Sitz zurücklehnen und sich sicher ● fühlen mit Ohrenstöpseln aus Wachs. Das Wachs hätte heute sein ✚, damit Ikarus von den anderen Passagieren nicht gestört würde. Kurz vor dem ● Start würde er noch denken: „Dieses ✚ beim Los-
¹⁰ fliegen gefällt mir viel besser als der lästige Absprung von einer Klippe "

   5. Setze passend ein: Für die Quadrate nominalisierte Verben, für die Dreiecke Nomen, für die Kreise Adjektive und für die Kreuze nominalisierte Adjektive.
   6. Begründe jeweils die Großschreibung mit Hilfe der Erweiterungsprobe.

> **Tipp**
>
> Symbole der gleichen Farbe gehören jeweils zu einer Wortfamilie, z. B. *das Abstürzen – der Absturz; neu – viel Neues.*

Sportarzt Dr. Machtnix gibt besondere Ratschläge

Reporter Welchen Rat suchen Eltern und Schüler bei Ihnen?
Sportarzt Nun, die Jugendlichen fragen, ob sie EIS?KAUFEN oder EIS?LAUFEN sollen. Ich antworte Ihnen: „Kauft! – Kaufen führt zu einer eindrucksvollen Figur."
Reporter Sollen die Jugendlichen in der Stadt RAD?FAHREN?
Sportarzt Ich sage Ja, und der Grund ist, dass sie mit Gefahren leben müssen. Wenn die Eltern mit ihnen im AUTO?FAHREN, entgeht ihnen dies.
Reporter Welches Verhalten befürworten Sie?
⁵ **Sportarzt** Ich freue mich über alle, die beim Essen für gesunde Kost FEUER?FANGEN. Ich empfehle rohe Kartoffeln und Ziegenmilch, wenn es NOT?TUT abzunehmen. Auch vor Grünkernbratlingen an Schokoladensoße sollte man keine ANGST?HABEN. Dieser Genuss führt automatisch dazu, dass alle DIÄT?HALTEN.
¹⁰ **Reporter** Ich stelle mir vor, dass Sie mit solchen Vorschlägen schnell PLEITE?MACHEN.
Sportarzt Im Gegenteil; ich erlebe, dass in meiner Praxis die Besucher SCHLANGE?STEHEN. Solange Patienten nicht MAß?HALTEN, werde ich niemals NOT?LEIDEN. Ich werde sogar …
¹⁵ **Reporter** Hören Sie, ich breche dieses Interview ab. An der Verbreitung dieser Ratschläge möchte ich keine SCHULD?TRAGEN.

   7. Schreibe die Wortverbindungen aus Nomen und Verb mit der richtigen Schreibung heraus. Du kannst dazu das Wörterbuch benutzen.
   8. Ändere die Vorschläge so, dass die Ratschläge von Dr. Machtnix sinnvoll sind. Verwende dabei auch Verbindungen aus Nomen und Verb.

Sprachgebrauch und Sprachreflexion

Wie wir kommunizieren

Sprache und Identität

Was heißt denn das?

Bombole
Brätzl
Epfl
Grombier
Gsälz
Schbätzla
Wegg

Tipp
Sprich die Wörter laut!

1. Dialektwörter sind für denjenigen, der diesen Dialekt nicht kennt, oft ein Rätsel. Verstehst du die oben genannten Ausdrücke auf Schwäbisch? Um es nicht zu kompliziert zu machen, hier ein Tipp: Es handelt sich um Begriffe aus dem Bereich „Speisen und Getränke".
2. Frage auch deine Eltern und Großeltern, ob sie diese Wörter (noch) kennen.
3. Übertragt die oben genannten Ausdrücke ins Hochdeutsche.
4. Führe mit einem Partner ein Quiz zu Wörtern in deinem Dialekt oder deiner Muttersprache durch.

Tübingen: Zentrum der Dialektforschung

Laible, Keks oder Brötle wird gern Ausdruck für Weihnachtsgebäck verwandt. Aber wo genau wird welcher schwäbische Dialekt wann gesprochen? Lange lag die Forschung über solche Fragen brach, nun finanziert das Land neue Projekte.

Tübingen – Löwenzahn ist nicht immer Löwenzahn, sondern genauso Bettsaicher, Lawezaa, Milchbusch oder Sunewirbel. Wer welchen Begriff nutzt und ausspricht, das wird in Tübingen erforscht. Wird „wieder" erforscht, betonen die Professoren Reinhard Johler und Hubert Klausmann. [...]
5 Ein Teilprojekt widmet sich der Erstellung eines digitalen Sprachatlasses für Baden-Württemberg. Auf einer Karte des Landes werden zwischen 40 und 50 Ortschaften verzeichnet sein. Per Mausklick ist dann umgehend zu hören, wie beispielsweise das Wort „Türklinke" ausgesprochen wird oder welche Begriffe dafür noch verwendet werden. Schnalle, Falle oder schlicht Griff? Wie so etwas
10 grundsätzlich funktioniert, führen die Tübinger mit dem Begriff „Madel" vor: klickt man auf den Nachbarort auf der Karte, ist „Dirndl" zu vernehmen. Richtig – so weit reicht der Begriff der bayerischen Nachbarn.
Bis so ein Sprachatlas für Nord-Württemberg im Internet zur Verfügung steht, dürfte noch ein gutes Jahr vergehen. Aktuell führen die Wissenschaftler in den
15 Ortschaften Gespräche mit Mundartkundigen, die ihnen von der Ortsverwaltung empfohlen worden sind. Da geht es nicht um Lebensgeschichten, sondern um Begriffe samt Fragen beispielsweise nach den Backwaren zu Weihnachten, Weihnachtsgebäck, Brötle, Keks oder Laible – die Antworten werden aufgezeichnet. Geschehen ist [...] viel in den letzten Jahren. So konnten 2040 Aufnahmen des
20 Arno-Ruoff-Archivs vorwiegend aus den 1950er-Jahren gerettet werden. Material von 800 Stunden wurde von den zunehmend „verrauschten" Tonbändern auf CDs gebrannt. Finanziert wurde dies vom Förderverein Schwäbischer Dialekt. Ruoff und auch Beisinger hatten in 500 Orten im Land Menschen zu ihrem Leben befragt. Weil die Älteren von ihnen von ihrer Jugend erzählten, ist auf
25 diese Weise zu hören, wie man um 1900 sprach. In den nächsten Jahren soll dieser „riesige Schatz", wie die Tübinger Wissenschaftler sagen, vollständig digitalisiert werden.

1. Erkläre mit eigenen Worten den Unterschied von Dialekt und Standardsprache.
2. Beschreibe, wie die Erstellung eines digitalen Sprachatlasses funktioniert.
3. Schreibe die unterschiedlichen Bezeichnungen für Weihnachtsgebäck und Löwenzahn heraus. Sammelt weitere Bezeichnungen für die beiden Begriffe.
4. Führt Interviews und sammelt weitere unterschiedliche mundartliche Bezeichnungen für Begriffe aus dem Bereich „Speisen und Getränke". Präsentiert eure Ergebnisse.

Das kannst du jetzt lernen!
- Eine Werbeanzeige zu untersuchen .... S. 276
- Jugendsprache zu untersuchen .... S. 279

Werbung untersuchen

Schon in der Antike gab es Werbung in Form von bemalten Tafeln. Heute wird die Werbung im Internet immer einflussreicher. Banner oder so genannte Pop-ups erscheinen wie Anzeigen unter den Internetseiten. Hier siehst du wie eine klassische Werbeanzeige aufgebaut ist.

Der **Slogan** ist der Werbespruch, der sich den Lesern und Sehern der Werbeanzeige gut einprägen sollte. Er hat einen hohen Wiedererkennungswert und ist leicht zu merken.

Der **Informationstext** liefert dir detailliertere Informationen über das Produkt.

Die **Überschrift**, die so genannte Headline, steht zentral in der Anzeige.

Das ergänzende **Logo** stellt die Marke / den Markennamen grafisch dar.

Weitere Elemente:
Das beworbene Produkt wird in der Regel mit einem **Foto** oder einer **Zeichnung** des Produkts vorgestellt.

1. Untersuche die Werbeanzeige im Hinblick auf die einzelnen Elemente. Welche sind in der Anzeige vorhanden, welche nicht?
2. Klärt gemeinsam, was unter dem AIDA-Modell zu verstehen ist, und untersucht die Anzeige nun genauer mit Hilfe des Modells.
3. Sammelt weitere Werbeanzeigen aus Zeitschriften oder dem Internet und untersucht deren Aufbau.

Das AIDA-Modell

Um zu verstehen, wie Werbung funktioniert, gibt es verschiedene Erklärungsmodelle. Das bekannteste Modell, um eine Werbeanzeige zu analysieren, ist das AIDA-Modell. „AIDA" steht hierbei für 4 verschiedene Stufen.

Attention (Aufmerksamkeit): Die Werbeanzeige sollte zunächst mit Hilfe eines Eye-Catchers die Aufmerksamkeit des Betrachters „einfangen".

Interest (Interesse): Nachdem der Betrachter auf die Werbeanzeige aufmerksam geworden ist, soll sein Interesse geweckt werden, sodass er neugierig wird und mehr erfahren möchte.

Desire (Wunsch): Der Betrachter sollte den Wunsch verspüren, das Produkt besitzen zu wollen.

Action (Handlung): Der Betrachter sollte den Entschluss fassen, das beworbene Produkt zu kaufen.

Lecker ... lecker ... schwäbisch ebbe!

['BOGGSCHDARGG!]

Weisch, des isch gut!

HIER DÜRFEN SIE RUHIG IHR KÖPFLE IN DEN SAND STECKEN.

Isch bin dir Farfalle.

[hässlich härb]

DAS LÄNDLE SUCHT SCHNÄPPLE.

4. Könnt ihr die Werbesprüche verstehen? Klärt die Wörter, die ihr nicht kennt, und übertragt sie ins Hochdeutsche.
5. Welche Produkte könnten hier wohl beworben werden? Tauscht euch aus.
6. Diskutiert in der Klasse, weshalb auf einem Werbeplakat Dialekt vorkommt. Welche Gründe fallen euch dafür ein? Nutzt für eure Überlegungen auch das AIDA-Modell.
7. Recherchiert Werbeanzeigen, die Mundart enthalten, und untersucht diese genauer. Geht dabei auf folgende Aspekte ein:
    - Untersucht den Aufbau mit Hilfe des AIDA-Modells.
    - Wird auf dem Werbeplakat zwischen Dialekt und Standardsprache gewechselt? Wenn ja, überlegt euch, wo und weshalb dies geschieht.
    - Untersucht den Dialekt in der Werbeanzeige:
        - Was fällt euch beim Wortschatz auf? Gibt es Wörter, die typisch für diesen Dialekt sind?
        - Was fällt euch bei den Formen der Wörter auf? Achtet besonders auf die Endungen. Was ist hier anders als in der Schriftsprache?
        - Was fällt euch bei den vorkommenden Lauten auf?

8. Wählt einen der beiden Arbeitsaufträge:
- Übertragt ein Werbeplakat eurer Wahl in euren heimischen Dialekt und schreibt euer Ergebnis auf.
- Macht eure eigene Werbung: für eure Schule, für ein Jugendprojekt oder für etwas Besonderes, das euch gefällt an eurer Heimat. Denkt euch eine Plakatwerbung mit Bild und Text aus.

Ein Kommentar in der Presse zu einer Media-Markt-Werbung in Mundart lautete:

Knapp vorbei ist auch daneben

Mancher Slogan scheint zum Rohrkrepierer geboren. Zuletzt machte in Stuttgart der Elektronikfachhändler Media Markt mit einem schrägen Reklamesprüche zur Milaneo-Eröffnung von sich reden. Oder haben die Werber etwa den Nerv der Schwaben getroffen?

Stuttgart – Immer wenn man denkt, dämlicher geht es nicht mehr, hängt das nächste Werbeplakat an den Haltestellen dieser Stadt. Die Auszeichnung „Lätschige Brezel" steht zurzeit dem Elektronikfachhändler Media Markt zu, der die Hiesigen auf seine Präsenz im neuen Milaneo hinweist – und zwar mit dem Slogan „Das Ländle sucht Schnäpple jetzt am Mailändle". Selbst als Reingeschmeckter bekomme ich da eher Schnäppleatmung als Lust auf Schnäppchen, und mein Kollege, ein Hiesiger, meint sehr treffend: „I mach' glei a Brecherle!" [...] Kein Texter kann doch ernsthaft glauben, dass er mit so einem Sprüchle einen werbewirksamen Treffer landet. 5

Oder etwa doch? Während wir noch so vor uns hinbruddeln, erreicht uns die nächste Nachricht: Das Staatsministerium in der Villa Reitzenstein hat jetzt eine eigene Kita. Nach einer Umfrage unter den Mitarbeitern heißt sie: Villa Reitzensteinle. Kraftlos sinken wir in unsere Stühle zurück. Der Kollege: „So isch's no au wieder." 10

9. Lies den Kommentar und formuliere in zwei Sätzen den Inhalt und die Aussageabsicht des Autors.
10. Überlege dir, welche Funktion in diesem Kommentar der Dialekt erfüllt.
11. Wie stehst du zu Dialekt in der Werbung? Erkläre deinem Sitznachbarn, ob du für oder gegen den Gebrauch von Dialekt in der Werbung bist. Begründe deine Meinung.

Sprache und Identität | Sich mit Jugendsprache beschäftigen

Was ist Jugendsprache?

Information zu Bild 1:
Johann Wolfgang von Goethe (1749–1832) gilt bis heute als der bedeutendste deutsche Dichter. Seine Werke zählen zu den Höhepunkten der Weltliteratur. Goethe bricht im September 1786 nach Italien auf. Er reist unter falschem Namen, um seiner Berühmtheit zu entgehen. Während dieser Reise wohnt er bei dem Maler Johann Heinrich Wilhelm Tischbein, mit dem er viel unternimmt, auch einen Ausflug zu den „zerstörten Grabstätten längs der Via Appia" (Goethe). Die Eindrücke jenes gemeinsamen Erlebnisses flossen ein in dieses berühmte Dichterporträt, das kurz darauf entstand.

1. Beschreibe die beiden Bilder: Welche Bildelemente sind gleich, welche wurden hinzugefügt?
2. Überlege dir, warum der Gestalter des zweiten Bildes das Goethe-Bild als Vorlage genommen hat. Welche Aussageabsicht steckt dahinter?

Sich mit Jugendsprache beschäftigen | Sprache und Identität

Jugendsprache: Ein Quiz

Info

Als **Jugendsprache** bezeichnet man eine Sprachform, die nur zwischen Jugendlichen verwendet wird. Sie enthält eigene Begriffe und Redewendungen, die von Erwachsenen nicht unbedingt verstanden werden.
Wenn die Sprecher älter werden, legen sie die meisten Wörter der Jugendsprache wieder ab.

1. Wer von **Augentinnitus** betroffen ist, …
   a) leidet unter stressbedingtem Augenzucken.
   b) hat das unangenehme Gefühl, von dummen Menschen umgeben zu sein.
   c) ist so müde, dass ihm die Augen zufallen.

2. **Dia Bolo** ist …
   a) ein hässlicher Selfie.
   b) jemand, der wie das Spielgerät zum Jonglieren, Diabolo, völlig in der Balance ist.
   c) ein Mensch, dem man keinesfalls trauen sollte.

3. **Yolo** kürzt ab …
   a) You only live once.
   b) You often lose out.
   c) Hey, schau her! (Yo = Hey, Lo von look)

4. Wer **einen Film schiebt**, …
   a) übertreibt bei seinen Erzählungen.
   b) lädt illegale Videos aus dem Netz.
   c) macht völlig übertrieben Panik.

5. Die Abkürzung **INOKLA** steht für …
   a) in Oklahoma – und damit hip.
   b) inoffizieller Klassensprecher.
   c) Alkohol und Nikotin (rücwärts)

6. Ein **Smombie** …
   a) benimmt sich wie ein verzogenes Muttersöhnchen.
   b) sieht besonders gut aus.
   c) vergisst beim Starren aufs Smartphone alles andere um sich herum.

7. **Swagness** bedeutet …
   a) peinliche Angeberei.
   b) angespannte Stimmung.
   c) lässige Coolness.

 3. Führt das Quiz mit einem Partner durch.
   4. Gestaltet ein eigenes Quiz mit weiteren jugendsprachlichen Ausdrücken.

„Ich schwöre, du bist so Arzt!"

„Herr Müller, Sie sind kein Vorbildness!", „Ich schwöre, du bist so Arzt!", „Ich bin Kofferraum". Seit dem Kinostart der Komödie „Fuck Ju Göhte 2" ist das Phänomen der Jugendsprache wieder in aller Munde. Das Leben selbst bot Bora Dagtekin die Vorlage für die coolen Sprüche seiner jungen Akteure. „Man hört einfach zu in der Bahn oder auf der Straße. Wir reden auch viel mit unseren Zuschauern", sagte der Regisseur und Drehbuchautor, der für den Film die Jugendsprache mit viel Sprachwitz pointierte.
Während die Komödie nur Botschaften enthält, die selbst ein Massenpublikum verstehen kann, erklingen auf real existierenden Schulhöfen Sprüche, die bei Menschen jenseits der Altersgrenze 25 fast ausschließlich Fragezeichen hinterlassen. Was denn, der INOKLA shippt mit Tanja? LOL! Da kann man ja Augentinnitus bekommen!

Doch wer argwöhnt, dass solche Kommunikation ein Zeichen des Verfalls der deutschen Sprache ist, irrt. Glaubt man Wissenschaftlern, demonstrieren die verschiedenen Stile der Jugendsprache Sprachwandel statt Sprachuntergang. „Jugendliche verfügen heute über ausgesprochen gute sprachliche Fähigkeiten", betont zum Beispiel Professor Heike Wiese von der Universität Potsdam immer wieder. Sie lernen heute mehr Sprachen in der Schule als früher, viele wachsen mehrsprachig auf. „Diese Jugendlichen gehen ganz anders mit Sprache um. Die können mit Sprache spielen, unterschiedliche Elemente einflechten, neue Wörter ins Deutsche aufnehmen", sagte Heike Wiese in einem Gespräch. Wer sich Wörter wie „Bierkules" (Mensch, der viel Bier trinkt und verträgt), „Erpelkutte" (Gänsehaut), „Googlefisch" (jemand, der nichts mehr in Büchern nachschlägt), „wiksen" (etwas bei Wikipedia kopieren) auf der Zunge zergehen lässt, bekommt eine Ahnung von dem, was sie damit meint.

Heike Wiese

Auch die Professorin Christa Dürscheid von der Universität Zürich kennt sich in der aktuellen Sprachstilbastelei aus. Jugendliche bauen vor allem englische Ausdrücke, Szenewörter und Werbesprüche in ihre Sprache ein, geht aus ihrer Abhandlung „Was ist von der Jugendsprache zu halten?" hervor. Was gefällt, spricht sich im wahren Sinne des Wortes herum – auch in den sozialen Netzwerken im Internet. Derzeit fühlt man sich cool, wer selbst ohne Migrantenhintergrund auf Präpositionen und Artikel verzichtet – zum Beispiel „Kommst du mit Klo?" oder „Ich war Fußball". „Kiezdeutsch" nennt man das hierzulande. Doch obwohl Satz- und Wortschöpfungen Kreativität beweisen, bleiben Eltern beunruhigt. Mit einem Satz wie „Läuft bei dir, Babo!" („Du hast es drauf, Chef!") können sie ihr Kind wohl kaum in die Berufswelt schicken, oder? „Wichtig ist auf jeden Fall, dass den Jugendlichen immer bewusst ist, wer der Adressat ihrer Äußerung ist und in welcher Kommunikationssituation sie den einen oder anderen Sprachgebrauch anwenden können", sagt Dürscheid. „Wenn sie diese verschiedenen sprachlichen Register beherrschen, dann gibt es keinen Grund zur Sorge."

5. Könnt ihr euch noch an den Kinofilm erinnern? Welche Ausdrücke oder Redewendungen, die man als Jugendsprache bezeichnet, fallen euch aus dem Film ein?

6. „Jugendliche verfügen heute über ausgesprochen gute sprachliche Fähigkeiten." Erläutere diese Aussage der Sprachwissenschaftlerin Heike Wiese mit Hilfe der Beispiele aus dem Text.

7. Was meint Christa Dürscheid mit „sprachlichen Registern"? (Zeile 40)

8. Was ist Jugendsprache? „Jugendsprache bezeichnet spezifische Sprech- und Schreibweisen, mit denen Jugendliche u. a. ihre Sprachprofilierung und damit ein Stück Identitätsfindung betreiben."
Gib die Definition von Helmut Henne mit eigenen Worten wieder.

9. Ist Jugendsprache ein neues Phänomen oder gab es das auch schon zu anderen Zeiten? Sprich darüber einmal mit deinen Eltern. Tauscht euch über eure Ergebnisse aus.

Tipp

Ihr könnt mit Hilfe eurer Arbeitsergebnisse eine kleine Ausstellung zum Thema „Jugendsprache früher und heute" gestalten!

Seit 2008 werden Jugendliche jährlich dazu aufgerufen, ihre Lieblingswörter der Jugendsprache einzureichen und zu diskutieren.

Im Jahr 2016 gab es unter anderem folgende Einreichungen:

10. Weißt du, was sich hinter den Ausdrücken verbirgt? Tauscht euch aus und recherchiert.

Das Jugendwort des Jahres 2016: fly sein

Eine 20-köpfige Jury aus Schülern, Studenten und Sprachwissenschaftlern wählte das Jugendwort des Jahres 2016 „fly sein". Die Wahl ist jedoch nicht unumstritten.

In einer Online-Abstimmung vorab, an der sich Internetnutzer beteiligen konnten, hatten sich nicht einmal fünf Prozent für dieses Wort ausgesprochen. Zur Auswahl standen 30 Begriffe, die zeigen sollen, wie die Jugend von heute spricht. In der Online-Abstimmung lag der Begriff „isso", der Zustimmung oder Betonung signalisieren soll, mit 20 Prozent vorne – gefolgt von „Vollpfostenantenne" als Bezeichnung für einen Selfiestick mit knapp 13 Prozent. Außerdem in der engeren Auswahl: „Hopfensmoothie" (11 Prozent) für Bier, „Bambusleitung" für eine schlechte Internetverbindung, „Tintling" (knapp 10 Prozent) für einen Tätowierten und „Tindergarten" (knapp 9 Prozent) als Bezeichnung für eine Sammlung von Kontakten beim Online-Dating.
Die 20-köpfige Jury, in der neben Schülern, Studenten und Sprachwissenschaftlern in diesem Jahr unter anderem der YouTuber iBlali und die Bloggerin Livia saßen, ist nicht an die Abstimmung gebunden. Im vergangenen Jahr lag in der Online-Abstimmung das Verb „merkeln" vorne, das so viel bedeutet wie: nichts tun, keine Entscheidung treffen. Die Jury kürte dann aber mit „Smombie" ein Kunstwort aus Smartphone und Zombie, das jemanden beschreibt, der von seiner Umwelt nichts mehr mitbekommt, weil er nur noch auf sein Smartphone starrt.

11. Überlegt mit Hilfe des Textes, warum die Jury nicht die erste Wahl der Online-Abstimmung genommen hat.
12. Wählt einen der beiden Arbeitsaufträge:
    ▸ Seid kreativ! Ihr wollt als Klasse auch bei der nächsten Abstimmung mitmachen: Bildet Kunstwörter und stimmt anschließend ab, welches ihr einreichen wollt.
    ▸ Versucht, in einem überzeugenden Brief darzulegen, warum die Jury in Zukunft der Online-Abstimmung mehr Beachtung schenken soll.

Begründet Stellung nehmen → S. 19

Sprechen und Zuhören – Schreiben – Lesen

Miteinander sprechen und argumentieren   Seite 10–21

Gesprächsregeln

Streit gibt es im Alltag überall: im Elternhaus, in der Schule, im Freundeskreis und im Verein. Streitigkeiten und Konflikte können unterschiedliche Ursachen haben, sind aber für die Beteiligten belastend. Deshalb ist es wichtig, Probleme wahrzunehmen, aufeinander einzugehen und Lösungen zu finden.

Verstehendes und aktives Zuhören, ist eine Methode, mit der Missverständnisse vermieden werden können. Sie kann es dem Gesprächspartner ermöglichen, sein Problem und mögliche Lösungsansätze klarer zu sehen. Dabei kann man sich an folgende Vorgehensweise halten: ermuntern, wiederholen, neu formulieren, Gefühle ansprechen, bündeln.

Körpersprache verstehen

Auch unser Körper spricht: Körperhaltung, Gestik und Mimik verraten viel über unsere Stimmung oder unsere Absichten. Ein Gegenüber empfängt durch die Körpersprache wichtige Signale. Die Verständigung ohne Sprache nennt man **nonverbale Kommunikation**.

Sachlich argumentieren

In vielen alltäglichen Situationen behaupten Sprecher nur etwas. Diese bleibt unbefriedigend, denn der Hörer oder Leser möchte Genaueres wissen. So müssen auch Streitschlichter – wenn sie einen Konflikt zwischen Schülern lösen wollen – über die Fähigkeit des Argumentierens verfügen. Besonders überzeugend sind Meinungen, die durch **Argumente** gestützt sind. Argumentieren bedeutet, den eigenen Standpunkt zu begründen. Eine **Behauptung** (These) braucht immer eine **Begründung**, die wiederum mit einem **Beispiel** veranschaulicht wird.

Um jemanden von einer Sache zu überzeugen, werden Argumente **gesammelt und anschließend gewichtet** (1 = besonders wichtig, 2 = wichtig, 3 = weniger wichtig). Eine gelungene Argumentation beginnt mit den weniger wichtigen Argumenten und endet mit einem besonders wichtigen Argument. Dies bleibt dem Gegenüber im Gedächtnis.

Wer Argumente überzeugend entfalten will, sollte darauf achten, wie er sie sprachlich miteinander verknüpft. Die **sprachliche Verknüpfung** entscheidet darüber, ob die Darstellung logisch und die Argumentation einleuchtend ist. Wichtige sprachliche Mittel, mit denen die Satzverknüpfungen der Argumentation hergestellt werden, sind vor allem die Subjunktionen *denn*, *weil* sowie bestimmte Adverbien (*außerdem*, *also*).

Erzählen   Seite 22–35

Literarisches und gestaltendes Schreiben

Literarisches Schreiben ist spontan, frei und spielerisch, mit wenig Vorgaben oder festen Regeln. Ein Wort, einzelne Verse aus Gedichten, eine Situation oder Zeitungsschnipsel können zum Auslöser werden und die Fantasie anregen.

Das **gestaltende Schreiben** erfolgt überlegt und folgt bestimmten Regeln, z. B. muss man beim Schreiben ein Bild oder der Bezugstext genau im Auge behalten werden. Häufig gilt es auch, eine bestimmte Textsorte wie innerer Monolog, Dialog oder auch Vorgeschichten sowie Nachgeschichten zu gestalten. Das setzt beim Schreiben voraus, dass durch wiederholtes Lesen der Textvorlage der Zusammenhang mit der eigenen Textgestaltung geleistet wird.

Literarische Texte wie z. B. Kurzgeschichten enthalten Leerstellen, in denen der Autor offengelassen hat, wie sie der Leser interpretieren soll, sodass sie auf unterschiedliche Weise, aber immer unter Berücksichtigung des Textzusammenhangs, gefüllt werden können.

Die Inhaltsangabe Seite 36–57

Inhaltsangabe

Die Inhaltsangabe fasst den Inhalt eines Textes zusammen und informiert den Leser in geraffter Form über wichtige Inhalte des Textes. Sie beantwortet alle **W-Fragen** und macht Zusammenhänge deutlich. Das Tempus ist das **Präsens**.

Der **Basissatz** (Einleitungssatz) nennt Verfasser, Textsorte, Titel und Thema des Textes.

Das Thema eines Textes formuliert sehr knapp, worum es auf einer allgemeinen Ebene geht. Häufig kann das Thema als Nomen gefasst werden. Themen von Texten können sein: Liebe, Rache, Verrat, das Spinnen einer Intrige, Mord, Freundschaft, Vertrauen, ein aussichtsloser Kampf usw.

Wörtliche Rede muss durch **indirekte Rede** bzw. durch eine **geraffte Redewiedergabe** ersetzt werden.

Der Stil einer Inhaltsangabe ist nüchtern, sachlich und knapp.

Vorarbeiten: Um den Text zu verstehen, muss man ihn mehrmals und genau lesen. Um **Wichtiges von Unwichtigem** zu unterscheiden, ist eine **Gliederung in Handlungsschritte** hilfreich. Die einzelnen Abschnitte werden dann in einem kurzen Satz oder einer Überschrift zusammengefasst. Auch ein **Exzerpt**, in dem Wichtiges festgehalten wird, ist nützlich.

Überarbeiten: Mit Hilfe des **Überarbeitungsbogens** (S. 54) sollte die erste Fassung einer Inhaltsangabe überprüft werden.

Redewiedergabe in der Inhaltsangabe

Es gibt verschiedene Möglichkeiten, die direkte Äußerung einer Figur als indirekte Rede wiederzugeben:

- Die direkte Rede wird mit der indirekten Rede (Konjunktiv I bzw. Konjunktiv II) wiedergegeben:
  Brünhild klagt, Gunther habe sie betrogen.
- Die indirekte Rede steht in einem Nebensatz, der mit *dass* eingeleitet wird:
  Brünhild klagt, dass Gunther sie betrogen hat.
- Die indirekte Rede wird deutlich durch den Gebrauch von Modalverben (z. B. „sollen"):
  Kriemhild soll ein Kreuz auf Siegfrieds Mantel sticken.
- Die geraffte Redewiedergabe dient der Zusammenfassung längerer Redepassagen in eigenen Worten:
  Hagen macht auf Kriemhilds Rachegedanken aufmerksam.

Szenisches Spiel Seite 58–69

Erzähltexte szenisch umsetzen

Ein Erzähltext eignet sich auf vielfältige Weise für das szenische Spiel: Man kann Figuren und ihre Haltung darstellen, Standbilder bauen, Szenen improvisieren, Handlungsschritte in Auftritte umformen, Zusatzszenen gestalten und Erzählausschnitte dialogisieren.

Wenn du von einem Erzähltext, z. B. einer Kurzgeschichte, eine Dialogfassung erstellst, müssen Rede und Gegenrede für Lebendigkeit sorgen und die Handlung vorantreiben. Kurze Äußerungen genügen manchmal, um Personen zu charakterisieren und Konflikte zu verschärfen.

Soll die Dialogfassung zum Spieltext werden, so musst du einige Dinge beachten:

- Kläre zunächst, wie du die Handlung in spielbare Abschnitte teilen kannst, die als Bilder oder Szenen dargestellt werden können (ein Ort = eine Szene, zweiter Ort = zweite Szene), und welche Personen mitspielen sollen.
- Was die einzelnen Personen sagen, steht hinter ihrem Namen nach dem Doppelpunkt.
- Überlege, welche Regieanweisungen (in Klammern) nötig sind, um genauere Hin-

weise zu geben, z. B. zur Gestik, Mimik oder zur Sprechweise der Personen.

Die **Regieanweisungen** stehen meist drucktechnisch mit einer anderen Schriftart (z. B. kursiv) vom restlichen Text abgesetzt. In ihnen macht der Autor Angaben zu …

- Ort und Zeit der Handlung,
- deren Gesten, Sprechweisen und Bewegungen,
- und beschreibt das Verhalten der Figuren.

Eine Rollenbiografie verfassen

Die Rollenbiografie ist eine schriftliche Selbstdarstellung einer Person in der Ich-Form.

Sie beinhaltet z. B. Eigenarten, Vorlieben, Ängste, Lebensverhältnisse und Beziehungen zu anderen.

Es ist sinnvoll, vor dem Verfassen einer Rollenbiografie zunächst eine Rollenkarte zu erstellen, die stichwortartig die wichtigsten Merkmale enthält.

Das Bauen eines Standbildes

- Die „Modelle" bewegen sich nicht, sondern werden vom Baumeister in eine Haltung gebracht, in die sie „einfrieren".
- Zuerst achten die „Baumeister" auf allgemeine Haltungen wie Stehen, Sitzen, Knien, Liegen, dann auf Kopfhaltung, Mimik, Gestik.
- Während des Modellierens wird nicht gesprochen.
- Wenn das Bild „steht", verharren alle Spieler für ca. 20 Sekunden bewegungslos in der eingenommenen Haltung.
- Danach wird das Standbild von den Betrachtern beschrieben und gedeutet.

Lesen   Seite 70–79

Lesetechniken anwenden

Verschiedene Lesetechniken helfen dir, Texte zu lesen und zu verstehen:

Überfliegendes Lesen bzw. Scannen: zum Verschaffen eines ersten Überblicks über den Inhalt eines Textes, ohne dabei in die Tiefe zu gehen; der Blick geht von oben nach unten und von links nach rechts. Hilfen: Abbildungen, Überschriften oder Hervorhebungen

Slalomlesen: Der Blick gleitet an den wichtigen Wörtern entlang von links nach rechts und wieder nach links usw. (wie beim Slalomfahren).

Im Weitwinkel lesen: Suche nach einem wichtigen Wort und dabei Wahrnehmung der zusammenhängenden Wortgruppe um das Wort herum

Eine Lesetechnik, die du zusammen mit einem Partner anwendest, ist das **Tandemlesen**. Je ein Schüler aus der langsameren Gruppe bildet mit einem Schüler aus der schnelleren Gruppe ein Tandem. Zu zweit wird der Text nun dreimal hintereinander halblaut im Tempo des langsameren Schülers zeitgleich gelesen. Sobald sich jemand verliest, kann der Fehler durch Wiederholen des ganzen Satzes korrigiert werden. Anschließend sprecht ihr über das Gelesene. Unbekannte Wörter könnt ihr gemeinsam im Wörterbuch nachschlagen.

Mit Hilfe von Lesestrategien Texte erschließen

Die **Fünf-Schritt-Lesemethode** hilft dir, auch komplexere Sachtexte oder literarische Texte zu erfassen.

Schritt 1: Einen Überblick gewinnen
Überschrift lesen, auf hervorgehobene Wörter und ggf. vorhandenes Bildmaterial achten (Wovon könnte der Text handeln?)

Schritt 2: Fragen an den Text stellen
am Rand W-Fragen (Wer? Was? Wann? Wo?) notieren

Schritt 3: Den Text gründlich lesen und bearbeiten
unbekannte Begriffe klären und Schlüsselwörter markieren

Schritt 4: Fragen beantworten und Wichtiges zusammenfassen
wichtige Textstellen unterstreichen und Noti-

zen am Rand hinzufügen, den Text abschnittsweise gliedern und Überschriften für die einzelnen Textabschnitte finden

Schritt 5: Rückblick und Endkontrolle
zur Wiederholung die Markierungen und Notizen am Rand anschauen und sie in eigenen Worten formulieren; Inhalt z. B. in Form eines Plakats, einer Mindmap oder einer Skizze darstellen

Diagramme, Schaubilder und Tabellen auswerten/lesen und verstehen

Diagramme, Schaubilder und Tabellen vermitteln Informationen in grafischer Form und helfen so, schnell und anschaulich zu informieren. Um Diagramme bzw. Schaubilder zu erklären, bietet es sich an, sie in **kurze Informationstexte** umzuschreiben. Dabei musst du die einzelnen Elemente und den Aufbau genau beachten, um in der Beschreibung alle wichtigen Informationen erwähnen zu können.

Sachverhalte, die zur Veranschaulichung in Schaubildern oder Grafiken dargestellt werden, können auch in einer **Tabelle** wiedergegeben werden. Dabei müssen die einzelnen Elemente und der Aufbau genau betrachtet werden, um entscheiden zu können, welche Informationen in den Spalten und welche Informationen in den Zeilen dargestellt werden müssen.

Tipps zum Auswerten von Schaubildern:
In einem Schaubild können Informationen zu einem Thema anschaulich dargestellt und Zusammenhänge zwischen verschiedenen Begriffen, Inhalten und Aussagen aufgezeigt werden.
- die Bestandteile des Schaubilds und ihre Bedeutung benennen
- beschreiben, wie die einzelnen Teile zueinander angeordnet sind
- erklären, in welcher Beziehung die einzelnen Anordnungen zueinander stehen
- Thema und Kernaussage(n) des Schaubilds benennen

Diagrammformen unterscheiden
Man unterscheidet Diagramme nach ihrer Form.
- Das **Kreisdiagramm** ähnelt einer Torte und zeigt (meist prozentuale) Anteilsverhältnisse einer Gesamtheit.
- Das **Säulen- und das Balkendiagramm** stellen Größenverhältnisse im Vergleich dar. Im Balkendiagramm werden die Daten durch waagerecht liegende, im Säulendiagramm durch senkrecht stehende Balken dargestellt.
- Das **Liniendiagramm** zeigt an, wie sich etwas in einer bestimmten Zeit entwickelt. Es hat zwei Achsen zur Darstellung (x- und y-Achse).

Um ein Diagramm zu lesen und auszuwerten, kannst du dich an folgenden **Leitfragen** orientieren:
- Welche Informationen enthält das Diagramm?
- Auf welche Fragen gibt es Antworten?
- Warum wurde diese Art des Diagramms gewählt?
- Werden Entwicklungen, Vergleiche oder Teile einer Gesamtheit aufgezeigt?

Eine Mindmap erstellen
Das Erstellen einer Mindmap ist eine besonders gehirngerechte Methode, um Texte oder bestimmte Zusammenhänge zu strukturieren und zu visualisieren (veranschaulichen).

Du gehst dabei folgendermaßen vor: Den Ausgangsbegriff schreibst du in die Mitte. Auf Ästen stehen Oberbegriffe, von denen Zweige für Unterbegriffe abgehen.

Texte und Medien

Kurzgeschichten Seite 80–91

Merkmale der Kurzgeschichte

Die Kurzgeschichte ist eine literarische Form, die in Deutschland nach dem Zweiten Weltkrieg in Anlehnung an die amerikanische *short story* entstanden ist. Sie hat besondere Merkmale:

- Kurzgeschichten haben in der Regel **keine Einleitung**, sondern springen mitten hinein in die erzählte Situation oder das Ereignis.
- Die Handlung wird ohne Nebenhandlung **geradlinig** erzählt.
- Thema können Situationen und Ereignisse des **alltäglichen Lebens** sein.
- Die Kurzgeschichte ist in Bezug auf Zeit, Raum und Personen meist sparsam ausgestattet. Sie spielt oft in einem **bestimmten Augenblick** an einem **bestimmten Ort**.
- Die Handlung wird **auf das Ende** hin **angelegt**.
- Kurzgeschichten enden meist **offen** und abrupt. Teilweise wird der Schluss durch eine **überraschende Wende** in der Handlung oder eine **Pointe** eingeleitet.
- Ihren realistischen Inhalten entsprechend wird häufig die **Alltagssprache** verwendet.
- Der offene Schluss regt zum **Nach- und Weiterdenken** an.

Eine Kurzgeschichte lesen und verstehen

Das „Haus des Fragens" hilft dir, eine Kurzgeschichte zu lesen und zu verstehen. Du kannst es auf alle Kurzgeschichten anwenden.

Im **Erdgeschoss** stehen Fragen, bei denen die **Antworten im Text** stehen.

Im **Obergeschoss** findest du Fragen zu **Beziehungen innerhalb des Textes** (z. B. zu den Figuren).

Im **Dachgeschoss beurteilst** und **reflektierst** du das **Geschehen**. Dabei werden wir auch kreativ tätig (z. B. Bildcollage anfertigen, Figurencasting).

Literarische Figuren in Erzähltexten

Personen, die in einer Erzählung vorkommen, nennt man Figuren. Die wichtigste ist die **Hauptfigur**. Je genauer die Figuren eingeführt und dargestellt werden, desto deutlicher ist das Bild, das sich der Leser von ihnen macht. Auf diese Weise kann sich der Leser in die Figuren hineinversetzen.

Die Figuren in einem literarischen Text stehen immer in einer **Beziehung** zueinander. Das nennt man **Figurenkonstellation**. Um diese Beziehung deutlich zu machen, kann man eine Grafik oder aber auch die Methode des Standbildbauens nutzen.

Kalendergeschichten Seite 92–101

Kalender bestimmen den Zeitrhythmus von Schülerinnen und Schüler. Sie unterteilen das Schuljahr in Unterrichts- und Ferienzeit.

Merkmale von Kalendergeschichten

In Kalendergeschichten werden heitere oder merkwürdige Begebenheiten erzählt, die vor allem seit dem 18. Jahrhundert in Kalendern für den Hausgebrauch veröffentlicht wurden. Wichtigster Vertreter von Kalendergeschichten ist Johann Peter Hebel (1760–1826), dessen Texte zwar **unterhaltend** sind, aber häufig eine **Lehre** enthalten und zum **Nachdenken** anregen. Auch in neuerer Zeit werden noch Kalendergeschichten geschrieben. Ein bedeutender Vertreter ist Bertholt Brecht (1898–1956), der mit seinen Kalendergeschichten nicht nur unterhalten, sondern auch belehren will.

Novelle Seite 102–119

Merkmale der Novelle

Die Novelle gehört zu den **umfangreicheren erzählenden Texten**. Aufgrund besonderer Kennzeichen kann man sie von anderen epischen Formen unterscheiden:

Goethe, der selbst Novellen schrieb, nannte sie **„eine sich ereignete unerhörte Begebenheit"**, d. h., es muss etwas Besonderes, Aufsehenerregendes in ihr passieren und dies könnte sich tatsächlich ereignet haben oder zumindest möglich sein. Das Wort Novelle kommt von dem italienischen *novella* = (kleine) Neuigkeit.

Die Novelle hat einen **klaren und geradlinigen Aufbau** und wird mit Blick auf das Wichtigste ohne Nebenhandlungen oder Abschweifungen erzählt. Außerdem muss die Handlung einen **deutlichen Höhe- und Wendepunkt** aufweisen.

Unterstreichen und Randnotizen machen

Um sich einen Überblick über einen längeren Text zu verschaffen, ist es sinnvoll, sich am Rand des Textes, auf einer darüber gelegten Klarsichtfolie, auf einem eingeklebten Marker oder Blatt kurze **Notizen** über **Figuren**, **Handlungsschritte** oder **wichtige Ereignisse** zu machen, damit man wichtige Stellen später schnell finden kann.

Man muss sich vorher allerdings klarmachen, was man unterstreichen oder am Rand notieren will, damit es nicht zu viel wird.

Oft erleichtert es das Zurechtfinden bereits, wenn man am Rand Ortswechsel und die wichtigsten handelnden Figuren mit **Abkürzungen** kennzeichnet. Zentrale Aussagen einer Figur oder über eine Figur sollte man unterstreichen. Auch wichtige Handlungsschritte lassen sich so am Rand notieren. Diese kann man in Form von Stichwörtern festhalten und ggf. auch Fragen zum weiteren Handlungsverlauf notieren.

Die Figurenkonstellation

Unter der Figurenkonstellation versteht man das **Beziehungsgeflecht**, in dem die Figuren zueinander stehen und das die Handlung mitbestimmt. So trennt man zwischen **Hauptfiguren** (die in fast allen Textabschnitten zu finden sind und um deren Leben oder Schicksal es geht) und **Nebenfiguren** (spielen nur an einer oder an wenigen Stellen eine Rolle).

Die Figuren eines Textes stehen in der Regel in ganz bestimmter **Beziehung** zueinander: als (Liebes-)Paar, als Kontrahenten und Gegner, als Freunde, als Vertraute.

Eine als **Grafik** dargestellte Figurenkonstellation erleichtert es, den Überblick über einen Text zu gewinnen, da man mit ihrer Hilfe die Handlungen einzelner Figuren leichter einordnen kann. Manchmal ist es nötig, an zwei oder drei Stellen des Textes ein solches Schaubild zu entwickeln, damit auch Veränderungen in dem Beziehungsgeflecht deutlich werden.

Um die Beziehungen zwischen den Figuren klarzumachen, werden folgende Möglichkeiten der grafischen Veranschaulichung benutzt:

▸ unterschiedliche **Linien** (evtl. als Pfeile), die ausdrücken, wie wichtig die Personen für die einzelne Figur sind: sehr wichtig (dicke, durchgezogene Linie), wenig wichtig (dünne, gestrichelte Linie);
▸ unterschiedliche **Linienfarben**, die ausdrücken, welches Verhältnis die Figuren untereinander haben: grün: Figuren mögen sich und sind füreinander wichtig; rot: Figuren, zwischen denen es Probleme gibt den Raum auf unserem Blatt (an der Tafel), um darzustellen, wem die Figur nahesteht und zu wem sie Abstand hält;
▸ **oben und unten**, um zu verdeutlichen, wer das Sagen hat, wie die Hierarchieverhältnisse sind;
▸ aussagekräftige **Symbole**: ♥ ? ⚡ ⇔ ↔ ☺ □.

Jugendbücher Seite 120–131

Leitmotiv

Ein Leitmotiv ist eine Handlung, ein Symbol, ein Thema, eine Stimmung, eine Figur oder eine Farbe, die in einem literarischen Werk **immer** wieder vorkommt und mit einem bestimmten Inhalt verknüpft ist.

Gedichte Seite 132–145

Vers, Strophe und Reim

Gedichte haben in der Regel eine besondere Sprache und Form. Sie sind oft durch Verse, Strophen und Reime gekennzeichnet.

Vers: Zeile eines Gedichts
Strophe: Abschnitt im Gedicht
Reim: Gleichklang der letzten betonten Vokale zweier Wörter; unterschiedliche Formen:

- *Paarreim:* Zwei aufeinander folgende Verse reimen sich am Ende *(aabb …)*.
- *Kreuzreim:* Jeweils der erste und dritte sowie der zweite und vierte Vers reimen sich *(abab …)*.
- *umarmender Reim:* Ein Paarreim wird von zwei Versen umschlossen, die sich ebenfalls reimen *(abba …)*.
- unreiner Reim: Laute, die sich beim Endreim nur fast gleich anhören (aá).

Reimschema: Kennzeichnung aller Endreime durch Kleinbuchstaben

Das lyrische Ich

So wie jede Geschichte einen Erzähler hat, gibt es in Gedichten einen **Sprecher**, den man als **lyrisches Ich** bezeichnet. Dieser Sprecher kann **neutral** oder eine **erkennbare Figur** sein, der seine Eindrücke in der Ich- oder Wir-Form wiedergibt. Er darf jedoch nicht mit dem Dichter / der Dichterin gleichgesetzt werden.

Sprachliche Bilder: Vergleich, Metapher und Personifikation

Neben den formalen Elementen sind es vor allem auch **sprachliche Bilder**, die Gedichte kennzeichnen können.

Ein **Vergleich** ist ein sprachliches Bild, das mit dem Wort *wie* eingeleitet wird.
Beispiel: *Menschen* wie *Schatten*

Eine **Metapher** ist ein bildhafter Ausdruck mit übertragener Bedeutung. Sie ist ein verkürzter Vergleich (das *wie* fällt weg), bei dem sich zwei Vorstellungsbereiche überlagern.
Beispiel: *Gespensterbaum*
Metaphern könnt ihr besser verstehen, wenn ihr euch klarmacht, …

- welcher wirkliche Gegenstand, Vorgang usw. mit dem Ausdruck bezeichnet wird,
- was das Bezeichnete und die übertragene Bedeutung gemeinsam haben.

Bei der **Personifizierung/Personifikation** werden Tieren, Pflanzen oder Gegenständen menschliche Eigenschaften oder Fähigkeiten zugesprochen.
Beispiel: *Die Sonne lacht.*

Sprachliche Mittel: Parallelismus, Assonanz, Anapher, Alliteration und Enjambement

Bei einem **Parallelismus** wird dieselbe Wortreihenfolge in zwei oder mehreren aufeinanderfolgenden Sätzen wiederholt. Beispiel: *Glück ist … / Glück ist …*

Als **Assonanz** (Gleichklang von Vokalen; von lat. *ad* „zu, an" + *sonare* „klingen") bezeichnet man einen vokalischen Halbreim, bei dem eine oder mehrere Silben den gleichen vokalischen Laut (z. B. *i* und *o*) besitzen. Die Assonanz beginnt wie beim Reim meist mit einer betonten Silbe.

Die **Anapher** (von griech. *anaphorá* „zurückführen") bezeichnet die Wiederholung eines Wortes bzw. einer Wortgruppe am Anfang aufeinanderfolgender Verse oder Strophen (z. B. *ich will*).

Dadurch werden Texte strukturiert bzw. rhythmisiert und als besonders bedeutsam hervorgehoben.

Bei der **Alliteration** (von lat. *ad* „zu, an" + *litera/littera* „Buchstabe") besitzen die betonten Stammsilben benachbarter Wörter (oder Bestandteile von Zusammensetzungen) den gleichen Anlaut (z. B. *wenn wir wollten …*).

Enjambement (von frz. *überspringen/überschreiten*) bzw. **Zeilen-/Verssprung**: Ein Enjambement tritt dann auf, wenn der Satz oder die Sinneinheit über das Ende eines Verses oder einer Strophe hinausgeht und auf den ihm folgenden Vers übergreift. Wenn hingegen das Satzende mit dem Versende zusammenfällt, spricht man von **Zeilenstil**.

Häufig ergeben sich durch Enjambements neue Bedeutungen, da die Versstruktur nicht unmittelbar vorgibt, welche Wörter zueinander gehören. Auch können dadurch Bezugswörter hörbar gemacht werden, deren Dynamik nicht an den Versenden haltmacht.

Metrum und Rhythmus

Metrum (**Versmaß**) nennt man den regelmäßigen Wechsel von betonten (x́) und unbetonten (x) Silben nach einem festen Schema.
Man unterscheidet:
- Jambus: xx́
- Trochäus: x́x
- Daktylus: x́xx
- Anapäst: xxx́.

Der **Rhythmus** ist die natürliche **Sprechmelodie** eines Gedichts. Er wird einerseits durch das Metrum (Versmaß), andererseits durch die bewusste Betonung zentraler Wörter und Silben (meist Wortstämme, die eine Bedeutung tragen) beim Vortrag bestimmt.

Ein Gedicht vortragen

Gedichte entfalten ihre Wirkung erst beim lauten Vortrag. Um dein Gedicht wirkungsvoll präsentieren zu können, solltest du auf …
- eine angemessene Betonung (/),
- Sprechpausen (| bzw. ||),
- Lautstärke (< bzw. >),
- Sprechtempo (→ bzw. ←) und
- die Veränderung deiner Stimmlage (↗ bzw. ↘) achten.

Gedichte können auch von mehreren Personen (gleichzeitig) gesprochen und an verschiedenen Orten gelesen werden. Durch den Vortrag drückst du dein Verständnis des Gedichts aus.

Ein Parallelgedicht verfassen

Bei einem **Parallelgedicht** verfasst du ein eigenständiges Gedicht, das sich in der Form (Anzahl der Verse und Strophen sowie Silbenzahl und Reimschema) an einem anderen Gedicht (der Vorlage) orientiert und die Idee, die dahintersteckt, aufgreift.

Ein Gedicht beschreiben

Bei der Beschreibung von Gedichten ist es wichtig, dass **Form und Inhalt** des Gedichtes zueinander **in Beziehung** gesetzt werden.

Zunächst werden Titel und Dichter/in genannt und kurz dargestellt, um was es in diesem Gedicht geht. Anschließend werden Anzahl der Strophen, Verse etc. angeführt. Sprachliche Mittel und Bilder können neben dem Metrum sowie Reimschema wichtige Hinweise auf die Deutung des Inhalts geben. Konkrete Versangaben dienen als Textbelege (*vgl. V. 1*).

Der **Advance Organizer** bietet eine Hilfe, um alle wichtigen Kriterien zu berücksichtigen.
Beispiel: *Im Gedicht „Lob der Faulheit" von Gotthold Ephraim Lessing geht es darum, dass das lyrische Ich …*

Balladen Seite 162–175

Merkmale von Balladen

Balladen sind **dramatische Erzählungen in Strophenform**. Als Textform enthält die Ballade **epische, dramatische und lyrische Elemente**. Sie erzählt von Ereignissen, wirkt z. B. durch Dialoge, Aufbau von Spannung oder Einteilung in Szenen dramatisch und besitzt wie ein Gedicht Strophen, Vers, Reim, Rhythmus und Metrum.

Die **Handlung** der Ballade wird entweder von **einzelnen Menschen** oder auch von anonymen Kräften wie dem **Schicksal**, **Magie** oder **Naturgewalten** bestimmt. Balladen erzählen von Menschen in **außergewöhnlichen, oft lebensbedrohlichen Situationen**, z. B. bei der Rettung eines Schiffsbrüchigen oder bei einem Schiffsunglück. Oft sind die Menschen **Naturgewalten** wie Sturm, Flut, Nebel oder Feuer ausgesetzt oder geraten in den Bann von naturmagischen Erscheinungen.

Dabei ist es von Ballade zu Ballade unterschiedlich, ob es den Figuren gelingt, sich aus den lebensbedrohlichen Situationen zu befreien oder ob sie in ihnen untergehen.

Ursprünglich waren Balladen **volkstümliche Erzähllieder** und daher für den **Vortrag** gedacht. Deshalb bietet es sich an, einen Vortrag einzuüben. Zudem eignen sich Balladen auch für einen gestaltenden Umgang, etwa im darstellenden Spiel (z.B Schattenspiel oder szenisches Spiel).

Sachtexte Seite 162–175

Lesestrategien

Lesestrategien helfen, Informationen aus Sachtexten besser zu verstehen und im Gedächtnis zu behalten. In allen Phasen der Lektüre können Strategien angewendet werden. Mindestens eine Strategie pro Phase sollte bei jedem Text angewendet werden.

Vor der Lektüre:
- Bevor man einen Text liest, sollte man sich gedanklich mit dem Thema beschäftigen. So aktiviert man **Vorwissen** und kann die neuen Informationen leichter einordnen.
- die **Überschrift** in eine **Frage** umformulieren
- eine **Mindmap** mit Gedanken und Fragen zum Thema erstellen
- die einzelnen Abschnitte **überfliegen** und Themen in **Stichwörtern** notieren.

Während der Lektüre:
- **unbekannte Wörter** unterstreichen und klären
- **Schlüsselwörter** und Fakten farblich markieren
- Textabschnitte in eigenen Worten **zusammenfassen**

Nach der Lektüre:
- die eigene **Mindmap** um neu Gelerntes **erweitern**
- ein **Quiz** zum Textinhalt **erstellen**
- **Fragen** zum Thema stellen, die der Text noch nicht beantwortet

Einen Sachtext mit Hilfe eines Flussdiagramms visualisieren

In **Fluss- und Ablaufdiagrammen** lassen sich Phasen und Schritte, in denen **Handlungen, Vorgänge und Entwicklungen** ablaufen, übersichtlich darstellen. Die Phasen eines Vorgangs werden in Felder notiert, die durch Linien oder Pfeile verbunden werden und so z. B. Ursache, Wirkung und Folge anzeigen.

Einen Sachtext erschließen

Das Haus des Fragens ermöglicht es euch, Texte selbstständig in Gruppen zu erschließen.

Das Haus hat drei Stockwerke. Im **Erdgeschoss** geht es um den **Inhalt des Textes**, in der **1. Etage** stehen **Fragen zur Textanalyse** und im **Dachgeschoss** geht es darum, den **Text zu beurteilen**.

Funktionen von Sachtexten unterscheiden

Sachtexte unterscheiden sich darin, welche Funktion sie haben, also was sie in Bezug auf den Leser beabsichtigen.
Information: Der Leser soll über einen Sachverhalt informiert werden.
Instruktion: Dem Leser wird etwas erklärt oder erläutert.
Werbung: Der Leser soll von etwas überzeugt werden.

Diagramme auswerten

Neben dem Flussdiagramm gibt es weitere Formen von Schaubildern und Diagrammen: Säulen-, Balken-, Kuchen- und Liniendiagramm.

So wertest du ein Diagramm aus:

Gliedere deinen Text in Einleitung, Hauptteil und Schluss. Beginne mit einem **Basissatz**, der den Titel, das Thema, die Quelle und den Diagrammtyp enthält. Im **Hauptteil** werden die optische Darstellung zusammengefasst und die wichtigsten Aussagen des Themas wiedergegeben. Der **Schluss** rundet die Beschreibung ab, indem er auf wichtige Aspekte hinweist, die im Schaubild eventuell fehlen, oder mögliche künftige Entwicklungen beschreibt.

Ein Diagramm zu einem Sachtext erstellen
Achte dabei auf folgende Arbeitsschritte:
- Formuliere einen Titel (= Thema).
- Erkläre in einer Legende die Strukturelemente und Bezugsgrößen.
- Gib Quelle, Veröffentlichungsdatum und Bezugszeitraum an.
- Übertrage die zentralen Informationen in das Diagramm.

Überzeugend präsentieren
Seite 176–187

Eine Präsentation planen
Für eine überzeugende Präsentation sollte der Referent bzw. die Referentin gut vorbereitet sein und die wichtigsten Gesichtspunkte seines Themas **anschaulich und einprägsam** darstellen. Ein guter Vortrag ist von verschiedenen Faktoren (z. B. Vorbereitung, Auftreten, Medieneinsatz, Raum, Tageszeit, Aufmerksamkeit des Publikums) abhängig – nicht alle kann der Redner beeinflussen.

Um eine Präsentation vorzubereiten, sammelt man zunächst seine Ideen zum Thema. Dann sollte man eine möglichst interessante **Leitfrage** formulieren. Diese kündigt den Zuhörerinnen und Zuhörern später das Thema an und soll auf den Vortrag neugierig machen. Ebenso wichtig ist es, dass die Antwort der Leitfrage nicht gleich auf der Hand liegt – sich aber dennoch in einem Vortrag überzeugend beantworten lässt.

Eine Präsentation halten
Jede Präsentation braucht einen Anfang und einen Schluss. Zu **Beginn** begrüßt man das Publikum und versucht, die **Aufmerksamkeit** der Zuhörenden zu gewinnen. Dies kann zum Beispiel mit einem interessanten Zitat oder einer Frage an das Publikum geschehen. Wichtig ist es, das Publikum über sein Thema und die Gliederung des Vortrags zu informieren.

Am Ende kann man noch einmal die wesentlichen **Ergebnisse** seiner Präsentation **zusammenfassen** und sich für die Aufmerksamkeit des Publikums bedanken. Es kann sich noch eine **Frage-** und eine **Feedbackrunde** anschließen.

Zur Unterstützung seines Vortrags kann man verschiedene Medien einsetzen, die die angesprochenen Inhalte veranschaulichen und verdeutlichen. So kann man beispielsweise Hör- oder Filmbeispiele zeigen, Gegenstände mitbringen, Fotos, Karten oder Grafiken und Schaubilder erläutern.

Medien gezielt einsetzen
Bei einer computergestützten Präsentation muss man darauf achten, dass sie für das gesamte Publikum gut lesbar ist. Die eingesetzten **Folien** sollten das Vorgetragene unterstützen, veranschaulichen und ergänzen. Da wir in Bildern denken, erreicht man mit **Bildern** häufig eine größere Aufmerksamkeit als mit Text. Es ist nicht sinnvoll, nur das bereits Gesagte noch einmal auf die Folien zu schreiben. Effekte sollten, wenn überhaupt, nur sparsam eingesetzt werden, damit sie nicht vom Vortrag ablenken.

Ein Feedback geben und annehmen
Bei der Präsentation beobachten und bewerten die Zuschauerinnen und Zuschauer den Vortrag und geben dem Redner anschließend **Rückmeldungen**. Dies kann in schriftlicher Form (z. B. mit einem Beobachtungsbogen) oder mündlich in Form eines persönlichen Feedbacks geschehen. Es ist sinnvoll, zunächst die positiven As-

pekte des Vortrags herauszustellen. Die Kritik sollte fair und so formuliert sein, dass der Redner sie annehmen kann und sie für ihn hilfreich ist.

Der Redner hört aufmerksam zu und kann sich für die Rückmeldung bedanken; er muss (und sollte) sich aber nicht zum Feedback äußern.

Literaturverfilmung Seite 188–199

Literaturverfilmungen verstehen

Literaturverfilmungen sind Filme, die **auf literarischen Vorlagen** beruhen. Sie setzen diese mit den Gestaltungsmitteln des Films um. Auch wenn die Verfilmungen den gleichen thematischen Kern wie ihre Buchvorlage haben, können sie inhaltlich oder gestalterisch **eigene Wege** gehen. Sie sollten als eigene künstlerische Werke betrachtet werden.

Filmische Gestaltungsmittel kennen

Unter der Filmsprache versteht man die Mittel und Techniken, die man einsetzt, um eine Geschichte zu erzählen. Sie ist inzwischen international und wird auf der ganzen Welt verstanden.

Die **Kameraperspektive** legt fest, in welcher Höhe sich die Kamera zum Dargestellten befindet. Wird ein Geschehen von oben gefilmt, spricht man von **Vogelperspektive**, befindet sie sich nahe am Boden, wird aus der **Froschperspektive** gefilmt. Von einer **Normalsicht** spricht man, wenn sich die Kamera ungefähr auf Augenhöhe mit den Akteuren befindet. Jede Perspektive hat eine andere Wirkung; die Vogelperspektive kann dem Zuschauer einen Überblick verschaffen oder die Handelnden klein und hilflos wirken lassen. Personen, die aus der Froschperspektive aufgenommen werden, wirken oft bedrohlich.

Die **Kameraeinstellungen** legen fest, wie nah sich die Kamera am Geschehen befindet. Sie reichen von der **Totalen** über die **Halbtotale** bis zu den Einstellungsgrößen **Nah**, **Groß** und **Detail**. Auch hier verschafft die Totale einen Überblick, während die Detailaufnahmen die Aufmerksamkeit des Zuschauers gezielt auf eine Sache lenken.

Die **Filmmusik** unterstützt die Stimmung einzelner Szenen und kann beispielsweise die Gefühle der handelnden Figuren unterstreichen. Oft wird sie speziell für den Film komponiert.

Weitere filmische Gestaltungsmittel sind **Farben**, die **Lichtführung**, der **Ton** oder der Einsatz von **Zeitlupen** oder **Zeitrafferaufnahmen**.

Bei einer **Filmanalyse** werden **inhaltliche** (thematische) und **formale** (gestalterische) Elemente eines Filmes untersucht. Dabei kann man beispielsweise verschiedene Filmszenen miteinander vergleichen oder die zentralen Figuren beschreiben und ihre Bedeutung für die Filmhandlung analysieren.

Die Produktionsschritte eines Filmes kennen

Grundlage jedes Films ist ein **Treatment**, welches auf wenigen Seiten die Filmhandlung zusammenfasst und von der Form her der Kurzgeschichte ähnelt. Aus dem Treatment wird das **Drehbuch** entwickelt; dieses gibt die genaue Szenenfolge wieder und enthält alle Dialoge des Films. Es liefert auch eine genaue Beschreibung der Schauplätze.

Das **Storyboard** erzählt die Geschichte des Drehbuchs in Bildern. Es ähnelt von der Form her einem Comic und zeigt alle Bildelemente der einzelnen Szenen. Man kann ihm auch die geplanten Kameraperspektiven und Einstellungsgrößen, manchmal auch die Farbgebung und Lichtführung entnehmen.

Die Vermarktung von Filmen verstehen

Filmplakat und **Trailer** werden zur Bewerbung von Filmen eingesetzt. Sie sollen neugierig machen und dazu animieren, sich den Film anzusehen.

Merkwissen | Nachschlagen

Ein Trailer besteht aus kurzen Originalszenen des Filmes und hat meist eine Länge von zwei bis drei Minuten. Häufig werden auch Musik, eine Erzählstimme (Voice over) und Texteinblendungen (Inserts) als Gestaltungsmittel genutzt.

Filmkritiken erläutern, warum ein Film sehenswert oder auch weniger gelungen ist. Man findet sie z. B. in Zeitungen oder im Internet. Filmbewertungsstellen können herausragenden Filmen Auszeichnungen (wie „Besonders wertvoll") verleihen. Diese werden wiederum zur Bewerbung des Films eingesetzt.

Sprachgebrauch und Sprachreflexion

Sätze und Satzglieder   Seite 200–217

Die Felderstruktur

Im Satz regiert das **Prädikat** wie ein König und weist den Satzgliedern ihren Platz zu. Dies hat die Felderstruktur des deutsches Satzes zur Folge. Da das Prädikat sehr häufig **zweiteilig** ist, entsteht die für das Deutsche typische **Satzklammer**. Sie kann mit der **Feldertabelle** (auch Satzklammertabelle genannt) beschrieben werden. Sie kann um ein Koordinationsfeld vor dem Vorfeld für die Konjunktion erweitert werden.

Beispieltabelle siehe unten.

Satzarten unterscheiden

Je nach der **Stellung des finiten Verbs** unterscheiden wir folgende Satzarten:

Verbzweitsatz (V2): Das Vorfeld ist besetzt, das finite Verb steht an **zweiter** Stelle (Sätze 1, 3, 4, 6, 8). Verbzweitsätze sind häufig Aussagesätze. Sie können durch Konjunktionen verbunden werden.

Verberstsatz (V1): Das Vorfeld ist leer, das finite Verb steht an **erster** Stelle (Satz 9). Mit Verberstsätzen kann man Fragen und Befehle ausdrücken.

Verbletztsatz (VL): In zusammengesetzten Sätzen steht das finite Verb **im abhängigen Nebensatz** an **letzter** Stelle (Sätze 2). Die Subjunktion (in Satz 2 *weil*, in Satz 6 *um*) besetzt die linke Satzklammer und blockiert das Vorfeld. Dadurch wird das finite Verb (*bekam*) bzw. der Infinitiv mit *zu* in

	Koord.	Vorfeld VF	LSK	Mittelfeld MF	RSK	Nachfeld NF
1		Nick Dunmore	will	die DVD, die auf dem Schulhof weitergegeben wird, unbedingt	haben,	
2			weil	sie sehr geheimnisvoll	wirkt.	
3		Brynne	gibt	ihm schließlich die DVD(,)		
4	und	Nick	kann	es nicht	erwarten,	
5				die DVD in den Computer	zu schieben.	
6		Nick	macht	seine Tür sorgfältiger	zu	als sonst,
7			um	nicht gestört	zu werden.	
8		Was	erwartet	Nick?		
9			Wird	Erebos wirklich so spannend	sein?	

die rechte Satzklammer geschoben. Der Infinitivsatz (Satz 5, 7) kann durch die Subjunktionen *um, statt, ohne, anstatt* usw. eingeleitet (Satz 7) werden oder uneingeleitet sein (Satz 5). Nebensätze besetzen das Nachfeld, können aber genauso in der Feldertabelle wie in den Beispielen oben analysiert werden.

Satzreihe (Satz 3, 4): Aneinanderreihung von gleichartigen Sätzen durch **Konjunktionen** (*und, denn, doch, aber*). Die Konjunktion steht vor dem Vorfeld im Koodinationsfeld (Koord.).
Satzgefüge (Satz 1 und 2, 6 und 7): Unterordnung von Nebensätzen (VL-Sätze) unter Hauptsätze (meist V2-Sätze) durch **Subjunktionen** (*weil, obwohl, da, sodass, während*). Haupt- und Nebensätze werden durch Komma getrennt.

Wortgruppen erkennen

Wortgruppen sind eine Folge von Wörtern mit einem Kern, der bestimmt, was zur Wortgruppe gehört. **Nominalgruppen** haben ein **Nomen** als Kern: „der funktionsfähige **Kommunikator**".

Präpositionalgruppen haben eine **Präposition** als Kern. Die Präposition verlangt einen bestimmten Kasus: „**auf** dem Barhocker" (*auf* mit Dativ). Damit die Rollen im Satz klar verteilt sind, stehen die **Nomen** in einem bestimmten **Kasus**, der vom Prädikat oder einer Präposition gefordert wird. Mit Hilfe der **Ersatzprobentabelle** kann der Kasus bestimmt werden:

dir/dich-Probe	Topo-Probe	Fragewort-Probe	Fall (Kasus)
du	der Topo	wer? was?	Nominativ (Wörterbuch-Fall)
dir	dem Topo	wem?	Dativ
dich	den Topo	wen? was?	Akkusativ
deiner	des Topos	wessen?	Genitiv

Satzglieder unterscheiden

Ein Satzglied ist eine Wortgruppe, die allein das Vorfeld eines Satzes besetzen kann (**Vorfeldtest**). Wir unterscheiden folgende Satzglieder:
Subjekt: Das Subjekt ist das Satzglied, das das Verb in Person (1., 2., 3. Person) und Numerus (Singular, Plural) bestimmt. Es steht im Nominativ. Subjekte können auch mit wer erfragt werden.
Objekte: Ergänzungen im Dativ, Akkusativ, Genitiv oder mit einer vom Prädikat bestimmten Präposition (Präpositionalobjekt)
Adverbiale Bestimmungen (Adverbialen): Adverbiale sind Satzglieder, die über die näheren Umstände informieren. Sie können mit der **Frageprobe** (Wann?, Wo?, Warum? usw.) ermittelt werden und in unterschiedlicher Form erscheinen: als **Präpositionalgruppe** *(in der Satzwerkstatt)*, als **Adverb** *(heute, dort)*, als unverändertes **Adjektiv** (Erebos scheint *lebendig* zu sein.), als **Wortgruppe im Genitiv oder Akkusativ** *(eines Tages, jeden Morgen)* oder als **Adverbialsatz**, der durch eine **Subjunktion** eingeleitet wird.

Beispieltabelle siehe S. 296.

Prädikativ: Das Hilfsverb *sein* verlangt neben dem Subjekt ein weiteres Satzglied, das **Prädikativ**. Es kann ein Nomen, eine Nominalgruppe oder ein Adjektiv sein. Beispiel: *Ich bin ein Spieletester. Ich bin intelligent.* Das Prädikativ ergänzt das Verb und bestimmt zugleich das Subjekt näher. Weitere Verben, die häufig ein Prädikativ verlangen, sind: *werden, bleiben, heißen*.

Subjektsätze und Objektsätze

Verbletztsätze können als Ergänzung eines Prädikats an Satzgliedstelle stehen. Solche **Gliedsätze** sind Verbletztsätze und haben die Funktion eines Satzgliedes. Sie können wie die Adverbialsätze durch ein entsprechendes Satzglied ersetzt werden.

Merkwissen | Nachschlagen

Adverbial – Adverbialsatz	nähere Umstände	Frageprobe	einleitende Subjunktion des Adverbialsatzes
temporales Adverbial – Temporalsatz	Zeit	Wann? Wie lange? Seit wann?	nachdem; während; bis; wenn; seitdem; als; ehe
kausales Adverbial – Kausalsatz	Grund, Ursache	Warum? Weshalb?	weil; da; zumal
modales Adverbial – Modalsatz	Art und Weise	Wie? Auf welche Weise? Womit?	indem; wie; (in der Art), dass; ohne dass; als ob; (anders) als; (so) wie
finales Adverbial – Finalsatz	Zweck, Absicht	Wozu? Zu welchem Zweck? Wofür?	damit; auf dass
konditionales Adverbial – Konditionalsatz	Bedingung	Unter welcher Bedingung?	wenn; falls; unter der Bedingung, dass; sofern
konsekutives Adverbial – Konsekutivsatz	Folge, Wirkung	Mit welcher Folge? Mit welcher Wirkung?	sodass; als dass; so ..., dass
konzessives Adverbial – Konzessivsatz	Einräumung	Trotz welcher Umstände?	obwohl; obgleich; obschon; wenngleich; wenn auch
instrumentales Adverbial – Instrumentalsatz	Mittel	Womit?	indem; dadurch, dass
lokales Adverbial – Lokalsatz	Ort	Wo? Wohin? Woher?	Relativadverbien: wo; wohin; woher

Sarius erfährt, *dass er einen Auftrag erfüllen muss.* (Objektsatz: Ergänzung im Akkusativ)

Dass Lelant den Wunschkristall findet, ärgert Sarius. (Subjektsatz: Ergänzung im Nominativ)

Attribute

Will man eine Person oder eine Sache genauer beschreiben, so benutzt man **Attribute**. Sie bestimmen ein Bezugswort (z. B. ein Nomen) näher. Man spricht deshalb auch von **Beifügungen**. Attribute sind **Teile von Satzgliedern (Satzgliederweiterungen)**, die beim Vorfeldtest nicht alleine verschoben werden können. Attribute stehen immer in der Nähe ihres Bezugswortes (vorgestellt oder nachgestellt).

Wo in einem Satz Attribute stehen, kann man mit der **Weglassprobe** und der **Erweiterungsprobe** erkennen.

Attribute werden nach ihrer grammatischen Form unterschieden.

▸ **Adjektivattribute:** Das sind Adjektive, die vor einem Nomen stehen und dieses näher beschreiben. *Ein gewaltiger Drache lag in der dunklen Höhle.*

▸ **Präpositionale Attribute:** Das sind Attribute, die durch eine Präposition an das Bezugswort angehängt sind. *Bilbo Beutlin aus dem Auenland ist ein Hobbit mit viel Mut.*

▸ **Genitivattribute:** Einem Nomen wird eine weitere Nominalgruppe im Genitiv angefügt oder vorangestellt. Genitivattribute sind sehr häufig. *Bilbos Höhle ist sehr gemütlich. Die Gäste des Hobbits fühlen sich sehr wohl.*

▸ **Apposition:** Das ist eine nachgestellte Beifügung. Sie ist vom Bezugswort durch Kom-

mas abgetrennt, steht aber im gleichen Kasus. *Gandalf, der Zauberer, besuchte Bilbo Beutlin, den Hobbit.*
- **Relativsätze** sind **Attributsätze**, die ein Bezugsnomen näher bestimmen. Sie werden eingeleitet durch das Relativum (Relativpronomen) **der/die/das**. Wie alle Verbletztsätze wird auch der Attributsatz durch Komma abgetrennt. *T-Saster, der verschwunden ist, hat Albträume.*

Wortarten Seite 218–237

Wortarten unterscheiden
Wörter unterscheidet man nach **veränderlichen** (flektierbaren) und **unveränderlichen** (nicht flektierbaren) Wörtern. Die Grafik unten gibt dir eine Übersicht über die Wortarten.

Verben erkennen und unterscheiden
Verben kannst du an ihrer Königsrolle im Satz erkennen. Sie bilden die **Satzklammer**.

Verben sind veränderliche Wörter, die mit der **du-Probe** ermittelt werden können. Sie ändern sich in Abhängigkeit von Person und Numerus, sie werden konjugiert (gebeugt).

Verbformen, die nicht in Person und Numerus festgelegt sind, heißen **infinite Verbformen**: Infinitiv, Partizip I und Partizip II. Beispiel: *gehen, gehend, gegangen*

Das **Partizip I** kann nur **adjektivisch** verwendet werden. Es drückt Gleichzeitigkeit aus. Beispiel: *Das frierende Kinde zog die Jacke an. (Das Kind fror und zog die Jacke an.)*

Bei **schwachen** Verben ändert sich bei den Stammformen (Infinitiv, Präteritum, Partizip II) der Stammvokal nicht (*lachen – lachte – gelacht*). **Starke** Verben hingegen verändern ihren Stammvokal (*gehen – ging – gegangen*).

Die Befehlsform des Verbs nennt man **Imperativ**. Der Imperativ wird gebraucht, wenn jemand zu einer Handlung aufgefordert werden soll: *Gib mir das Buch!*

Modalverben (*dürfen, können, mögen, müssen, sollen, wollen*) drücken einen Wunsch, eine Notwendigkeit, eine Erlaubnis, ein Verbot oder eine Möglichkeit aus.

Hilfsverben (*sein, haben, werden*) werden zur Bildung zusammengesetzter Tempusformen gebraucht.

Übersicht über die Wortarten

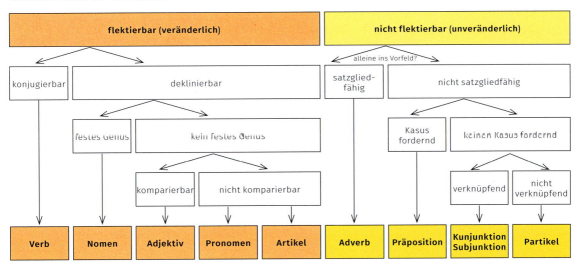

Tempusformen unterscheiden

Das **Tempus** ist der Oberbegriff für alle sechs Zeitformen, die das Verb bilden kann: Präsens (Gegenwart), Perfekt, Präteritum, Plusquamperfekt (Vergangenheit), Futur I und Futur II (Zukunft).

Präsens: Das Präsens drückt Handlungen aus, die gerade jetzt stattfinden (*ich lese*), sich regelmäßig wiederholen (*ich lese jeden Tag*) oder allgemein zutreffen (*Menschen lernen ein Leben lang*). Das Präsens kann auch Zukünftiges ausdrücken: *Ich gebe morgen mein ausgeliehenes Buch zurück.*

Perfekt (Präsensperfekt): Das Perfekt brauchst du, wenn du mündlich über Vergangenes berichtest oder erzählst. Das Perfekt ist eine zusammengesetzte Zeitform: *lesen – ich habe gelesen*.

Präteritum: Das Präteritum brauchst du, wenn du schriftlich über Vergangenes berichtest oder erzählen willst. Man nennt es auch einfache Vergangenheitsform, weil es mit nur einem Verb gebildet wird: *lesen – ich las*.

Plusquamperfekt (Präteritumsperfekt: Das Plusquamperfekt (Vorvergangenheit) brauchst du, wenn du im Präteritum erzählst und ausdrücken möchtest, dass ein Ereignis noch weiter zurückliegt: *Er hatte das Buch gelesen, bevor er es verlieh.*

Futur I: Du nutzt es, wenn du Zukünftiges ausdrücken willst. Es wird gebildet aus einer Personalform des Hilfsverbs *werden* und einem Infinitiv: *Wir werden lesen.*

Aktiv und Passiv unterscheiden

Mit dem Passiv kann man eine bestimmte Blickrichtung auf einen Sachverhalt ausrücken. Beim **Aktivsatz** richtet sich der Blick auf denjenigen, der etwas tut *(Sarius kämpft gegen den Skorpion.)*. Beim **Passivsatz** richtet sich der Blick auf denjenigen, mit dem etwas geschieht *(Der Skorpion wird von Sarius bekämpft.)*. Dabei muss der Urheber der Handlung nicht einmal genannt werden *(Der Skorpion wird bekämpft.)*.

Das Passiv kann wie das Aktiv alle Zeitstufen und Tempora bilden:

	Aktiv	Passiv
Präsens	Ich empfehle ein Hörgerät.	Ein Hörgerät wird empfohlen.
Präteritum	Die Römer tranken Wein.	Wein wurde von den Römern getrunken.
Perfekt	Du hast es zweimal abgeschrieben.	Es ist zweimal von dir abgeschrieben worden.
Plusquamperfekt	Ich hatte Zahlen gewählt.	Zahlen waren von mir gewählt worden.
Futur	Er wird einen Artikel schreiben.	Ein Artikel wird von ihm geschrieben werden.

Das Passiv kann unterschieden werden in **Vorgangspassiv** und **Zustandspassiv**:
Der Ausgang wird verschlossen. – Der Ausgang ist geschlossen.
Das *werden*-Passiv drückt einen Vorgang aus, das *sein*-Passiv das Ergebnis des Vorgangs.

Alternativen zum Passiv: Ersatzformen

In Passivsätzen ist die handelnde Person nicht wichtig und wird häufig weggelassen. Um eine Häufung von Passivkonstruktionen zu vermeiden, können Ersatzformen verwendet werden. Obwohl diese Sätze im Aktiv stehen, geben sie keine Auskunft über die handelnde Person.
Passiv: *Die Schrift kann gut gelesen werden.*
Passivalternativen können sein:
Sätze mit *lassen*: *Die Schrift lässt sich gut lesen.* (Passiv: *Die Schrift kann gut gelesen werden.*)
Sätze mit *man*: *Man kann die Schrift gut lesen.*
Nominalformen: *Das Lesen der Schrift klappt gut.*
Sätze mit *bekommen*: *Die Topologis bekommen*

ein Buch vorgelesen. (Passiv: *Ein Buch wird den Topologis vorgelesen.*)

Modalität

Modalität bezeichnet die Perspektive des Sprechers, wie eine Aussage gemeint ist (als wirklich, möglich, unmöglich oder als Aufforderung).

Modalität kann sprachlich ausgedrückt werden durch

- den **Modus** (Pl. Modi) der Verben: **Indikativ** (Wirklichkeitsform), **Konjunktiv I und II** (Möglichkeitsformen), **Imperativ** (Befehlsform),
- die *würde*-Ersatzform,
- **Modalverben** (*müssen, sollen, dürfen, können, wollen, mögen*),
- **Modalwörter** (*vielleicht, wahrscheinlich, vermutlich*).

Der **Konjunktiv I** wird zur Kennzeichnung der fremden Meinung in der **indirekten Rede** gebraucht. Er leitet sich vom Wortstamm des Infinitivs ab: *hab-en → er hab-e*.

Sind der Indikativ und der Konjunktiv I identisch, werden **Ersatzformen** verwendet: der **Konjunktiv II** oder die Umschreibung mit *würde*.

Der **Konjunktiv II** drückt aus, dass etwas nicht unbedingt der Wirklichkeit entspricht, sondern nur möglich, gewünscht oder vorgestellt ist. Er dient auch als Ersatzform in der indirekten Rede. Er wird aus der Präteritumform des Indikativs gebildet: *ich fuhr → ich führe*.

Im **mündlichen Sprachgebrauch** wird oft anstelle des Konjunktivs II die *würde*-**Umschreibung** gewählt.

Nomen erkennen und erweitern

Nomen bilden den Kern einer Nominalgruppe. Sie sind wichtige Informationsträger im Satz und werden großgeschrieben. Nomen können erweitert werden durch Artikel und Adjektive (Erweiterungsprobe, Bildung von Treppentexten: *das kleine krumme Männlein*).

Im Wörterbuch stehen die Nomen unmarkiert im Nominativ. In Sätzen erscheinen die Nomen oft in der Form verändert (markiert), damit ihre Rolle klar wird. Sie stehen in einem bestimmten Kasus, d. h. in einem bestimmten Fall. Die Formveränderung der Nomen nennt man Deklination. Nomen werden **dekliniert** nach **Numerus** (Zahl), **Genus** (Geschlecht) und **Kasus** (Fall).

Pronomen unterscheiden

Das **Personalpronomen** (persönliches Fürwort: *ich, du, er/sie/es, wir, ihr, sie*) tritt als Stellvertreter des Nomens auf. Darüber hinaus bezeichnet es Rollen im Gespräch. Es zeigt an, wer spricht (*ich, wir*), wer angesprochen wird (*du, ihr*) und über welche Person gesprochen wird (*er/sie/es* und im Plural *sie*).

Das **Reflexivpronomen** (rückbezügliches Fürwort) bezieht sich auf das Subjekt, d. h., wenn Subjekt und Objekt eines Satzes dieselbe Person oder Sache sind. Es hat die Bedeutung „sich selbst" oder „(mit-)einander": *T-Saster wäscht sich*. ACHTUNG: Sind Subjekt und Objekt unterschiedliche Personen, handelt es sich um ein Personalpronomen: *T-Saster wäscht ihn (den Hund)*.

Bei bestimmten Verben wie *sich ereignen* oder *sich konzentrieren* usw. muss immer ein Reflexivpronomen stehen. Diese Verben heißen auch **echte reflexive Verben**.

Das **Possessivpronomen** (besitzanzeigendes Pronomen) steht vor Nomen und zeigt ein Besitzverhältnis an *(mein Buch)* oder allgemein eine Zugehörigkeit *(mein Freund, mein Verein)*. Possessivpronomen werden dekliniert.

Das **Demonstrativpronomen** (Hinweispronomen) weist ausdrücklich auf etwas hin. Es kann als **Begleiter** eines Nomens verwendet werden *(dieser Stier)* oder als **Stellvertreter** alleine stehen *(Das ist mir noch nie passiert)*.

Das **Indefinitpronomen** (Unbestimmtheitspronomen) wird verwendet, wenn etwas noch nicht näher bestimmt ist: *alle, irgendein, man, kein …*

Merkwissen | Nachschlagen

Adjektive unterschiedlich gebrauchen

Adjektive sind Wörter, die vor einem Nomen stehen können und sich mit ihm verändern. Sie bezeichnen die Merkmale von Personen, Gegenständen oder Sachverhalten und werden auch Eigenschaftswörter genannt. Adjektive machen eine Person oder eine Sache anschaulich und helfen uns, sie zu beschreiben und zu unterscheiden. Adjektive werden attributiv, prädikativ und adverbial gebraucht.

- Der **attributive** Gebrauch meint die typische Verwendung von Adjektiven vor einem Nomen. Es richtet sich in Genus, Numerus und Kasus nach diesem Nomen *(der giftige Pilz)*.
- Beim **prädikativen** Gebrauch mit dem Hilfsverb *sein* wird das Adjektiv nicht verändert: *Der Pilz ist giftig.*
- Beim **adverbialen** Gebrauch hat das Adjektiv die gleiche Funktion wie ein Adverb. Es bleibt unverändert und kann wie ein Adverb ein Satzglied bilden und alleine im Vorfeld stehen. Es bestimmt die Umstände des Geschehens näher. *Der Pilz sieht giftig aus. Giftig sieht der Pilz aus.*

Adverbien erkennen

Adverbien sind **unveränderliche Wörter**, die **alleine ein Satzglied** bilden können, meist eine adverbiale Bestimmung (Vorfeldtest). Sie zeigen in einem Satz an, unter welchen **Umständen** etwas geschieht, d. h. zu welcher **Zeit**, an welchem **Ort**, auf welche **Weise** und aus welchem **Grund** *(plötzlich, überall, zweifellos, deswegen)*. Fast alle Adjektive können auch als Adverbien gebraucht werden.

Adverbien können sich auf verschiedene Wörter beziehen: z. B. auf Verben *(Er läuft rückwärts)*, auf Adjektive *(Die Wurst ist sehr heiß)*, auf ein anderes Adverb *(Solambo steht ganz rechts)*, auf ein Nomen *(Die Katze dort ist frech)*. Sie können sich auch auf einen ganzen Satz beziehen *(Vermutlich wird es schönes Wetter)*.

Präpositionen unterscheiden

Präpositionen nennt man auch Verhältniswörter. Sie geben Verhältnisse oder Beziehungen an, die Nomen untereinander oder zu anderen Wortarten haben.

Die meisten Präpositionen kannst du nach ihrer Aufgabe sortieren: **lokal** (Ort): Wo? *auf, unter, neben …*, **temporal** (Zeit): Wann? *nach, bis, vor …*, **kausal** (Grund): Warum? *wegen, aufgrund, aus …*, **modal** (Art und Weise): Womit? Wie? *mit, durch, aus …*

Präpositionen bestimmen den Kasus des Nomens oder Pronomens, vor dem sie stehen. Manche Präpositionen können zwei Kasūs (Dativ und Akkusativ) regieren *(Ich stehe auf dem Platz/ich gehe auf den Platz)*.

Bindewörter unterscheiden

Bindewörter verknüpfen **Wortteile** *(an- oder abstellen)*, **Wörter** *(schön, aber unpraktisch)*, **Wortgruppen** *(Beim Grillen und beim Abbau sind alle dabei)* und **Sätze**. Sie werden unterschieden in nebenordnende Bindewörter, die **Konjunktionen**, und unterordnende Bindewörter, die **Subjunktionen**.

Konjunktionen *(und, denn, oder, aber, doch)* reihen gleichartige Wörter, Wortgruppen oder Sätze (z. B. V2-Sätze) aneinander. Es entsteht eine **Satzreihe**. *Nick fühlt sich nicht wohl, denn er fühlt sich beobachtet.*

Subjunktionen *(dass, weil, sodass, während, obwohl …)* leiten einen Verbletztsatz (Nebensatz) ein. Sie ordnen ihn dem Hauptsatz unter. Es entsteht ein **Satzgefüge**. *Nick geht es nicht gut, weil er den Kampf gegen die Ritter verloren hat.*

Wortkunde   Seite 238–249

Anglizismen

Die deutsche Gegenwartssprache wird in vielen Bereichen von **Begriffen aus dem Englischen** geprägt. Die Ursachen liegen in bestimmten technischen Entwicklungen in Wirtschaft und Gesellschaft (z. B. Computer), deren Fachbegriffe übernommen werden und als **Fachwörter** gelten, die nicht sinnvoll übersetzt werden können (z. B. surfen, Internet). Viele englische Begriffe haben in der Werbesprache und im Freizeitbereich auch eine psychologische Wirkung, indem sie dem Käufer dieser Waren signalisieren, besonders „in", „fit" oder „cool" zu sein. Das geballte oder **übertriebene** Vorkommen englischer Ausdrücke (Anglizismen) kann zu **Missverständnissen in der Kommunikation** führen.

Lehn- und Fremdwörter

Auch **Wörter aus anderen Sprachregionen** haben Einzug in die deutsche Sprache gehalten. Ein **Lehnwort** ist hierbei ein Wort, welches aus einer anderen Sprache entlehnt ist (z. B. *murus* [lat.] = Mauer), in Schreibweise und Betonung aber an den Sprachgebrauch der Zielsprache **angepasst** ist. **Fremdwörtern** hingegen ist der fremdsprachige Ursprung sowohl in der **Aussprache** als auch in der **Schreibweise** noch anzumerken. Im Gegensatz zum Lehnwort sind sie in ihrer Lautung und/oder Schreibweise und/oder Flexion nicht oder nur teilweise dem deutschen Sprachsystem angepasst. So muss ein Wort wie *Revue* gemäß dem französischen Regelsystem gesprochen und geschrieben werden. Ein Fremdwörterbuch enthält die entsprechenden Informationen zu Bedeutung, Grammatik und Aussprache eines Fremdworts.

Germanismen

In fremden Sprachen haben auch deutsche Wörter ihren Platz gefunden (z. B. in Frankreich das Wort *gemütlichkeit*). Diese Begriffe nennt man Germanismen.

Bedeutungswandel

Viele Wörter hatten in früheren Zeiten eine andere Bedeutung als heute Man spricht davon, dass die Wörter einen Bedeutungswandel vollzogen haben. So kann ein Begriff zum Beispiel durch Bedeutungsverengung eine eingeschränkte Bedeutung bekommen (*Hochzeit*). Eine Bedeutungserweiterung lässt bei einem ursprünglich eng gefassten Begriff heute mehrere Bedeutungen zu (*Horn*).

Fachsprache

Fachwörter bzw. Fachausdrücke sind Begriffe innerhalb einer Fachsprache (z. B. in einem technischen Beruf, im Sport oder in der Medizin) mit speziellen Bedeutungen.

Wortbildung

Viele Wörter sind durch ein Wortbildungssystem entstanden. Die wichtigsten Arten der Wortbildung sind Zusammensetzung (Kompositum), Ableitung und Entlehnung aus anderen Sprachen. Bei dem Kompositum werden zwei oder mehrere Wörter zu einem neuen Wort zusammengefügt (*fein + Staub + Plakette → Feinstaubplakette*). Bei der Ableitung wird mit Hilfe von kurzen Zeichen (Präfix, Suffix, Flexionsendung, Umlaut) ein neues Wort aus einem anderen abgeleitet (*ver + raten → verraten*). Beispiele für die Entlehnung aus einer anderen Sprache finden sich häufig im Bereich der Kommunikation und Informationstechnologie (z. B. *googeln, ansimsen*).

Auch **Kopfwörter** (*Kriminalroman → Krimi*), **Endwörter** (*Omnibus → Bus*) und **Kurzwörter** (*Lastkraftwagen → LKW*) gehören in den Bereich der Wortbildung.

Rechtschreibung und Zeichensetzung Seite 252–277

Die deutsche Rechtschreibung ist schwierig, denn man schreibt viele Wörter nicht so, wie man sie spricht. Rechtschreibfehler lassen sich durch verschiedene Rechtschreibstrategien vermeiden:

Rechtschreibstrategien kennen und anwenden
Strategie: Silben mitschwingen
Bei dieser Strategie zerlegst du die Wörter durch langsames und deutliches Sprechen in

Silben. Dazu kannst du noch die Sprechsilben als Schwungbögen unter das geschriebene Wort zeichnen: *Ab-wehr-spie-ler*.

Die Strategie hilft dir dabei zu erkennen, wie die Silbentrennung am Zeilenende funktioniert. Die Schreibung nach kurzen Vokalen (Schärfung) kann ebenfalls durch die Strategie des Silbenschwingens geklärt werden. Wenn ein Vokal in einer betonten Silbe kurz gesprochen wird, folgen immer zwei Konsonanten (*Karte*) oder der darauffolgende Konsonant wird verdoppelt (*Hammer*). Nach kurzem Vokal wird k zu ck, z wird als Doppelkonsonant zu tz (*backen, blitzen*).

Strategie: Wörter verlängern

Du verlängerst Nomen, indem du den Plural bildest (*der Held* → *die Helden*), und Verben, indem du den Infinitiv (*klebt* → *kleben*) bildest. Bei den Adjektiven musst du die Steigerung vornehmen (*mutig* → *mutiger*).

Die Strategie hilft dir, gleich und ähnlich klingende Konsonanten zu unterscheiden (g oder k, d oder t, p oder b?). Auch die Schreibung von Doppelkonsonanten im Auslaut kann durch Verlängerung des Wortes geklärt werden: *Ba?* → *Bälle*, also *Ball*.

Strategie: Wörter ableiten

Bei dieser Strategie musst du immer den Wortstamm bilden, z. B. *Lesebuch, gelesen* und *er liest* wird vom Wortstamm *lesen* abgeleitet.

Am Wortstamm kann man dann erkennen, wie ein Wort geschrieben wird.

Viele Rechtschreibprobleme und Unsicherheiten lassen sich lösen, wenn man weiß, zu welcher Wortfamilie mit welchem Wortstamm ein Wort gehört.

Strategie: Erweiterungsprobe

Die Erweiterungsprobe hilft dir herauszufinden, wann man Wörter großschreibt. Diese Wörter (= nominaler Kern) können erweitert werden. Die Strategie hilft dir also bei der Groß- und Kleinschreibung sowie beim Erkennen von Nomen. Signalwörter für Nomen können sein:
- Artikel: *Das Ballspielen ist verboten!*
- Artikel + Präposition: *Im (in + dem) Lesen ist er gut.*
- Mengenwörter: *alles Gute*
- Possessivpronomen: *sein Lachen.*

Strategie: Merkwörter

Rechtschreibfehler lassen sich durch Üben mit einer Merkwortkartei vermeiden. Die Wörter, die man falsch geschrieben hat, solltest du in die Kartei aufnehmen.

Die Strategie hilft dir vor allem bei schwierigen Wörtern, Fremdwörtern und Dehnungswörtern.

langer Vokal	Dehnungszeichen nicht vorhanden	Dehnung durch Verdopplung	Dehnung durch h	Dehnung durch e	Dehnung durch eh
a	das Lager	der Saal	die Fahne		
e	legen	das Beet	kehren		
i	mir		ihr	niesen	das Vieh
o	die Dose	das Boot	wohnen	Itzehoe	
u	das Ruder		die Kuhle		
ä	der Käse		die Fähre		
ö	lösen		die Söhne		
ü	spüren		fühlen		

das und dass unterscheiden

Das Wort *das* kann mit s oder ss geschrieben werden:
Das Wort **das** mit einem s kann ein **Artikel** (*das Mädchen*) oder ein **Relativpronomen** (*Das Mädchen, das neben uns wohnt, ist nett*) sein. Du kannst es mit der Ersatzprobe herausfinden: *dieses, welches, jenes*.

Die **Konjunktion dass** leitet einen Nebensatz ein: *Das Mädchen sagt, dass es sich gerne ein neues Buch ausleihen möchte*.

s-Laute unterscheiden und schreiben

Der s-Laut wird am Wortanfang nur mit s geschrieben (Sahne). Im Wortinnern gelten folgende Regeln:
- s nach kurzem oder langem Vokal oder Diphtong (*Hase, Gläser*)
- ss nach kurzem Vokal (*blass*)
- ß nach langem Vokal oder Diphtong (*Maß, Gefäß*).

Groß- und Kleinschreibung

Nomen und Satzanfänge werden immer großgeschrieben.

Auch **Verben und Adjektive**, die **als Nomen gebraucht** werden, schreibt man groß. Man spricht dann von Nominalisierung. Wie erkennt man, ob ein Verb oder Adjektiv als Nomen gebraucht wird? Am besten erkennt man es, wenn vor dem Verb/Adjektiv ein Begleiter steht.

Steht ein **Artikel** vor dem Verb/Adjektiv, dann wird es großgeschrieben: *Im Flur und im Hof ist das Ballspielen verboten. Das Schöne ist, dass man am Nachmittag spielen kann*. Manchmal ist der Artikel mit einer Präposition verschmolzen. *Im (in dem) Lesen ist er gut*.

Steht kein Artikel davor, kann die Artikelprobe gemacht werden: *Füttern und Anfassen der Tiere ist verboten → Das Füttern und das Anfassen der Tiere ist verboten*.

Stehen die **Mengenwörter** *viel, nichts, etwas, allerlei, alles* vor einem Adjektiv, dann wird das Adjektiv großgeschrieben: *Alles Gute, viel Böses, etwas Seltenes*.

Steht ein **Possessivpronomen** vor dem Verb/Adjektiv, dann wird es großgeschrieben: *sein Warten, ihr Schönes*.

Als Nomen gebrauchte **Zahlwörter** sind wie die anderen Wortarten nominalisiert und werden nach den gleichen Regeln großgeschrieben *(die Eins, ein Zwanziger)*. Als Adjektive gebrauchte Zahlwörter schreibt man klein *(der erste Mai)*.

Getrennt- und Zusammenschreibung

Betonungsprobe 1: Nomen, Adjektive und Partikeln (= unveränderliche Worter oder Wortteile) können mit Verben untrennbare Zusammensetzungen bilden. Man schreibt sie immer zusammen.

Betonungsprobe 2: Nomen, Adjektive oder Partikeln können mit Verben trennbare Zusammensetzungen bilden. Nur in Kontaktstellung (Infinitiv, Partizip I und II, Verbletztstellung) schreibt man sie zusammen. Andernfalls trennen sie sich und bilden die Satzklammer. Der erste Wortteil trägt die Betonung (z. B. *aufbauen – ich baue auf – wenn ich aufbaue; mitspielen – ich spiele mit – wenn ich mitspiele*).

Fremdwörter

Fremdwörter sind Wörter, die **aus fremden Sprachen** übernommen wurden. Ihre Aussprache und auch ihre Schreibung richten sich meist nach den **Regeln ihrer Herkunftssprache**, z. B. *Teenager*. Viele Fremdwörter kannst du an ihren Endungen (= Suffixe) erkennen, z. B. *demonstrieren, Demonstration, Kreativität*.

Adjektive haben oft die Suffixe *-iv* wie bei *aktiv* oder *-(i)ell* wie bei *kriminell* oder *offiziell*.

Satzzeichen bei wörtlichen Reden setzen

Was eine Person wörtlich sagt, steht in **Anführungszeichen**. Bei der wörtlichen Rede steht oft

ein Begleitsatz. Je nach Position setzt du unterschiedliche Satzzeichen:
- Bei einem **vorangestellten** Begleitsatz setzt du einen **Doppelpunkt** vor der wörtlichen Rede.
- Bei einem **nachgestellten** Begleitsatz (= Redeeinleitung folgt direkt nach der wörtlichen Rede) trennst du durch ein **Komma** ab.
- Bei einem **eingeschobenen** Begleitsatz (= Redeeinleitung steht zwischen dem ersten und zweiten Teil der wörtlichen Rede) wird die Redeeinleitung jeweils durch ein **Komma** abgetrennt.

Kommas bei Appositionen setzen
Appositionen werden vom übrigen Teil des Satzes durch **Kommas** abgetrennt *(In Schweden, dem Land von Pippi Langstrumpf, gibt es viele Elche)*.

Kommas bei Anreden und Ausrufen setzen
Anreden und Ausrufe werden durch **Komma** vom Rest des Satzes abgetrennt *(Helga, gib mir bitte das Brot. Oje, ich trau mich nicht!)*.

Parenthesen
Bei Parenthesen handelt es sich um **satzförmige Einschübe** in einen anderen Satz. Ein solcher Einschub steht entweder in **Klammern** oder wird zwischen **Gedankenstriche** oder **Kommata** gesetzt.

Info-Kästen

Adverbiale 204
Alliteration 138
Anapher 138
Anekdoten 98
Anrede 269
Appositionen 266
Argumente gewichten 17
Argumentieren 15
Assonanz 138
Atmosphäre 34
Attribute 212

Ballade, Gattungsmerkmale 151
Basissatz 47
Betonungsprobe 261
Bilder 182
Bindewörter 234

Cut-up 25

Diagramme auswerten 171
Diagramm zu einem Sachtext erstellen 172
Dialoge 35
Direkte Rede 48
Drehbuch 193

einbetten (Satz) 214

Enjambement 140
Erweiterungsprobe 258
Exzerpt 45

Feedback 187
Figur 34
Figurenkonstellation 113
Filmmusik 198
Flussdiagramm 165
Funktionen 170

gestaltendes Interpretieren 107
gestaltendes Schreiben 31
Gliedsätze 207

Inhaltsangabe 46
– Checkliste 53
Innerer Monolog 34, 125

Jugendsprache 280

Kameraeinstellungen 189
Kameraperspektiven 189
Kalendergeschichte 95
Kurzgeschichte, Merkmale 81
Konjunktiv I 222
Konjunktiv II 223

Lehnwort 240
Leitmotiv 129
Lesestrategien 163
lyrisches Ich 134

Merkwörterkartei 256
Mindmap 73
Modalität 220, 225
Modalverben 221
Modalwörter 221
Motiv 143

Nibelungenlied 37
Novelle 117

Parenthesen 266
Passiv 228
Präfix 262
Präsentation, Vorbereitung 179
Präpositionen 233
Pronomen 232

redeeinleitende Verben 49
Redewiedergabe 227
Regieanweisungen 66
Reportage 261
Rollenbiografie 63

Satzarten 214
Satzgefüge 234
Satzglieder 210
Satzreihe 234
Silben mitschwingen 255
Soziogramm 127
Sprachliche Bilder 135
Standbild bauen 66
Stimme 13
Storyboard 194
Suffix 262

Tempusformen 230
Thema 52

Unterstreichen und Randnotizen machen 111

Verbergänzungen 202
Verbletztsätze 206

Wandzeitung 36
Wertigkeit 203
Wörter ableiten 253

Zahlwörter 259

Miteinander sprechen und argumentieren Seite 10–21

Teste dich: S. 20, Aufgabe 1
Das Gespräch sollte sich in Sprachgestus und Vorgehensweise an den Gesprächsregeln von S. 12 orientieren.

Teste dich: S. 20, Aufgaben 2 und 3

Behauptung	Beleg	Beispiel (Aufgabe 3)
Hausaufgaben sind überflüssig,	weil man sie nur hinschmiert, um irgendetwas da stehen zu haben,	z. B. hat man in Mathe auch komplizierte Rechnungen schnell abgeschrieben.
Hausaufgaben sind wichtig,	weil im Unterricht die Zeit zum Üben fehlt,	z. B. steht für Vokabellernen im Englischunterricht keine Zeit zur Verfügung.
Hausaufgaben führen zu Stress,	weil man nie genügend Zeit für sie hat,	wir haben z. B. drei Mal in der Woche Mittagsschule und kaum Zeit für Hausaufgaben.
Die Unterrichtszeit sollte für das Lernen des Stoffes ausreichen,	weil nachmittags dann die Zeit für Sport und Musik zur Verfügung steht,	so spielen in unserer Klasse viele ein Instrument und sind in einem Sportverein.
Hausaufgaben sollten abgeschafft werden,	weil die Kontrolle zu viel Unterrichtszeit kostet,	unsere Lehrerin geht z. B. häufig durch die Reihen und schaut sich die Ergebnisse jedes Kindes an.

Teste dich: S. 20, Aufgabe 4
1 = besonders wichtig: Die Unterrichtszeit …
2 = wichtig: Hausaufgaben führen zu Stress …; Hausaufgaben sollten abgeschafft werden …
3 = weniger wichtig: Hausaufgaben sind überflüssig, …

Training: S. 21, Aufgabe 1

Behauptung	Beleg	Beispiel
Ich finde seine neue Jeans nicht so toll,	weil er damit doch nur angeben will,	mir hat er z. B. gleich das Label gezeigt.
Jeder sollte das anziehen, was ihm gefällt,	denn jeder hat schließlich seinen eigenen Geschmack,	ich z. B. mag gar keine Jeans.
Es ist nicht so wichtig, was ein Mensch anzieht,	weil es mir weniger auf sein Äußeres ankommt,	wichtiger ist z. B. der Charakter.
Schuluniformen haben ihr Gutes,	denn wenn alle Schuluniformen tragen, sieht man nicht, ob die Eltern viel oder wenig Geld haben,	wie z. B. in England.

Training: S. 21, Aufgabe 2
1 = besonders wichtig: Es ist nicht so wichtig …; Schuluniformen haben ihr Gutes …
2 = wichtig: Jeder sollte das anziehen
3 = weniger wichtig: Ich finde seine neue Jeans nicht so toll …

Die Inhaltsangabe Seite 36–57

Teste dich: S. 55, Aufgabe 1
Es geht um das Versenken des Horts.

Teste dich: S. 55, Aufgabe 2
Im Textauszug „Wie Hagen den Nibelungenhort im Rhein versenkte" erkennt Hagen von Tronje, dass der Hort Kriemhilds Macht am Hof in Worms stärkt. Deshalb versenkt er ihn im Rhein.

Teste dich: S. 55, Aufgabe 3
Hagen denkt, dass Kriemhild sich Schwerter und Lanzen gegen sie erwerbe/erwirbt.
Gunter rät, man solle, ehe aus dem Gold Unheil erwachse, den Hort lieber im Rhein versenken, damit ihn keiner mehr besitze.
Hagen beteuert, er nehme die Schuld wieder auf sich.

Lösungen

Teste dich: S. 55, Aufgabe 4
Hagen warnt vor Kriemhilds Machtzuwachs und ihrer möglichen Rache.

Training: S. 56, Aufgabe 1
Thema des Textes: König Etzels Werbung um Kriemhild

Training: S. 56, Aufgabe 2
Im Textauszug „Wie Kriemhild König Etzels Gemahlin wurde" geht es um die Werbung König Etzels um Kriemhild, die daraufhin Worms verlässt und ihn heiratet.

Training: S. 56, Aufgabe 3
Rüdiger verspricht Kriemhild Reichtum und Macht, wenn sie König Etzel heirate.

Training: S. 56, Aufgabe 4
Im Textauszug „39. Aventiure: Der Untergang der Nibelungen" von Siegfried Grosse findet die Rache Kriemhilds ihr Ende. Alle Burgunden, auch Hagen von Tronje und Kriemhild selbst sterben.

In der Saalschlacht fallen alle Burgunderkönige, doch Kriemhild weiß immer noch nicht, wo der Hort versenkt worden ist. Hagen gibt den Ort jedoch nicht preis und provoziert Kriemhild damit noch mehr, da sie als Witwe Siegfrieds den Hort als ihr rechtmäßiges Erbe ansieht. Schließlich zieht sie Siegfrieds Schwert und schlägt Hagen den Kopf ab. Diese Ungeheuerlichkeit entsetzt König Etzel und erzürnt den alten Hildebrand, der daraufhin Hagens Tod rächt und Kriemhild erschlägt. König Etzel und alle Überlebenden beweinen das leidvolle Ende des Festes und beklagen den Untergang der Burgunden: „Der Nibelungen Not".

Lesen Seite 70–79

Teste dich: S. 78, Aufgabe 1
Die taubblinde Helen Keller setzte sich gegen viele Ungerechtigkeiten zur Wehr: Sie half Blinden, die Brailleschrift zu lernen, sie setzte sich für die Rechte der Schwarzen ein und sie kämpfte für Frauenrechte.
Helen Keller wurde am 27. Juni 1880 als gesundes Kind im amerikanischen Alabama geboren.
Als sie nicht einmal zwei Jahre alt war, erkrankte sie stark und verlor in der Folge ihr Seh- und Hörvermögen. Wenige Zeit später hörte sie auch mit dem Sprechen auf.
Das zuvor lebensfrohe und glückliche Kind zog sich zurück. Sie trat kaum noch in die Öffentlichkeit, schließlich wusste sie nicht, wie sie sich verständigen sollte. Ihre besorgten Eltern riefen im Jahre 1887 die Lehrerin Anne Sullivan zur Hilfe. Ausgebildet für das Unterrichten von blinden Kindern brachte sie auch Helen Keller neuen Lebensmut. Mit dem so genannten Fingeralphabet – dabei werden Buchstaben in die Handfläche geschrieben – blühte Helen neu auf.
Später lernte sie durch Anne Sullivan die vom Franzosen Louis Braille entwickelte Blindenschrift, auch als Brailleschrift bekannt, sowie das Schreiben auf einer Schreibmaschine. Nachdem sie auch erste Anfänge im Sprechen machte, schrieb sie sich am Radcliffe College in Boston ein, um mehrere Fremdsprachen zu studieren. Im Jahr 1904 erreichte sie den Abschluss.
Helen Keller hat die Situation von Menschen, die aus der Gesellschaft ausgeschlossen werden, am eigenen Leib zu spüren bekommen. Deshalb wechselte sie nach dem Studium die Rolle: Sie war nicht länger die Schülerin, sondern kümmerte sich fortan selbst um blinde oder taube Menschen. Als Mitglied in der Blindenkommission von Massachusetts lud man sie zu vielen Auslandsterminen ein.
Dort hielt sie Vorträge über das Leben mit einer Behinderung. Später wandte sie sich auch den Rechten der schwarzen Bevölkerung und der Gleichstellung von Mann und Frau zu. 1924 gründet sie die Internationale Helen Keller Organisation, innerhalb der die Sehkraft, die Gesundheit und Ernährung erforscht wurde. Man nannte sie nun „den Engel der Blinden". Nach einem Schlaganfall zog sich die damals 81-Jährige zurück. Bevor sie am 1. Juni 1986 im Schlaf verstarb, soll sie gesagt haben: „Ich bin blind, aber ich sehe; ich bin taub, aber ich höre." Dieses Motto und die Lebensgeschichte der Helen Keller machen noch heute vielen Kranken Mut. […] Heute gibt es zahlreiche Bücher und sogar Verfilmungen, die sich der Kunst, wie Taubblinde ihr Schicksal meistern, widmen. Sie sind immerzu von Helen Kellers Lebensmut inspiriert.

Mindmap: s. S. 307, oben

Training: S. 79, Aufgabe 1
Was haben Nelson Mandela, Sebastian Vettel und Frau Brock aus München gemeinsam? Richtig: ei-

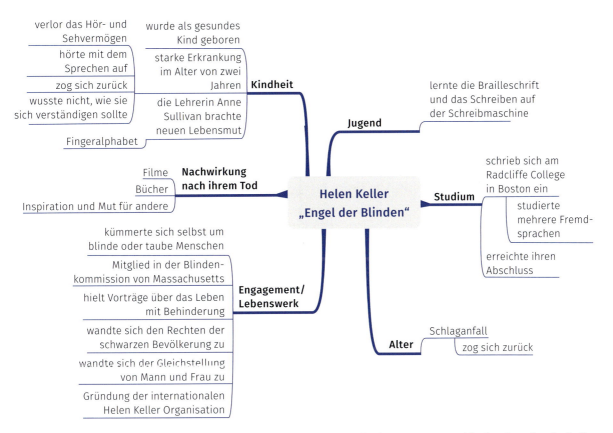

gentlich gar nichts. Der eine hat seinen Kampf für die Rechte der schwarzen Bevölkerung mit jahrzehntelanger Gefangenschaft bezahlt, ohne darüber zu verbittern. Der andere hat im Alter von nur 26 Jahren bereits vier Formel-1-Weltmeisterschaften gewonnen und die Dritte hat in Kalenderwoche 48 des vergangenen Jahres den besten Umsatz in einer Baumarktfiliale erzielt. Und doch gibt es da etwas, was diese drei Personen miteinander verbindet: Alle drei werden für ihre Leistung als Helden gefeiert. Wie kann das möglich sein? Und was genau ist überhaupt ein Held?

Im klassischen Sinne ist ein Held zuerst einmal männlich. Dieser Mann muss etwas Außergewöhnliches leisten und sich so als eine Art „Übermensch" von der Masse abheben. Dafür ist er bereit, zentrale menschliche Maßstäbe und Werte außer Kraft zu setzen. Nicht selten gerät er dabei in Lebensgefahr, doch dieses Risiko nimmt er in Kauf, schließlich besitzt er selbst die Lizenz zum Töten.

„Er oder ich" – das ist die Logik des klassischen Kriegshelden, wie ihn uns Homer mit Achill nahebringt. Doch wenn es tatsächlich zum Äußersten kommt und der Held Gewalt anwenden muss, dann geschieht das stets zum Wohle der Gemeinschaft, die er verteidigen möchte; keinesfalls geht es ihm nur um sich selbst.

Dazu braucht ein Held einen Zeugen. Das Ereignis muss erzählt und weitergetragen werden; einen Helden ohne Publikum kann es nicht geben. [...]

Da wäre beispielsweise der amerikanische Pilot Chesley Sullenberger, dem eine spektakuläre Notlandung auf dem Hudson River gelang und der dafür als Held von Manhattan gefeiert wurde [...]. Edward Snowden ist für viele ein Held, seitdem er seine persönliche Freiheit aufgegeben hat, um die Öffentlichkeit über die Überwachungstätigkeiten des amerikanischen Geheimdienstes aufzuklären. Barack Obama wiederum hatte selbst noch gar nicht viel geleistet, als er von weiten Teilen der westlichen Welt bereits zum Übermenschen ausgerufen wurde.

„Ein typischer Fall von vorauseilender Heroisierung", urteilt Bröckling. Doch damit nicht genug. Helden begegnen einem mittlerweile fast schon auf Schritt und Tritt. Es gibt „stille Helden", „heimliche Helden", Helden im Sport, in der Wirtschaft, in der Pop-Musik. Und somit letztlich eben auch den „Helden der Woche" im örtlichen Baumarkt. [...]

Training: S. 79, Aufgabe 2

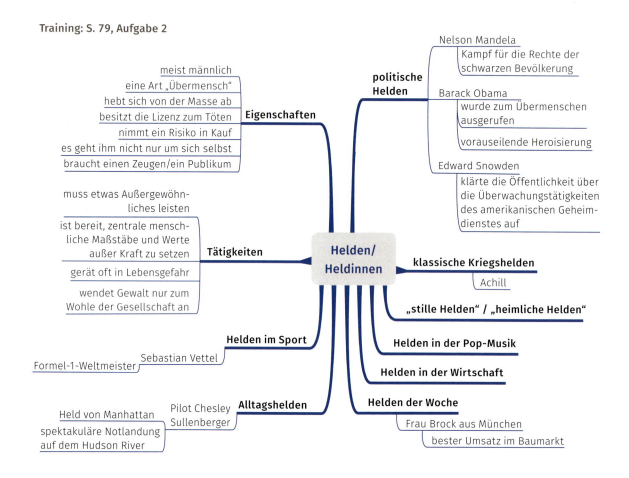

Gedichte Seite 132–145

Teste dich: S. 144, Aufgabe 1
Das lyrische Ich erkennt man an dem Personalpronomen *ich*, das sich an ein *Du* wendet (vgl. auch die Pronomen *uns, dir* und *mir*).
In Vers 2 ist von „Zeile" die Rede. Bei Gedichten wird jedoch der Fachbegriff „Vers" verwendet.

Teste dich: S. 144, Aufgabe 2
Glück ist wie weißer Meeresstrand. = Vergleich
Ein Blick sagt mehr als tausend Worte. = Personifizierung/Personifikation
Die Augen sind Spiegel der Seele. = Metapher

Teste dich: S. 144, Aufgabe 3
Es handelt sich hierbei um einen Paarreim (aa bb) mit männlicher (stumpfer) Kadenz, da immer die jeweils letzten Silben des Versschlusses betont werden.

Teste dich: S. 144, Aufgabe 4
Bei einer Gedichtbeschreibung wird zunächst der Titel und der Dichter/die Dichterin genannt. Neben der inhaltlichen Betrachtung (Worum geht es in dem Gedicht?) wird auch auf die formalen Merkmale (Anzahl der Strophen und Verse, Reimschema, Kadenzen sowie klangliche und sprachliche Mittel) eingegangen (Wie ist das Gedicht gestaltet?).

Training: S. 145, Aufgabe 1
Die Welt wird mit einer rollenden Kugel verglichen (indirekter Vergleich in Vers 3) und mit einer Metapher („in den Gnadenmantel aus blauem Himmel gehüllt", V. 4 f.) genauer beschrieben. Dies gibt dem Leser ein präziseres Bild von der Welt, die durch den blauen Himmel geschützt wird, wenn sie sich wie eine rollende Kugel dreht.
Klanglich wird mit dem Konsonanten *w* gespielt („**W**enn man nur **w**üsste, **w**ie sie gemeint ist, die **W**elt."), was eine wogende Wirkung erzeugt. Mit

einer Anapher in den letzten beiden Versen wird die Überlegung am Ende besonders hervorgehoben.

Training: S. 145, Aufgabe 2
Laut Titel geht es in dem Gedicht um die Faulheit, die komischerweise hier gelobt werden soll. Das lyrische Ich will ein Loblied auf die Faulheit singen, um diese damit zu würdigen und spricht sie deshalb direkt an. Dem lyrischen Ich fällt dies jedoch sehr schwer. Das zeigt sich an den Unterbrechungen und Interjektionen („O!", V. 3 und „Ach!", V. 9). Dennoch verspricht es, sein Bestes zu tun (vgl. V. 5). Allerdings wird es bei dieser Tätigkeit so sehr von der Müdigkeit übermannt („ich gähn! ... ich ... werde matt", V. 9), dass es nahezu darüber einschläft. Genau diese Faulheit, die das lyrische Ich eigentlich loben und besingen wollte, wird ihm nun zum Verhängnis bei seinem Vorhaben, sodass es schließlich kapitulieren muss. In der Ironie des Gedichts steckt letzten Endes auch die Kritik an der Faulheit, die eigentlich bekämpft werden soll.

Training: S. 145, Aufgabe 3
Auffällig sind neben den Pausen und Interjektionen (s. Aufgabe 2) die vielen Ausrufezeichen, die einerseits eine direkte Anrede kennzeichnen, andererseits auch als verzweifelte Ausrufe erscheinen. Verblüffend erscheint die Aussage, dass es sich bei der Faulheit, die direkt angesprochen wird, um das „Höchste[] Gut" (V. 7) handeln soll.

Training: S. 145, Aufgabe 4
Das Tempo des Gedichtvortrags ist nach dem Inhalt gestaltet. Dem Eifer am Anfang des Gedichts steht die Müdigkeit ab Vers 9 gegenüber. Diese wird durch das sich verlangsamende Tempo deutlich. Dementsprechend ist auch die Lautstärke des Vortrags angepasst (immer leiser werdend).

Training: S. 145, Aufgabe 5
Im Gedicht „Lob der Faulheit" von Gotthold Ephraim Lessing geht es darum, dass das lyrische Ich erfolglos versucht, ein Loblied auf die Faulheit zu singen. Das Gedicht besteht aus zwei Strophen mit je sechs Versen, von denen die jeweils ersten vier über Kreuz und die letzten zwei paarig gereimt sind. Das Versmaß ist ein regelmäßiger Trochäus, der im Gegensatz zum voranschreitenden Jambus eine eher einschläfernde Wirkung hat. Bis auf die Verse 2, 4, 8 und 10, die eine weibliche (klingende) Kadenz aufweisen, handelt es sich um männliche (stumpfe) Kadenzen am Versende.
Durch die Unterbrechungen im Gedicht wird die Müdigkeit des lyrischen Ichs zum Ausdruck gebracht, das – aufgrund seiner Faulheit – nicht dazu fähig ist, sein Vorhaben in die Tat umzusetzen.

Balladen   Seite 146–161

Teste dich: S. 158, Aufgabe 1
Lyrische Elemente: Strophen, Reim (in den Rahmenstrophen 1 und 7 unregelmäßiger Reim, in den Binnenstrophen 2 bis 6 Paarreim), unregelmäßiges Metrum
Dramatische Elemente: Einteilung in Szenen; direkte Rede des Vaters; Aufbau von Spannung durch genaue Beschreibung des Wetters; Beschreibung der drei Hexen geben eine Vorahnung, dass die Brücke einstürzen soll; Personifikation des Zuges „Ich komme trotz Sturm und Flut" (Vers 23)
Epische Elemente: Es wird erzählt, wie die Eltern des Lokführers Johnie darauf warten, dass der Zug trotz Sturm und Flut in der Nacht die neue Eisenbahnbrücke überquert. Der Zug stürzt jedoch von der Brücke in den Fluss Tay; berichthaftes Erzählen

Teste dich: S. 158, Aufgabe 2
Die Ballade kann in sieben Handlungsabschnitte eingeteilt werden:
Vers 1–16: Dialog der drei Hexen, die beschließen, dass die Brücke beim Überqueren des Zuges einstürzen soll.
Vers 17–24: Warten der Brücknersleute auf der Nordseite der Brücke auf den Zug, den sie aber noch nicht sehen können.
Vers 25–32: Der Zug erscheint auf der Südseite der Brücke. Vorbereitung auf die Ankunft von Johnie, da der Zug in elf Minuten die Brücke überquert haben wird.
Vers 33–40: Johnie berichtet, dass der Zug nun die Brücke überqueren wird trotz des schlechten Wetters.
Vers 41–48: Rückblick von Johnie, der sich daran erinnert, dass durch schlechtes Wetter eine Überquerung des Zuges früher nicht möglich war und er selbst an Weihnachten auf besseres Wetter warten musste.
Vers 49–56: Die Brücknersleute beobachten von der Nordseite der Brücke aus, wie der Zug in den Fluss stürzt.

Vers 57–68: Dialog der drei Hexen, die den nächsten Anschlag planen.

Teste dich: S. 158, Aufgabe 3
Bei allen gestaltenden Aufgaben muss darauf geachtet werden, dass die Ballade sowohl aus der Perspektive der Brücknersleute als auch aus der Perspektive von Johnie erzählt wird. Das bedeutet, dass die Brücknersleute nicht wissen können, was Johnie denkt und Johnie nicht weiß, was die Brücknersleute denken und sagen.

Teste Dich: S. 158, Aufgabe 4
Auf der sachlichen Ebene wird das Zugunglück in der Beschreibung beibehalten. Allerdings werden von Fontane die drei Hexen eingeführt, die zeigen könnten, dass der Mensch sich überschätzt, in dem er glaubt, dass man mit Hilfe der Technik die Gefahren der Natur überwinden kann. Auch wird die Textsorte Zeitungsbericht nur als Vorlage genutzt, um mit den Figuren Johnie und Brücknersleute dem Zugunglück eine emotionale Komponente zuzuweisen.

Training: S. 161, Aufgaben 1 und 2
Die Ballade „Johanna Sebus" geht auf eine reale Begebenheit zurück. Goethe beschreibt hier ihren selbstlosen Einsatz und ihren dramatischen Tod. Johanna Sebus (geboren 28. Dezember 1791, gestorben 13. Januar 1809) aus Brienen bei Kleve am Niederrhein rettet bei einem Dammbruch zunächst ihre Mutter aus den Fluten des Rheins und kommt dann ums Leben, als sie weiteren Menschen helfen will. Ihre Leiche wird erst beim Abfließen des Wassers gefunden und auf dem Friedhof in Rindern beerdigt. 1872 wird ihr Grab beim Bau einer neuen Kirche in das Gebäude integriert.

Vers 1–4: Widmung der Ballade an Johanna Sebus
Vers 5–19: Johanna Sebus rettet trotz der steigenden Flut wegen eines Dammbruchs ihre Mutter. Weitere Hausbewohner bitten Johanna darum, dass sie auch von ihr gerettet werden.
Vers 20–36: Johanna geht trotz reißender Flut und Sturm wie versprochen zurück zum Haus, weil sie die anderen Hausbewohner und ihre Ziege retten möchte. Sie erreicht die Nachbarn, die jedoch beim Zusammenbruch des Damms in den Fluten umkommen.
Vers 37–48: Johanna kann sich noch für einige Zeit über Wasser halten, ertrinkt dann aber auch in den Fluten.
Vers 49–52: Der Tod von Johanna wird traurig aufgenommen.

Training: S. 161, Aufgabe 3
Auch heute setzen Menschen in Katastrophengebieten ihr Leben aufs Spiel, um andere Menschen zu retten oder ihnen zu helfen. Man muss aber für sich selbst abschätzen, wann die Gefahr zu groß wird. So konnte Johanna Sebus noch ihre Mutter sicher retten, der erneute Weg zurück ist aber ihr sicherer Tod, weil sie gegen die steigenden Fluten nicht ankommen kann.

Training: S. 161, Aufgabe 4 und 5
Die Untersuchung der lyrischen, dramatischen und epischen Elemente zeigt, dass insbesondere die wörtliche Rede hier beim Vortrag die Spannung steigern kann. Auch die Wetterbeschreibungen, die nur in kurzen Sätzen beschrieben werden (Der Damm zerschmilzt, das Feld erbraust, die Fluten wühlen, die Fläche saust, Vers 17f.) können spannungsvoll vorgetragen werden.

Sachtexte   Seite 162–175

Teste dich: S. 174 Aufgabe 1
Vor der Lektüre des Textes schreibe ich eigene Gedanken und Fragen zum Thema auf und erstelle z.B. eine Mindmap. **Während der Lektüre** markiere ich unbekannte Wörter, Schlüsselwörter und Fakten. **Nach der Lektüre** kann ich Fragekärtchen erstellen oder in Stichwörtern aufschreiben, was ich dazugelernt habe.

Teste dich: S. 174 Aufgabe 2
In **Flussdiagrammen** lassen sich Phasen und Schritte, in denen Handlungen, Vorgänge und Entwicklungen ablaufen, übersichtlich darstellen. Die Phasen eines Vorgangs werden in Felder notiert, die durch Pfeile verbunden werden. Andere Diagrammtypen sind z.B. **Balken-**, das **Säulen-** und das **Kurvendiagramm**.

Teste dich: S. 174 Aufgabe 3
Beispiellösungen:
Das Säulendiagramm veranschaulicht, wie viele Kilogramm Kakaobohnen in 16 Ländern pro Kopf verbraucht werden. An der Spitze der Auswahl steht die Schweiz mit 5,1 kg Bohnen. Den geringsten Verbrauch in der Liste hat China mit 0,1 kg Kakaobohnen pro Kopf. Deutschland steht mit 3,4 kg an fünfter Stelle.

Lösungen

Teste dich: S. 174 Aufgabe 4
Beispiellösung:

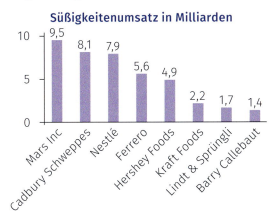

Training: S. 175, Aufgabe 1
Gliederung des Textes „Bananen im Handel":
Bedeutung des Bananenexports für verschiedene Länder (Z. 1–14)
– Bananen gedeihen rund um den Globus
– weltweite Ernte: jährlich 50 Millionen, nur ein Fünftel wird exportiert
– Ostasien: hoher Eigenbedarf als Mehl- und Kochbananen
– Anbau als Exportfrucht hauptsächlich in Mittelamerika, in Guatemala, Panama oder Honduras: eines der wichtigsten Wirtschaftsgüter, aber auch in der Dominikanischen Republik und die Winward Island (über 80% der Deviseneinnahmen) und auf La Palma

Importierende Länder (Z. 15–18)
– größter Abnehmer ist die Europäische Union (40% aller Bananenexporte)
– weitere Abnehmer: USA (30%), Japan, osteuropäische Länder, Polen, Ungarn, Tschechien

Wert der Bananen als Handelsgut (Z. 19–29)
– Bananen sind nach Apfelsinen und Trauben das drittgrößte internationale Handelsgut
– hauptsächlich werden sie als Frischobst verzehrt
– in Deutschland werden sie nach Äpfeln an meisten als Frischobst verzehrt (Pro-Kopf-verbrauch ca. 14 kg jährlich = ca. 80 Früchte, sie machen 10% des Obstumsatzes aus und bieten große Gewinnmargen)

Die Bananenindustrie (Z. 30–33)
– Chiquita ist Marktführer der Bananenindustrie
– über 70% der weltweiten Exporte und über 90 % der Einfuhren in die USA leisten die Firmen „Chiquita", „Dole" und „Del Monte"

Training: S. 175, Aufgabe 2

Sätze und Satzglieder   Seite 200–217

Teste dich: S. 215, Aufgabe 1

Satz-arten	Satz-nummern	Funktion (Aussage, Frage, Befehl, Wunsch …)
Verberstsatz	2	Aufforderung
Verbzweitsatz	1, 3	Aussage
Verbletztsatz	4	Zweck (Finalsatz)

Teste dich: S. 215, Aufgabe 2
kausales Adverbial, Ergänzung im Akkusativ (Akkusativobjekt), finales Adverbial, Ergänzung im Nominativ (Subjekt)

Teste dich: S. 215, Aufgabe 3
Alpha-Go ist ein lernender *(Adjektivattribut)* Spielcomputer mit künstlicher Intelligenz *(präpositionales Attribut)*, der gegen menschliche *(Adjektivattribut)* Go-Profis aus aller Welt *(präpositionales Attribut)* gewinnt *(Attributsatz: Relativsatz)*.

Teste dich: S. 215, Aufgabe 4
siehe Feldertabelle S. 312 oben

Als T-Saster erwacht, ist er ganz alleine an

einem seltsamen Ort, den er nicht kennt.

Training: S. 216, Aufgabe 1
Die Digitalisierung *(Nominalgruppe, Ergänzung im Nominativ: Subjekt)* bestimmt *(finites Verb: Prädikat)* heutzutage *(Adverb, Angabe der Zeit: temporales Ad-*

Vorfeld VF	LSK	Mittelfeld MF	RSK	Nachfeld NF
	Weil	T-Saster	verschwunden ist,	
	organisieren	die Topologis, die immer gute Ideen haben, eine große Suchaktion,		
	um	ihn schnell	zu finden.	

verbial) alle Lebensbereiche *(Nominalgruppe, Ergänzung im Akkusativ: Akkusativobjekt).*
Davon *(Adverb/Präpositionaladverb: Präpositionalobjekt)* haben *(finites Verb: linker Prädikatsteil)* die Topologis *(Nominalgruppe, Ergänzung im Nominativ: Subjekt)* schon *(Adverb, Angabe der Zeit: temporales Adverbial)* gehört *(Partizip Perfekt, rechter Prädikatsteil).*
Roboter *(Nominalgruppe, Ergänzung im Nominativ: Subjekt)* können *(finites Modalverb: linker Prädikatsteil)* den Menschen *(Nominalgruppe, Ergänzung im Akkusativ: Akkusativobjekt)* vielfältig *(Adverb, Angabe der Art und Weise: modales Adverbial)* unterstützen *(Vollverb im Infinitv: rechter Prädikatsteil).*
Durch künstliche Intelligenz *(Präpositionalgruppe, Angabe des Grundes: kausales Adverbial)* lernen *(finites Verb: Prädikat)* Computer *(Nominalgruppe, Ergänzung im Nominativ: Subjekt)* Neues *(Nominalgruppe, Ergänzung im Akkusativ: Akkusativobjekt).*

Training: S. 216, Aufgaben 2 und 3

<u>Attribute</u> und **Bezugswörter** (→) sind: <u>schlafwandelnde</u> → **Menschen** *(Adjektivattribut/Partizipialattribut)*; der **Schock** ← <u>über das Aufwachen</u> *(präpositionales Attribut)*; diese **Legende** ←, <u>die man sich erzählt</u> *(Attributsatz: Relativsatz)*; ein **Fünftel** ← <u>aller Kinder</u> *(Genitivattribut)*, **Schlafwandler** ←, <u>somnambule</u> → **Menschen** *(Adjektivattribut)* also, *(Apposition)*; <u>„schlafwandlerischer"</u> → **Sicherheit** *(Adjektivattribut)*, <u>einer Lichtquelle</u> →, z. B. dem Mond, *(Apposition)*; <u>geraden</u> → **Weg** *(Adjektivattribut)*; **Hindernisse** ←, <u>die sich ihnen stellen,</u> *(Attributsatz: Relativsatz)*; <u>ins eigene</u> → **Bett** *(Adjektivattribut)*; <u>am nächsten</u> → **Morgen** *(Adjektivattribut)*

Training: S. 216, Aufgabe 4

Deshalb ist es sehr schlimm, wenn dieser Sinn durch Alterserkrankungen oder Behinderungen eingeschränkt ist. Um möglichst vielen Menschen mit Sehbehinderungen Unterstützung zu bieten, haben die beiden Jugendlichen einen mobilen Helfer entwickelt, der weniger kostet als ein Blindenführhund oder ein von Wissenschaftlern entwickelter Roboter. Auf einen Basketball haben die Schüler ein hüfthohes Gestell montiert, das der Sehbehinderte vor sich her rollt. Weil der „Blindbot" mit dem Basketballfuß dem Sehbehinderten vorausfährt, spürt dieser schon kleinste Bodenunebenheiten direkt über den Haltegriff.

Training: S. 216, Aufgaben 5 und 6

„Das Sehen ist der wichtigste Sinn, <u>den wir haben</u>" *(Attributsatz: Relativsatz)*, finden Alexander und Niklas. Deshalb ist es sehr schlimm, <u>wenn dieser Sinn durch Alterserkrankungen oder Behinderungen eingeschränkt ist</u> *(Adverbialsatz: Konditionalsatz)*. <u>Um möglichst vielen Menschen mit Sehbehinderungen Unterstützung zu bieten</u> *(Adverbialsatz: Kausalsatz)*, haben die beiden Jugendlichen einen mobilen Helfer entwickelt, <u>der weniger kostet als ein Blindenführhund oder ein von Wissenschaftlern entwickelter Roboter</u> *(Attributsatz: Relativsatz)*. Herausgekommen ist der sogenannte „Blindbot": Auf einen Basketball haben die Schüler ein hüfthohes Gestell montiert, <u>das der Sehbehinderte vor sich herrollt</u> *(Attributsatz: Relativsatz)*. <u>Weil der „Blindbot" mit dem Basketballfuß dem Sehbehinderten vorausfährt</u> *(Adverbialsatz: Kausalsatz)*, spürt dieser schon kleinste Bodenunebenheiten direkt über den Haltegriff.

Training: S. 216, Aufgabe 7

Einige Jugendliche, die naturwissenschaftlich interessiert <u>sind</u> *(Relativsatz)*, **erfinden** neue **Apparate**, weil sie Lust am Experimentieren und Gestalten <u>haben</u> *(Kausalsatz)*, wenn auch nicht immer ein Preis gewonnen werden <u>kann</u> *(Konzessivsatz)*.

Hauptsatz: Einige Jugendliche erfinden neue Apparate.

Wortarten Seite 218–237

Teste dich: S. 236, Aufgabe 1

Was nun? Er <u>könnte</u> *(Modalverb, Konjunktiv II)* sich für seine Unüberlegtheit ohrfeigen. Warum hat er nicht wenigstens Arwen's Child aufgefordert mitzukommen? Sie ist auf seiner Seite gewesen, er hätte (Konjunktiv II) sie nicht mit den anderen stehen lassen müssen (Modalverb). Dann könnte (Modalverb, Konjunktiv II) er jetzt Feuer machen. Dann wäre (Konjunktiv II) er jetzt nicht auf sich allein gestellt. Einmal mehr versucht er, sich zu orientieren. Es muss einen Hinweis geben. Vielleicht (Modalwort/Adverb) weiße Steinchen an den richtigen Abzweigungen oder Glockengeläut jede volle Stunde.

Teste dich: S. 236, Aufgabe 2
Wenn ich Nick **wäre**, **würde** ich das Spiel beenden. Er meint zwar, das **sei** was Tolles, aber er vernachlässigt sein echtes Leben. Wenn er nicht so vertieft **wäre**, **könnte** er sich öfter mit Emily verabreden. Mit ihr **würde** er sicher spannendere Dinge erleben als mit Sarius. Ich **wünschte**, er **käme** zurück ins echte Leben.

Teste dich: S. 236, Aufgabe 3
(1) Emily sagt zu Nick, sie interessiere das Spiel nicht.
(2) Der Bote sagt zu Nickt, er habe seinen Auftrag erfüllt.
(3) Colin sagt zu Nick, er glaube manchmal, es lebe.
(4) Jamie wirft Nick vor, er benehme sich völlig anders als sonst, ob er das wisse.

Training: S. 237, Aufgabe 1
Ein Nein würde der Bote nicht gelten lassen: *Konjunktiv II; es ist unwahrscheinlich, dass der Bote die Antwort gelten lässt*
Was soll er weiter erzählen? *Modalverb im Präsens Indikativ; er ist unsicher, was er erzählen soll*
als wäre ihm gerade etwas eingefallen. *Konjunktiv II; es ist unsicher, ob ihm etwas eingefallen ist*
Aber sagen sollte er etwas *(Modalverb sollen im Konjunktiv II; er stellt sich vor, etwas zu sagen, weiß aber nichts)*, schleunigst, der Bote wirkte ungeduldig. *(Konjunktiv II; es sieht so aus, als ob er ungeduldig sei)*

Training: S. 237, Aufgabe 2
Der Bote sagt, er mache sich Sorgen. Erebos habe Feinde und diese würden stärker. Er behauptet, Sarius kenne einige davon.
Sarius antwortet, er glaube, Mr Watson halte nichts von Erebos. Obwohl Mr Watson bestimmt nicht viel darüber wisse, versuche er die Leute auszufragen.

Training: S. 237, Aufgabe 3
In diesem Textauszug „Erebos hat Feinde" von Ursula Poznanski muss Sarius dem Boten über aktuelle Ereignisse an der Schule berichten.
In einer Gaststube erwartet der Bote Sarius und fragt nach außergewöhnlichen Vorfällen an der Schule. Sarius berichtet über Aishas Nervenzusammenbruch und Dan Smythes heimliches Fotografieren auf dem Parkplatz. Der Bote nimmt das zufrieden zur Kenntnis und will noch mehr erfahren besonders über Eric Wu und Jamie Cox. Sarius hat den Eindruck, dass der Bote schon alles wisse und ihn prüfe. Als er nichts Genaues berichten kann, ist der Bote enttäuscht. Im Weggehen sagt dieser, er mache sich Sorgen, weil Erebos Feinde habe. Dies verunsichert Sarius sehr, denn er möchte nicht über Emily oder Jamie sprechen. Unter Druck berichtet er schließlich, dass Mr Watson nichts von Erebos halte und die Leute ausfrage. Der Bote hält dies für eine wichtige Information und lächelt Sarius warm an.

Rechtschreibung   Seite 250–273

Teste dich: S. 270, Aufgabe 1
⌣ – Tomate
↝ – Berg → Berge, hell → heller
⚡ – Zähne → Zahn
⎍ – Der Baum → Der grüne Baum → Der grüne dicke Baum blüht.
M – Vieh

Teste dich: S. 270, Aufgabe 2
Lücke: Silben schwingen Lüc**k**e
Blätter: Ableiten → Bla**tt**
Kahl: Verlängern; Silben schwingen → ka**h**ler
Berg: Verlängern → Ber**g**e
Trinken: Erweiterungsprobe → Das kühle Trinken → Das kühle, erfrischende Trinken hilft.
Spannend: Silben schwingen → spa**nn**end

Teste dich: S. 270, Aufgabe 3
Das **Klettern** → Das anspruchsvolle Klettern → Das anspruchsvolle freie Klettern erfreut die Kinder am Fels macht mehr Spaß, als in der Halle zu klettern.
Manche Athleten **schwimmen** nicht gerne im Baggersee, sondern ziehen das Schwimmen im Schwimmbad vor. Das schnelle Schwimmen → Das schnelle, sportliche Schwimmen kostet sehr viel Kraft.

Teste dich: S. 270, Aufgabe 4
Am **ersten** (attributiver Gebrauch) Mai findet der **erste** (attributiver Gebrauch) Marathon des Jahres für die Sportlerin statt. Die Startgebühr beträgt dafür einen **Zwanziger** (als Nomen gebraucht).

Teste dich: S. 271, Aufgabe 5

	Kleinschreibung	Großschreibung	Groß-/Kleinschreibung
einfache Zeitangabe	morgens	am Morgen	
zusammengesetzte Zeitangabe	dienstags morgens	am Dienstagmorgen	heute Morgen

Teste dich: S. 271, Aufgabe 6
trennbare: auslaufen, darstellen
untrennbare: maßregeln, überleben, vollbringen, handhaben, kürzertreten

Teste dich: S. 271, Aufgabe 7
getrennt: Fußball spielen, Kopf stehen, Angst haben, Sport treiben
zusammen: Eislaufen, Heimfahren, nottun

Teste dich: S. 271, Aufgabe 8
Nicht nur im Urlaub wird Stand Up Paddling, kurz SUP, immer beliebter. → Apposition
Jumpf Fitness – das ist der neueste Hype in vielen Fitness-Studios – werden zu Musik … → Parenthese

Training: S. 272, Aufgaben 1 bis 3
Die Zuschauer nehmen ihre Plätze auf Sitzen ein, die sich rings *(Verlängern)* um ein ovales *(Merkwort)* Spielfeld emporranken *(Silben mitschwingen)*. Die ganze Szenerie *(Merkwort)* ist in mysteriöses *(Merkwort)*, goldenes Licht getaucht, das aus dem Stadion *(Silben mitschwingen/Merkwort)* selbst zu leuchten scheint. Von oben erscheint das Spielfeld weich und glatt *(Verlängern)* wie Samt. Das Ende des Feldes besteht aus säulenartigen *(Ableiten)* Pfosten, an deren Längsseite *(Verlängern)* oben Torringe *(Silben mitschwingen)* angebracht sind.
Ein Quidditch-Spieler bewegt sich auf einem Besen über das Spielfeld, dazu sind oft akrobatische *(Merkwort)* Anstrengungen nötig *(Verlängern)*. Als Schikane *(Merkwort)* dienen Bälle, Klatscher genannt, die die Flieger aus der Flugbahn treiben und vom Besen sturzen lassen. Ein Spieler – Jäger *(Ableiten)* oder Fänger *(Ableiten)* – muss also ein athletischer *(Merkwort)* Typ *(Merkwort)* sein, der auch in einer Krisensituation *(Merkwort)* nicht die Nerven *(Merkwort)* verliert und nach einem Angriff flugs *(Verlängern/Merkwort)* weiterkämpft. Sieger ist die Mannschaft, die den „goldenen Schnatz", einen Ball, der winzig *(Verlängern)* und wendig *(Verlängern)* ist, schnappt *(Verlängern)*.

Silben mitschwingen: Anstrengungen, lassen, Bälle
Verlängern: Angriff, Mannschaft, Spielfeld
Ableiten: weiterkämpft, leuchten, Bälle
Merkwort: Flugbahn, verliert, oft

Training: S. 272, Aufgabe 4
Neue Sporttechnologie im Aktienpaket!
Chemiekonzern gibt Herstellung von Dopingmitteln zu: Bankrott!
Euphorie in der Leichtathletikszene!
Fusion von TG und TSV in TGSV perfekt!
Profisportler auf der Suche nach professionellem Finanzmanager.
Intellektulle Aufgaben wurden gelöst: Hohes Niveau bei Yachtregatta.
Sperre als Option gegen Regelverstöße?
Fußball-Hooligans randalieren im Stadion.
Letzte Phase des Olympia-Trainings erfolgreich.
Mehr Diskretion bei Dopingkontrollen bitte!
Trainer-Karussell dreht sich ganz famos.

Training: S. 273, Aufgaben 1 und 2
Das **Reisen** wird immer einfacher und bequemer. Mit dem Flugzeug dauert die **Reise** nach Athen knappe drei Stunden. Beim **Fliegen** vergeht die Zeit wie im **Flug**, denn nette Stewardessen servieren unentwegt Getränke und Essen.
Wenn das der alte Ikarus sehen konnte, der mit seinen **Flügeln** aus Wachs vor langer Zeit der Sonne zu nahe kam, was aber kein angenehmes **Reisen** bedeutete, sondern den Absturz ins Meer. Heute würde sich Ikarus ein Flugticket kaufen, sich in den Sitz zurücklehnen und sich sicher **gut** fühlen mit Ohrenstöpseln aus Wachs. Das Wachs hatte heute sein **Gutes**, damit Ikarus von den anderen Passagieren nicht gestört würde. Kurz vor dem **sanften/ruhigen** Start würde er noch denken: „Dieses **Sanfte/Ruhige** beim Losfliegen gefällt mir viel besser als der lästige Absprung von einer Klippe "

Training: S. 273, Aufgabe 7
Eis kaufen – eislaufen – Rad fahren – Auto fahren – Feuer fangen – nottun – Angst haben - Diät halten – Pleite machen – Schlange stehen – maßhalten/Maß halten – Not leiden – Schuld tragen

Sachregister

Adjektive 231
Advance Organizer 133
Adverbiale 204 f.
Adverbialsätze 207 ff.
Adverbien 235
AIDA-Modell 277
Alliteration 138
allwissender Erzähler 108
Anapher 138
Anekdoten 98
Anglizismen 239
Anrede 268 f.
Anredepronomen 269
Appositionen 266
Argument 15 ff.
Assonanz 138
Atmosphäre 34, 108
Attribute 212
Attributsätze 213

Ballade 146 ff.
– dramatische Elemente 146
– epische Elemente 146
– lyrische Elemente 146
Basissatz 47
Begründung 15 ff.
Behauptung 15 ff.
Beispiel 15 ff.
Bild 31, 182
Bildebenen 31
Bindewörter 234
Bühnenfassung 68

Dehnung 252 ff.
Diagramm 173 f.
Dialog 35
digitale Präsentation 181
Drehbuch 193

Enjambement 140
Epos 39
Ergänzungen, innertextlich und außertextlich 107
erzählende Texte 117
Erzähler 108
Erzählfächer 22
Erzählkette 29
exzerpieren 45

Fachwörter 248 f.
Feedback 185 ff.
Feldertabelle 200 ff.
Figur 34, 113
Figurenkonstellation 81
Figurenrede 108

Figurine 103
Filmmusik 198
Filmplakat 195
Flussdiagramm 165
Folie 182
Fremdwort 240, 256 f.

Gesprächsregeln 12
Gestik 13
Gliedsätze 207 ff.

Handlung, innere und äußere 108
Haus des Fragens
– literarische Texte 83
– Sachtexte 169
Höhepunkt 117
Homepage 131

Indikativ 220 ff.
indirekte Rede 48
Information 170
innerer Monolog 34, 81, 125
Instruktion 170

Jugendsprache 279 ff.

Kadenz 137
Kalendergeschichten 92 ff.
Kameraeinstellungen
– Detail 189
– Nah 189
– Totale 189
Kameraperspektiven
– Froschperspektive 189
– Normalsicht 189
– Vogelperspektive 189
Konjunktiv I 48, 220, 222
Konjunktiv II 48, 220, 223
Kurzgeschichte 80 ff.
– Merkmale 81

Lehnwort 240
Leitfrage 178
Leitmotiv 129
Lesestrategien 71, 109, 163
Lesetechniken 71
Literaturverfilmung 188 ff.
lyrisches Ich 134

Medien 180
Metapher 135
Metrum 137
Mimik 13
Mindmap 73
Modalität 220 ff.

Modalverben 221
Modalwörter 221
Motiv 143

Nachgeschichte 81
Nebensätze 206 ff.
neutrale Erzählhaltung 108
Novelle 102 ff.

Objektsätze 210
Ort 108

Parallelismus 137
Parenthese 266
Passiv
– Vorgangspassiv 228
– Zustandspassiv 228
Passivalternativen 228
personale Erzählhaltung 108
Personifikation 135
Präfix 262
Präpositionen 233
Programmheft 68
Pronomen 232

Randnotizen 111
Rechtschreibstrategien 251 ff.
– Erweiterungsprobe 258
– Merkwörterkartei 256
– Silben mitschwingen 255
– Wörter ableiten 253
Rechtschreibüberprüfung 265
Redewiedergabe 48, 227
Regiekonzept 68
Regieanweisung 66
Reim 137
Reziprokes Lesen 111, 165
Rhythmus 137
Rollenbiografie 63
Rollenkarte 63
Rückblenden 108

Schärfung 252 ff.
Schattenspiel 153
Schaubild 173
s-Laut 252 ff.
Soziogramm 127
Sprachgebrauch, mündlich 223
Sprachwandel 242 ff.
Sprachvarianten 275
Standbild 66
Storyboard 194

Subjektsätze 210
Suffix 262
Szenisches Spiel 155

Tempusformen 230
Theater 58 ff.
Thema 52
Trailer 196

Unterstreichen 111

Valenz 203
Verbergänzungen 202
Verberstsätze 214
Verbletztsätze 206, 214
Verbzweitsätze 214
Vergleich 135
Vorgeschichte 81
Vortrag 149 ff., 176 ff.

Wendepunkt 117
Werbung 170, 276 ff.
W-Fragen 41
Wortarten 218 ff.
Wortbildung 242 ff.

Zeilenstil 140
Zeit 108
Zeitsprünge 108

Textsortenverzeichnis

Anekdoten
J. P. Hebel: Schlechter Lohn 98
H. v. Kleist: Franzosen-Billigkeit 98
Zeitungstext aus dem Jahre 1808 98

Balladen
A. v. Chamisso: Der rechte Barbier 97
J. W. Goethe: Erlkönig 148
J. W. Goethe: Der Fischer 150
A. v. Droste-Hülshoff: Der Knabe im Moor 152
O. Ernst: Nis Randers 154
T. Fontane: John Maynard 156
T. Fontane: Die Brück' am Tay 159
J. W. Goethe: Johanna Sebus 160

Gedichte
C. Busta: Wo holt sich die Erde die himmlischen Kleider? 24
F. Hofbauer: Mit dir 24
H.-M. Enzensberger: abendnachrichten 25
J. Guggenmos: Was ist der Löwe von Beruf? 25
K. Krolow: Zwei Menschen 25
G. Eich: Inventur 26
P. Härtling: Sätze vor dem Gedicht 58
K. Schwitters: Zwölf 59
Regen 59
R. Kaczynski: Foto von mir 132
J. W. Goethe: An Tischbein 133
W. H. Fritz: Was ich kenne 134
H.-P. Kraus: Was uns an der Schule stört 134
W. Busch: Der Kobold 135
J. Haas: Du bist eine Insel 135
Unbekannt: Glück ist 136
M. Haßler: Glück 136
F. T. Vischer: In der Vaterstadt 136
E. Jandl: my own song 138
K. Sigel: Wollen 138
B. Lins: Ich will dich heut nicht sehen 139
H. Manz: Ich 139
R. Gernhardt: Noch einmal: Mein Körper 140
L. Fischer: Aus dem Rahmen 141
R. D. Brinkmann: Selbstbildnis im Supermarkt 141
J. Theobaldy: Gedicht 144
F. Wittkamp: Gestern 144
J. Amann: Wenn man nur wüsste 145
G. E. Lessing: Lob der Faulheit 145
J. Ringelnatz: Ostergedicht 162
J. Ringelnatz: Sich interessant machen 173
T. Brunke: Verben werben! 202
J. Ringelnatz: Ruf zum Sport 250

Erzählungen/Kurzgeschichten
W. Benjamin: Vergrößerungen 23
K. Marti: Mit Musik im Regenwind fliegen 33
W. Färber: Der Filmstar und die Eisprinzessin 35
A. Bröger: Ihr dürft mir nichts tun 64
M. Bolliger: Sonntag 80

N. Einzmann: Schwimmen 80
T. Zimmermann: Eifersucht 84
I. Kötter: Nasen kann man so oder so sehen 87
W. M. Harg: Der Retter 88
I. Aichinger: Das Fenstertheater 90
F. de Cesco: Spaghetti für zwei 190

Interviews
Ein Interview 130
Talkshow im Channel five 239
Alltag im Leistungssport 260

Jugendbuchauszüge
D. Reinhardt: Train Kids 120, 121, 122, 124, 126, 128
U. Poznanski: Erebos 220, 221, 224, 229, 231, 232, 236, 237

Kalendergeschichten
J. P. Hebel: Dankbarkeit 93
J. Hašek: Professor Švolba 94
J. P. Hebel: Die Ohrfeige 94
B. Brecht: Der hilflose Knabe 95
J. P. Hebel: Der Barbierjunge von Segringen 96
J. P. Hebel: Das wohlbezahlte Gespenst 99

Novellenauszüge
G. Keller: Kleider machen Leute 103, 104, 109, 112, 114, 118

Nichtlineare Texte
nachgehakt 170
Wer bekommt welchen Anteil … 170
Mehr Kinderarbeiter als vor fünf Jahren 171
Kinder schuften in allen Branchen 171
Pro-Kopf-Verbrauch an Kakaobohnen 174

Romanauszüge
P. Süskind: Das Parfum 27
M. Alexi: Alles wird gut! 118

Sachtexte/Lexikontexte
Wie (un)gesund ist Schokolade? 163
Kakaoalltag in Afrika 164
Einst Opfergegenstand und Zahlungsmittel … 165
Die volle Kraft der Tropensonne 166
P. Seibt: Rohstoff für Schokolade 168
Kakaoproduktion: Ein Überblick 172
Ein Rezept: Der Azteken-Aufguss 173
Bananen im Handel 175
Spaghetti für Zwei – Besonders wertvoll?! 199
Mit der *vaservaga* ist alles im Lot 241
B. Mrozek: Wörter kommen – Wörter gehen 243
S. Lobo: Die Top Ten der besten Erfindungen 245
S. Lobo: Moderne Wortfindung 245
Jeden Tag entsteht ein neues Wort 247
Seemannsgarn – Seeleute erzählen 249
Bergsteigen der Extreme 258
Tübingen: Zentrum der Dialektforschung 275

Sagen

1. Âventiure 38
Wie Kriemhild und Siegfried aufwachsen 39
R. Tetzner: Der Traum vom Falken 40
S. Grosse: Was Hagen von Tronje über Siegfried weiß 42
R. Tetzner: Siegfried begegnet Kriemhild 44
R. Tetzner: Gunter gewinnt Brünhild im Kampfspiel 47
R. Tetzner: Gunter feiert mit Brünhild Hochzeit 48
E. Schulte-Goecke: Der Streit der Königinnen 50
R. Tetzner: Siegfried wird verraten 52
F. Fühmann: Wie Siegfried erschlagen wurde 53
E. Schulte-Goecke: Wie Hagen den Nibelungenhort im Rhein versenkte 55
E. Schulte-Goecke: Wie Kriemhild König Etzels Gemahlin wurde 56
S. Grosse: Der Untergang der Nibelungen 57
E. Schulte-Goecke: Wie Brünhild Siegfried in den Tod folgte 226

Songtexte

Glasperlenspiel: Ich bin ich 142
Ich gehör nur mir 142

Spielvorlagen/Theaterstücke

Szene: Radfahrer – Polizist 62
Wo ist Perlemann? 62
Die Szene bei Bernd zu Hause 67

Zeitschriftentexte/Zeitungstexte

H. Klovert: Handys nutzen, nicht verbieten! 16
A. Ulrich: Nein zu Handys in der Schule 17
„Macht Lernen in der Schule Spaß?" 70
I. Kutter: Wir sind Helden 74
J. Maier: Skaten in Kabul 76
W. Plasse: Weltveränderer Helen Keller 78
K. Dippold: Moderne Gesellschaft – Helden wie wir 79
AlphaGo gewinnt gegen Weltklassespieler! 208
Der elektronische Blindenführhund 217
Knapp daneben ist auch vorbei 278
„Ich schwöre, du bist so Arzt!" 280
Das Jugendwort des Jahres 2016: fly sein 283

Autoren- und Quellenverzeichnis

Alle Texte, die nicht im Autoren- und Quellenverzeichnis aufgeführt sind, sind Eigentexte der Autorinnen und Autoren dieses Buches.

Aichinger, Ilse: Das Fenstertheater, S. 90. Aus: Ilse Aichinger: Der Gefesselte. Frankfurt a. M.: Fischer 2005 (= Fischer-Taschenbuch, Band 11042, aus: Ilse Aichinger: Werke, Band 2: Erzählungen 1, 1948 – 1952).
Alexi, Marion: Alles wird gut!, S. 118. Aus: Marion Alexi: Küsse für eine falsche Komtess. Bergisch Gladbach: Verlagsgruppe Lübbe (Bastei Verlag).
Amann, Jürg: Wenn man nur wüsste, S. 145. Aus: Jürg Amann: Die Reise zum Horizont. Innsbruck: Haymon Verlag 2010.
Benjamin, Walter: Vergrößerungen, S. 23. Aus: Kurze Prosa. Frankfurt a. M.: Suhrkamp 1991.
Bolliger, Max: Sonntag, S. 84. Aus: Wir leben von der Hoffnung. Gedanken, Gedichte und Erzählungen für junge Menschen unserer Zeit. Hrsg. von Hans Frevert. Baden-Baden: Signal Verlag 1985. S. 54 ff.
Brecht, Bertolt: Der hilflose Knabe, S. 95. Aus: Bertolt Brecht: Gesammelte Werke [20-bändige Werkausgabe; edition suhrkamp]. Band 12. Prosa 2. Frankfurt a. M.: Suhrkamp Verlag 1967. S. 297.
Brinkmann, Rolf Dieter: Selbstbildnis im Supermarkt, S. 141. Aus: Die Piloten. Köln: Kiepenheuer & Witsch 1968.
Bröger, Achim: Ihr dürft mir nichts tun, S. 64. Aus: Achim Bröger: Schön, dass es dich gibt. Erzählungen. 4. Auflage. Würzburg: Arena Verlag 1998. S. 123.
Brunke, Timo: Verben werben!, S. 202. Aus: Bas Böttcher, Wolf Hogekamp (Hrsg.) Die Poetry-Slam-Fibel. Berlin: Satyr Verlag Volker Surmann 2015. S. 46.
Busch, Wilhelm: Der Kobold, S. 135. Aus: www.wilhelm-busch.de/zitat/der-kobold/ (1.3.2017)
Busta, Christine: Wo holt sich die Erde die himmlischen Kleider?, S. 24. Aus: Die Sternenmühle: Gedichte für Kinder und ihre Freunde. Salzburg: Otto Müller 1986.
Cesco, Federica de: Spaghetti für zwei, S. 190. Aus: Federica de Cesco: Freundschaft hat viele Gesichter. Luzern, Stuttgart: Rex Verlag 1986. S. 79 ff.
Chamisso, Adelbert von: Der rechte Barbier, S. 97. Aus: Stuttgart: Philipp Reclam jun. 1995.
Dippold, Katharina: Moderne Gesellschaft – Helden wie wir, S. 79. Aus: www.cicero.de/salon/moderne-gesellschaft-helden-postheroische-gesellschaft/56833 (1.3.2017)
Droste-Hülshoff, Annette von: Der Knabe im Moor, S. 152. Aus: Annette von Droste-Hülshoff. Sämtliche Werke. Hrsg. von Günther Weydt und Winfrid Woesler. Band 1. München. Winkler-Verlag 1981.
Eich, Günter: Inventur, S. 26. Aus: Gesammelte Werke in vier Bänden. Band 1: Die Gedichte. Die Maulwürfe. Hrsg. Vieregg, Axel. Frankfurt am Main: Suhrkamp Verlag 1991.
Einzmann, Nadja: Schwimmen, S. 80. Aus: Nadja Einzmann: Da kann ich nicht nein sagen. Geschichten von der Liebe. Frankfurt a. M.: Fischer Taschenbuch Verlag 2001. S. 105.
Ernst, Otto: Nis Randers, S. 154. Aus: Das große deutsche Balladenbuch. Hrsg. von Beate Pinkerneil. Weinheim: Beltz Athenäum-Verlag 1995. S. 478.
Enzensberger, Hans-Magnus: abendnachrichten, S. 25. Aus: Hans-Magnus Enzensberger: blindenschrift. Gedichte. Frankfurt am Main: Suhrkamp Verlag 1964.

Färber, Werner: Der Filmstar und die Eisprinzessin, S. 35. Aus: Ulli Schubert (Hrsg.): Seitenweise Ferien. Hamburg: Carlsen Verlag, 2002, S. 7 ff.

Fischer, Lena: Aus dem Rahmen, S. 141. Aus: www.aphorismen.de/suche?f_rubrik=Gedichte&f_thema=Sinn+des+Lebens&seite=2 (2.3.2017)

Fontane, Theodor: Die Brück' am Tay, S. 159; John Maynard, S. 156. Aus: Theodor Fontane: Werke, Schriften und Briefe. Hrsg. von Walter Keitel und Helmuth Nürnberger. Abteilung 1: Sämtliche Romane, Erzählungen, Gedichte, Nachgelassenes. Band 6: Balladen, Lieder, Sprüche. Gelegenheitsgedichte. Frühe Gedichte. Versuche und Fragmente. 3. durchgesehene und ergänzte Auflage. München: Carl Hanser Verlag 1995

Fritz, Walter Helmut: Was ich kenne, S. 134. Aus: Walter Helmut Fritz: Gesammelte Gedichte 1979–1994. Hamburg: Hoffmann und Campe Verlag 1994.

Fühmann, Franz: Wie Siegfried erschlagen wurde, S. 53. Aus: Das Nibelungenlied. Neu erzählt von Franz Fühmann. © Rostock: Hinstorff Verlags GmbH 2005

Gernhardt, Robert: Noch einmal: Mein Körper, S. 140. Aus: Robert Gernhardt: Reim und Zeit & Co. Gedichte, Prosa, Cartoons. Stuttgart: Reclam 2000. S. 65 f.

Glasperlenspiel: Ich bin ich, S. 142. Text: Grunenberg, Daniel/Mania, Matthias/Martin, Finn/Niemczyk, Carolin; © B 612 Musik Publishing GmbH & Co. KG und At The Beginning Edition bei Rudi Schedler Musikverlag GmbH, Reutte Edition Gourmet Songs/Mec-Early Entertainment GmbH bei Hanseatic Musikverlag GmbH & Co. KG, Hamburg Sony/ATV Music Publishing (Germany) GmbH, Berlin Universal Music Publishing GmbH, Berlin

Goethe, Johann Wolfgang: An Tischbein, S. 133; Der Fischer, S. 150; Erlkönig, S. 148; Johanna Sebus, S. 160. Aus: Johann Wolfgang von Goethe: Werke. Hamburger Ausgabe in 14 Bänden. Hrsg. von Erich Trunz. Band 1: Gedichte und Epen I. 14., durchgesehene Auflage München: C. H. Beck Verlag 1989. S. 153, S. 154 f., S. 284 f.

Guggenmos, Josef: Was ist der Löwe von Beruf?, S. 25. Aus: Großer Ozean – Gedichte für alle. Hrsg. v. Hans-Joachim Gelberg. Weinheim & Basel: Beltz Verlag 2000.

Haas, Judith: Du bist eine Insel!, S. 135. Aus: Die grüne Insel. Wenn Hoffnung zum Abenteuer wird. Hrsg. von Ernst E. Ecker und Gerhard Hofer. Wien: Neuer Breitschof Verlag 1990. S. 142.

Harg, William M.: Der Retter, S. 88. Aus: H. B. Wagenseil (Hrsg.): Erzähler von drüben. Übers. v. H. B. Wagenseil. Wiesbaden: Limes-Verlag 1946. © by Limes Verlag in der F.A. Herbig Verlagsbuchhandlung GmbH, München. Übersetzung von Kurt Wagenseil.

Härtling, Peter: Sätze vor dem Gedicht, S. 58. Aus: Peter Härtling: Die Mössinger Pappel. Gedichte. © by Luchterhand Literaturverlag, München, einem Unternehmen der Verlagsgruppe Random House GmbH

Hašek, Jaroslav: Professor Švolba, S. 94. Aus: : Jaroslav Hašek: „Die Ausrottung der Praktikanten der Speditionsfirma Kobkán". Herausgegeben und aus dem Tschechischen übersetzt von Antonin Brousek. Stuttgart: Reclam Verlag. S. 192 f.

Haßler, Mario: Glück, S. 136. Aus: http://mario.familie-hassler.de/gedichte/glueck.html (2.3.2017)

Hebel, Johann Peter: Dankbarkeit, S. 93; Die Ohrfeige, S. 94; Der Barbierjunge von Segringen, S. 96; Schlechter Lohn, S. 98; Das wohlbezahlte Gespenst, S. 99; Schlechter Lohn, S. 98. Aus: Johann Peter Hebel: Werke. 2 Bände. Hrsg. von Eberhard Meckel. Bd. 1: Erzählungen des Rhein-ländischen Hausfreundes. Frankfurt a. M.: Insel Verlag 1968.

Hofbauer, Friedl: Mit dir, S. 24. Aus: Minitheater. Fingerspiele. Spielgedichte. Wien: Herder Verlag 1983.

Jandl, Ernst: my own song, S. 138. Aus: Ernst Jandl, poetische Werke, hrsg. von Klaus Siblewski, © 1997 by Luchterhand Literaturverlag, München, einem Unternehmen der Verlagsgruppe Random House GmbH

Kaczynski, Ronan: Foto von mir, S. 132. Aus: Ronan Kaczynski: Sinn:los – ein Gedichtband. Mit einem Vorwort von Walter Jens. Tübingen: Gulde Verlag 2006. S. 54.

Keller, Gottfried: Kleider machen Leute, S. 103, 104, 109, 112, 114, 118. Aus: Gottfried Keller: Kleider machen Leute. Gesellschaft der Freunde des vaterländischen Schul- und Erziehungswesens zu Hamburg 1959.

Kleist, Heinrich von: Franzosen-Billigkeit, S. 98. Aus: Stuttgart: Philipp Reclam jun. 1998.

Kutter, Inge: Wir sind Helden, S. 74. Aus: ZEIT LEO 2/2015. S. 8–14.

Klovert, Heike: Handys nutzen, nicht verbieten!, S. 16. Aus: www.spiegel.de/lebenundlernen/schule/handys-an-schulen-verbieten-oder-nutzen-a-1052554.html (3.3.2017)

Kraus, Hans-Peter: Was uns an der Schule stört, S. 134. Aus: www.lyrikmond.de/gedichte-thema-8-103.php#1760 (1.3.2017)

Krolow, Karl: Zwei Menschen, S. 25. Aus: Karl Krolow: Ausgewählte Gedichte. Frankfurt a. M.: Suhrkamp 1962.

Kötter, Ingrid: Nasen kann man so oder so sehen, S. 87. Aus: Hans-Joachim Gelberg: Augenaufmachen. 7. Jahrbuch der Kinderliteratur. Weinheim: Beltz 1984. S. 87 f.

Lessing, Gotthold Ephraim: Lob der Faulheit, S. 145. Aus: http://gutenberg.spiegel.de/buch/gotthold-ephraim-lessing-gedichte-1180/2 (3.3.2017)

Lins, Bernhard: Ich will doch heut nicht sehen, S. 139. Aus: 12 Tonnen wiegt die Hochseekuh: Gedichte für Landratten, Seemänner, Kinder und andere Erwachsene. Köln: Baumhaus Verlag 2004. S. 38.

Lobo, Sascha: Die Top Ten der besten Erfindungen, S. 245; Moderne Wortfindung, S. 245. Aus: Lobo, Sascha: Wortschatz. 698 neue Worte für alle Lebenslagen. Reinbek bei Hamburg: Rowohlt Taschenbuchverlag 2011.

Maier, Josephine: Skaten in Kabul, S. 76. Aus: ZEIT LEO 1/2013. S. 18–21.

Manz, Hans: Ich, S. 139. Aus: Hans-Joachim Gelberg (Hrsg.): Was für ein Glück. Weinheim: Beltz & Gelberg 1993. S. 216.

Marti, Kurt: Mit Musik im Regenwind fliegen, S. 33. Aus: Kurt Marti: Dorfgeschichten. Erzählungen. © 1983 by Luchterhand Literaturverlag, München, einem Unternehmen der Verlagsgruppe Random House GmbH

Nolde, Emil: Zitate, S. 146. Aus: Werner Hofmann: Emil Nolde – Ungemalte Bilder, Aquarelle und „Worte am Rande". Köln: DuMont Literatur und Kunst Verlag 2000.

Plasse, Wiebke: Weltveränderin Helen Keller, S. 78. Aus: www.geo.de/geolino/mensch/1816-rtkl-weltveraenderer-helen-keller (1.3.2017)

Poznanski, Ursula: Ich wüsste zu gern ..., S. 220; Tritt ein!, S. 221; Dies ist Erebos. Wer bist du?, S. 224; Der Auftrag, S. 229; Die Kiste, S. 231; Die Belohnung, S. 232; Was nun?, S. 236; Erebos hat Feinde, S. 237. Aus: Ursula Poznanski: Erebos. Bindlach: Loewe Verlag 2015.

Ringelnatz, Joachim: Ostern, S. 162; Sich interessant machen, S. 173; Ruf zum Sport, S. 250. Aus: Joachim Ringelnatz: Gedichte, Prosa, Bilder. Hrsg. von Möbius, Frank. Stuttgart: Reclam Verlag 2005. S. 198, S. 142.

Schulte-Goecke, Elsbeth: Der Streit der Königinnen, S. 50 f.; Wie Hagen den Nibelungenhort im Rhein versenkte, S. 55; Wie Kriemhild König Etzels Gemahlin wurde, S. 56. Aus: Germanische und deutsche Sagen. Ausgewählt und bearbeitet von Elsbeth Schulte-Goecke. Braunschweig, Paderborn, Darmstadt: Bildungshaus Schulbuchverlage 2004, S. 28 f.

Schwitters, Kurt: Zwölf, S. 59. Aus: Kurt Schwitters: Das literarische Werk in fünf Bänden. Hrsg. von Friedhelm Lach. Band 1: Lyrik. Köln: DuMont Buchverlag 1973. S. 204.

Seibt, Philipp: Rohstoff für Schokolade, S. 168. Aus: www.spiegel.de/wirtschaft/service/schokolade-kinderarbeit-auf-kakaoplantagen-nimmt-zu-a-1046525.html (3.3.2017)

Sigel, Kurt: Wollen, S. 138. Aus: Hans-Joachim Gelberg [Hrsg.]: Großer Ozean. Weinheim&Basel: Beltz&Gelberg in der Verlagsgruppe Beltz. S. 35.

Spinner, Kaspar H.: Fremdwortgeschichten, S. 238. Aus: Kaspar H. Spinner. Wie sich fremde Wörter in der deutschen Sprache zurechtfinden. Praxis Deutsch 139. Velber: Friedrich Velber Verlag 1996. S. 46.

Süskind, Patrick: Das Parfum, S. 27. Aus: Das Parfum. Zürich: Diogenes Verlag 1994. S. 33.

Tetzner, Reiner: Kriemhilds Traum vom Falken, S. 40; Siegfried begegnet Kriemhild, S. 44 f.; Gunter gewinnt Brünhild im Kampfspiel, S. 47; Gunter feiert mit Brünhild Hochzeit, S. 48 f.; Siegfried wird verraten, S. 52. Aus: Germanische Götter- und Heldensagen. Nach den Quellen neu erzählt von Reiner Tetzner. Stuttgart: Reclam 2011. S. 139 f.

Theobaldy, Jürgen: Gedicht, S. 144. Aus: Jürgen Theobaldy: Blaue Flecken. Reinbek bei Hamburg: Rowohlt 1974.

Ulrich, Arne: Nein zu Handys in der Schule, S. 17. Aus: www.spiegel.de/lebenundlernen/schule/handys-an-schulen-verbieten-oder-nutzen-a-1052554.html (3.3.2017)

Vischer, Friedrich Theodor: In der Vaterstadt, S. 136. Aus: Stuttgart, Leipzig, Berlin, Wien: Deutsche Verlagsanstalt 1888.

Wittkamp, Franz: Gestern, S. 144. Aus: Dunkel war's, der Mond schien helle. Verse, Reime und Gedichte. Hrsg. von Rotraut S. Berner und Edmund Jacoby. Hildesheim: Gerstenberg 1999. S. 104.

Zimmermann, Tanja: Eifersucht, S. 84. Aus: Total verknallt. Ein Liebeslesebuch. Hrsg. von Marion Bolte. Reinbek bei Hamburg: Rowohlt Taschenbuch Verlag 1984.

Texte ohne Verfasserangabe und Texte unbekannter Verfasser

1. Aventiure, S. 38; 3. Aventiure: Was Hagen von Tronje über Siegfried weiß, S. 42 f.; 39. Aventiure: Der Untergang der Nibelungen, S. 57; Wie Kriemhild und Siegfried aufwachsen, S. 39. Aus: Das Nibelungenlied. Mittelhochdeutsch/Neuhochdeutsch. Nach dem Text von Karl Bartsch und Helmut de Boor ins Neuhochdeutsche übersetzt und kommentiert von Siegfried Grosse. Durchgesehene und verbesserte Ausgabe. Stuttgart: Reclam 2005. S. 6.

„Als strahlender Held ...", S. 37. Aus: Michael Köhlmeier: Die Nibelungen neu erzählt. München20: Piper Verlag 2011. (Klappentext)

Bananen im Handel, S. 175. Aus: Bananen. Materialien für Bildungsarbeit und Aktionen. Hrsg. Misereor (Aachen) und Brot für die Welt (Stuttgart) für Transfair (Köln). Aachen 2002. S. 13.

Das Jugendwort des Jahres, S. 282. Aus: www.sueddeutsche.de/kultur/deutsche-sprache-fly-sein-ist-jugendwort-des-jahres-1.3255590; vom 18.11.2016

Der elektronische Blindenführhund, S. 217. Aus: www.cbm.de/infothek/presse/pressemeldungen/Der-elektronische-Blindenfuehrerhund-509338.html (leicht verändert); letzter Zugriff am 24.01.2017

Die volle Kraft der Tropensonne, S. 166. Aus: Schokoladenseiten. Über die Natur eines Genusses. Info-Zentrum Schokolade. Aus: http.infozentrum-schoko.de/schoko-schule.

Ein Interview, S. 130. Aus: www.autor-dirk-reinhardt.de/train-kids/interview.htm (03.03.12017)

„Einfach Spitze ...", S. 37. Aus: Claus, Uta und Rolf Kutschera: Total krasse Helden. Die bockstarke Stora der Nibelungen. Frankfurt a. M.: Eichborn Verlag 1986. (Klappentext)
Aus: Das Nibelungenlied. Mittelhochdeutsch/Neuhochdeutsch. Nach dem Text von Karl Bartsch und Helmut de Boor ins Neuhochdeutsche übersetzt und kommentiert von Siegfried Grosse. Durchgesehene und verbesserte Ausgabe. Stuttgart: Reclam 2005. S. 6.

Einst Opfergegenstand und Zahlungsmittel, S. 165. Aus: Eberhard Menzel und Hans Riediger: Von der Kakaobohne zum Fertigfabrikat. Frankfurt am Main/Berlin/Bonn: Diesterweg Verlag 1966.

Glück ist, S. 136. Aus: www.aphorismen.de/gedicht/62168 (2.3.2017)

Ich gehör nur mir, S. 142. Text: Kunze, Michael/Levay, Sylvester; © Edition Butterfly Roswitha Kunze, Hamburg

Inventur, S. 26 (Schülertext). Aus: Noir, Yves, Rau, Tilman Wörner, Ulrike: Erzählendes Schreiben im Unterricht. Werkstätten für Skizzen, Prosatexte, Fotografie. Seelze: Kallmeyer in Verbindung mit Klett, Friedrich-Verlag 2012. S. 27.

Jeden Tag entsteht ein neues Wort – wie kommt ein Wort in den Duden?, S. 247. Aus: http://www.duden.de/ueber_duden/wie-kommt-ein-wort-in-den-duden (gekürzt) (03.07.2016)

Jugendsprache: Ein Quiz, S. 280; „Ich schwöre, du bist so Arzt!", S. 280. Aus: Sonntag aktuell vom 4.10.2015 (Stuttgarter Zeitung)

Kakaoalltag in Afrika, S. 164: Aus: DGB-Bildungswerk e.V., Nord-Süd-Netz, Entwicklungspolitik 20, Multis im „süßen Geschäft", Kakaobohne und Schokoriegel. Düsseldorf 1993. S. 15.

Kakaoproduktion: ein Überblick, S. 172. Aus: make chocolatefair.org/themen/kakaoproduktion-ein-überblick (3.3.2017)

Knapp vorbei ist auch daneben, S. 278. Aus: www.stuttgarter-zeitung.de/inhalt.glosse-zu-milaneo-werbung-knapp-vorbei-ist-auch-daneben.2ef42f4f-6205-4dbf-b763-83337bee5364.html; vom 13.10.2014 (Autor: Lukas Jenkner)

„Macht Lernen in der Schule Spaß?", S. 70. Aus: ZEIT LEO 5/2013. S. 56–59.

Regen, S. 59. Aus: Alexander Bertsch und Hartmut Merkt: Verseschmiede. Spielerischer Umgang mit Gedichten. Stuttgart: Klett Verlag 1986.

„Siegfried und der Drachenkampf …", S. 37. Aus: www.audible.de/pd/Klassiker/Das-Nibelungenlied-Hoerbuch/B004UZFULA?gclid=CMmp8NLM180CFUefGwodi_EXGg&ef-id=VtA4xQAABdoY3exX%3A20160703152240%3As&s_kwcid=AL%21647%213%2179295925371%21%21%21g%21%21&rfa=1&source_code=GAWFAPSH0325159075#publisher-summary (03.07.2016)

„Spaghetti für Zwei" – Besonders wertvoll?!, S. 199. Aus: www.fbw-filmbewertung.com/film/spaghetti_fuer_zwei (3.3.2017)

„Spaghetti für Zwei" – der erste Eindruck, S. 197. Aus: www.spaghetti-film.com/de/#inhalt.php (3.3.2017)

Tübingen: Zentrum der Dialektforschung, S. 275. Aus: www.stuttgarter-zeitung.de/inhalt.tuebingen-zentrum-der-dialektforschung.ebe45a34-3371-4289-912f-d12d5841969e.html; vom 26.11.2015 (Autor: Michael Petersen)

Wie (un)gesund ist Schokolade?, S. 163. Aus: Schokolade

Bildquellen

Titel: Shutterstock.com, New York (ilolab); **13, 15, 21, 60:** Köcher, Ulrike, Hannover; iStockphoto.com, Calgary (ponsulak); **17:** fotolia.com, New York; **22 l. o.:** Shutterstock.com, New York (witittorn onkhaw); **22 r. o.:** Shutterstock.com, New York (Who is Danny); **23:** mauritius images GmbH, Mittenwald; **24:** akg-images GmbH, Berlin (L. M. Peter); **27 l.:** mauritius images GmbH, Mittenwald (Foodpix); **27 r.:** fotolia.com, New York (Martin Rettenberger); **30 l. u.:** Körner, Henning, Oldenburg; **30 m. u.:** F1online digitale Bildagentur GmbH, Frankfurt/M. (RF Johner); **30 r. u.:** fotolia.com, New York (babimu); **31:** Yeter, Hanefi, Berlin (Kinderwünsche (1979). Ölfarbe auf Leinwand 80 x 120 cm, Privatsammlung); **38:** Badische Landesbibliothek, Karlsruhe (Nibelungen-Handschrift C, Blatt 1r); **51 o.:** Bildarchiv Foto Marburg, Marburg (Nordrhein-Westfalen-Stiftung / Horst Fenchel / Thomas Scheidt / Fay Nolan / Sven Köhler); **58:** alamy images, Abingdon/Oxfordshire (H. Mark Weidman Photography); **70:** Thinkstock, Sandyford/Dublin (Lobke Peers); **77 r. o.:** Picture-Alliance GmbH, Frankfurt/M. (EPA/Syed Jan Sabawoon); **77 u.:** https://www.skateistan.org/; **78:** OKAPIA KG – Michael Grzimek & Co., Frankfurt/M. (NAS/Will & Deni McIntyre); **80:** Getty Images, München (© Burstein Collection / © VG Bild-Kunst, Bonn 2017); **92 l. m.:** de Martin, Susanne, Wien; **92 l. u.:** fotolia.com, New York (Michael Möller); **92 o.:** fotolia.com, New York (bluedesign); **92 r. u.:** vario images, Bonn; **93, 96:** akg-images GmbH, Berlin; **101:** ullstein bild, Berlin (Boness/IPON); **102:** Ludwig XIV: Picture-Alliance GmbH, Frankfurt/M. (Lessing), verschleierte Muslima, Clown: Picture-Alliance GmbH, Frankfurt/M., afrikanische Frauen: Jonas, G., Euskirchen; **103 o.:** wikimedia commons (Zentralbibliothek Zürich); **103 u.:** Skala, Marlene, Lennestadt; **118 l.:** Bastei Lübbe AG, Köln (Küsse für eine falsche Komtess. Umschlagfoto von Anne-Marie von Sarosdy. Band 1912); **120:** Reuters, Berlin (© STRINGER Mexico); **121:** Gerstenberg Verlag GmbH & Co. KG, Hildesheim (© 2015); **131 o.:** Reinhardt, Dirk (Foto: Stefan Haas / Julienne Haas); **131 u.:** Aufbau Verlag GmbH & Co. KG, Berlin (© 2013 / unter Verwendung eines Motivs aus dem NS-Dokumentationszentrum der Stadt Köln); **132:** fotolia.com, New York (yanlev); **135:** fotolia.com, New York (PRILL Mediendesign); **136:** Hundertwasser Archiv, Wien (© 2017 NAMIDA AG, Glarus/Schweiz); **138:** fotolia.com, New York (klickermith); **140:** fotolia.com, New York; **141:** Druwe & Polastri, Cremlingen/Weddel; **142:** Picture-Alliance GmbH, Frankfurt/M. (Jörg Carstensen); **143:** APA-PictureDesk GmbH, Wien (Heinz Unger/dpa); **145:** Imago, Berlin (blickwinkel); **146:** Albertina – Grafische Sammlung, Wien (Sammlung Batliner / © Nolde Stiftung Seebüll); **148:** Picture-Alliance GmbH, Frankfurt/M. (dpa); **149:** ddp images GmbH, Hamburg; **152:** akg-images GmbH, Berlin; **153:** bpk – Bildagentur, Berlin (Hans Malek); **154:** ullstein bild, Berlin (Rudolf Duehrkoop); **156 l. m.:** akg-images GmbH, Berlin; **156 l. o.:** akg-images GmbH, Berlin; **161:** Reintjes, Jürgen, Bedburg-Hau (Foto aus KLE-Blatt.de/blog © Jürgen Reintjes); **162:** Getty Images, München (Christel Rosenfeld); **163:** fotolia.com, New York; **164:** TransFair e.V., Köln (Didier Gentilhomme); **166:** OKAPIA KG – Michael Grzimek & Co., Frankfurt/M. (Hans Reinhard); **168:** laif, Köln (Daniel Rosenthal); **170 o.:** INKOTA-netzwerk e.V. / www.inkota.de, Berlin; **172:** Picture-Alliance GmbH, Frankfurt/M. (Photoshot); **182:** Loewe Verlag GmbH, Bindlach (Ursula Poznanski: Erebos); **188, 196–198:** Malao Film, Miesbach; **195:** Malao Film, Miesbach (Kasper Kaven); **202 l.:** Picture-Alliance GmbH, Frankfurt/M. (dpa); **217:** Picture-Alliance GmbH, Frankfurt/M. (dpa); **220:** Loewe Verlag GmbH, Bindlach (Ursula Poznanski: Erebos); **240, 243, 249:** Pawle, Margit, München; **242, 244, 245:** Gehrmann, Katja, Hamburg; **250:** LOOK-foto, München (Christoph Jorda); **256:** F1online digitale Bildagentur GmbH, Frankfurt/M. (Aflo); **258:** Picture-Alliance GmbH, Frankfurt/M. (dpa © epa-Bildfunk); **259:** Imago, Berlin (Moritz Müller); **260:** fotolia.com, New York (977_rex_977); **261:** Widl, Josef, Vogtareuth; **265:** Picture-Alliance GmbH, Frankfurt/M. (dpa/Franz-Peter Tschauner); **266 o.:** fotolia.com, New York (lagom); Picture-Alliance GmbH, Frankfurt/M. (prismaonline); **267 r. o.:** Zoonar.com, Hamburg (Martin Benik); **267 r. u.:** Caro Fotoagentur GmbH, Berlin (Teich); **269:** ullstein bild, Berlin; **274 o.:** Picture-Alliance GmbH, Frankfurt/M. (M.i.S.-Sportpressefoto); **274 u.:** dreamstime.com, Brentwood (Marilyn Volan); **276:** Agentur Oliver Voigt, Hamburg (© Fachingen Heil- und Mineralbrunnen GmbH); **279 o.:** Artothek, Weilheim (© Städel Museum – U. Edelmann); **281:** Picture-Alliance GmbH, Frankfurt/M. (dpa).

Unregelmäßige Verben

Infinitiv	Präsens	Präteritum	Perfekt
befehlen	du befiehlst	er befahl	er hat befohlen
beginnen	du beginnst	er begann	er hat begonnen
beißen	du beißt	er biss	er hat gebissen
biegen	du biegst	er bog	er hat gebogen
bitten	du bittest	er bat	er hat gebeten
blasen	du bläst	es blies	er hat geblasen
bleiben	du bleibst	er blieb	er ist geblieben
brechen	du brichst	er brach	er hat/ist gebrochen
bringen	du bringst	er brachte	er hat gebracht
denken	du denkst	er dachte	er hat gedacht
erschrecken	du erschreckst/ du erschrickst	er erschreckte/ er erschrak	er hat erschreckt/ er ist erschrocken
essen	du isst	er aß	er hat gegessen
fahren	du fährst	er fuhr	er hat/ist gefahren
fallen	du fällst	er fiel	er ist gefallen
fangen	du fängst	er fing	er hat gefangen
finden	du findest	er fand	er hat gefunden
fliegen	du fliegst	er flog	er hat/ist geflogen
fließen	es fließt	es floss	es ist geflossen
fressen	du frisst	er fraß	er hat gefressen
frieren	du frierst	er fror	er hat/ist gefroren
geben	du gibst	er gab	er hat gegeben
gehen	du gehst	er ging	er ist gegangen
gelingen	es gelingt	es gelang	es ist gelungen
geschehen	es geschieht	es geschah	es ist geschehen
gewinnen	du gewinnst	er gewann	er hat gewonnen
gießen	du gießt	er goss	er hat gegossen
greifen	du greifst	er griff	er hat gegriffen
haben	du hast	er hatte	er hat gehabt
halten	du hältst	er hielt	er hat gehalten
hängen	du hängst	er hing	er hat gehangen
heben	du hebst	er hob	er hat gehoben
heißen	du heißt	er hieß	er hat geheißen
helfen	du hilfst	er half	er hat geholfen
kennen	du kennst	er kannte	er hat gekannt
klingen	du klingst	er klang	er hat geklungen
kommen	du kommst	er kam	er ist gekommen
können	du kannst	er konnte	er hat gekonnt
laden	du lädst	er lud	er hat/ist geladen
lassen	du lässt	er ließ	er hat gelassen
laufen	du läufst	er lief	er hat/ist gelaufen
leihen	du leihst	er lieh	er hat geliehen
lesen	du liest	er las	er hat gelesen
liegen	du liegst	er lag	er hat/ist gelegen
nehmen	du nimmst	er nahm	er hat genommen